Jörg Zink

Die Urkraft des Heiligen

Christlicher Glaube im 21. Jahrhundert

HERDER

FREIBURG · BASEL · WIEN

© 2003 Kreuz Verlag GmbH & Co.KG, Stuttgart, Zürich.
Der Kreuz Verlag ist ein Unternehmen der Verlagsgruppe Dornier.
Mit freundlicher Genehmigung des derzeitigen Rechteinhabers:
© Kreuz Verlag in der Verlag Kreuz GmbH, Stuttgart
© dieser Ausgabe: Verlag Herder GmbH, Freiburg im Breisgau 2008
Alle Rechte vorbehalten
www.herder.de

Umschlagkonzeption und –gestaltung:
R·M·E München/Roland Eschlbeck, Liana Tuchel
Umschlagmotiv: © Getty Images /August Stein

Satz: de·te·pe, Aalen
Herstellung: fgb · freiburger graphische betriebe
www.fgb.de

Gedruckt auf umweltfreundlichem, chlorfrei gebleichtem Papier
Printed in Germany

ISBN 978-3-451-05981-0

Inhalt

Es ist lange her

Es ist lange her. Sehr lang, will mir scheinen. Eine kleine Ewigkeit. Da lebten wir, wie wir es uns gerne vorstellen, in einem christlichen Land. Alles war wohlgeordnet und wohlbestellt. Alles blühte und gedieh wie in einem liebevoll gepflegten Garten vor dem Haus. Die Kirche stand weisend und tröstend mitten im Dorf. Eine von Gott eingesetzte Obrigkeit sorgte für Sitte und Recht. Die gute alte Zeit – sie ist noch immer für den wehmütigen Rückblick eine christliche gewesen, eine, die war, wie sie sein sollte.

Aber dann, so stellen wir uns gerne vor, muss irgendetwas, das einmal verbunden war, zerbrochen sein. Das Abendland, seine staatlichen Ordnungen, seine Technik, seine Wirtschaft, seine Kriege und Revolutionen, sein Recht, seine Dichtung, seine Kunst, seine tiefsinnigen Philosophien, es ging alles seine eigenen Wege, und das ganz Andere, das man als Christentum verstand, blieb als verlorenes Kind irgendwo am Straßenrand stehen.

Aber die gute alte Zeit ist ein Traum. Wo und wann immer Menschen gelebt haben, ging es so zu, wie es unter Menschen zugeht. Immer suchten sie vergeblich nach der großen Einheit. Immer stand, was Menschen glaubten, dem, was sie taten und was unter ihnen geschah, fremd gegenüber. Und immer war, was an wirklichem Glauben versucht und gelebt wurde, fremd, anders als das, was wirklich geschah, abseitig und widerständig gegen den jeweiligen Geist der Zeit.

Vielleicht ist nur das Eine anders geworden, dass wir die seltsame Fremdheit des christlichen Glaubens stärker empfinden als Menschen früherer Zeiten, denen die christliche Prägung ihres Lebens selbstverständlicher war. Vielleicht haben wir nur gelernt, wacher zu sein gegenüber den Anpassungen und Fälschungen dieses Glaubens, von dem die christliche Geschichte so tausendfach zu erzählen weiß. Das aber könnte bedeuten, dass wir mit der zunehmenden Fremdheit dieses Glaubens seine Wahrheit genauer zu sehen bekämen, das ganz Andere, von dem er spricht, das Unantastbare, das Große, das Heilige. Vielleicht könnten wir heute mehr empfinden von der schaffenden, bewegenden, tragenden und befreienden Urkraft, aus der er lebt. Vielleicht könnten wir von den Verharmlosungen freier werden, die unsere Vorstellungen von Gott und unsere Beziehungen zu ihm so sehr fälschen, und könnten danach anfangen, ernsthaft von dem zu reden, was uns von seiner Nähe und seiner Liebe berühren will.

Immer haben die Menschen nach Wahrheit gefragt, und die Energie ihrer Suche nach der Kraft des Heiligen hat in den Jahrtausenden nicht nachgelassen. Sie ist im Gegenteil freier geworden, genauer und leidenschaftlicher. Auch in dieser unserer Zeit ist viel mehr bohrendes Nachfragen nach der Wirklichkeit des Heiligen am Werk, als der rasche Blick wahrnimmt. Wir leben keineswegs in einer religionslosen Epoche, wohl aber in einer Zeit, in der die Menschen der Wahrheit auf ihren eigenen Wegen nachspüren.

Es kommt hinzu, dass das reiche Erbe, das uns die Jahrtausende der religiösen Geschichte hinterlassen haben, heute leichter und freier zugänglich ist als je. Ich meine nicht nur das Erbe des Christentums. Eine unerschöpfliche Fülle von heiligen Schriften, von Erfahrungen und Weisheiten, von Symbolen und Ritualen, von Dichtungen und Geschichten, von Kunstwerken und Lebensformen steht uns vor Augen oder sucht unsere Aufmerksamkeit. Noch nie war es so einfach, sich dies und jenes anzueignen, das aus irgendeiner Ferne zu uns kommen will. Noch nie durfte so frei nachgedacht, durfte alles auf seine Geltung befragt werden. Jeder hat heute das Recht, selbst zu prüfen, was nicht fällt, wenn er daran rüttelt, was nicht abgeht, wenn er daran kratzt, was nicht einbricht, wenn er darauf tritt. Umso unausweichlicher aber steht heute die Frage vor uns: Gibt es etwas, das uns unbedingt angeht, oder gibt es das nicht?

Blicken wir heute über unseren eigenen Kulturraum hinaus, so bemerken wir, dass das Leben und Denken in allen Religionen sich wandelt. Es wird von den Einen unter ihren Anhängern strenger gefasst und führt in Fundamentalismus oder Fanatismus. Es wird von den Anderen leichter genommen und freier verstanden und verleitet zu breiter Beliebigkeit. Es wird von Dritten sorgfältiger und behutsamer aufgenommen und hilft dazu, ein neues Vertrauen zu schaffen zwischen den Religionen der Erde und vielleicht einen sehr neuen Frieden. Zwischen ihnen allen leben viele Einzelne, die versuchen, ihr religiöses Erbe auf ihre eigene Weise neu zu gestalten, und andere, für die es sich in aller Unauffälligkeit auflöst, nicht nur bei uns, sondern rund um die Welt. Es ist aber nicht so, dass wir heute ein neu aufkommendes Zeitalter der Religionslosigkeit erlebten, wohl aber eine Zeit einer bunt blühenden Renaissance des Religiösen.

Aber man wählt aus. Aus vorhandener, westlicher Tradition. Aus dem religiösen Erbe in Afrika, Asien oder Amerika. Aus den großen Religionen der Welt und ihren Praxisanleitungen. Aus schamanischen, magischen oder mythischen Bilder- und Gedankenwelten. Sucht man nach Autoritäten, so tritt der Schamane zum Seelsorger, der Boddhisattva zum Christus. Die Zenmeditation tritt neben das christliche Beten, das Mandala neben das Kreuz. Indianische Gesänge ertönen neben sakraler Musik aus Taizé. Der tanzende Shiva steht in einer Nische neben dem Kreuz. Das alles ist nicht unerlaubt, wohl aber muss dabei klar sein, was wir mit wem oder was verbinden wollen und was dabei das eigentlich Christliche sei. Mir scheint, über dem, was wir christlichen Glauben nennen, liege oft ein dichter Nebel von Unklarheit und Unkenntnis gebreitet, und es wäre gut, der Smog könnte sich lichten.

Was nun dieses Buch anbietet, ist keine offizielle Lehre etwa irgendeiner Kirche. Es ist nur meine persönliche Antwort auf die unendlich vielen Fragen heutiger Menschen, was ich denn meine, wenn ich von Jesus, von der Bibel, von den Wegen der Menschen, von ihrer Zukunft rede oder von dem, was sie trägt, was ihnen hilft, ihr Leben durchzustehen. Diese Antwort ergeht auch nicht in der Sprache irgendeiner Wissenschaft, sondern in den einfachen Worten, die wir gebrauchen, wenn wir über etwas reden, das uns wichtig ist. Auf meinen langen Wegen durch dieses Menschenleben hatte ich immer und immer wieder zu entscheiden, zu wem eigentlich ich reden wollte. Da gab es viele, die noch in den geordneten, überlieferten religiösen Verhältnissen lebten, und die vielen anderen, die sich mühsam einen Weg durch die Rätsel ihres Lebens suchten. Ich will gerne gestehen, dass ich mich immer als Fußgänger verstand und immer zuerst an die geriet, die mir zu Fuß, auf dem Markt sozusagen, entgegenkamen. Da aber stand mir der einsame Mann vor Augen, jener Jesus von Nazaret, der sich mit seinen einfachen Worten den schlichten Hausfrauen und Handwerkern, den Kindern und den Außenseitern der Gesellschaft zugewandt hat. Von ihm habe ich gelernt, die Suchenden und die Verwirrten, die Ratlosen und die Leidenden seien es, die am ersten des Gesprächs und der Nähe bedürften.

Dom Helder Camara, der große brasilianische Bischof, hat einmal gesagt:

Bewahre dir immer einen Blick brüderlicher Sympathie
für die kleinen Bahnhöfe,
wo die wichtigen Züge nur ausnahmsweise anhalten.
Sagen sie dir nichts?
Erinnern sie dich an niemanden?

Ich möchte also an den kleinen Bahnhöfen anhalten. Was ich suche, ist ein Gespräch auf dem Bahnsteig sozusagen oder auf einem Weg in die Stadt oder ein wenig ins Land. Ich tue es in der Gestalt dieses Buchs. Es will ein wenig aufhellen, was im Schatten liegt, es will unterscheiden helfen zwischen dem, was am christlichen Glauben unentbehrlich ist und was weniger wichtig, was notwendig ist und was entbehrlich. Zwischen dem, was früheren Zeiten grundlegend schien, und dem, was uns heute angeht auf unserem Weg in dieses neue Jahrhundert. Schwer verständliche Worte lassen sich erklären, mythische Bilder verstehen. Was allzu kindlich erscheinen will, legen wir gelassen und freundlich beiseite. Überholtes stellen wir ins Museum einer großen Vergangenheit. Irrtümer müssen nicht bleiben, die Freiheit des Nachdenkens braucht niemand vor der Tür abzugeben.

Wenn Sie nun meinen sollten, verehrte Leserin, verehrter Leser, Sie seien ein allzu krasser Anfänger, so möchte ich Ihnen sagen: Anfänge haben ihre eigene Schönheit. Erste Schritte haben ihre eigene Kraft. Scheuen Sie sich nicht anzufangen. In allen wichtigen Dingen ist man mit achtzig Jahren immer noch ein Anfänger. Das heißt: Man ist ein Mensch, in dem etwas anfängt. Man ist ein Mensch, der sich freut zu sehen, was er bisher nicht gesehen hat. Und wenn Sie auf dem Weg, den ich mit Ihnen gehen möchte, müde werden, so ge-

schieht Ihnen etwas völlig Natürliches. Auf jeder noch
so schönen Wanderung werden Sie müde. Dann setzen
Sie sich an einen ruhigen Platz nieder und machen
Pause. Mehr allerdings werden Sie von einer großen
Landschaft sehen, wenn Sie danach wieder aufstehen
und Ihren Weg fortsetzen, in der Erwartung, er werde Ihnen etwas zeigen, was Sie so zuvor nicht gesehen haben.

Und wenn ich sagte, es sei für uns vieles fremd geworden, das eigentlich für unser Leben wichtig sei, so gilt
doch, was ein uraltes Wort sagt, auch für uns:

> »Was Gott dir sagt, ist nicht zu hoch für dich.
> Es ist nicht irgendwo fern im Himmel gesprochen.
> Du musst nicht fragen:
> Wer steigt für mich in den Himmel hinauf?
> Wer holt es herunter und macht es mir begreiflich?
>
> Es ist auch nicht jenseits des Meeres.
> Du musst nicht rufen:
> Wer fährt für mich über das Meer?
> Wer holt es herüber und hilft mir, danach zu leben?
>
> Nein, du hörst es, nahe deinem Ohr.
> Er spricht es durch deinen eigenen Mund.
> Es redet in deinem eigenen Herzen.
> Du kannst es hören.
> Und was er dir eröffnet,
> kannst du in deiner eigenen Sprache sagen.«
> 5. Mose 30,11–14

Lassen wir also zu, dass es uns anrührt.

Ich weiß es noch nicht. Ich kann es nicht wissen, aber
vielleicht ist dies das Buch, mit dem ich mich zwar
nicht von dieser Erde, aber doch von dem großen und lebendigen Menschenkreis verabschiede, der mich nun
durch mehr als fünfzig Jahre begleitet hat. Ich bin dankbar für die unendlich vielen Gespräche, Briefe und An-

rufe, die mich mit so vielen verbunden haben, die mir in den langen Jahren begegnet sind. Ich möchte all denen danken, die mir immer wieder neue Fragen gestellt, mir neue Wege gezeigt, aber auch denen, die mir widersprochen haben, die mich verstanden, aber auch denen, die mich missverstanden oder in mir einen Gegner gesehen haben, allen also, die mir auf irgendeine Weise nahe waren, und ihnen wünschen, Gott möge sie und ihre Wege begleiten und segnen.

Jörg Zink

Beginnen wir
in der Mitte

1

Das Besondere des christlichen Glaubens ist nichts als eine einsame, schmale Gestalt

Wir leben in einer offenen Welt. Wir leben in täglichen Begegnungen mit fremden Menschen, fremden Kulturen, fremden Religionen. Aber wir selbst wurzeln mit allen unseren Traditionen in einer christlich mitbestimmten Geschichte. Wir verstehen uns selbst am ehesten als Christen. Umso wichtiger wird die Frage, was denn das Besondere an unserem christlichen Glauben sei, was ihn heraushebe aus der Menge der Religionen, was ihn auszeichne. Was denn der Grund sei dafür, dass wir ihn, mehr oder weniger bewusst und entschieden, festhalten. Sie lässt sich in zwei Fragen teilen. Die eine lautet dann: Was ist dem Christentum mit den anderen Religionen gemeinsam? Die andere: Was ist an ihm das Besondere, das es von ihnen unterscheidet?

Zur ersten der beiden Fragen habe ich eine enttäuschende – oder, wie wir es nehmen wollen –, beglückende Antwort: Fast alles am Christentum ist ihm mit der einen oder anderen von den anderen Religionen gemeinsam. Fast nichts, das im Christentum gesagt und geglaubt wird, ist nicht irgendwo ähnlich gedacht worden: im Judentum, im Islam, im Hinduismus, im Buddhismus, im Schamanismus, in den Religionen der Indianer oder der Afrikaner. Fast alles ist irgendwo anders auch geahnt oder gesagt worden. Es gibt offenbar ein religiöses Nachdenken, Suchen, auch Finden und Gestalten, das allen Menschen gemeinsam ist eben darum, weil sie alle Menschen sind. Und das ist, wie wir es jeweils nehmen wollen, enttäuschend oder beglückend.

Zur zweiten Frage, was denn das Einzigartige am

Christentum sei, habe ich wieder eine Antwort, die für den Einen eine Enttäuschung, für den Anderen eine Befreiung sein kann. Was den christlichen Glauben von allen anderen Formen menschlicher Frömmigkeit unterscheidet, ist nichts als eine einsame, schmale Gestalt der Geschichte. Es ist die Person des unauffälligen Mannes aus Nazaret, nichts sonst, und was er gesagt hat mit seinen schlichten Worten an die armen und ausgebeuteten Menschen von Galiläa. Das Besondere war und ist das Maß für die Menschlichkeit des Menschen, das er gesetzt hat, und das Maß für die Göttlichkeit Gottes. Und das Charakteristische daran ist die Erdnähe, in der er gelebt hat, die Menschennähe. Seine Gestalt steht einsam und eigentümlich unantastbar in einer Welt, der er nichts entgegensetzte als seine Verletzlichkeit. Sollte ich ihn im Laufe meines Lebens ein wenig verstanden haben, so war er unter die Menschen getreten, um sie aus ihren Zwängen zu befreien, sie zu entlasten und sie zu ihrer eigentlichen Gestalt aufzurichten. Was nicht befreit, sondern Furcht erweckt oder was einengt, so meine ich, kann nicht seines Geistes sein. Was nicht Frieden schafft, was nicht Gerechtigkeit will, kann nicht von ihm ausgegangen sein. Was von ihm aus seiner großen Ferne zu uns herüberdringt, ist seine erdhafte Güte und die große Leuchtkraft seines Wortes.

Er bleibt freilich immer auf eine seltsame Weise im Abstand. Wir haben keine schriftliche Zeile von ihm, keine Beschreibung seiner Gestalt oder seines Charakters. Wir wissen von keinem Wort, das von ihm überliefert ist, ob er es wirklich selbst gesagt hat. Was wir haben, sind allein Bekenntnisse von Menschen, die ihn erlebt oder von ihm gehört hatten. Sie berichten, was dieser Jesus in ihnen bewirkt habe, verändert und angestoßen, was aus ihnen geworden sei durch die Begegnung mit ihm. Und sie haben es niedergeschrieben in der Überzeugung, es komme für die Menschen um sie her und nach ihnen darauf an, zu hören, was er gesagt, was er gebracht habe. Und sie meinten, es sei für uns Menschen hier etwas geschehen, das uns verändern, das uns befreien könne so, dass wir seiner Gestalt auf irgendeine Weise ähnlich würden, dass wir am Ende den Sinn unseres Leben erfüllten und unser Ziel erreichten.

Auf einem Berg sehe ich ihn sitzen im Kreis seiner Schüler und Mitarbeiter und höre ihn dort Dinge sagen, die die Welt verändern. Ich sehe ihn, wie er an einem Ufer entlanggeht und ein paar Fischer aus ihren Booten ruft, wie sie ans Land kommen und in den Kreis seiner Mitarbeiter eintreten. Ich sehe ihn, wie Frauen ihm ihre Kinder bringen und er sagt: »Die Liebe Gottes ist Menschen zugedacht, die etwas von diesen Kindern an sich haben.« Wie er auf eine Frau zutritt, die gekrümmt geht und nicht aufblicken kann. »Richte dich auf!«, sagt er. Und sie fängt an, sich aufzurichten. Er sagt: Ich sehe dich. Dehne dich, wachse, gedeihe und fürchte nichts. Der aufrechte Mensch ist es, den er will, der lebenskräftige, der unabhängige, der freie. Was nicht heilt an Leib oder Seele oder Geist, was kränkt oder niederdrückt, kann nicht sein Wille gewesen sein. Irgendwo steht er auf einem Markt und ruft die Menschen: »Kommt! Setzt euch! Atmet durch! Kommt zur Ruhe. Legt eure Last ab und hört zu!« Und wenn er sich an einen seiner Mitarbeiter wendet, dann redet er ihn etwa so an: »Schau dich um! Suche die Menschen, die von irgendeiner Last niedergedrückt sind. Geh und nimm sie ihnen ab. Wenn du das tust, dann tust du die Arbeit eines Hirten. Du tust, was ich tue. Finde dich nicht ab mit dem schäbigen Bild, das die Menschen bieten. Finde dich nicht ab mit Elend und Unrecht. Dir sind Kräfte anvertraut, vielleicht mehr als anderen, vielleicht weniger, das lass dich nicht kümmern. Wichtig ist allein, dass du verwandelst, was dir gegeben ist. Geh dorthin, wo die Herzen dunkel sind. Sorge dafür, dass die Menschen mutiger werden, als sie sind. Du verlierst dabei deine eigene Furcht.« Und wenn er sich an den Kreis seiner Hörer wendet, dann sagt er vielleicht so: »Macht euch keine Sorgen! Schaut auf die Vögel um euch her. Sie säen nicht. Sie ernten nicht. Lebt wie sie, lebt frei und vertrauend.« Solche Worte wären leichter begreiflich, wenn er sie in unsere gesicherte Wohlstandswelt hineinspräche, in der heute die meisten von uns leben, und nicht in sein bitterarmes Land. Leben auf der untersten Sohle der Armut und dabei so überlegen, so gelassen, das möchten wir an ihm ablesen.

Im Grunde ist, was um ihn her und durch ihn geschehen ist, was er getan und bewirkt hat in seinem kleinen Galiläa und in den vielleicht drei Jahren seiner Wirksamkeit, eine Winzigkeit in den Jahrtausenden der Geschichte. Eine Geringfügigkeit, aus der Ferne kaum wahrnehmbar. Aber eine Geringfügigkeit, die geeignet ist, das ganze große Weltgeschehen zu verändern, es aus dem Takt zu bringen und aus seinen selbstverständlichen Abläufen. Ein kaum merkliches Zeichen für eine veränderbare, eine verbesserliche Menschenwelt, in der es scheinen will, als könne in ihr nichts mehr wahr werden, in der aber alles wahr sein wird. Ein kleines, vom ständigen Erlöschen bedrohtes Licht, in dessen Schein aber unsere Welt so viel Helligkeit bekommt, dass sie bewohnbar wird für Menschen, die nach Wahrheit ausschauen. Licht aus dem ungeheuren Licht Gottes, das alle Dinge durchdringt.

2

Die Mitte seiner Botschaft ist die Einladung
zu einem Fest

Viele Szenen um Jesus sind deutlich. Es gibt aber eine unter ihnen, die mir immer wichtiger wird, die für mich immer mehr in die Mitte rückt. Sie wird mir zum zentralen Gleichnis für sein ganzes Werk, sozusagen zum Urmuster dessen, was er wollte. Und an ihr wird mir immer mehr das Originale am Wort und der Absicht des Mannes aus Nazaret anschaulich. Alles andere gruppiert sich um dieses zentrale Bild. Was ist es?

Ich denke an die Szene, wie er vor einem Haus steht. Wie er Menschen einlädt. Wie er das Haus betritt. Wie er sich dort zum Essen niederlässt und wie er mit jedermann, wer immer mit ihm ins Haus kam, isst und trinkt. Nur dies. Nur dies Einfache. Aber dieses Einfache hat es in sich.

Die Dörfer jener Zeit in Galiläa unterschieden sich nur wenig von anderen Dörfern zu anderen Zeiten. Es gab dort Menschen, die anerkannt waren, und andere. Es gab Leute, die man respektierte, und andere. Es gab Menschen, die so lebten, wie man zu leben hatte, und andere. Es gab Menschen, die ihrer Frömmigkeit eine sichtbare Gestalt gaben, anderen gelang das nicht.

Es ging ein Riss durch die Dörfer. Es gab Menschen, mit denen ein ordentlicher Mensch Gemeinschaft hatte, und andere, mit denen er das vermied. Wer mit einem Gottlosen aß, machte sich selbst zum Gottlosen. Wer mit Gesetzlosen aß, machte sich selbst zum Gesetzlosen. Wer mit einem aß, der mit der römischen Besatzungsmacht zusammenarbeitete, machte sich zum Sympathisanten. Wer sich mit der bunten Gesellschaft der

Missliebigen zu Tisch setzte wie Jesus, disqualifizierte sich.

Jesus lud also ein und feierte seine Feste mit Gerechten und Ungerechten, vor allem aber mit den Außenseitern, den Gesetzlosen, den Verachteten, mit denen, die ihr Leben auf irgendeine Weise verdorben hatten, die ihr Geld auf unsaubere Weise verdienten oder einfach nicht wussten, wie man das macht, ein ordentlicher Mensch zu sein.

Jesus feierte also, und jedermann hatte Zugang zu seinem Tisch. Das war höchst ungewöhnlich. Denn Tischgemeinschaft bedeutete eine Ehrung des Gastes. Wer einen Gast einlud, bot ihm Frieden an, gewährte ihm Vertrauen, schloss mit ihm Bruderschaft. So war es im Orient seit Jahrtausenden, so ist es, wo noch orientalisch empfunden wird, bis heute. Und nicht nur das –, der Fremde erhielt auch teil an der Gottesbeziehung des Hausherrn. Der Hausherr sprach den Lobspruch über dem Brot, dann brach er es und verteilte es unter die Gäste. Das war ein religiöser Akt und nur möglich unter Menschen, die religiös miteinander verbunden waren.

Es muss an den Mahlzeiten Jesu etwas Festliches gewesen sein, etwas Heiteres, und das muss einen Grund gehabt haben. Das Evangelium erzählt einmal: Da kamen die Jünger des Johannes zu ihm und fragten: »Warum fasten deine Jünger nicht, da doch wir und die Pharisäer fasten?« Jesus antwortete: »Hochzeitsgäste können nicht fasten, solange der Bräutigam unter ihnen ist. Es werden Tage kommen, da wird man ihnen den Bräutigam nehmen. Dann werden sie fasten« *(Matthäus 9, 14–15)*.

Da wird also eine Hochzeit gefeiert, die Hochzeit Gottes mit seinem Volk, das Fest der Errichtung des Gottesreiches unter den Menschen. Da ist der Tisch frei für jeden, der mitfeiern will, und am Tisch versammelt

sich weder die religiöse Elite noch der soziale Kehricht,
sondern das neue brüderliche Gottesvolk der Armen
und der Reichen, der Gerechten und der Ungerechten.
Man feiert in der Begeisterung, vielleicht gar in der Aus-
gelassenheit der Stunde den Tag voraus, an dem Gott
wieder seinem ganzen Volk nahe sein werde. Nicht weniger drückte man aus als die große Hoffnung auf eine
neue, eine andere Welt.

Ich höre Jesus sagen: Ich bin der Bräutigam, ihr miteinander seid die Braut. So gehören wir zusammen. Und
wenn ihr über euer Leben hinausschaut: Da wird wieder
ein Fest gefeiert werden. Da ist ein Haus, in das ihr
heimkehrt. Ein Tisch, an dem ihr Platz findet, und da
sind Gäste, die mit euch feiern. So ist das Gottesreich.
Wir feiern es hier vorweg.

Von dieser Zukunft reden auch seine Gleichnisge-
schichten:

> »Es war ein Mann, der bereitete ein großes Mahl vor
> und lud viele Gäste dazu ein.
> Als die Stunde des Fests kam,
> schickte er seine Boten aus:
> Kommt! Es ist alles bereit!«
> *Lukas 14, 16f*

Oder:

> »Es war ein König,
> der seinem Sohn die Hochzeit ausrichtete.«
> *Matthäus 22,2*

Es ist also nicht so, dass Jesus seine Gäste eingeladen
hätte, um sie zu belehren oder um ihnen ihre Bosheiten
vorzurechnen, oder auch, dass er sie zu Meditations-
übungen gebeten hätte. Nein, ihm ging es um ein Fest.
Der Sinn des Glaubens ist ihm das Fest. Und sein Wort
an uns ist am ehesten dies: Ihr habt Grund, ein Fest zu

feiern. Ihr habt Grund, euch ein Lied auszudenken und es zu singen. Ihr habt Grund, am tristen Geschehen in dieser Welt, an eurer Mühsal und eurem eigenen miserablen Zustand nicht hängen zu bleiben, sondern euch zu festlichen Stunden zusammenzufinden. Also, ihr Freunde von der Straße! Ich habe Plätze für euch an meinem Tisch! Lasst alles liegen, kommt und lasst uns fröhlich sein.

Damit freilich zerstörte Jesus alles, was eine geordnete Gesellschaft von einer geordneten Religion erwarten darf, von einer Kirche auch wie der unsren in diesem späten Jahrhundert. Sie liegt nach allgemeiner Auffassung richtig, wenn sie alles bestätigt und gut heißt, was man auch sonst in unserer Gesellschaft gut findet. Es läuft aber bei Jesus alles konträr gegen das, was man als normal ansieht. Man findet unter uns richtig, dass man unterscheidet zwischen den Tüchtigen und den Unfähigen, zwischen den Nützlichen und den Unnützen, den Guten und den Bösen und dass man solche Unterschiede nicht verwischt. Denn ein Christ, wie er sein soll, gehört zu den Tüchtigen, den Nützlichen und den Guten.

Das geht von der Diffamierung ungeliebter einzelner Menschen bis ins soziale Leben, ja die Weltpolitik. Es ist üblich, dass ein Land, das einen Feind hat, von diesem Feind so spricht, als bestehe er nicht aus Menschen, sondern aus Untieren. So spricht ein Staat auch dann, wenn er vorgeblich ein christliches Land vertritt, davon, seine Gegner seien »Schurkenstaaten« oder gar, er kämpfe im Namen Gottes oder im Namen der Gerechtigkeit oder des Guten gegen eine »Achse des Bösen«. Dies genau nun ist zentral gegen das Eigentliche des Evangeliums gerichtet, das wir von Jesus Christus hören. Das eben ist genau die Umkehr des Christentums in sein Gegenteil.

Er verwischt alles!, sagte man. Er macht es den Leuten

zu leicht. Er stellt keine Bedingungen. Er verlangt keine
Gesinnungsänderung, keine Bescheidung, kein Bußbe-
kenntnis, keine Beichte, keine Wiedergutmachung, keine Bestrafung. Er sagt zu jedermann: Lass, was dich belastet, vor der Tür liegen und komm! Lass, an was du
verzweifeln willst, vor der Tür. Leg ab, was du getan hast,
Gutes und Böses. Es spielt keine Rolle. Nichts, was du
getan hast, interessiert mich. Was mich interessiert, bist
du selbst. Komm, ich will mit dir feiern! Wenn dich dein
Gewissen belastet oder deine Vergangenheit, dann höre
auf die Einladung. Die Einladung zum Mahl, die ich aus-
spreche, ist die Vergebung der Sünden. So einfach ist das.
Und so unmöglich für eine geordnete Religion. Zu sagen:
Komm, es ist alles gut, ist der Anfang, von dem aus alles
gut wird. Zu sagen: Es ist alles gut, es wird alles gut sein,
das und nichts anderes ist das Evangelium.

Was für ein Leben aber zeigte Jesus diesen von der Straße
hereingerufenen Menschen? Er fing nicht mit einer Mo-
rallehre an. Er erzählte Geschichten, in denen sie alle
vorkamen. Geschichten, in denen sich ereignete, was
nun in diesen Menschen geschehen sollte. Er erzählte
seine Gleichnisse, etwa dieses:

> »Hört! Ein Bauer ging auf seinen Acker, um zu säen. Als
> er die Saat auswarf, fielen einige Körner auf den Weg, wo
> die Vögel sie auffraßen. Andere fielen auf festen Grund,
> wo wenig Erde war und wo sie bald welk waren. Einige
> fielen in ein Gestrüpp, und die Hecken wuchsen auf und
> erstickten sie. Das Übrige aber fiel in gutes Land und gab
> Frucht, hundertfach oder sechzigfach oder dreißigfach.«
> *Matthäus 13, 3–8*

Ihr seid Erde, sagte Jesus den Menschen. In euch will etwas hineinfallen, das euch das Leben verschafft. Nehmt
es auf. In euch will die Nähe der Güte Gottes heran-
wachsen. Aus euch will das hervorwachsen, was wir das

»Reich Gottes« nennen: Ein Leben im Schutz Gottes. In der Liebe Gottes. Ein sinnvolles Leben, das einem großen Ziel entgegengeht.

Er erzählte auch:

>»Ein Bauer stieß beim Pflügen auf etwas Hartes. Als er nachgrub, fand er einen vergrabenen Schatz. Aber der Acker gehörte ihm nicht. So deckte er den Fund wieder zu, ging nach Hause, verkaufte seinen ganzen Besitz und kaufte dafür den Acker. Da konnte er den Fund nach Hause tragen.« *Matthäus 13, 44*

Grabt ihn also aus! Gebt hin, was ihr dafür hingeben müsst! Es wird in euch zur Lebenskraft werden, zur Klarheit über Gott und euch selbst. Zum Vertrauen, zum Glauben. Ihr seid selbst der Ort, an dem Gott auf euch wartet. Sucht ihn! Ihr werdet ihn finden! Euer Leben wird euch gelingen, ganz gleich, wie es im Übrigen verlaufen mag.

Jesus weckte in den Menschen das, was wir den »Mut zum Sein« nennen. Einen Mut, der nicht auf Krücken oder Ersatzkräfte oder auf Träume angewiesen ist. Den Mut, sich dem unberechenbar lebendigen Leben auszusetzen, den Mut, zu widerstehen, wo deformiert oder zerstört wird. Den Mut, Liebhaber des Lebens zu sein, wurzelhaft verbunden mit einer großen Hoffnung, der Hoffnung auf die Wandlung aller Dinge.

Noch einmal: Das Besondere am Christentum ist nicht irgendein Dogma. Nicht irgendeine Lehre. Nicht einmal die Bergpredigt. Viele ihre Anweisungen kann man auch bei Buddha oder Laotse finden. Auch nicht das Liebesgebot. Das hat auch die indische Frömmigkeit auf vielerlei Weise besungen. Das Besondere ist nichts als die einsame Gestalt jenes Jesus, der die Menschen zu einer Heimkehr zu Gott rief, ohne ihnen Bedingungen zu stellen. Der dafür sein Leben hingab.

Denn als Jesus die Ausgegrenzten, Ausgestoßenen zum Fest lud, protestierten die Ordentlichen: »Wenn der von Gott käme, hätte er eine andere Tischgesellschaft, zum Beispiel uns.« Aber Jesus antwortete: »Die Gesunden brauchen keinen Arzt, den brauchen die Kranken; ich rufe nicht die zu Gott, die schon am Ziel sind, sondern die anderen« *(Lukas 5, 31–32)*.

Ich höre Jesus so sagen: Ich bin nicht interessiert daran, mein Gesicht zu wahren, wohl aber das Gesicht aller Menschen. Ich bin nicht an meiner Freiheit interessiert, wohl aber an der Freiheit aller. Ihr sucht einen Prediger, der euch bestätigt, euch und eure sozialen Abstufungen, und messt die Nähe zu Gott, die einem Menschen zukommt, an den Gesetzen und religiösen Ordnungen, an eurem Bild von Frömmigkeit, an euren Vorstellungen vom elitären Einzelnen. Aber für mich gehen das gemeinsame Leben vor der Selbstverwirklichung der Besonderen und das Einstehen des Einen für den Anderen vor dem Glück der Stärkeren. Und wenn ihr mir zugehören wollt, dann seht zu, was ich tue, und tut es mit mir zusammen! Ihr könnt es.

Für Jesus war die Heilung einzelner Menschen nicht das Ganze. Ebenso dringend war ihm die Heilung der Risse und Brüche in den Dorfgemeinschaften, in den religiösen Gruppen und Parteien, im gemeinsamen Leben überhaupt. Vor seinen Augen bröckelte eine ganze Schicht von Dirnen, Zuhältern, Opportunisten, von Betrügern und Erpressern, aber auch von machtgierigen Herren, von Reichen und Regierenden vom heiligen Volk ab. Die Gesetzlosen stürzten ins Bodenlose, und die Hüter des Gesetzes hoben sich ab in eine scheinbar heile Ordnung.

Er aber suchte das geschwisterliche Volk. Er stieg die lange Wendeltreppe hinab zu den Verrufenen, den Ausgegrenzten. Er lud sie zum Essen ein, sie luden ihn ein, und er speiste mit ihnen. Das Essen, das gemeinsame, war das Zeichen der Zusammengehörigkeit und der sozialen Anerkennung.

Es ist immer dasselbe Gesetz, seit Jahrtausenden. Wer oben sein will, braucht einen, der unter ihm steht. Wer als guter Mensch dastehen will, braucht die, die er die Bösen nennt. Wer solche Trennungen aufheben will, fällt selbst unter die Bösen.

Es war früh deutlich: Ein solcher Angriff auf das gesunde Volksempfinden kann nicht gut ausgehen. Hier lag denn auch der Grund dafür, dass Jesus, menschlich gesehen, am Ende gescheitert ist.

Von Siegfried von Vegesack gibt es ein Gedicht, überschrieben »Legende von der Vorstadtdirne«.

> Einer hochbetagten Vorstadtdirne
> Kam das Leben nicht geheuer vor,
> Und so hing sie sich mit einem Zwirne
> Vor das erste beste Tor.
>
> Kam ein Oberlehrer steif geschritten,
> Tief versunken in sein kluges Buch,
> Bis das Bein der Vorstadtdirne mitten
> Ihm auf seine Brillengläser schlug.
>
> Stehen blieb er, fassungslos entrüstet:
> »Hängt das Laster schon an jedem Tor?
> Dass es sich sogar im Tode brüstet
> Mit dem Seidenstrumpf aus grünem Flor!«
>
> Und er rückte sich zurecht die Brille,
> Starrte aufwärts, scharf und unverwandt:
> »Augenscheinlich war es Gottes Wille!
> Gott sei Dank – ich hab sie nicht gekannt!«
>
> Kam der Heiland, ein verhöhnter Jude,
> Und blieb sinnend vor dem Tore stehn.
> Sagte sanft und leise: »Trude –
> Komm, du sollst jetzt auferstehn!«

Und Er löste sie von ihrem Zwirne,
Zog sie an sich, brüderlich und warm.
Und es schmiegte sich die Vorstadtdirne
Liebevoll in seinen Arm...

Zwischen Bänkelsang und fast frivoler Erzählkunst sagt
dieses Gedicht sehr genau, wer Jesus war. Und es sagt
auch, warum gerade dieser Jesus, der die Lumpen suchte
und einlud, unter uns Christen so verehrt ist und zugleich so unendlich fremd und praktisch unerwünscht
bleibt.

3

Die beiden verlorenen Söhne
und der verlorene Vater

Dabei trat nun die charakteristische Störung ein. Die
Leute aus dem Dorf liefen zusammen und sahen sich die
Sache an: Das darf doch nicht wahr sein, dass dieser
berühmte Lehrer und Arzt mit dem Gesindel zusammen
feiert, von dem wir alle uns so sorgfältig fernhalten! Und
wenn es drinnen laut und bewegt zuging, sagte man:
»Schaut euch das an! Was ist dieser Mensch ein Fresser
und Weinsäufer, ein Kumpan von Ausbeutern und Gesetzlosen!« *(Matthäus 11,19)* Und während drinnen die
Menschen zu ahnen begannen, dass es auch für sie so etwas wie eine Zugehörigkeit gäbe, eine andere Weise zu
leben, während in ihnen vielleicht so etwas wie Lebens-
freude entstand, etwas wie die Ahnung von einem Weg,
den sie gehen könnten, von einem Ziel ihres Lebens und
von einem Sinn, von einem Segen auch, der über ihrem
Leben ausgesprochen sei, bildete sich draußen auf der

Straße vor dem Haus eine Front des Widerstandes. Und ich kann mir denken, dass Jesus aufstand und hinausging zu den vielen verbissenen Gesichtern. Und dass er tat, was man auf einem Fest im Orient immer getan hat: Er erzählte eine Geschichte. Eine Geschichte, in der sie alle vorkommen, die drinnen und die draußen. So höre ich ihn sagen, gewandt an die Kritiker und die Gegner:

>>Ich kann mir nicht denken, dass einer unter euch anders verfährt als jeder Schafhirt, der seine Aufgabe ernst nimmt. Nehmt an, er hat hundert Schafe. Eines davon läuft ihm weg. Er lässt augenblicklich seine Herde allein, macht sich auf die Suche nach dem einen und geht ihm nach, bis er es findet. Und wenn er es gefunden hat, nimmt er es auf die Schulter und freut sich. Ich sage euch: So freut sich Gott über jeden einzelnen Gottlosen, der zu ihm umkehrt, mehr als über neunundneunzig Gerechte, die meinen, eine Umkehr, einen Neuanfang für ihre Gedanken und ihre Lebensführung nicht nötig zu haben.<< *(Lukas 15,1–7)*

Er erzählt – und jeder seiner Hörer weiß, dass er von ihm redet:

>>Es war ein Bauer, der hatte zwei Söhne. Die arbeiteten mit ihm auf dem Feld und im Haus, und es ging ihnen gut. Eines Tages sagte der Jüngere, vielleicht achtzehnjährig, zu seinem Vater: ›Ich habe es satt, hier zu sein und Tag für Tag auf dem Acker zu arbeiten. Ich will etwas erleben. Du hast gesagt, ich würde später einmal Geld von dir erben. Gib es mir jetzt! Später brauche ich es nicht.‹ Der Vater wurde traurig, als er hörte, dass sein Sohn nicht bei ihm bleiben wollte. Aber der ältere Bruder sagte: ›Lass ihn laufen. Er taugt sowieso nichts.‹ Am anderen Tag gab der Vater dem Jungen das Geld. Der packte seine Sachen und ging fort. Er sagte nicht, wohin er gehen wollte. Vielleicht wusste er es selber nicht. Er wanderte Tag um Tag und freute sich, dass er frei war. Und wenn er an seinen Bruder dachte, dann lachte er und

sagte: ›Der Dummkopf arbeitet auf dem Feld!‹ Manchmal fuhr er ein Stück mit dem Wagen, manchmal mie-
tete er sich ein Pferd und ritt ein Stück. Er hatte ja Geld.
Er war glücklich. Nur manchmal fühlte er sich allein.
Alle seine Freunde waren zu Hause geblieben, und neue
Freunde fand er nicht so leicht. Außer dann, wenn er
abends in einem Wirtshaus die jungen Leute, die er dort
traf, zum Trinken einlud.« *(Lukas 15,11–13)*

In unserem Neuen Testament wird die Geschichte zwei-
fellos nur in ihren Grundzügen erzählt. Die orientalische
Erzählweise ist viel farbiger und ausführlicher. Ich will
versuchen, sie in ihrer ganzen Länge zu schildern.

Eines Tages zählte er die letzten Cents, die er noch in
der Tasche hatte. Er war allein und wusste: Das reicht
gerade noch für heute und morgen. Dann habe ich nichts
mehr. Was soll ich tun? Er verkaufte seinen schönen
Mantel, dann seine Jacke, dann sein Hemd an einen
Wirt. Der gab ihm ein paar alte Lumpen dafür und etwas
zu essen. Und als er nichts mehr hatte, sah er neben der
Straße eine Herde Schweine. Niemand war dabei. Als er
durch das nächste Dorf kam, fragte er die Leute: »Wem
gehören die Schweine dort draußen?« Und als er den
Besitzer fand, sagte er: »Ich habe nichts mehr, ich muss
arbeiten. Brauchst du einen Hüter für deine Schweine?«
Der Mann sah ihn von oben bis unten an und dachte: So
zerlumpt, wie der aussieht, kann er nicht viel taugen.
Aber zu den Schweinen passt er. Und er sagte: »Gut, geh
hinaus zum Schweinestall. Wenn du tüchtig arbeitest,
kannst du bleiben.«

Der Junge trieb von da an die Schweine morgens aus
dem Schweinestall einen schmutzigen, sumpfigen Weg
entlang auf die Weide und abends durch den schwarzen
Morast wieder in den Stall. Dort schlief er bei den
Schweinen auf einem Haufen Heu. Als er eines Tages
nach seinem Lohn fragte, meinte der Bauer: »Sei froh,

dass ich dir das Essen gebe und den Schlafplatz!« Aber
auch das Essen wurde immer weniger. Morgens stand er
hungrig auf, und abends legte er sich hungrig schlafen.
Wenn er nachts in dem finsteren Stall auf dem Heu lag,
dachte er an Zuhause: Auch mein Vater hat Knechte.
Die hüten ihm seine Schafe und seine Ziegen. Aber die
haben ein Bett. Die haben genug zu essen. Wenn ich bei
ihm Knecht wäre, ginge es mir besser. Richtig. Ich gehe
nach Hause und sage zu meinem Vater: Ich habe mein
Erbe verbraucht. Es war Unrecht, dass ich weggelaufen
bin. Ich bin nicht mehr dein Sohn. Ich will einer von deinen Knechten sein. Ich will alles tun, was du willst. Als
es Morgen wurde, trieb er noch einmal die Schweine auf
die Weide hinaus, dann ging er zu dem Bauern und sagte:
»Ich gehe.« »Wie du willst«, antwortete der und ließ ihn
ziehen. Und der Junge wanderte den weiten, weiten Weg
nach Hause. Viele Tage lang lief er von morgens bis
abends. Manchmal gab ihm jemand etwas zu essen oder
einen Platz zum Schlafen.

An einem Abend, als er fast nicht mehr konnte, blieb
er plötzlich stehen und warf die Arme in die Luft vor
Freude: »Dort fangen unsere Felder an«, rief er. »Und
dort ist das Haus!« Und obwohl er zum Umfallen müde
war, lief er weiter, immer auf das Haus seines Vaters zu.
Auf einmal blieb er stehen: »Wenn er mich jetzt gar nicht
mehr will? Wenn der Vater sagt: Du willst doch frei sein.
Geh wieder, woher du kommst! Und wenn der Bruder
sagt: Was will der Landstreicher hier? Fort mit dem!
Wenn sie mich fortschicken, was soll ich dann tun?«

Aber vor dem Haus stand der Vater und suchte mit den
Augen die Straße ab. Irgendwann, das wusste er, würde
sein Sohn wiederkommen. Jeden Abend stand er so, wenn
die Arbeit getan war. Und diesmal sah er ihn! Dort! Ja, das
war er. Endlich! Und der Vater lief ihm entgegen, nahm
ihn in den Arm und drückte ihn an sich: »Mein Junge!

Endlich bist du wieder da!« Und der Sohn sagte, wie er es sich vorgenommen hatte: »Dein Sohn kann ich ja nicht mehr sein, aber ich will als Knecht bei dir arbeiten.«

»Nicht mehr mein Sohn?«, lachte der Vater und rief zwei Knechte, die in der Nähe standen: »Holt einen guten Anzug und Schuhe! Und holt ein Kalb und macht uns ein Festessen. Denn der hier, mein Sohn, war tot und ist wieder lebendig! Wir hatten ihn verloren und haben ihn wiedergefunden.« Und die ganze Familie und alle Knechte und Mägde machten ein großes, fröhliches Fest. Ein Fest wie das, das da drinnen in der Hütte mit dem bunten Gesindel stattfindet.

Nur der ältere Bruder war nicht da. Wo war der ältere Bruder? Der war auf dem Feld und arbeitete. Als es dunkel war, kam er müde nach Hause und fragte einen Knecht: »Was ist da los? Warum ist da Musik? Warum wird da getanzt?« So, wie ihr hier draußen jetzt fragt. »Dein Bruder ist wiedergekommen«, antwortete der. »Dein Vater ist froh, dass er ihn gesund wiederhat. Da hat er ein Festessen auffahren lassen, und alle sind fröhlich und feiern.« »Mein Bruder?« fragte der Ältere. »Der Taugenichts? Der Landstreicher: Da soll ich mitfeiern? Nein. Ich nicht.« Und er blieb draußen am Eingang stehen und ging nicht hinein.

Der Vater sah ihn vom Fenster aus und ging hinaus zu ihm, wie ich zu euch herauskomme: »Junge! Komm herein! Dein Bruder ist gekommen!« Aber der Sohn antwortete zornig: »Ich arbeite hier Jahr um Jahr und habe kaum einen freien Tag. Meinetwegen werden keine Feste gefeiert. Aber jetzt, wo der kommt, gibt es ein rauschendes Fest!« Aber der Vater nahm ihn an der Hand: »Mein Sohn, du bist immer bei mir. Was mir gehört, gehört auch dir. Aber nun ist dein Bruder wiedergekommen, nicht irgendein Landstreicher, sondern dein Bruder. Komm, wir wollen feiern!« *(Lukas 15,14–32)*

Und während Jesus das erzählt, geht im Haus der Lärm des Festes weiter. Wie in der Geschichte, in der Jesus erzählt hatte: »Sie fingen an zu feiern, und es war Gesang und Reigentanz und fröhlicher Lärm.«

Das ist also die Situation: Ein Dorf ist geteilter Meinung. Die Einen sagen: Das Reich Gottes gehört denen, die gerecht sind und die Gebote Gottes halten, wie unsere Väter es getan haben. Die Anderen sagen: Gott sei Dank, das Reich Gottes gehört denen, die nach Hause kommen wollen, was immer sie draußen getrieben haben. »Selig sind, die Heimweh haben, denn sie sollen nach Hause kommen«, sagte Jung-Stilling. Das Reich Gottes ist nicht eine moralische Anstalt, sondern eine Heimat für die, die ein Zuhause suchen. Und die Tür ist offen.

Ich stelle mir vor, dass Jesus den Leuten über den Zaun die Hand hinstreckt. Und dass keiner einschlägt. Und dass Jesus wieder hineingeht, traurig, zu dem Fest derer, die die Hochzeit Gottes mit den Menschen feiern.

Die Geschichte ist uns vertraut. Die Geschichte vom »verlorenen Sohn« oder von den zwei »verlorenen Söhnen« oder auch die Geschichte vom verlorenen Vater. Wobei »verloren« nicht heißt böse oder unmoralisch, sondern irgendwo verschollen, wo ihn niemand mehr findet.

Man hat aber nun den Sinn der Geschichte immer wieder zugespitzt auf das Verhältnis zwischen dem Jungen und dem Vater. Dann ist der ältere Bruder eigentlich eine Randfigur. Aber das Gleichnis wendet sich ja nicht an die Davongelaufenen und Heimgekehrten, die jetzt das Fest feiern, es wendet sich sehr konkret an die älteren Brüder und Schwestern, die draußen vor dem Zaun stehen. Die Geschichte spielt in einem Dreieck.

Man hat immer wieder gemeint, der Sinn der Ge-

schichte sei der, dass Jesus sich an die Sünder wendet
und sagt: Ihr seid einmal davongelaufen, nun kommt
zurück, gebt eure Schuld zu, dann wird alles gut. Und an
der Geschichte wurde alles falsch.

Denn dann sagt die Geschichte zu uns, den Hörern:
Du bist einmal deiner Kirche davongelaufen, komm als
ein reumütiger Sünder zurück, bekenne deine Verloren-
heit, dann nimmt dich die Kirche in Gnaden wieder an.
Und genau das meint das Gleichnis nicht. Was meint
es? Es meint: Das Reich Gottes wächst dort, wo du den
Schritt tust von der Straße deiner eingebildeten Rechtschaffenheit zum gemeinsamen Fest aller Menschen.

4

Weg und Geschick des Mannes aus Nazaret

Mahatma Gandhi starb durch die Kugel eines Hindu, der
darüber empört war, dass Gandhi die kultischen Vorschriften, die dem Kastenwesen in Indien seine Härte
gaben, außer Kraft setzen wollte. Martin Luther King
wurde ermordet, weil er für die Schwarzen seines Landes die Menschenrechte einklagte und ihre Gleichbe-
rechtigung durchsetzte. Und Jesus starb deshalb, weil
für ihn die Befreiung der Menschen wichtiger war als die
Einhaltung irgendeiner menschlichen Ordnung.

Denn aus dieser Ursituation rund um jene Mahlzeiten
kam für Jesus die tödliche Gefahr. Wenn gelten sollte,
was Jesus sagte und tat, dann verloren die Gesetzesleh-
rer in den Dörfern ihre moralische Autorität, die Synagogen als normgebende Instanzen ihre Funktion. Die
Priester am Tempel, die das Ritual für Sanktionen gegen

Übeltäter und für Buße und Vergebung hüteten, sahen die Entleerung aller rituellen Ordnungen. Sie schlugen zurück. Und Jesus sah das natürlich. Er hat die Gefahr immer wieder angedeutet, und am Ende war sein Schicksal unvermeidlich. Ihm blieben zuletzt zwei Möglichkeiten: Er konnte sein Leben retten, indem er verleugnete, was er den Armen von Galiläa zugesagt und gezeigt hatte. Und er konnte dazu stehen und sterben. Was er aber mit seinem Tod zeigte, das war: Ihr Freunde und Freundinnen von Galiläa, ich stehe zu dem, was unter uns gegolten hat. Unsere Mahlzeiten waren Zeichen für die Wahrheit zwischen Gott und euch. Ich gebe euch Brief und Siegel: So ist Gott! Er will von euch, dass ihr kommt. Und das ist das Ziel: das Fest im Reich Gottes! Das könnt ihr festhalten. Dafür bürge ich. Dafür will ich die Kosten tragen.

Und dieses Evangelium gilt, auch für uns Bürger dieses 21. Jahrhunderts: Du kannst deinen Weg im Frieden gehen. Unabhängig davon, was dir gelungen oder misslungen ist, wie überzeugend dir die Gestalt deines Lebens geraten ist. Verlangt sind nicht die mühsame Einübung in Gedankengebäude oder die asketische Bemühung, nicht die Unterwerfung unter die rigide moralische Macht einer Kirche, sondern nur dies: kommen, vertrauen, ablegen, mitfeiern. Heute und später irgendwann einmal, wenn du den Staub deiner Wege auf der Erde von den Schuhen abgestreift haben wirst.

Jesus hat Türen geöffnet. Er sagt sogar, er sei selbst die Tür. Sein Tod war die Quittung für seine Bemühung als Türöffner. Und er wurde umgebracht, weil er die Türsteher und Rausschmeißer überflüssig gemacht hatte. Er erfuhr, was viele erfahren: Dass es Menschen gibt, denen an Türschlössern gelegen ist, oder die offene Türen zuwerfen ohne Rücksicht auf die, die in ihnen stehen. Johannes sagt es, indem er ein Wort Jesu zitiert: »Ich bin der gute Hirte. Ich lasse mein Leben für die Schafe« *(Jo-hannes 10,11)*. Dies und nichts anders ist die Mitte, ist das Herz des Evangeliums: dieses Scheitern, in dem der zu Tode Gequälte sich als der Liebende offenbart.

Was man sich in der christlichen Geschichte von allem Anfang an zu dieser Geschichte hinzu ausgedacht hat, atmet aber weniger den Geist Jesu als den Geist derer, die ihm widerstanden hatten. Man hat früh, schon unter den Sprechern der ersten Gemeinde, die sich nach Jesus bildete, behauptet, Gott sei zornig über uns Menschen und er hätte uns unsere Sünden nicht vergeben können, wenn nicht sein eigener Sohn stellvertretend für uns ge-storben wäre. Man wiederholte also, was die Priester am Tempel in Jerusalem immer gesagt hatten: Wenn du nicht etwas opferst, ein Lamm oder einen Stier oder we-nigstens eine Taube, dann kann dir Gott nicht seine Liebe zuwenden. Wenn du nicht darauf vertraust, dass Jesus als das Lamm Gottes an deiner Stelle gestorben ist, dann kannst du bei Gott keine Gnade finden. Damit aber zerstörte man eben das Vertrauen und den schlich-ten Glauben, den Jesus in den Ärmsten unter seinen Gästen geweckt hat. Es ist doch umgekehrt: Weil Jesus nicht vom zornigen, fordernden, richtenden und rächen-den Gott sprach, sondern vom Vater, und weil er damit das ganze religiöse Ritual am Tempel und sonstwo prak-tisch überflüssig machte, darum wurde er umgebracht.

Oft und in vielen Varianten wurde immer wieder in der Geschichte der Christenheit der Gedanke vertreten, Gott müsse begütigt werden, versöhnt mit der Bosheit des Menschen und zwar eben durch das »Lamm« Chris-tus. Aber schon Paulus sagt etwas ganz anderes: »Wir bitten euch an des Christus Statt: Lasst euch versöhnen mit Gott!« *(1. Korinther 5,20)*. Das heißt: Das wollte Chris-tus, als er seinen Tod auf sich nahm, dass das Bild seines

Opfers uns mit Gott versöhnt. Paulus sagt: Legt eure schrecklichen Bilder von Gott weg, die Bilder vom gleichgültigen Gott, vom moralischen Gott, von dem Gott, der von den Gesetzeslehrern und den Priestern vertreten wird, vom ungerechten Gott, von dem schwachen Gott, von dem Gott, der dem grausamen Geschehen der Weltgeschichte nichts entgegensetzt oder entgegenzusetzen hat. Legt eure verqueren Vorstellungen von Gott weg und kommt nach Hause! Nicht Gott muss versöhnt werden, sondern ihr selbst. Lasst eure Anklagen gegen Gott, denn Gott lädt euch ein, wie Jesus die Menschen von Galiläa zu sich eingeladen hat. Er will euch entlasten, befreien, ermutigen. Er hat euch nicht die Strafe zugedacht, sondern das Leben.

Oft und auf vielerlei Weise ist auch immer wieder gesagt worden und wird noch gesagt, damit werde die Sache doch zu sehr vereinfacht. Man mache es den Menschen auf diese Weise doch zu leicht. Aber wenn wir das für uns maßgebende Bild von den Festmahlen in Galiläa ernstnehmen, ist es wirklich so einfach. Es ist so einfach, dass die Armen in den dortigen Dörfern, die nicht lesen oder schreiben konnten, die vom Gesetz, das man in den Synagogen lehrte, nichts verstanden, es fassen konnten. Es war so einfach wie die Geschichte vom verlorenen Sohn, der seinen Vater auf keine Weise versöhnen musste, nicht einmal durch ein Sündenbekenntnis, geschweige denn durch ein Opfer, der vielmehr aus seinem Elend nur einfach nach Hause kommen musste, um am richtigen Ort und im richtigen Verhältnis zu seinem Vater zu sein. Es gibt unter den Geschichten, die Jesus erzählt, aber keine, die so deutlich sagt wie diese, was seine Absicht war mit den Menschen, zu denen er sprach. Damit forderte er den tödlichen Hass heraus, der ihn am Ende das Leben kostete. Indem Jesus diesen Tod auf sich nahm, zeigte er den Menschen, für die er gelebt hatte: Was ich euch über den Vater im Himmel gesagt habe und über seine bedingungslose Einladung, was ich euch gesagt habe über das Fest, zu dem wir gerufen sind, das gilt! Das meine ich ernst! Dafür stehe ich ein! Und wenn sie mich umbringen.

Das aber eben war der Skandal: Da kommt irgendein haltloser Mensch und lässt sich am Tisch nieder. Wie steht es denn nun mit all dem Unrecht, das er getan hat? Mit all den Brutalitäten, Gemeinheiten und Heucheleien, mit denen er sich bislang durch sein Leben geboxt oder gelogen hat? Und so gab es in der späteren Christenheit immer wieder jene, die Ordnung in die Sache bringen wollten, die ihre Kirchen und Gemeinden vor der Großzügigkeit Jesu zu bewahren strebten. Wie sieht es denn bei unseren evangelischen Abendmahlsfeiern aus? Da wird die Gemeinde aufgefordert, ein Sündenbekenntnis abzulegen, eine gemeinsame Beichtformel zu sprechen und die Bitte um Vergebung anzufügen. Danach wird gefragt: »Ist dies in Wahrheit euer Bekenntnis und eure Bitte?« Wenn dann die versammelte Gemeinde mit »Ja« geantwortet hat, folgt ein Vergebungswort im Namen des Vaters und des Sohnes und des Heiligen Geistes, das möglichst von einem berufenen Diener der Kirche gesprochen werden muss, damit sicher ist, dass es auch gilt. Erst danach wird eingeladen: »Kommt, denn es ist alles bereit.« Aber bedenken wir: Mit diesem Ablauf hätten sich die Gegner Jesu auch einverstanden erklären können. Diese Reihenfolge war doch eben das, was sie durch Jesus bedroht, es war die Ordnung, die sie missachtet sahen. Hätte sich Jesus an sie gehalten, hätte man ihn nicht umbringen müssen. Es war das bleibende Verdienst des Paulus, dass er, als er von der Gnade Gottes sprach, eben daran festhielt. Es ist nach ihm allein die Einladung, die uns die Tür öffnet, und allein der Glaube, der den Schritt durch die Tür wagt.

Dennoch blieb für die ersten Christen nach dem Tod Jesu alles voller Rätsel, und sie fingen an zu fragen: Warum musste dieser Tod sein? Sie begannen zu deuten, was so rätselvoll war, und suchten nach einem Sinn.

Die erste Deutung, die sie fanden, war der Gedanke vom »leidenden Gerechten«, den schon das Alte Testament besingt. Da lasen sie im *Psalm 22*:

> »Sie haben meine Hände und Füße durchstochen.
> Ich kann alle meine Knochen zählen.
> Sie schauen zu. Sie sehen auf mich herab.
> Sie teilen meine Kleider unter sich
> und werfen das Los um mein Gewand.«

Als sie die Passionsgeschichte aufschrieben, lasen sie diese Stelle und zitierten sie. In *Markus 15,24* beschrieben sie so den Tod des Unschuldigen, den der Hass tötet. Aber ihr Fragen ging weiter:

Wenn Gott überhaupt etwas mit einem solchen Schicksal vorhat, was sollte es bewirken? Da lasen sie in *Jesaja 53,4* die Geschichte vom »Knecht Gottes«, den die Torheit und der Irrglaube seines Volkes tötete, und zitierten das Klagelied über ihn in *Matthäus 8,17*: »Er hat unsre Schwachheiten auf sich genommen.« Oder in *Jesaja 53,5*: »Er ist um unserer Missetat willen verwundet und um unserer Sünden willen zerschlagen. Die Strafe liegt auf ihm, damit wir Frieden hätten, und durch seine Wunden sind wir geheilt.« Der »Gottesknecht« war der hingerichtete Heilige, der in seinem Sterben für die eintrat, die an seinem Tod die Schuld trugen, und der ihnen die Chance gab, von dieser Schuld befreit weiterzuleben.

Von hier aus fanden sie dann sehr verschiedene Bilder und Vergleiche, an denen sie zeigten, was nach ihrem Glauben durch den Tod Jesu für sie geschehen war. Sie sind durchaus nicht einheitlich, sie nähern sich dem Rätsel dieses Todes vielmehr von sehr verschiedenen Seiten her: Sie sprachen von »Versöhnung« und meinten die Heimkehr eines »Sohnes« zu seinem Vater. Sie sprachen von »Loskauf« und meinten den Vorgang, wie einer auf einem Sklavenmarkt einen Sklaven kauft und danach frei lässt. Sie sprachen von »Gefangenenbefreiung« und meinten: Wie Gefangene von irgendeiner Macht eingeschlossen sind und durch irgendeine dritte Macht befreit werden, so werden wir frei von der Macht des Unrechts und des Todes durch eben diesen Tod. Sie sprachen von »Schuldentilgung« und meinten: Wie ein hochverschuldeter Mensch, der keine Aussicht hat, seine Schulden je zurückzuzahlen, von einer zu erwartenden Strafe frei wird dadurch, dass ein anderer für ihn bezahlt, so ergeht es uns durch ihn. Sie sprachen von »Begnadigung« und wollten damit sagen: Wie ein Staatsoberhaupt gegenüber einem Verurteilten sein Gnadenrecht gebraucht, um ihm die Hinrichtung zu ersparen, so haben wir von Gott die Gnade des Freispruchs erlangt. Es sind alles Versuche zu deuten, was so rätselhaft war an dem schrecklichen Tod Jesu.

Eine weitere Deutung finden wir bei Lukas. Er bezeichnet in *Apostelgeschichte 3,15 und 5,31* Jesus als den »Vorausgänger«, als den »messianischen Anführer«. Er will sagen, mit seinem Weg durch den Tod führe er die Seinen zugleich mit sich und hinter sich her ins Leben. Lukas wandte sich nicht an jüdische Christen, sondern an Bürger des römischen Reichs, und mit dieser Deutung konnte es ihm gelingen, den Sinn von Jesu Tod und Auferstehung seinen nichtjüdischen Lesern zu erklären, ohne sie mit den Chiffren der jüdischen Tradition, mit Opfer, Rechtfertigung, Stellvertretung oder Sühne zu beschweren. Wenn Lukas sagt: »Für euch ist das geschehen« *(Lukas 22, 14–20)*, so meint er damit: Es geschah, damit ihr den Weg durch den Tod ins Leben findet.

Eine letzte Deutung, die im Grunde die alte ist und an

die Gastmahle in Galiläa direkt anschließt, finden wir bei Johannes. Er deutet so den ganzen Weg des Christus von Gott in diese Welt herein, sein Werk auf dieser Erde und seine Heimkehr zu Gott im Ganzen. Jesus kam, um von Gott zu künden. Durch das Wort, das er sagte, mehr noch durch das Wort, das er war, empfangen wir das Leben, und zwar dadurch, dass er uns seine Liebe und damit die Liebe Gottes zuwandte. »Wie er die Seinen geliebt hatte während seines Lebens, so liebte er sie bis zu seiner Vollendung«, sagt Johannes *(13,1)*. Das Kreuz ist für ihn die Vollendung seines Liebes- und Offenbarungsweges. Der Ertrag seines Todes ist Freiheit, ist Freude, ist Friede. Jesus ging nach Johannes seinen Weg in den Tod nicht gezwungen; er wählte ihn vielmehr in großer Freiheit *(Johannes 10,18)*, wie es wohl auch tatsächlich geschehen ist. Sein Tod ist der Weg, den er aus Liebe zu den Menschen wählt, auf dem er zu seinem Vater zurückkehrt und auf dem er die Menschen, denen er verbunden ist, mit sich ins Leben und ins Haus des Vaters führt. Damit sind wir wieder am Urbestand des Wissens um den Tod des Mannes aus Nazaret. Wir finden wieder zum Kern der geschichtlichen Vorgänge und zum Herzen des Evangeliums.

5

Wie ich selbst an Jesus geraten bin

Vielleicht muss ich an dieser Stelle ein wenig von mir selbst reden. Ich war als junger Mensch keineswegs das, was man einen Christen nennen könnte. Hölderlin, Goethe, Mörike waren die Welt, in die ich mich zurückzog, wenn mir das Grauen des Soldatenhandwerks zu viel wurde. Als ich einmal im Gefängnis saß, und nur das Lesen von Adolf Hitlers »Mein Kampf« und dem Neuen Testament erlaubt war, spiegelte sich mir darin die Schizophrenie, in der wir jungen Menschen von damals ohnedies lebten.

Ich hatte ein kleines Neues Testament bei mir, kaum größer als eine Streichholzschachtel, das mir aber ganz unbekannt war und in dem mir die Stimme eines Mannes namens Jesus begegnete. Der redete anders von Feinden und von Krieg und Frieden, als man es sonst tat. Anders von Gerechtigkeit. Er sah die Versager mit anderen Augen, ebenso wie er die Helden anders sah. Er sprach von einem anderen Reich als wir. Anders vom Leben und von seinem Sinn, anders vom Sterben. Anders von der Zukunft der Toten. Ich las damals seine Reden und die Geschichten über ihn als einen klaren Gegenentwurf zu allem, was wir damals denken konnten.

Ich nahm einen Menschen wahr, der von Gott sprach, als wäre es selbstverständlich. Der ihn als »Vater« ansprach und andere Autoritäten als ihn nicht kannte. Ich hörte von ihm, ich solle nicht gespalten leben, sondern als ein eindeutiger Mensch. Er wollte den Eid abschaffen, wohl auch den Fahneneid des Soldaten. Ich sah einen, dem seine persönliche Zukunft so wenig wichtig war, dass er weder Haus noch Familie noch Beruf noch irgendeine Sicherheit suchte, sondern von einer Zukunft der Menschheit sprach, die er »Reich Gottes« nannte.

Ich hatte andererseits den Eindruck, jener Jesus habe weder in seine Zeit gepasst noch werde er je in die meine passen. Er hatte etwas Klares, auch Hartes und Kantiges an sich, ganz anders jedenfalls war er, als ich im kirchlichen Unterricht von ihm gelernt hatte. Ich hörte ihn: Meint ihr, ich bringe Ruhe, Frieden, Freude, Eierkuchen? Nein, ich bringe eine Auseinandersetzung mit allem, was ist und gilt. Ihm waren das Erste und Wichtigste, das er von mir erwartete, der aufrechte Stand und der aufrechte Gang und das kämpferische Eintreten für die Benachteiligten. Er bestand für mich in den Antworten, die er mir auf meine damals aktuellen Fragen gab, und in dem Weg, den er mir wies.

Und dabei blieb es auf längere Jahre. Was mir damals nicht einleuchtete, das war sein Bild von Gott, dem gütigen, dem liebenden. Es passte nicht in meine Welt, in der meine Freunde abgeschossen wurden, verbrannten, zerfetzt wurden, in der in den Städten des Landes, das ich zu verteidigen hatte, Zehntausende von Menschen im Phosphorbrand verglühten. Und harmlos liebenswürdig ist mir Gott bis zum heutigen Tag nicht. Er ist mir in den Jahrzehnten seither keineswegs heller und lichter geworden. Er hat für mich bis heute beides in sich: das Licht und die Finsternis. Das Leben und den Tod. Was ich verstand, war: Du bist nicht allein. Du brauchst dein Leben weder zu sichern noch wegzuwerfen. Du bist gehalten, kannst Mut fassen. Niemand steht wirklich über dir außer Gott. Du kannst es wagen, zu deinem Glauben zu stehen gegen jeden Trend und jede Macht. Es gibt eine Wahrheit. Sie hat die Gestalt jenes Jesus von Nazaret. Du kannst Frieden finden. Der Tod kann dir nichts anhaben. Du findest das Leben. Du findest die Erfüllung und deine eigene Zielgestalt. Du kannst mit Jesus sagen: Vater!

Aber das war mir rasch deutlich: Was er sagte, wird sich nie in ein Dogma fassen lassen, nicht in einen Katechismus, nicht in eine kirchliche Struktur. Er sagt lediglich, er sei der Weg. Er sei die Wahrheit. Er sei das Leben. Und er zeigt es an ein paar Reden, an ein paar Zeichen. Er erzählt ein paar Geschichten, die jeder anders erfassen und deuten kann. Er tröstet ein paar Menschen, er heilt, er zeigt, wo verschlossene Situationen offen sind. Er greift die an, die meinen, alles, was Gott, die Welt und den Menschen angeht, könne in ein Regelwerk gefasst werden. Er hatte nicht einmal eine klare, vollständige Lehre, die sich in zwanzig oder hundert Paragrafen fassen ließe; er zeigte nur, wie er lebte. Und er zeigte, wie die Menschen leben könnten. Und wenn er von Gott redete, dann zeigte er nichts von tiefsinnigen philosophischen Gedanken über Gott; er zeigte nur, es handele sich zwischen Gott und den Menschen um eine Liebesgeschichte. Liebe sei die Urkraft in der Welt, auch in den Menschen, vor allem aber in Gott.

Und wenn die Menschen verstanden, was er meinte, fanden sie plötzlich Mut, sahen sie plötzlich klar über sich selbst, kümmerten sie sich plötzlich mehr um andere Menschen, die ihre Zuwendung nötig hatten, als um Vorschriften und Regelwerke des normalen Benehmens. Sie entwickelten Phantasie. Sie wurden renitent, wo gegen die Liebe und die Gerechtigkeit gehandelt wurde, sie wagten, sich zu opfern, Autoritäten anzugreifen, wurden starrköpfig, wenn es um das große Ziel ging. Sie erzählten neue Geschichten, sie zeigten neue Spielräume, neue Wege. Und sie versuchten, ihr eigenes Wesen, ihr eigenes Verhalten dem ähnlich zu machen, was sie an Jesus wahrgenommen hatten. Sie lebten nicht auf hohen Rössern, sondern gingen zu Fuß. Ihre Theologie wurde zu einer Theologie von Fußgängern, und sie begegneten dabei denen, die wie sie selbst zu Fuß durch ihr Leben gingen.

Den christlichen Glauben habe ich also nie definiert, wie man ihn mit den Mitteln irgendeiner Wissenschaft zu fassen versucht, ich habe nur immer wieder in anderen Farben nachgemalt, was ich sah oder was ich zu sehen meinte. Ein Aquarell entstand manchmal, nie eine Konstruktionszeichnung. Ich habe im Laufe eines langen Lebens immer deutlicher gesehen, dass, was Jesus tat, sehr einfach und sehr klar war und dass es keiner dickleibigen Lehre und keines finster blickenden Dogmas bedarf, es zu begreifen. Mir ist immer deutlicher geworden, dass Wahrheit zuletzt an ihrer Einfachheit und Menschennähe erkannt wird. Und wenn ich immer und immer wieder neu an Grenzen stoße, an denen mein Verstehen endet, dann höre ich aus den Worten Jesu heraus, man könne dem Unerreichbaren sich nicht anders nähern als so, dass man auch das Unerreichbare zu lieben versuche.

Und was ich am Ende gelernt habe, das sagt sehr schlicht Friedrich Rückert:

Gar viele Wege gehn zu Gott, auch deiner geht
zu Gott, geh ihn getrost mit Preisen und Gebet.
Und lass dich nicht darin von denen irre machen,
die andre Wege gehn, und mach nicht irr die Schwachen.
Wer mit auf meinem Weg will gehn, der sei willkommen;
und geh' ich auch allein, doch geh' ich unbeklommen.

Etwas Schönes
ist uns zugedacht

6

Uns wird eine Last abgenommen

Spielen wir noch eine Weile weiter mit der Geschichte von der Einladung in die Hütte, in der Jesus die Leute von der Straße versammelt, und bringen wir ein weiteres Schlüsselwort in die Szenerie ein.

Für die Tatsache, dass uns Kräfte zukommen, die nicht aus uns selbst sind und ohne die unser menschliches Leben auf dieser Erde keine Chance hat, zu gelingen, fanden wir das Wort »Gnade«. Was aber die »Gnade« konkret an uns wirkt, damit unser Leben gut und richtig wird, dafür haben wir ein neues, anderes Wort, den merkwürdigen Begriff der »Rechtfertigung«. Er meint: Wir werden gerecht, wir kommen zurecht, wir werden richtig. Wir finden die uns zugedachte Gestalt eines Menschen. Das Wort Rechtfertigung ist aus dem christlichen Sprachgebrauch, wie er in den langen Jahrhunderten geprägt worden ist, nicht auszusparen. Es sagt zwar den meisten Menschen nichts mehr, was ihnen erstrebenswert erscheinen könnte, aber was an ihm wirklich gemeint ist, müssen wir einmal verstanden haben, ehe wir nach einem verständlicheren Wort suchen.

Ich stelle mir vor: Jesus steht in der Tür und empfängt seine Gäste. Nun kommt ein Gerechter. Ein Ehrenmann, und Jesus sagt ihm: Du bist willkommen. Aber lass draußen liegen, was du hier nicht brauchst: dein Renommee, dein Ansehen, deine Leistungen, deine Qualitäten, deine Orden und Ehrenzeichen. Lass alles draußen liegen. Es gilt hier nichts. Und dann komm.

Dann kommt ein Anderer. Eine krumme Figur, die die Schuld eines langen Lebens mit sich schleppt. Und die Ausreden eines Lebens. Und Jesus sagt: Freund, komm.

Lass alles draußen liegen, was du getan hast. Es soll zwischen uns nicht mehr gelten. Leg es ab. Allen Schmutz, alle Gemeinheiten deiner Jahre. Komm herein und feiere mit uns. Du bist so, wie Gott dich haben will, wenn du mit uns am Tisch bist.

Da kommen irgendwelche Anderen. Die schleppen ihre Mahlzeiten mit. Zur Sicherheit. Und Jesus sagt zu ihnen: Das braucht ihr hier nicht. Hier drinnen gibt es genug.

All dies, dass uns Jesus auffordert, alles abzulegen, das Gute und das Böse, das Schöne und das Hässliche, das Wertvolle und das Wertlose, und einzutreten, nennen wir mit einem Wort, das wir heute kaum noch verstehen, unsere »Rechtfertigung«. Du bist Gott recht, sagt die Geschichte, nun tu nicht so, als müsstest du noch mit besonderen Leistungen oder Qualitäten glänzen, um mit Gott ins Reine zu kommen. Lege all deinen Stolz, alle Rechthaberei, aber auch allen Zwang, mit dem du dich selbst bestrafen willst, ab. Geh mit leeren Händen durch die Tür. Hier werden die Gerechten von ihrer Gerechtigkeit entlastet und die Ungerechten von ihrem Unrecht.

Dabei kann uns freilich auch deutlich werden, dass diese Lehre in der protestantischen Theologie an die falsche Stelle geraten ist. Sie ist uns zum Haupt- und Zielpunkt des Glaubens gediehen. Zum »articulus stantis et cadentis ecclesiae«, dem Artikel, »mit dem die Kirche steht und fällt«. Sie ist aber genau besehen nur der Zugang, der Eingang zu dem Raum, in dem danach das Eigentliche geschehen soll. Es gibt freilich keinen Umweg. Wir müssen durch sie hindurch, wenn wir in die Hütte gelangen wollen. Sie ist einer der schönen und kostbaren Artikel des Glaubens, und wehe uns, wenn wir sie auf irgendeine Weise umgehen wollten! Aber schon bei Paulus ist sie nur der Einstieg in die Gedanken des Römerbriefs und der übrigen Briefe.

Noch einmal: Wer hat Zutritt? Antwort: Jeder, der Anerkannte und der Außenseiter, der Korrekte und der Fragwürdige, der Leistungsfähige und der Versager. Was für Bedingungen muss der Ankommende erfüllen? Keine. Er muss nur Ja sagen und kommen. Was muss er dafür bezahlen? Nichts. Er ist einfach eingeladen. Was muss er mitbringen? Nichts. Wer eingeladen ist, braucht seine Lebensmittel nicht hereinzutragen. Was für Konflikte und Schwierigkeiten bringt er an den Tisch? Keine. Was für Verfehlungen, was für krumme Dinge? Antwort: Keine. Er legt alles vor der Tür ab. Er hört: Komm! Du bist mir recht, wie du bist. Ich nehme dich an. Ich nehme dich auf. Gott selbst nimmt dich auf. Der ankommende Gast wirft all sein Elend, aber auch seine Titel und Würden und Leistungen vor der Tür ab und beginnt sich zu freuen. Er lässt die Bosheiten seines Lebens vor der Tür liegen und ist, wenn er im Raum steht, ein Mensch nach dem Herzen Gottes. Er darf leben. Er darf dazugehören. Er darf vertrauen. Er darf glücklich sein. Es wird ihm weder eine Sühne auferlegt noch eine Wiedergutmachung oder Bußgesinnung, er wird vielmehr ein befreites Lachen anstimmen, ein Lachen der Dankbarkeit.

Ein Wort von Jesus, das uns schwer verständlich schien, wird heute auf einmal sehr klar. Er sagt:

> »Die Menschen drängen mit mir ins Reich Gottes hinein,
> mit Gewalt und ohne ein Anrecht zu haben.
> Unsere Gegner nennen uns Gewalttäter,
> die nicht warten wollen,
> bis irgendwann das Reich kommt,
> sondern die es heute an sich reißen.
> Aber dies ist die Stunde des Reiches Gottes.
> Alle Propheten haben auf diese Stunde hin
> ihre Weissagungen ausgesprochen.«
> *Matthäus 11, 12–13*

Haben sie, alle diese mehr oder weniger beschädigten Menschen, ein Anrecht? Ja, sie haben es. Sie sind eingeladen, und sie betreten den Raum als freie Menschen.

Was bist du wert, Mensch? Das ist die Grundfrage, die mit der Rechtfertigungslehre gestellt ist. Und sie antwortet: Nichts macht deinen Wert aus, das du selbst schaffen oder beitragen müsstest. Du bist so viel wert, wie einer in dir sieht, der dich liebt. Vertraue also darauf, dass Gott dich liebt. Du kannst Liebe auf keine Weise und nie und nirgends im Leben verdienen. Nichts bleibt dir, als für ein unverdientes Geschenk tief dankbar zu sein und dieser Dankbarkeit in der Liebe, die du weitergibst, einen konkreten, freundlichen Ausdruck zu geben. Alles, was wir »christliches Ethos« nennen, hat hier seinen Ursprung. Alles aber ist verschüttet und verloren, wenn wir, was wir danach tun wollen, in die Vorschriften irgendeiner Moral fassen. Dann sind wir – nach Paulus – in unsere vorchristliche Krise »zurückgestorben«. »Liebe – und tu, was du willst«, sagt Augustin. Nimm also die Liebe Gottes auf, spiegle sie und warte ab, in was für einem Tun und Verhalten sie sich darstellen will.

Was wir also die Rechtfertigung nennen mit ihrem Grundgedanken der souveränen Liebe Gottes, ist die eigentliche Kostbarkeit, ist das Herz des christlichen Glaubens. Man kann und darf am apostolischen Glaubensbekenntnis vieles als unverstehbar zur Seite legen. Man darf gerne selbst entscheiden, was einem wichtig sein soll an den vielen Gedanken, die unter Christen gedacht werden. Man wird aber diesen zentralen Punkt immer im Auge behalten müssen. Er ist in der Tat der Glaubenssatz, mit dem die Kirche nicht nur, sondern aller christliche Glaube steht und fällt.

Davon ist nichts abzumarkten. Es darf nur eins nicht geschehen: dass wir danach Halt machen. Denn nun soll sich etwas in uns abspielen. Nun soll sich an uns selbst und in uns etwas ändern. Bleiben wir bei unserem Grundgleichnis von der Einladung zum festlichen Mahl, so fragen wir uns: Bleiben wir denn nun die krummen Figuren, als die wir zuvor vor dem Haus gestanden hatten? Was spielt sich denn nun in uns selbst ab? Bei Paulus folgt dem Durchschritt durch das Tor der Rechtfertigung eine ganze Menge an Bildern und Vorstellungen, an Aussagen und Deutungen, die besonders in den evangelischen Kirchen nicht mit derselben Kraft festgehalten worden sind. Die lutherische Kirche betrachtet die Rechtfertigungslehre als die Mitte und das Ziel des christlichen Glaubens. Aber Paulus geht ja weiter. Er beschreibt die Wandlung unseres inneren Menschen in den unzähligen mystischen Bildern und Gedanken, die der Rechtfertigungslehre folgen. Und erst dort, so will mir scheinen, kann uns aufgehen, was uns die Rechtfertigungslehre gebracht hat.

Da redet Paulus nicht mehr vom Sünder, vom Verlorenen, der der Mensch sei, er redet vom geisterfüllten, erleuchteten, begnadeten Kind Gottes. Er redet vom Geist des Christus, von dem Menschen, der in Christus und in dem Christus sei, von dem Menschen, der den Weg des Christus mitgehe, der berufen sei, das Werk des Christus auf dieser Erde zu tun. Natürlich gibt es keinen Weg dorthin außer durch das enge Tor der Rechtfertigung, aber was folgt, ist nicht mehr die Rechtfertigung. Was dem Protestantismus widerfahren ist, das ist, dass er das Tor, die Rechtfertigungslehre, zum ganzen Haus erklärt hat und dass er, was in dem Haus der Christusmystik zu finden gewesen wäre, sich nie wirklich zu eigen gemacht hat, sondern unter dem Tor stehen blieb.

Ich habe anfangs gesagt: Eigentlich bedürften wir eines anderen Worts. Betrachten wir, was dort geschieht, wo Rechtfertigung erfahren wird, so sagen wir: Im

Grunde geht es um Entlastung. Ich möchte also vorschlagen, dass wir künftig statt von »Rechtfertigung« von Befreiung, von Entlastung reden, von Einladung und von der Weise, wie wir alles ablegen, was wir mitbringen. Sie findet vor der Tür zum Gastmahl statt. Es gibt keine andere Tür. Und durch diese Tür gehen wir und empfangen die Liebe dessen, der uns einlädt, dessen, der seinen Tod auf sich nahm, um uns in den Raum des Mahls und der Gemeinschaft einzuladen.

Was folgt dann? Es folgt, dass wir einen Raum betreten. Es folgen die Einbeziehung des Gastes in die Tischrunde. Es folgt die Mahlzeit und das Gespräch. Es folgt ein Wort wie »Friede sei mit dir!« Es folgt am Ende ein Segen für den, der den Raum wieder verlässt. Und all dies ist es, was das Wort »Rechtfertigung« ankündigt und vorbereitet. Nein, nicht das Wort »Rechtfertigung«, das sollten wir künftig vermeiden, sondern das Wort von der Befreiung und von der Entlastung.

7

Wir finden ein offenes Haus

Was also geschieht nun in uns selbst? Was ändert sich? Was für ein geistliches Leben kann danach entstehen, wenn wir sozusagen mit Jesus Christus in der Hütte sind? Wir kennen alle die Mühen, die man in der protestantischen Theologie damit von Anfang an gehabt hat. Und wenn wir die Briefe des Paulus lesen, dann kann uns auch deutlich werden, was alles vergessen oder verdrängt wurde aus Angst vor der spirituellen Praxis. Was uns weithin fehlt, das ist, was Paulus mit der Wandlung unseres inneren Menschen in den unzähligen spirituellen Bildern und Gedanken beschreibt, die der Rechtfertigungslehre folgen. Er redet von der Metamorphose in die Gestalt, in das Bild Christi.

Wir treten also in die Hütte ein, im Bild geredet. Die Hütte meint, was Teilhard de Chardin das »göttliche Milieu« nennt. Paulus drückt es so aus: Wir sind in Christus. Wir sind willkommen. Der Hausherr empfängt uns. Wir werden bewirtet und dürfen bleiben. Wir stehen im Raum und sagen: Wir sind in Gott. Oder, was das Gleiche meint: Gott ist in uns.

Zunächst möchten wir uns wundern über den seltsamen Gegensatz, dass das gleichzeitig gelten soll: Christus ist in mir. Ich bin in Christus. Wer ist nun innen? Wer ist außen? Auf logische Weise lässt sich das nicht zusammenreimen. Heißt das: Ich bin im Raum, in Christus? Oder: Der Raum, in dem das Mahl stattfindet, ist in mir selbst? Oder gilt beides? Lesen wir die Schriften fremder Religionen, so begegnet uns diese widersprüchliche Formel immer wieder. Die indischen und die islamischen Mystiker sagen es genauso. »Gott ist in mir.« »Ich bin in Gott.« Man nennt das die reziproke Immanenzformel, das »wechselseitige Insein« und drückt damit ein Geheimnis aus, das eben dadurch vor dem Zudringen unserer rationalen Erklärungsversuche bewahrt werden soll.

Paulus sagt: »Ist jemand in Christus, so ist er ein neues Geschöpf« *(2.Korinther 5,17)*. Er sagt: Wenn du das Tor, die Entlastung, durchschritten hast, dann ändern sich nicht nur deine Situation und deine Zukunftsaussicht, sondern auch der Zustand deines inneren Menschen. Es kann etwas in dir wachsen und gedeihen. Es kann in dir eine Kraft erwachen, die du nicht aus dir selbst hast. Ein Mut und eine Klarheit, die du zuvor nicht hattest. Er sagt von sich: »Ich lebe. Aber eigentlich lebe nicht ich, vielmehr lebt Christus in mir« *(Galater 2,20)*.

Er spricht vom Erwachen: »Wach auf, der du schläfst, so wird dich Christus erleuchten« *(Epheser 5,14)*. Es ist, als wolle Paulus sagen: Wenn du aufstehst aus dem Schlaf und der Sonne entgegengehst, dann trifft dich ihr Licht. Du wirst hell dabei. »Gott erleuchte die Augen eures Herzens, so dass ihr schauen könnt, welche Fülle von Licht sich in euch spiegelt« *(Epheser 1,18)*. Oder: »Wir schauen den Lichtglanz Gottes wie in einem Spiegel. Wir werden von ihm in sein Bild verwandelt und gehen von einer Verwandlung in Licht in die nächste« *(2. Korinther 2,18)*. Man scheut sich gelegentlich, bei Christen von »Erleuchtung« zu sprechen, und meint, dies könne man nur von einem buddhistischen Weisen sagen. Aber Paulus sagt klar: »Gott ist als heller Schein in unseren Herzen aufgegangen und hat uns erleuchtet, sodass wir die göttliche Herrlichkeit erkennen, die uns auf dem Angesicht des Jesus Christus erscheint« *(2. Korinther 4,5–6)*. »Erleuchtung« meint die Fähigkeit, Licht als Licht zu erkennen. Uns muss dabei klar sein, dass es ein Missverständnis ist zu meinen, der Mystiker liebe das Dämmer oder das Dunkel. Das Gegenteil ist richtig. Ihm ist der Tag nicht hell genug. Wenn er an das wirkliche Licht Gottes gerät, spricht er von der Überhelle dieses Lichts und davon, dass unsere Augen unfähig seien, es als Licht zu erkennen, und so spricht er vom »göttlichen Dunkel«, das eben für unsere Augen zu hell sei.

Nichts muss bleiben, wie es ist. Vielmehr ist uns eine Wandlung zugedacht. Das Ziel ist die Tochter, der Sohn Gottes. Am Ende soll Christus der Älteste sein unter vielen Geschwistern. Wir lesen: »Wie wir das Bild des irdischen Menschen getragen haben, so werden wir das Bild des himmlischen tragen« *(1. Korinther 15, 49)*. Und: »Die ganze Fülle Gottes wird uns ausfüllen!« *(Kolosser 2, 9)*. Diese Wandlung vollzieht sich als Spiegelung der Gestalt des Christus in unserer Gestalt.

Und so spricht Paulus vom »inneren Menschen«. »Ich bitte Gott«, schreibt er, »dass er euch stark mache durch seinen Geist am inneren Menschen« *(Epheser 3, 16)*. Oder: »Wir werden nicht müde. Vielmehr wird, wenn auch der äußere Mensch zerfällt, der innere von Tag zu Tag erneuert« *(1. Korinther 4, 16)*. Dieser innere Mensch ist nicht etwa die Seele. Vielmehr gehören nach Paulus Leib, Seele und Geist dem »äußeren Menschen« an. Es ist eine neue Mitte gemeint, aus der der Christ lebt, eine neue Identität.

Er fragt: Was für einen Weg kannst du nun gehen, damit dein Leben seinen Sinn erfüllt? Und er antwortet: Geh den Weg, den Jesus Christus gegangen ist. Geh den Weg, der mitten durch Leiden und Opfer führt und auf dem dein Leben seine Ähnlichkeit findet mit seinem Weg. Denn Glück ist auf die Dauer überwundenes Leid. Leben ist überwundener Tod. »Ich möchte dem Tod des Christus gleich werden«, sagt er, »damit ich auch seinem Leben gleich werde« *(Philipper 3, 10f)*.

Ich bin also in Gott. Und Gott ist in mir. Was ich bin, bin ich durch diese seltsam widersprüchliche Gegenwart Gottes. Ein japanischer Haiku drückt es so aus:

Der See verliert sich
im Regen, der sich wieder
tief im See verliert.

Höre ich aber, was Jesus spricht, während ich in ihm bin, dann sind es wieder ganz bestimmte Bilder. Er sagt: »Höre, ein Bauer ging auf seinen Acker, um zu säen.« Der Acker bist du, Mensch, der felsige Grund, auf dem nichts wächst, bist auch du. Oder auch der Weg oder die Hecken oder die gute Erde. Das Korn ist das Wort, das ich dir sage, die Frucht, die im Grunde des Ackers, nämlich in dir, wächst, ist das Reich Gottes. Und so wächst in der Gemeinschaft mit Christus im gastlichen

Raum eine neue Welt der Gerechtigkeit und des Friedens.

Immer noch ist es das Urmuster vom Gastmahl, das all dies deutet. Du hast also alles abgelegt. Dein Elend. Deine Titel und Würden. Deine Leistungen, deinen vorbildlichen Charakter, dein Versagen. Die Schuld eines langen Lebens. Du hast die Hände frei. Du bringst deine Lebensmittel nicht selbst mit. Am Tisch gibt es genug. Du bist durch eine schmale Tür getreten und stehst im Raum. Es ist hell in ihm. Nicht nur durch die Tür fällt Licht. Es ist auch hell dadurch, dass da ein liebender Mensch ist, der sagt: »Komm, lass dich nieder!« Du beginnst also zu hören. Du findest den Mut zu antworten. Deine Stummheit löst sich, du findest ins Gespräch. Du merkst, dass du auf deine Mitgäste anders reagierst, dass Frieden von dir ausgeht, Vertrauen. Du machst dir keine Sorgen mehr über deinen eigenen Zustand. Du gehörst dazu. Der beste Platz ist nicht mehr dein Ziel. Du bist wertgeachtet. Es ist gleichgültig, welchen Rang du einnimmst. Und wenn du danach wieder auf der Straße stehst, dann weißt du, wie es weitergehen soll. Du findest deinen Weg. Und weißt: Auch draußen werde ich in Gott sein.

Und so kann Paulus sagen: »Ich bin gewiss!« Ich bin gewiss, mitten in Gott zu sein. Ich bin gewiss, Gott bis in alle Geheimnisse meiner Seele hinab in mir zu tragen und im Leben und im Tod und in all meinem jetzigen und künftigen Schicksal in einer gütigen Hand bewahrt zu sein. Und ich weiß: Wenn ich das glaube, dann habe ich es mir nicht ausgedacht, es kommt vielmehr Tag für Tag aus Gott zu mir. Aus seinem Geist, der über Jesus war, als er ihn aussandte, die Gebundenen zu befreien, den Blinden die Augen zu öffnen und den Armen das Evangelium zu bringen. Ich reihe mich unter die Gefangenen, die Blinden, die Armen ein, lasse mir sagen, was

Gott mit mir vorhat, und danke ihm. Ich bin, indem ich
mit Christus zu Tisch sitze, gesegnet.

Den neuen Menschen in uns aber glauben wir. Wir sehen ihn so wenig wie wir Gott sehen. Wir können ihn
nicht nachweisen, wohl aber prägt und bestimmt er uns.
Wir werden ihn erst schauen, wenn wir einmal den
Schritt über die Grenze des Todes hinüber getan haben
werden. Auf ihn aber dürfen wir uns berufen, wenn wir
uns selbst fragwürdig werden und nach dem Menschen
in uns suchen, der so ist, wie wir uns selbst gerne hätten,
und wie es notwendig wäre zu sein. Wir sind mehr, als
wir von uns selbst wissen. Wir entwickeln uns nicht auf
Christus hin, wir gehen nicht einen Weg auf ihn zu. Wir
gehen vielmehr unsern Weg von ihm her auf uns, den
neuen Menschen, zu. Das ist Spiritualität. Man kann es
auch die Mystik des Paulus nennen. Die Namen sind unwichtig. Die Sache aber muss wieder entdeckt werden.

Ich kenne viele, die Paulus für einen dumpfen Moralisten halten, die ihm vorwerfen, er mache den Menschen
zu einem armen Sünder, er nehme ihm seine Größe,
seine Würde. Er mache ihn zu einem armen, sündigen
Erdenwurm, der nicht leben könne, wenn nicht Gott
ihm gnädig sei. Wie falsch ist ein solches Urteil! Nein,
Paulus war ein glühender Mensch, und was er über die
Zukunft und die Möglichkeiten des Menschen gesagt
hat, ist so himmelhoch über dem, was andere gesagt haben, dass kaum zu verstehen ist, warum er so schrecklich missverstanden werden konnte. Vielleicht scheint
es hoch gesprochen, was er über die Menschen sagt.
Vielleicht fürchten wir uns vor seinen Bildern und Gedanken so lange, bis wir begreifen, dass er damit eben
nur ernst nimmt, was auf den Gastmahlen Jesu wie in
einem großen Gleichnis geschehen ist.

8

Eine Tischrunde nimmt uns auf

Die Kirche wird danach zunächst zu der Hütte, in der das Fest stattfindet. Das heißt: Wenn die Geschichte von der Einladung Jesu als Grundmodell für das Evangelium gilt, dann meint das Evangelium nicht nur mich oder dich als Einzelne, dann ist es vielmehr die Kraft, die die Gemeinschaft der Kirche begründet. Dann ist die Kirche eine, dann sind die Konfessionen unerlaubt, dann ist der Streit ein Tischgespräch, das auf ein gutes Ende zuläuft. Dann kannst du nicht zwischen dir und deinem Nachbarn eine Mauer bauen und behaupten: Mir sitzt Jesus näher. Dann gilt aber auch: Wir leben in einer Gemeinschaft, von der wir glauben, dass Christus in ihr ist mit seinem Geist und seiner Gegenwart. Wir glauben, dass in dieser durchschnittlich bis mäßig funktionierenden Gemeinschaft etwas ganz Anderes wirksam ist. Wir sehen das nicht, wir glauben es. Wir glauben an die Kirche in der Kirche. Wir glauben, dass jeden Tag der Geist Gottes in diesen verängstigten, zerstrittenen Menschenkreis hereinfahren könne, sodass deutlich wird: Hier ist die Zukunft des Glaubens, die Zukunft der Menschen, die Zukunft der Völker der Erde.

Du nimmst also Platz an einem runden Tisch. Du bist eingeladen, du bist zugelassen, bejaht und einbezogen. Aber was dir nun zugedacht ist, das ist nicht eine Privataudienz bei Gott. Es ist einer der vielen Plätze am Tisch. Du siehst andere, die dir vertraut sind oder fremd, liebenswert oder nicht, und vielleicht auch solche, von denen du dich heimlich fragst: Der auch? Auch die? Und gegen die du dich gerne abschließen möchtest. Aber du sitzt an einem großen Tisch, und jeder ist ein Gast wie du. Du kannst nicht sagen: Ich setze mich mit den Dreien zusammen, die mir ähnlich sind. Du kannst nicht sagen: Drüben ist ein anderer Tisch, den besetze ich mit ein paar, die mir sympathisch erscheinen. Und du bist nicht nur Gast, du bist auch der, der den anderen das Essen reicht. Du achtest darauf, dass keiner ungesättigt aufsteht. Du hörst auf die Geschichten, die einer dir erzählen will, und gibst deine Antwort.

Denn in der Kirche, diesem höchst durchschnittlichen Apparat, gemischt aus großen Gedanken und kleinlicher Rechthaberei, aus sehr unterschiedlichen Mitgliedern und mutlosen Funktionären, die den ernsthaften Christen untermischt sind, lebt etwas Anderes als sie selbst allein. Wir glauben an das Wirken des Gottesgeistes in ihr und öffnen uns für diese Kraft.

Zugleich bewundern wir an dieser so sehr menschlichen Einrichtung die hohe Fähigkeit, in den zweitausend Jahren ihrer Geschichte sich immer wieder mit dem eigenen Versagen und mit der eigenen Missgestalt auseinandergesetzt zu haben. Wir dürfen die Reformfähigkeit und die Fähigkeit zur Selbstkritik, die diese machtvolle Erscheinung der Geschichte aufgebracht hat, neben aller Kritik, die wir vorbringen, durchaus für einzigartig halten. Dass es heute das gibt, was wir einen Rechtsstaat nennen, das ist zu einem guten Teil einem Christentum zu verdanken, das seinen Weg über Inquisition und Scheiterhaufen gegangen ist und heute zu den stärksten Kräften in der Welt zählt, die für die Rechte der Menschen auf dieser Erde kämpfen. Und sie wandelt sich weiter. Sie wandelt ihre Gestalt, ihre Weise, aufzutreten. Von der Basis der Christen aus bildet sich heute eine neue Art Kirche, die sich vielleicht doch besser eignet, jene Hütte darzustellen, in der das Fest der Befreiung der Menschen gefeiert wird.

Habe ich einen Rat für eine Kirche, deren Kraft als

Sinnstifterin immer mehr zu schwinden scheint? Ich möchte ihr sagen: Liebe Kirche, kümmere dich weniger um deinen öffentlichen Einfluss. Du hast keine Macht nötig. Kümmere dich weniger um dein Geld. Nimm die Armut an, die dir bevorsteht. Sei einverstanden damit, dass du klein sein wirst. Dass du nicht mehr im Mittelpunkt stehen wirst wie in früheren Zeiten. Vielleicht wirst du das Deine dann überzeugender tun können. Das Deine ist, Menschen zu begleiten, die einen Begleiter nötig haben. Das Deine ist, im Lärm der öffentlichen Reden für eine einfache Wahrheit zu stehen, die Wahrheit, die das Evangelium uns gezeigt hat und zeigt. Dass die Menschen das mit großer Dankbarkeit beantworten werden, das kann ich bezeugen.

Was ist denn die Kirche? Im Bild unseres Gleichnisses ist sie ein Wirtshaus am Weg. Dann ist ihre Tür offen. Dann sind Tisch und Bank da für jeden, der von der Straße kommt. Dann gibt es in ihr keine Rechthaber und keine Alleswisser. Dann sitzen wir, unabhängig von unseren total überholten Konfessionen, am runden Tisch. Dann bestehen die Ämter in ihr in den Köchen in der Küche und den Bedienenden im Gastraum. Und alles, was dem widerspricht, ist gegen den Geist des Christus.

Der Geist, der die Kirche zur Tischgemeinschaft macht, ist aber kein anderer als der, der die Welt schuf und der die Welt vollenden wird. Die Kirche ist darum nicht so sehr ein Interessenverband dieser Gesellschaft. Das ist sie auch. Sie ist nicht so sehr eine Organisation oder Hierarchie. Das ist sie, weiß Gott, auch. Sie ist, sofern der Geist Gottes über ihr ist, vielmehr eine Spiegelung der Welt, der Schöpfung Gottes. Sie ist also so vielgestaltig wie die Welt insgesamt, und niemand zerstört sie so gründlich wie der, der sie vereinheitlichen möchte nach Sprache oder Liturgie, nach Dienst- oder Lebensform.

Sie soll, sagt der Epheserbrief, der Welt »das Wunder der vielfarbigen Weisheit Gottes« vor Augen führen. Immerhin ist, was der Geist wirkt, die Neuschöpfung der Erde, vorweggenommen an der Kirche. Es ist die Freiheit, nach der die Schöpfung sich sehnt, vorweggenommen an einer christusförmigen, Befreiung wirkenden Kirche.

Darum richten wir unseren Blick, wenn wir die Kirche ins Auge fassen, auf die Zukunft. Auf die Möglichkeiten, die in ihr angelegt sind. Denn Gottes Geist ist ein Geist der Anfänge. »Im Anfang«, so sagt die Schöpfungsgeschichte, »brütete der Geist Gottes über den Wassern« *(1. Mose 1,2)*. Wo er wirkt, setzt Leben ein. Die Pfingstgeschichte schildert den Geist als Feuer, die Taufgeschichte als eine Taube, die sich von Gott her in diese Welt herabschwingt, sich in sie einnistet, in ihr brütet und wieder auffährt, um irgendwann und irgendwo wiederzukommen. Unberechenbar, unvorhersehbar. In dem Maß, in dem die Kirche bereit ist, sich diesem Unberechenbaren anzuvertrauen, wird sie die Kirche sein, die wir glauben.

Es ist uns nicht mehr möglich, die Kirche anders als weltweit ausgespannt zu verstehen, nicht mehr anders als viele Glaubensweisen vereinend, anders als farbig und vielschichtig, lebendig und nicht festlegbar. Es ist uns nicht mehr möglich, die Kirche zu verstehen als Überhöhung, als festliche Gipfelung menschlicher Institutionen, wir verstehen sie als Verkörperung des Grundes, der uns trägt. Wo der Geist Gottes am Werk ist, ist nicht nur Freiheit, sondern vor allem gemeinsame Tragkraft. Aber da ist auch unbedingte Freiheit. Das erste Symbol für die Kirche ist darum nicht ein Amt, sondern ein gemeinsames Mahl. Und wenn uns die ökumenische Gemeinschaft als unübersichtliche Gemengelage von Traditionen und Gemeinschaften, Willensäußerungen und Theologien vor Augen steht, so wird sie eine Gemeinschaft unterschiedlich denkender und glaubender »Freunde Jesu« sein, des Jesus, der unten war bei den Armen von Galiläa.

Die Kirche wird immer in einer hohen Spannung stehen. Sie weiß sich geschaffen und berufen und durchwirkt vom Geist Gottes. Und sie wird sich zugleich notwendig verstehen als eine konkrete Größe, bestehend aus normalen Menschen. Sie ist ein Raum für Propheten und Charismatiker, die gegen alle Erstarrung antreten, und zugleich ein Raum für die Hüter der Organisation und der Institution, die ja einen konkreten und schlichten Dienst an den Menschen tun soll. Sie wird sich einerseits bemühen, sich nicht um ihre Zukunft zu sorgen, und sie wird andererseits nicht anders können als mit dem Geld umzugehen, das für diese Zukunft bereitgestellt werden muss. Sie wird immer von beidem geprägt sein. Und dennoch glauben wir die Kirche, die aus dem Geist ist.

Die Kirche wird immer ein Haus sein mit vielen Wohnungen, mit schützenden Wänden für viele Familien, und zugleich ein Haus mit ebenso vielen offenen Türen. Es wird in ihr nie ein ausschließendes Entweder–Oder geben, sondern immer ein behutsames Geltenlassen dessen, was fremd scheint oder fremd ist. Es wird sich in ihr immer auch der Streit um die Wahrheit abspielen anstelle des freundlichen Gesprächs, denn wenn es um die Wahrheit gehen soll, dann geht es um das Eine, das wichtig ist für sie selbst und für die Menschen, denen sie zugewandt ist. Immer aber wird es darum gehen, dass die Bewahrenden und die Aufbrechenden einander gelten lassen und dass sie sich eingestehen, sie bedürften des jeweils Anderen um ihres wahren Wirkens willen.

Ich setze meine Hoffnung auf die Kirche, und einer der Gründe, warum ich hoffe, besteht darin, dass es mehr und mehr die Frauen sind, die sie prägen. Es ist überhaupt nicht zu ermessen, was an Lebendigkeit, was an Tiefe, was an andersartiger Sprache und an Lebensgemeinschaft in unsere Kirche Einzug gehalten hat damit, dass heute Frauen in ihr ihre Ämter wahrnehmen. Was wir seinerzeit, in den vierziger Jahren des vergangenen Jahrhunderts, als Studenten gelernt hatten, war eine sterile männliche Dogmatik, ein regalbreit vor uns stehendes Gedankenmaterial, mit dem wir im Umgang mit den Menschen vergeblich zu arbeiten versuchten. Ich finde es erlösend, was heute an Lebenskraft, an Phantasie und Hingabe in die Kirche Einzug hält.

Wer sich von Gottes Geist treiben lässt, kann nicht resignieren. Er kann nicht sagen: Ich bewirke nichts mit meinen kleinen Kräften. Ist es denn nichts, dass es noch Stimmen gibt auf dieser Welt, die nicht nach den Launen ihrer Epoche reden müssen und nicht dem zeitgenössischen Beifall nach dem Munde? Er wird nicht resignieren angesichts dieser Welt. Er wird nicht sagen: Diese Welt geht ja doch ihrem Untergang entgegen, sondern: Wenn diese Welt noch leben soll nach Gottes Willen, dann helfe ich, dass sie lebt. Wenn diese Welt untergehen soll, dann wirke ich so lange für ihr Leben, bis Gott ihr das Ende setzt. Gott hat mir Kräfte gegeben wie uns allen, also nehme ich sie in Anspruch und vertraue darauf, dass nichts vergeblich ist, was an Güte und Glauben in dieser Welt aufwacht.

Die Bibel gebraucht an dieser Stelle das Bild von einem »Leib«, dem »Leib des Christus«, also seiner Gegenwärtigkeit, seinem Wirkraum. Sie spricht davon, wir verkörperten Christus und machten ihn in der Zeit und im Umfeld unseres kleinen Lebens konkret. Wenn Christus sich in unser Herz ein-ge-seelt oder ein-ge-leibt habe, seien wir seine Geschwister, mit ihm verbunden durch seinen Geist. Dieser Geist aber wirke weniger dort, wo in der Kirche »oben« ist, als dort, wo die Kirche sich christusgleich am tiefsten nach »unten« bewegt.

9

Ein Gespräch bei Brot und Wein

Immer noch steht uns unser Grundgleichnis vor Augen. Wir nehmen an einem Tisch Platz. Der Gastgeber nimmt ein Brot und sagt: Schaut her! Das bin ich! Ich gebe mich hin für euch. Ich sterbe, damit ihr das Leben habt. Haltet an diesem Zeichen fest, wenn ihr euch später an mich erinnert. Verteilt dieses Brot unter euch. Lebt davon! Dieses Brot war eins. Nun wird es zerteilt. Werdet nun ihr selbst miteinander eins, wie ich einer war und wie dieses Brot eins war. Danach nimmt er einen Becher Wein und sagt: Nehmt! Trinkt alle daraus! Das bin ich. Denn diesen Wein, mein Blut, gebe ich hin, damit Gottes Kraft euch erfüllt.

Brot und Wein, Urelemente menschlicher Speise, nehmen wir auf und geben ihnen einen Namen, den des »Sakraments«. Die Dinge, einfache, konkrete Dinge werden zu Symbolen eines Grundgesetzes allen Lebens: Dass es nämlich geschenkt ist und als Geschenk empfangen wird.

Wir feiern also das Abendmahl, die Eucharistie oder die Messe, wie immer wir es nennen. Wir hören, in diesem Brot und in diesem Wein sei Christus gegenwärtig. Wie das sein könne, das wissen wir nicht. Das können wir uns nur, wie es in den zweitausend Jahren auf die unterschiedlichste Weise geschehen ist, auf unsere ei-

gene mehr oder weniger ungeschickte Weise zurechtdenken, bis wir eine ansprechende Theorie gefunden haben,
nach der dies vorzustellen sei. Nun können wir einige
der Lösungen finden, die schon im Neuen Testament gesucht und gefunden worden sind, was das heiße und was
dabei geschehe. Ich habe diese verschiedenen Lösungen
ausführlich geschildert in dem Heft »Zum Abendmahl
sind alle eingeladen« und will mich in dieser Gründlichkeit hier nicht wiederholen. Aber auch danach, in der
zweitausendjährigen Geschichte der Kirche, hat man
sich weiter seine Gedanken gemacht. Man sprach von
einer Wandlung der Substanz des Brots in Christus, von
einer Wandlung des Weins in Christus. Andere sprachen
davon, es wandle sich gar nichts, aber Christus komme
zum Brot und zum Wein hinzu. Oder wieder andere davon, Christus verbinde sich mit dem Brot im Augenblick des Essens. Sei dem, wie ihm wolle. Alle solchen
Vorstellungen sind Versuche einer Deutung, und jede
Deutung durch ein menschliches Nachdenken kann
richtig und falsch sein. Wir sind, wenn wir ein göttliches
Geheimnis aufklären wollen, wie Luther gesagt hat,
»Bettler. Das ist wahr«.

Vielleicht wird uns bei den Deutungen, die das Abendmahl im Lauf der Geschichte gefunden hat, auch klar,
wie es mit der Wahrheit bestellt ist. Die Wahrheit ist,
was Christus sagt: Das bin ich. Das Unsere ist die Deutung. Die Wahrheit werden wir nie in Händen haben.
Niemand hat die Wahrheit. Alle menschlichen Deutungen aber sind Versuche. Sie haben teil an der Situation,
in der sie gesagt werden. Sie haben teil an Entwicklungen und Ereignissen, die eine Zeit prägen. Sie sind gefunden von Menschen, die in einer bestimmten Tradition
stehen. Alle sind sie des Gesprächs, der Diskussion bedürftig. Deutungen, die am Ende den Rang theologischer
Sätze gewinnen oder den Rang von Bekenntnissen, sind

notwendig. Sie sind der einzige Zugang, den wir zur Wahrheit haben. Aber sie alle sind Versuche, Entwürfe, Wagnisse.

Das bedeutet für die Gegensätze zwischen den Konfessionen: Alles, was Konfessionen und Kirchen an unterschiedlichen Vorstellungen gegeneinander setzen, spielt auf der Ebene der Deutungen. Es gibt zwischen den Kirchen keinen Gegensatz, in dem Wahrheit gegen Irrtum stünde. Immer sind es Deutungen, die richtig oder falsch sein können, angenähert oder verfehlt, über die man reden kann, ohne ihnen allzu viel Gewicht beizumessen.

Und so entdecken wir vielleicht eines Tages, dass in der Mitte unserer Eucharistiefeier eine Bitte steht: nämlich die Bitte um den heiligen Geist. Die Bitte, er möge herabkommen und unsere leeren Hände mit der Gabe füllen, die Christus uns anbietet. Er möge unserer Feier das Gepräge eines Mahls mit Christus geben. Nicht die so genannten »Einsetzungsworte« sind das Herz dieser Feier, sondern die Bitte um den Geist! Mit ihr wird die Feier zu einem Sakrament. Denn nun kann nicht nur unsere Hand bereit sein zu empfangen, sondern auch unser Ohr. Und es hört: Ich, Christus, bin mit dir, ich bin in dir, du gehörst zu mir und mit mir ist Gott in dir und du gehörst zu ihm. Und ihr, die ihr miteinander feiert, ihr gehört untereinander zusammen. Ihr seid der Wirkraum, in dem ich mein Wort sagen will. Ihr seid meine Tischgenossen, ihr seid mir willkommen, ob ihr gesund oder krank seid an eurer Seele, ihr seid mir willkommen, was immer in eurem Leben geschehen sein mag. Ihr seid Gott willkommen in der Zeit eures Lebens hier und danach. Ihr werdet wieder auf eine ganz andere Weise Gottes Haus- und Tischgenossen sein. Ihr seid Töchter, Söhne Gottes. Ich gebe euch Kraft, Leiden zu bestehen. Die Kraft zu vertrauen. Die Kraft, euch hinzugeben, Brot zu werden für andere Menschen.

Entscheidend ist das Wort, das uns zugesprochen wird, und das gilt auch, wenn kein Brot und kein Wein hinzutritt. Aber das Brot und der Wein machen das Wort sichtbar. Sie machen das bloße Hören zu einem konkreten Aufnehmen. Sie beziehen außer meinem religiösen Bewusstsein auch meine leibliche Existenz ein. Der Tisch aber wird zum Zeichen für das kommende Reich des Friedens, in dem es keine Feindschaft, keinen Hass und keine Gewalt mehr geben wird und das auf dieser Erde vorzubereiten und zeichenhaft abzubilden uns aufgetragen ist. Wir hören: Macht Plätze frei an den Tischen für die, die hungrig kommen! Ich breche das Brot. Brecht es mit allen, die des Brotes bedürfen! Ihr trinkt Wein. Ihr glaubt an das Fest, das der Wein andeutet, feiert nun dieses Fest mit allen, die ihr unfestliches Leben durchstehen! Ihr gewinnt dabei offene Augen nicht nur für die Wunder dieser Erde, sondern auch für alles Leid, das sie füllt. Ihr gewinnt die offenen, sehenden Augen der Liebe. Ihr werdet selbst gewandelt in das Brot des Lebens und den Wein des Fests. Und diese eure Wandlung ist am Ende entscheidend.

Aber weiter: Wir taufen ein Kind. Einen Erwachsenen. Wir netzen seine Stirn mit ein wenig Wasser. Dabei ist entscheidend wichtig, dass wir uns klarmachen: Dies ist nur eine Andeutung des ursprünglichen Symbols. In der ersten Kirche stieg der Täufling in ein Wasserbecken, das so groß und so tief war, dass er darin ganz untertauchen konnte. Und in manchen Kirchen wird es bis heute so gehalten, dass ein Kind ganz ins Wasser getaucht wird. Man will damit sagen: Dieses Kind, das so neu in diese Welt hereingekommen ist, wird in dieser Welt am Ende untergehen. Es wird sterben, und es wird diesem

Tod nichts entgegenzusetzen haben. Aber wie Christus selbst nicht im Tode blieb, so wird es aus seinem Tod herausgehoben werden, ohne dass es selbst etwas dabei mitwirken kann. Weil also die Auferstehung aus dem Tod die eigentliche Aussage der Taufsymbolik ist, sagte man früher: »Wir heben ein Kind aus der Taufe.« Das Entscheidende ist die Zusage Gottes: Dieses Kind hat nicht den endgültigen Tod vor sich, sondern das Leben bei mir. Die Taufe ist also ein Blick über das lange, das bevorstehende Leben auf dieser Erde hinaus auf das eigentliche Ziel. Wir sagen damit: Du hast die Ewigkeit vor dir. Wir sagen es, weil Christus uns vorausgegangen ist durch den Tod und weil wir ihm nach durch den Tod gehen.

Wenn aber ein Sakrament sich damit ereignet, dass ein Wort hereinkommt in unsere Menschenwelt und dass es die Gestalt eines Dings oder eines Menschen annimmt, was ist dann das Ur- und Grundsakrament? Was ist dann das Modell für ein Sakrament? Es ist nichts Anderes als die Menschengestalt des Jesus von Nazaret. Jesus selbst ist das Ursakrament. Die Kirche »verwaltet« nicht ein Sakrament, sie nimmt es auf, indem sie hört, was dieser Jesus Christus in seinen menschlichen Worten sagt.

Wenn nun aber das Sakrament ein Wort ist, das menschliche Gestalt annimmt, was ist dann in einem zweiten Sinn »Sakrament«? Es ist die Kirche. Sie ist eine sichtbare Organisation mit allen Zeichen der Erdhaftigkeit und der Menschlichkeit. Wir leben in ihr, wir sind sie selbst und wissen: Sie ist Trägerin eines Geheimnisses, des Christusgeheimnisses, das ihr gegeben ist und das sie nachspricht mit ihren menschlichen Worten. Denn wichtiger als das Zeichen oder als das Element ist an einem Sakrament immer das Wort, das das Zeichen deutet. An der Kirche wird darum nicht wichtig sein, was sie äußerlich darstellt, sondern was sie hört und nachspricht. Das Wort, das sie zu sagen hat, macht sie zum Sakrament, zum Zeichen von Gott.

Wie aber steht es mit mir selbst? Wenn Jesus mich anspricht und mich an seinen Tisch bittet, höre ich seine Stimme und antworte ihm mit der meinen, so werde ich selbst, in meiner ganzen Fragwürdigkeit, ein sichtbares Zeichen Gottes in dieser Welt. Das heißt: Ich empfange den Geist und werde neu geprägt zu einem Sakrament. Der Geist ist die Kraft, die aus einem Ding ein Sakrament macht. Auch aus mir. Ich soll dann tun, was Christus getan hat: Mein Wort sagen, mich hingeben, denen, die mit mir sind, zu ihm helfen. Und weniger habe ich nicht von mir zu halten als dies, dass ich bestimmt bin zu einem Sakrament.

Aber noch weiter: Ich bin umgeben von einer lebendigen Welt. Sie umgibt und durchdringt mich und macht mir mein Leben möglich: die Pflanzen, die Tiere, die Steine, die Elemente, Luft, Wasser, Feuer, Erde und was in ihnen lebt. Weniges davon, das Brot, der Wein, das Wasser, ist mir zum Sakrament geworden. Warum nur dies? Augustin meinte, es könne hundert Sakramente geben. Sind nicht auch alle anderen Dinge und Wesen dieser Welt Träger eines Worts, das mir gilt? Werden sie nicht alle zu Zeichen der Liebe Gottes? Reden sie nicht alle von der Gemeinschaft aller Geschöpfe am Tisch Gottes? Muss mir nicht, wenn Christus das Ursakrament ist, alles zum Sakrament werden? Ich habe einmal gelernt, von einer »heiligen Natur« zu reden sei heidnisch. Aber werde ich nicht, wenn ich anfange zu hören, mit dieser ganzen Welt, in der ich mein Leben habe, umgehen, wie man mit einem Sakrament, mit etwas Heiligem, mit etwas vom Gottesgeist Erfülltem umgeht? Wird so nicht die Welt als ganze heilig? Wird nicht alles Leben heilig, das meine und das aller anderen? Meine

Stimme und die Stimme aller anderen? Wenn ich einmal verstanden habe, was ein Sakrament ist, wird mir alles, was ist und was ein Wort für mich hat, zum Sakrament.

10

Wachstum und Wandlung

In der Pflanze gibt es eine Zone, in der die oberen Teile, Stängel, Blätter, Blüten, übergehen in die unteren Teile, die Knollen oder die Wurzeln, und die wir das Rhizom nennen. Hier steuert die Pflanze die Balance zwischen ihrem oberirdischen Wachstum und ihrem unterirdischen. Hier wird entschieden, welcher von beiden Teilen wann und wie wachsen soll, sich entwickeln, reifen. Diese Zone mag man mit dem Ursprungsort unseres Wachstums und Reifens vergleichen, und man mag sie im Sakrament sehen, das seine Fülle und seinen Sinn darin hat, dass etwas »Unteres«, ein Element, vom Geist, der von »oben« kommt, geprägt und gewandelt wird.

Es wächst aus ihm etwas nach »oben« in die sichtbare Welt: Ein Mensch, der frei auf seinen Beinen steht. Eine Gemeinschaft, die zusammenhält. Und es wächst etwas nach »unten« in die empfangende Seele hinab. Kraft zu lieben.Vertrauen. Friede. Die Fähigkeit loszulassen, abzunehmen und dabei tiefer zu gründen. Wir wachsen also nach unten, bis wir das Grundwasser erreichen, aus dem uns die Kraft unseres Lebens zuströmt. Und wir wachsen nach oben in die Freude, die Dankbarkeit, vielleicht die Ekstase. Wir nehmen den Geist auf und antworten mit dem Lobgesang. Das Opfer und die Begeisterung sind keine Gegensätze mehr. Der Augenblick, in dem Brot und Wein gereicht werden, ist der gedehnte Augenblick, in dem Ewigkeit aufbricht.

Wir schauen also hinaus über die Stunde in das Dasein ohne Zeit, und wir können sehen und sagen, indem wir das Brot reichen:

Das ist Christus.
Er spricht: Ich bin das Brot.
Nimm und iss!
Ich komme zu dir.
Ich bin bei dir.
Ich bin in dir.
Du wirst leben.
In Ewigkeit.

Und weiter:

Das ist Christus.
Er spricht: Ich bin der Wein.
Ich will in dir wirken.
In dir reifen,
bis du ganz in Gott bist.
Lebendig wie ich. In Ewigkeit.

Denn das ist deutlich: Jesus sah in den Menschen nicht die Festgelegten, sondern die Wandelbaren. Er sah nicht nur ihre Gegenwart, sondern vor allem ihre Zukunft. Um ihnen ihre Zukunft zu öffnen, lud er sie zum Mahl. Und so spricht Paulus von Wandlung, von »Metamorphose«. Er sagt: Geh die Schritte mit, die Gott mit deiner Seele geht. Lass dich verändern. Du kannst es. Denn du bist zum Bild des Christus bestimmt. Geh in deinen Tag und an deine Aufgaben mit der Zuversicht, dass Gott dich ändern will, nicht nur deine Motive, deine Absichten oder Einsichten, sondern auch deine Kräfte, dich selbst. Und sieh zu, dass die Zielgestalt, die Gott in dir sieht, in dir reift: die Tochter Gottes. Der Sohn Gottes. Die Schwester, der Bruder des Christus. Und tu

dann, was du Jesus tun siehst: Reiche dich selbst weiter
in der Gestalt des Brotes, das du in Händen hast, des Brotes, das du selbst für den anderen werden sollst.

Alles, was uns wichtig ist, liegt in dem großen Geschehen, in dem Gleichnis vom festlichen Mahl: die Gnade,
die uns trifft im Ruf der Einladung, die Entlastung, die
wir die Rechtfertigung nennen, das spirituelle Leben
und die Wandlung unseres inneren Menschen, die Gemeinschaft der Kirche, das Geheimnis des Sakraments
und das Bild der Zukunft, das uns Jesus vor Augen stellt.
Denn auch, wenn Jesus das Ziel unseres Daseins über
den Tod hinaus beschreiben will, greift er nach diesem
seinem zentralen Gleichnis:

>>Wenn Gott sein Reich aufrichtet,
geht es zu wie bei einem König,
der seinem Sohn die Hochzeit vorbereitete.
Und er sandte seine Boten aus,
um die Gäste zum Fest zu bitten.<<
Matthäus 22, 2

Oder:
>>Wenn Gott euch zu sich in sein Reich holen will,
wird es euch ergehen wie zehn jungen Mädchen,
die als Brautjungfern zu einer Hochzeit geladen waren.<<
Matthäus 25,1

Oder:
>>Seid jederzeit bereit aufzubrechen.
Lasst eure Lampen brennen.
Seid wie Menschen, die ihren Herrn zum Fest erwarten...
Ich werde das Gewand des Dieners umschürzen,
und ihr werdet an meinem Tisch das Fest feiern,
ich aber werde hinzutreten und euch aufwarten.<<
Lukas 12, 35–37

Oder:
>>Stellt euch einen Mann vor,
der bereitete ein großes Festmahl vor

und lud eine Menge Gäste dazu ein.
Als es Zeit war für das Fest,
schickte er seine Boten zu den Eingeladenen:
Es ist alles bereit. Kommt!«
Lukas 14, 16–17

Oder er sagt:
»In meines Vaters Hause
sind viele Wohnungen.
Ich gehe nun hin und bereite euch die Wohnung vor,
und ihr werdet sein, wo ich bin.«
Johannes 14,2

Das schlichte Gleichnis, das so viel Widerspruch erfuhr
und das Jesus mit seinem Tod besiegelte, reicht hinüber
in eine andere Welt, und das Dasein, das wir hier führen,
ist gesegnet. Und seine Gäste gelangen bis an den fernen
Punkt, an dem sie sagen können: Es ist alles gut. Es ist
gut mit uns Menschen. Mit der Welt. Mit unserem Vertrauen zu dem Gott, der uns an dieser Vollendung teil
gibt.

11

Alles ist Gnade

Es war eine große Stunde, und sie bleibt mir unvergess-
lich. Vor mehr als fünfzig Jahren stand am Pult des Hör-
saals Romano Guardini. Klein. Zart. Mit mächtigem
Schädel. Ein römischer Kopf. Vom Scheitel bis zur Sohle
ein Meister, Autorität streng beanspruchend. Mit seiner
leisen und sehr klaren Sprache schilderte er, was Gnade
sei.

Gnade, gratia, so sagte er, hängt mit Grazie zusammen, und seine Stimme wurde wärmer und weicher.

Stellen Sie sich ein Mädchen vor, das Sie als graziös empfinden, in seiner schmalen, grazilen Figur, seinen Bewegungen, seiner leichten Art zu gehen, zu tanzen, in seiner Art zu reden oder zuzuhören. Es kann tun, was es will, immer wird ihm das Besondere, eben die Grazie eignen. Das aber ist etwas, das es nicht machen kann, nicht lernen, nicht einstudieren oder anderen nur vorspielen. Meist weiß eine Frau oder ein Mädchen, die diese Grazie hat, es selbst nicht. Sie strahlen sie einfach aus. Sie sind Trägerinnen eines Geheimnisses, das sich zu gegebener Stunde offenbart. Es ist etwas Lösendes und glücklich Schenkendes. Das Dasein wird licht und leicht. Wer es sieht, der erkennt, dass in dieser Welt von Wirrnis und Gewalt Schönheit und Adel möglich sind, gnadenhaft, das heißt: Wenn die Gnade sie schenkt. Und »charis«, das entsprechende griechische Wort, das im Neuen Testament gebraucht wird, heißt auch Freude, Wohlgefallen, Liebreiz, Lieblichkeit, es heißt Freundlichkeit, Wohltat, Geschenk, Dank und Dankbarkeit.

Viel mehr von dem, was wir damals hörten, weiß ich nicht mehr. Aber gerade diese Stunde mit dem großen katholischen Gelehrten hat mir mit wunderbarer Klarheit die Tür aufgetan zu dem evangelischen Glauben an die Gnade Gottes. Ich will es heute selbst versuchen, dem Wesen dieses sehr sensiblen Gedankens ein wenig nachzugehen und von der Weise zu reden, in der wir dem Gnadenhaften im Dasein begegnen.

Ein Staat hat Organe der Rechtsprechung. Ein Vergehen oder Verbrechen wird gemäß einem strengen Gesetz bestraft und gesühnt. Es gibt aber ein besonderes Recht, das über dem Gesetz steht: das Recht eines Staatsoberhaupts, Gnade walten zu lassen. Diese Gnade kann von dem, dem sie gewährt wird, nicht beansprucht oder erzwungen werden. Die Gnade geht über das Gesetz hinaus, hebt es vielleicht sogar auf, ist aber vom Gesetz selbst vorgesehen. Sie liegt im freien Ermessen des Staatsoberhaupts und bildet in einem letzten Sinn die Gewähr für das Recht.

Ein Mensch arbeitet. Dass seine Arbeit schöpferisch wird, kann er durch fleißigste Arbeit nicht erreichen. Dass der Einfall kommt, dass ein Gelingen sich einstellt, das kann er nicht erzwingen. Es geschieht, wann und wie es will. Woher eine Eingebung kommt, lässt sich nicht sagen. Sie kommt auf jeden Fall nicht aus dem Menschen selbst, und sie bedarf der Gunst der Stunde, der Gnade.

Zwei Menschen begegnen einander. Rein zufällig, meinen wir. Aber was bewirkt, dass sie zur selben Stunde am gleichen Ort sind und beide einander wahrnehmen? Eine Begegnung kann ja kaum gewollt werden, sie ergibt sich. Etwas begegnet uns. Etwas Schicksalhaftes, Zu-fallendes, Unentrinnbares, etwas, das unsere wache Gegenwart aufruft. Wie kam es, dass ich vor mehr als sechzig Jahren dem jungen Mädchen begegnet bin – zufällig, völlig zufällig, es hätte leicht sein können, dass ich an ihm vorbeigelaufen wäre –, das mich seitdem begleitet hat und das als gütige alte Frau heute noch an meiner Seite ist? Wie geht das zu, dass sich eine Situation konstelliert, aus der sich am Ende ein glückliches, ein gelingendes Leben ergibt? Die Gnade einer Stunde muss es einläuten.

Ist der Mensch ein freies Wesen? Kaum. Er ist geprägt. Er ist fast durchgehend festgelegt. Er hat Begabungen oder er hat sie nicht. Er wird beherrscht vom Willen anderer. Er lebt in Zwängen. Ob er letztlich schuldig ist oder nicht an dem, was er tut, wer mag es entscheiden? Aber plötzlich gelingt ein eigener, ein freier Entschluss. Eine Entscheidung, die nicht vorgegeben war. Vielleicht nur zehnmal in seinem Leben. Vielleicht nur einmal. Aber von ihr her gewinnt dieses Leben eine wunderbare Würde. Sie ist ein Geschenk, das irgendwoher kommt und von dem niemand weiß, woher. Niemand weiß, wohin sie führen wird. Freiheit, wirkliche Freiheit ist immer das Irreguläre, das Außergewöhnliche. Sie ist Gnade.

Ist der Mensch festgelegt auf das, was er ist? Oder kann er sich ändern? Sich wandeln? Ein anderer werden? Kaum. Er nimmt sich selbst mit von der Wiege bis zur Bahre als der, der er nun einmal ist. Was wäre denn Wandlung? Wandlung kann Wachstum sein, Wachstum von einem Zustand in den nächsten, vom Engeren zum Weiteren, vom Kleineren zum Größeren. Ohne Wandlung seiner Gestalt wächst nichts. Wandlung kann Wiederherstellung des Ursprünglichen sein, Heilung nach seiner Störung oder Zerstörung. Wandlung kann darin bestehen, dass sich eine verborgene Zielgestalt allmählich und zunehmend offenbart, von einer Phase der Reifung zu nächsten. So redet die Bibel von einer Neuschöpfung des schon Geschaffenen, von Befreiung des Gebundenen und Verfestigten, von der Änderung der Richtung, die einer geht, von einer Erneuerung des müde und alt Gewordenen, von einer Neugeburt des schon dem Tode Verfallenen. All das aber ist Gnade.

In allem wirkt etwas, das der Mensch selbst nicht machen kann, kaum wollen. Dabei aber geht es allen Religionen dieser Erde zuinnerst um Wandlung. Könnte alles bleiben, wie es ist, brauchte man keine Religion. Alle Mythen erzählen von Wandlungen, und alle Rituale tun es. Das reicht von Gilgamesch über Mose und Orpheus bis zu Christus und weiter bis zu Parzifal und dem Gral. Das geht vom biblischen Wort bis zur Feier eines Sakraments. Wenn eine Religion ihren bestehenden Zustand festhalten will, weil sie unbelehrbar und unbekehrbar wird, wird sie zum Widerspruch in sich selbst. Echte Wandlung ist Erlösung, Befreiung von einem bestehenden Zustand, Lösung von einer Kette. Und wo sie gelingt, geschieht dies nicht durch den Willen eines

Menschen; sie gelingt gnadenhaft, und das neue Wesen, das entsteht, ist ein Kind der Gnade.

Wandlung ist auch insofern etwas Gnadenhaftes, weil nur durch die Wandlung des inneren Menschen etwas wie die bleibende Identität gewahrt bleibt. Du steigst nie zweimal in denselben Fluss, sagt Heraklit. Und doch und gerade so bewahrt der Fluss durch die Jahrtausende hin seine Identität.

Auf der anderen Seite aber geschieht alle Wandlung dadurch, dass von irgendjemand ein Opfer gebracht wird. Durch alle Phasen unseres Lebens begleitet uns die immer neue Aufgabe, etwas hinter uns zu lassen, das uns lebenswichtig schien, und etwas vorn Liegendes zu ergreifen; den Menschen, der wir sind, zu überwinden durch das Opfer dessen, was wir hinter uns lassen. Es ist nicht zufällig, dass die Bibel von einem Menschen, der sich zum Opfer brachte, dem zweiten Jesaja, sagte, er habe keine Gestalt noch Schönheit gehabt, und so ist in der ganzen Geschichte des christlichen Glaubens die Überzeugung bestimmend und prägend gewesen, die Wandlung unseres Menschenwesens sei möglich durch das Opfer, das Jesus gebracht habe. Dass jemand aber bereit ist, seine »Schönheit«, das heißt sich selbst, zum Opfer zu bringen, ist die stärkste Form, in der er eine empfangene Gnade weiterzugeben vermag.

Das Johannesevangelium erzählt von dem nächtlichen Besuch des angesehenen Gelehrten Nikodemus bei Jesus. Nikodemus will hinter das Geheimnis kommen, das ganz offenbar in diesem Jesus am Werk ist. Er bekommt aber eine Auskunft über sich selbst:

> »Wenn jemand nicht neu geboren wird aus dem Wasser und dem Geist, so kann er nicht in das Reich Gottes kommen. Der Wind weht, wo er will, und du hörst sein Sausen wohl, aber du weißt nicht, woher er kommt und wohin er fährt.« *(Johannes 3,8)*

Anders gesprochen: Du musst gewandelt werden, und zwar nicht aus deiner eigenen Kraft, sondern aus der Unerklärlichkeit der Gnade. Wasser und Wind sind die Elemente, mit denen der Wandel gedeutet wird. Das Wasser wechselt seine Gestalt ständig. Der Wind ist ungreifbar. Und so ging er, Jesus, selbst durch die Enge, die Opfertod heißt und die zu einer neuen Geburt, zu einem neuen, andersartigen Leben führt. Das Opfer selbst wird zur Gnade. Und was wir selbst tun können im Sinne von Selbsterziehung, Selbstüberwindung, Hingabe, Rechtschaffenheit, Moral, Bemühung, verliert dabei alles Gewicht.

Und noch ein Letztes: Es erlebt einer das, was wir die »reine Stunde« nennen. Er erfährt sein Leben als reich, als erfüllt, als frei, als begnadet. Er weiß: Jetzt ist alles gut! Das Dasein ist vollkommen! Unser Leben neigt ja nicht dazu, vollkommen zu sein, aber es kann glücken. Eine Stille, ein Einverständnis kommt und öffnet das Herz. Das Ganze aller Dinge leuchtet auf und in ihm ihr Sinn und ihre Wahrheit, ihn selbst, der dies erfährt, eingeschlossen.

In seinem »Zarathustra«, in dem Kapitel »Mittag«, dichtet Friedrich Nietzsche:

O Glück! O Glück!
Willst du wohl singen, meine Seele?
Du liegst im Grase.
Aber das ist die heimliche feierliche Stunde,
wo kein Hirt seine Flöte bläst.

Scheue dich! Heißer Mittag schläft auf den Fluren.
Singe nicht! Die Welt ist vollkommen.
Singe nicht, du Gras-geflügel, o meine Seele!
Flüstere nicht einmal! Sieh doch – still!
Der alte Mittag schläft, er bewegt den Mund:
trinkt er nicht eben einen Tropfen Glücks – ...

Still! Ward nicht die Welt eben vollkommen?
O, des goldenen runden Balls!

In solcher Stunde kann sich der Sinn des Spiels offenbaren. Im Spiel lebt etwas, das eigentlich überflüssig ist. Aber es ereignet sich, wie sich Sinn ereignet. Es offenbart sich auch das Wesen des religiösen Rituals: Es wandelt die Welt so, dass alles gut wird. Das alles ist nicht machbar, nicht messbar, nicht lernbar, es bleibt Geschenk. Das Dasein verliert seine Bindung an Ursachen, es verliert den Zwang, dass alles seine Folgen hätte.

Ihre eigentliche Leuchtkraft empfängt die Erfahrung der Gnade, wo wir über unsere Menschenwelt hinausdenken in den Raum des Religiösen. Jede religiöse Erfahrung ist Gnade. Jede Lösung von Schuld und Versagen, jedes Gelingen eines Menschenlebens ist Gnade. Jede Handvoll Mut, es mit dem Leben aufzunehmen und es durchzustehen, ist Gnade. Dass uns eine Sonne aufgeht und dass wir die Zuversicht bewahren angesichts des Todes und Hoffnung auf Leben – alles ist Gnade. Nichts, sagt das Evangelium, kommt zu einem guten Ende, wenn nicht die Gnade Gottes mit im Spiel ist. Es wird immer die Gnade allein sein, neben der andere Faktoren kaum mitwirken, wenn unser Leben vor Gott, vor den Menschen und vor uns selbst zu einem guten, einem erlösenden Ende führen soll.

Kann man für Gnade danken? Ja, auf die Weise nämlich, dass man selbst sie »tut«. Danken heißt lateinisch »gratias agare«, die Gnade tun. Denn auch unser Dank kann nicht erzwungen werden, er geschieht, wo das Herz voll ist. Gelingt er aber, so fängt unser Dasein an, gesegnet zu sein. Es gelingt.

Ob es das Schöne ist, dem wir begegnen, das Gedeihende, das Kostbare, die Güte oder die Wahrheit, immer geschieht es »allein durch Gnade«, und wir nehmen unser Leben als das reine Geschenk, das es ist. Wenn uns aber das begegnet, was wir die Vergebung der Sünde nennen, dann besteht unser Dank darin, dass wir unsererseits uns in die Großmut Gottes hineinstellen und vergeben, was immer Menschen an uns verschulden, und dass wir in ihnen auf solche Weise unsererseits den Grund schaffen zum Staunen, zur Dankbarkeit und zum Segen. Und in dieser Dankbarkeit finden wir, was wir den Sinn unseres Lebens nennen, das unser Leben Übersteigende, das unserem Leben von Gott her zukommt.

Diese alles durchwirkende Gnade meint Symeon, der große orthodoxe Mystiker aus dem Gebiet der heutigen Türkei, der im 10. Jahrhundert gelebt hat:

Ich kann es nie ganz mit Worten sagen.
Das wusste ich nur, dass ich von Licht getragen wurde
und dass mich ringsum Licht umgab,
und dass ich hingeführt wurde zu einem großen Licht.
Gewaltig war dies Licht und wunderbar.
Nicht einmal Engel, wie ich glaube,
könnten sich gänzlich dies Licht erklären.
Eine neue Wandlung ließ es mich erkennen,
ja, gewandelt hat es mich,
mich neu gestaltet, mich befreit
und gänzlich mich – ich fühle es – dem Tod enthoben.

Wir sehen Bilder vor uns

12

Bilder unserer Seele zeigen, was wir nicht sehen

Wir gehen mit religiösen Vorstellungen und Gedanken um. Wie können wir davon reden? Es gibt da keine Dinge, die zu beschreiben und zu bezeichnen wären. Wir können, das ist jeder religiösen Sprache eigen, nichts sagen außer durch die spielerische, zuweilen fremde, aber sinnvolle Bildersprache, in der die menschliche Seele sich ausdrückt, wenn sie von verborgenen Dingen spricht. Wir reden dann von einem Berg oder einer Quelle, von Wind oder Regen, von Baum und Garten, vom Acker und von seiner Ernte. Wir reden von Gott als dem »Herrn«, als dem »Vater« oder von seinem Geist als von dem, der uns eine »Botschaft« überbringt. Das ist kein Zeichen unserer Naivität, wie es manchem scheinen mag, sondern die einzige Sprache, in der wir angemessen, vorsichtig genug und genau genug von dem reden können, was uns heilig ist.

Wir treten dabei in einen ähnlich bilderreichen Raum ein, einen ebenso wahren und stimmigen, wie es die Sprache der Liebenden ist oder die Sprache der Dichter. Theodor Storm schrieb einmal ein Gedicht »Die Nachtigall«:

> Das macht, es hat die Nachtigall
> die ganze Nacht gesungen;
> da sind von ihrem süßen Schall,
> da sind in Hall und Widerhall
> die Rosen aufgesprungen.
>
> Sie war doch sonst ein wildes Blut;
> nun geht sie tief in Sinnen,
> trägt in der Hand den Sommerhut

und duldet still der Sonne Glut
und weiß nicht, was beginnen.

Das macht, es hat die Nachtigall
die ganze Nacht gesungen;
da sind von ihrem süßen Schall,
da sind in Hall und Widerhall
die Rosen aufgesprungen.

Die Nachtigall und ihr Singen, der Schall, der Hall und
der Widerhall, das Aufspringen der Rosen spielen um die
Liebeserfahrung eines Mädchens, obwohl weder die
Nachtigall noch die Rosen irgendetwas mit jenem
Mädchen zu tun haben. Aber es ist nicht so, als wolle
man damit etwas verdecken, über das man auch genauer
und richtiger berichten könnte, sondern so, dass die Bilder eine Deutung dessen versuchen, was in der Verbor-
genheit einer Menschenseele geschehen ist oder geschieht und dass sie es zugleich eröffnen und schützen.
Sie zeichnen nichts nach, sie illustrieren nicht obenhin,
sondern führen in die Tiefe, wie etwa ein auf ein weißes
Blatt getupftes Aquarell, das sich erst im Hinschauen zu
einem Bild fügt.

Da sagt der *Psalm 18,3*: »Gott ist der Berg meines Heils.«
2. Samuel 22,11 lesen wir: »Er schwebt auf den Flügeln
des Windes.« Oder *Psalm 148,8*: »Sturmwinde richten
sein Wort aus.«
    Die Verse *Jesaja 55, 8–11* spielen mit den Bildern von
Schnee und Regen, wenn geschildert werden soll, was
Gottes Wort tut. Der *Psalm 87* zitiert ein Tanzlied, in
dem gesungen wurde: »Alle meine Quellen sind in dir.«
Jesus spricht vom Geist: »Der Wind weht, wo er will,
und du hörst sein Sausen wohl, aber du weißt nicht, woher er kommt und wohin er fährt. So ist jeder, der aus
dem Geist lebt« *(Johannes 3,8)*. Oder: »Wer an mich

glaubt, aus dessen Innerstem werden Ströme frisch quellenden Wassers fließen« *(Johannes 7, 38f)*.

Denke ich Gott, so tauche ich in ein Meer unendlicher Gegenwart ein. Von dieser Gegenwart Gottes kann ich nicht in schlichten Sätzen reden, ich kann nur in ihr ruhen. Ich kann nur in Bildern aussprechen, was ich empfinde und was ich erfahre. Die französische Mystikerin Jeanne Françoise de Chantal hat gesagt: »Das Gebet ist ein wortloses Atmen der Liebe in der unmittelbaren Gegenwart Gottes.« Wer in Gott ist, lebt in einer Art von friedevollem, ozeanischem Bewusstsein. Er empfindet, was er erfährt, als eine große Liebesgeschichte zwischen Gott und uns Menschen, und er beschreibt es, wenn er davon spricht, in der Bildersprache eines Liebenden. Das Evangelium sagt also gleichsam: Lass dich vom Geist Gottes berühren wie ein Saiteninstrument von einem Windhauch und antworte mit der Musik deines Herzens. Oder anders: Male nach, was du schaust, mit den Farben, die du aufs Papier bringst. Es wird immer ein Gleichnis oder ein Symbol sein.

13

Die Urkraft des Heiligen nennen wir den »Geist Gottes«

Wenn wir vom Geist reden, wie wir es gewohnt sind, so steht uns irgendetwas Höheres vor Augen. Etwas, das auf einer höheren Ebene liegt als das Materielle, das Körperliche oder das Seelische. Wer also etwas Geistiges finden will, muss aufsteigen. Sich erheben. Die Bibel denkt umgekehrt. Für sie ist Geist eine Energie, die aus der Höhe herabdrängt, herabströmt, herunter zu uns erdgebundenen Menschen. Wo der Geist wirkt, da wird nach ihrer Vorstellung nichts vergeistigt, da entsteht vielmehr elementare Fülle. Der Mensch erhebt sich also nicht. Es ist überhaupt nicht seine Aufgabe, sich zu erheben. Er bleibt auf der Erde, und sein Auftrag ist, nun seinerseits mit der Kraft, die ihm der Geist gibt, abwärts zu steigen zum konkreten Leben der Menschen, zu ihrer Ratlosigkeit und ihrem Elend und zu allen Leiden der Kreatur. Geist ist für die Bibel eine Kraft, die die konkrete Welt gestaltet. Sie denkt leiblich, wenn sie von Geist spricht. Und der Mensch, so betont sie, ist nicht der arme verlassene Erdenwurm, ihm kommen vielmehr Kräfte zu, die mehr aus ihm machen: einen Empfänger und Partner des Geistes Gottes.

Wenn wir vom »Heiligen« reden, dann stellen wir uns leicht etwas vor, das außerhalb der Dinge zu suchen ist, abgehoben, entfernt, das nur ausnahmsweise seine Rolle spielt und dem Leben für einen Augenblick einen gewissen Glanz verleiht. Die Bibel denkt anders. Das Heilige, das so ganz Andere, das Unantastbare, das alles Überdauernde ist nicht irgendwo im Himmel oder über den Wolken. Es ist die Urkraft in allen Dingen, die Urkraft der Schöpfung, die Urkraft Gottes. Wir ahnen sie. Wir leben aus ihr, aber sie lässt sich nicht unseren Wünschen dienstbar machen. Sie bleibt das ganz Andere, das Unerkennbare. Wer sich dem heiligen Gott nähern will, so sagt sie, der kommt in einen Vorhof, nicht ins Heiligtum. Das Heilige bleibt unbetretbar. Denn das Heilige, das wir ahnen, ist der heilige Gott selbst. Im Vorhof aber berührt uns sein Geist. Fremd und groß, erschreckend und begeisternd. Die Bibel sagt: Du Mensch bist dem Heiligen nie fern. Es kommt dir nahe. Auch wenn du dabei bemerkst, wie anders es ist. Eben heilig.

Wenn wir heute die Jahrtausende seit der Bibel über-
springen und einen Physiker unserer Tage fragen: Was
meinst du, wenn du von Materie sprichst?, dann wird er
sagen: Das weiß ich nicht. Wir alle wissen es nicht.
Frage ich ihn: Was meinst du, wenn du von Energie
sprichst?, wird er sich ähnlich äußern. Und frage ich,
was er eigentlich mit Geist bezeichnet, wird er wieder
sagen: Das kann ich ahnen, aber ich habe keine Sprache,
in der ich es ausdrücken könnte. Ein Physiker, der sein
Leben lang am Atomforschungszentrum in Genf, dem
CERN, gearbeitet hat, sagte mir einmal: »Ich verstehe
die Physik nicht und ich kenne auch niemanden, der sie
versteht.« Ich habe ihm geantwortet: »Mir geht es
ebenso. Ich verstehe die Theologie nicht, und ich kenne
auch niemanden, der sie versteht. Trotzdem habe ich
vor, den Rest meiner Tage mit Theologie zu verbrin-
gen.« Ob ich am Ende mehr weiß, kann ich nicht sagen.
Ich warte aber gespannt darauf, was mir aufgehen wird,
wenn ich eines Tages ins Offene trete. Denn ich vertraue
darauf, dass, was wir nicht verstehen, uns dennoch ständig nahe und gegenwärtig ist, und dass wir aus diesem
Unbekannten unser Leben haben. Ich muss keineswegs
mehr wissen, als mir mit meinen geringen menschlichen
Mitteln erreichbar ist. Ich kann durch das unbekannte
Land meines Daseins in Gelassenheit gehen, denn es ist
voll Geist, und dieser Geist spricht zu mir in seiner geheimnisvollen Weise.

Denn der Geist spricht auch von uns Menschen. Geist
ist für die Bibel etwas, das uns von Gott her persönlich
trifft, angeht, beflügelt oder aufrichtet oder tröstet, führt
und bewahrt. Das, was uns in eine Gemeinschaft einbezieht, das Wandlungen in uns bewirkt, Neuanfänge
möglich macht. Sie nennt Erfahrungen, die wir Menschen machen können, wenn sie uns gewährt werden.

Sie spricht von einem Strom, der auf uns zukommt, sich über uns »ergießt«, uns erfüllt und durch uns weiter zu anderen Menschen dringt. Irgendetwas fällt in uns herein, das nicht wir selbst sind, wir empfangen eine Lebendigkeit, die anders ist als unsere natürliche Lebenskraft. Wir gewinnen Freiheit, offenen Raum, einen gangbaren Weg. Es wird uns etwas ins Herz gesenkt, das uns Gewissheit gibt, Stehvermögen, Vertrauen, Angstfreiheit, Mut zum Bekenntnis und gegebenenfalls Kraft und Mut zum Widerstand.

Die Bibel hat für den Geist viele Vergleiche und Bilder. Sie spricht von ihm als von einer »Taube, die sich herabschwingt«. Jesus spricht auch von einem Wind, der in die Welt hereinweht. Die Bibel nennt ihn »Pneuma« und gebraucht damit einen Ausdruck, mit dem die spätgriechische Philosophie eine den Kosmos durchdringende und durchwirkende Kraft bezeichnete. In der lateinischen Kirche spricht man von »spiritus«. Dieses Wort bedeutet Wind, Hauch, Atem, aber auch Seele, Geist, ja Weltseele. Auch Schwung, Feuer, Selbstbewusstsein. Gemeinsam ist diesen Bedeutungen das Ungreifbare, vor allem der seltsame Gegensatz zwischen seiner Fremdheit und seiner alles erfüllenden Kraft. Es erinnert ein wenig an die Vorstellungen der heutigen Physik, die sich die Wirklichkeit als irgendeine Art von Energiegestöber aus kleinsten Wirbelwinden vorstellt. Das Bild vom Wind wandelt sich auch in das Bild vom Atem Gottes, dem aus- und eingehenden, der die Welt ins Sein entlässt und sie wieder einzieht. Oder es wandelt sich weiter in das »Wort«, das aus dem Mund Gottes geht und dem wir antworten mit unserer eigenen Stimme. »Geist« ist Gott in der Gestalt, in der er uns nahe kommt und wir ihn zu erfahren beginnen.

Wir sind Wesen im Austausch. Wir sind, atmend,

übergangslos verbunden mit unserer irdischen Umwelt.
Wir sind, denkend, übergangslos verbunden mit der
Welt der Gedanken. Und wir sind, wenn es uns geschenkt wird, übergangslos verbunden mit dem Geist
Gottes, das heißt mit Gott selbst. Wir atmen ihn ein und
atmen ihn aus und finden dabei nicht nur uns selbst,
sondern auch die Erfahrung der Nähe Gottes. Es ist im
Grunde ein wunderschönes Bild: Gott gegenwärtig wie
Luft und Wind! Wie aus- und eingehender Atem! Wir
können es ausmalen und sagen: Gottes Geist – das ist
die Weise, wie Gott sich in uns Menschen »ein-seelt«,
wie er zur Lebendigkeit in uns selbst wird. Für uns aber
kommt dann alles darauf an, darauf zu achten, woher
denn zu dieser Stunde der Wind weht und wohin er uns
bringen will, damit wir nicht von irgendetwas und nicht
von uns selbst, sondern von Gottes Geist geführt leben
und entscheiden. Es ist ein wunderschönes Bild: Der
Wind, der Geist erzählt uns. Er redet. Er singt. Er flüs-
tert. Und wir hören ihn und antworten. Unser Leben ist
ein Gespräch mit dem heiligen Gott.

Wenn wir aber nun anfangen zu denken, so wird es wiederum der Geist sein, der uns Wahrheit eröffnet. Wir
denken uns dann nicht etwas aus, sondern wir denken,
wie wir treffend sagen, »nach«. Unzählige Gedanken
berühren uns aus der ganzen Fülle des Kosmos. Sie dringen in uns ein, und wir versuchen, sie so zu fassen, wie
es ihnen gemäß ist. Wir denken nach. Gottes Geist fällt
ein in unseren Geist und zeigt ihm Wahrheit. Er weckt
unsere Gedanken, und zuletzt tritt er aus uns heraus in
unser Wort und macht sich bemerkbar in der Weise, wie
wir leben.

Ich kann also sagen: Alles ist Geist. Ich bin umgeben
und erfüllt von ihm, wie alle Dinge und alle Wesen dieser Erde von ihm umgeben und erfüllt sind. Denn nichts

besteht ohne Gottes Geist. Nichts verwandelt oder entwickelt sich ohne ihn. Nichts kann sich erneuern, nichts erlangt seine Lebendigkeit ohne seinen Geist. Meine Lebenszeit ist Zeit des Geistes in mir. Mein Werden und Vergehen ist Werk seines Geistes. Alles, was ich schaue an Bildern dieser Welt, spiegelt seinen Geist, ist sozusagen die Außenseite seines Geistes. Aber ich kann als Mensch darüber hinaus gehen und sagen: Ich bin berufen und fähig, nach Wahrheit zu fragen. Denn was wahr ist, ist die Wahrheit Gottes. Was schön ist, ist seine Schönheit. Was leidet, in dem leidet Gott. Was stirbt, stirbt in ihn zurück. Gott ist für meinen Geist, der ihn spiegelt, das Meer alles dessen, was ist. Auch das Meer in mir selbst, das ich nicht ergründe. Denke ich Gott, so tauche ich in ein Meer unendlicher Gegenwart ein. Und das ist nicht weit von dem, was Paulus schreibt: »Wisst ihr nicht, dass ihr Gottes Tempel seid und der Geist Gottes in euch wohnt?« *(1.Korinther 6,19).* Friedrich Rückert drückt es so aus:

Gott ist von keinem Raum, von keiner Zeit umzirkt,
denn Gott ist da und dann, wo er und wann er wirkt;
und Gott wirkt überall und wirket immerfort,
immer ist seine Zeit, und überall sein Ort.
Er ist der Mittelpunkt, der Umkreis ist er auch,
Weltend' und Anfang ist sein Wechselauseinhauch.

Was die Bibel aber meint, wenn sie von dieser kommenden und gehenden Gegenwart Gottes spricht, ist dies: Was wir über Gott denken, das ist, wenn es einer Wahrheit Ausdruck und Raum gibt, ein Wort, das Gott in uns spricht. Wir finden – auch das liegt in dem Bild von »Gottes Geist« – zum Glauben an den wirklichen Gott nicht durch einen Entschluss oder eine Disziplinierung unserer Gedanken, nicht durch Meditationen oder durch moralisches Tun, sondern allein dadurch, dass

uns der Geist Gottes berührt. Der Geist ist bewegende
Kraft, und sein Ziel ist der bewegte Mensch. Aus diesem
Vertrauen, dass unser Glaube vom Geist Gottes gewirkt
ist, folgt alles Andere, das den christlichen Glauben ausmacht, und aller Friede, der aus ihm zu gewinnen ist.

14

*Jesus wurde von seinen Freunden »Christus«
genannt*

Wir sprechen von Jesus Christus, und es will so klingen,
als wäre dies sein Name gewesen. Sein Name aber ist
nur »Jesus«. »Christus« ist ein Titel, sozusagen eine Be-
rufsbezeichnung. Korrekterweise müssten wir also von
Jesus, dem Christus, sprechen. Aber was meint dieser
Titel?

Es darf uns nicht wundern, dass Jesus, als er zum ersten Mal öffentlich auftrat, dies tat unter Berufung auf
den Geist. Die Frage, die ihm von Nachbarn, Bekannten
und Freunden in seiner Heimatstadt gestellt wurde,
dürfte etwa so gelautet haben: »Was eigentlich befugt
dich, im Namen Gottes aufzutreten? Wer gab dir die
Vollmacht?« Und darin lag wohl auch die Frage: »Wer
gibt dir ein, was du da sagst? Woher nimmst du die Kraft,
wer gibt dir die Unverwechselbarkeit deines Auftretens?
Du tust, als wärest du ein Prophet!« Seine Antwort war
ein Zitat aus dem Buch des Propheten Jesaja aus dem
6. Jahrhundert vor ihnen:

»Er kam nach Nazaret, wo er aufgewachsen war.
Dort ging er, wie er gewohnt war,
am Sabbat in die Synagoge.

Während des Gottesdienstes erhob er sich,
um aus der Schrift vorzulesen.
Man reichte ihm die Rolle
mit den Worten des Propheten Jesaja,
und als er sie öffnete, traf er auf die Stelle:«
Lukas 4, 16–17

»Der Geist Gottes ist mir gegeben,
denn er hat mich gesalbt
mit der Vollmacht, den Armen
fröhliche Botschaft zu bringen.
Er hat mich gesandt mit dem Auftrag,
den Gefangenen ihre Befreiung zu verkünden,
den Blinden das Licht,
den Zerschlagenen die Erlösung,
und anzusagen,
dass heute Gott Heil gibt.

Die Trauernden soll ich trösten,
die die Kleider der Klage tragen
in Festgewänder hüllen.
Ich freue mich und danke Gott, ...
denn er gab mir den Kopfschmuck des Priesters ...
Wie die Erde Getreide hervorbringt
und ein Garten Früchte,
so wird nun Gottes Nähe spürbar sein.«
Jesaja 61, 1–3.10–11

»Er schloss die Rolle, gab sie dem Diener zurück und rief:
Das gilt von mir! Das gilt für euch! Das gilt heute!
Was ich euch sage, sage ich in der Vollmacht des Geistes.«
Lukas 4, 20–21

Die Meinungen gehen bis heute auseinander darüber, was Jesus eigentlich von sich selbst gehalten habe. Ob er denn die hoch greifenden Würdebezeichnungen wie »Sohn Gottes« oder »Messias«, das heißt »Christus«, für sich in Anspruch genommen habe oder nicht. Viele sagen: Nein, Jesus hat dies alles nicht von sich behauptet, es wurde ihm alles erst später, nach seinem Tode, beige-

legt. Wenn aber ein Vorgang wie der in der Synagoge von
Nazaret tatsächlich geschehen sein sollte, dann muss er
den Titel Christus in irgendeinem Sinn für sich beansprucht haben. Ein kleiner Umweg ist nötig.

Wer sich als Christus bezeichnet oder von seinen Anhängern so genannt wird, greift nach dem höchsten
Rang, der einem Menschen in Israel von Gott verliehen
werden konnte: nach dem Rang des »Gesalbten«. Der
Jude nennt ihn den »Messias«, uns ist er mit der griechischen Übersetzung dieses Titels als Christus überliefert.
Messias oder Christus meinte im alten Testament einen
König, der zugleich Repräsentant der Heiligkeit Gottes
war. Er war aus der Menge der übrigen Menschen herausgehoben und mit magischen Kräften ausgestattet.
Wer ihn angriff, versündigte sich an Gott, der ihn unantastbar gemacht hatte.

Es wird erzählt: »Gott öffnete dem Propheten Samuel
einen Tag, ehe Saul zu ihm kam, das Ohr und sagte ihm:
Morgen um diese Zeit will ich einen Mann zu dir sen-
den, den sollst du zum Fürsten salben über mein Volk Israel« *(1. Samuel, 9–10)*. Als nun Saul kam, nahm Samuel
den Krug mit Öl und goss es auf sein Haupt, küsste ihn
und sprach: Nun hat Gott dich zum König über sein
Volk gesalbt. Damit war er zum König designiert und
mit dem Geist Gottes ausgestattet *(1. Samuel 9, 15–18; 10,
9–11)*.

So wiederholt die Apostelgeschichte: »Gott hat Jesus
gesalbt mit dem heiligen Geist und seiner Kraft« *(10, 38)*.

Die Hörer seiner Rede in Nazaret reagierten empört. Sie
wollten ihn von einem Felsen stürzen, weil er sich an
Gott vergriffen habe. Seine Freunde aber bewiesen eine
große Kühnheit, wenn sie in Jesus, diesem wehrlosen,
bedrohten, unbewaffneten Mann den »Christus« sehen

wollten. Nur einmal wiederholte sich etwas wie jene
Salbung des Saul durch den Propheten Samuel. Eine
Stunde kam, in der er wirklich gesalbt wurde. Da lesen
wir:

> »Maria, die Schwester der Martha,
> nahm echtes, kostbares Nardenöl,
> salbte Jesus die Füße damit
> und trocknete sie mit ihrem Haar.
> Und das ganze Haus war voll vom Duft des Öls.«
> *Johannes 12, 3*

Eine Frau, ahnend, was ihrem Meister Schreckliches widerfahren würde, griff zu dem Zeichen, mit dem sie vielleicht etwas sagen wollte wie dies: Du bist kein siegrei-
cher König, aber du bist der König für mich und bleibst
es über deinen Tod hinaus. Jesus selbst aber deutete, was
Maria tat, auf seinen Tod.

Wenn später die Gemeinde seiner Nachfolger ihn als
den Christus bekannte, so sagte sie damit das, was zu
den schrecklichen und angstvollen Zeiten der Christen-
verfolgungen durch den römischen Staat geführt hat:
Dieser Christus ist unser König. Wir anerkennen keine
menschliche Autorität, und wir werden uns jedem
Machtanspruch verweigern, der uns das Recht nehmen
will, an diesem Rang des Jesus Christus festzuhalten.
Der Titel Christus, dem zu Tode gefolterten Meister beigelegt, führte sie selbst in den Tod. Er war ein Bekenntnis von großer Tragweite und Sachgemäßheit. Uns Heutigen aber muss deutlich sein, dass in diesem Titel die
große Kraft des heiligen Gottes gemeint ist, die Kraft,
die uns in ihm begegnet und die uns, wenn sie uns einmal begegnet ist, für unser ganzes Leben fordert.

15

Sie sahen in ihm etwas wie ein »Lamm«

Wie also verstanden sie den schlichten Mann aus Nazaret, der ja durchaus kein König war und auch keiner sein
wollte? Der kein Sieger war, sondern ein Gescheiterter,
keine glänzende Gestalt, sondern ein armer Wanderpre-
diger, der am Ende seinen Gegnern zum Opfer fiel? Man
kann nicht anders, als der geistigen Kraft jener ersten
Gruppe von Christen Bewunderung auszusprechen dafür, wie sie es fertig brachten, die Balance herzustellen
zwischen der Niedrigkeit und der himmelhohen Höhe
dieses Mannes. Denn Jesus blieb das Opfer, das er gewesen ist und als das er gestorben ist, und wurde in der
Passionsgeschichte nicht zum strahlenden Helden stili-
siert. Er blieb der, der in der Angst versank, der um sein
Ja zu seinem schrecklichen Tode ringen musste, der unter blutigem Schweiß mit dem Willen Gottes kämpfte,
dem sein Gottesbild in der Finsternis versank bis hin zu
jenem Schrei der Gottverlassenheit, mit dem er starb.

Das Gegengewicht zum Bild des »Königs Christus«
bildete das vom Lamm, das geopfert wird. Das Bild
stammt vom Opferkult in den Tempeln der alten Welt,
an denen täglich blutige Opfer von Tieren stattfanden.
Der Sinn solcher Opfer war der, den Menschen einer
Stadt oder eines Landes zu helfen, mit ihrem Gott oder
ihrer Göttin ins Reine zu kommen, nachdem dieses
Gottesverhältnis durch Schuld und Unrecht beschädigt
oder zerstört war. Sie wussten, dass der Wille ihres
Gottes oder ihrer Göttin ein bestimmtes Tun forderte,
dass etwas wie Frieden, Reinheit oder Gerechtigkeit erreicht werden müsse, und dass, wenn sie dies nicht leis-
teten, die Götter sich von ihnen abwenden und sie dem

Unheil überlassen könnten. Darum brachten die Menschen etwas von ihrem Besitz, etwas, das sonst ihr Leben sicherte, zum Tempel, ein Schaf, ein Rind, und ließen es dort opfern. Nach dem Opfer waren sie überzeugt, nun sei alles in Ordnung zwischen dem Gott und ihnen. Da aber danach das Leben in der Stadt oder im Land auf dieselbe ungerechte Weise wie bisher weiterging, musste das Opfer täglich wiederholt werden. Man legte die Schuld des Menschen gleichsam auf das Tier, so dass das Tier die Schuld des Menschen »trug«, wie es danach auch von Jesus heißt, er habe die Sünde aller getragen.

Es wäre aber zu kurz gegriffen, wollte man all dies für eine frühe und primitive Stufe des menschlichen Gottesbewusstseins halten. Es drückt sich darin vielmehr ein bis zum heutigen Tag und bis ans Ende der Menschenwelt gültiges Lebensgesetz aus, das wir nur zu unserem Nachteil und zum Schaden für uns selbst und unser Gottesbild von uns weisen. Wir können wissen, und die heutige Psychologie weiß es sehr wohl, dass die Beziehungen zwischen den Menschen sich nur ändern lassen, wo Interessen, Machtansprüche und Standpunkte »geopfert« werden. Wandlungen auch im Leben des einzelnen Menschen wird es immer nur in dem Maß geben, in dem irgendetwas geopfert wird, das man sich zu seiner Sicherheit beschafft hat, und der Weg zum reifen Menschen wird immer über viele Stufen von Verzicht, Leid und Opfer führen. Das »Opfer« ist ein Teil der gültigen Grundschrift der für uns Menschen geltenden Lebensgesetze. Das Opfer kann bewirken, dass etwas Zurückliegendes, das misslungen oder böse geraten ist, zurechtgerückt und ins Leben zurückgeholt wird, oder dass gelöscht wird, was wie ein Flächenbrand über das Leben von Menschen hinweggegangen war. Wer sich weigert, ein Opfer zu bringen, das sozusagen ans Eingemachte geht, oder wer dazu unfähig ist, wird immer ein halber, ein unreifer Mensch bleiben. Ein Mensch, der so ist, dass er dem Leben und seinen stillen und selbstverständlichen Gesetzen gerecht wird, wird sich eher zurücknehmen als siegen wollen. Er wird eher einen unteren Weg gehen als sich durchsetzen.

Nirgends aber kann der Mensch so frei sich erheben wie im Gegenüber zu dem Christus, der ihm sein künftiges Bild vor Augen stellt. So, dass er sagen kann: Dieser Christus ist in mir. Ich bin in diesem Christus. Und mit ihm bin ich mitten in Gott, und Gott liebt mich. Im Vergleich mit diesem christlichen Menschenbild wirkt das meiste, was in der Geschichte der Menschheit sonst über den Menschen gesagt worden ist, wie eine Beschönigung, wie eine Idealisierung oder auch eine Entwürdigung, die jeweils dadurch möglich wurden, dass man diese ungeheure Spannung aufgab oder minderte und sich ein angenehmeres Bild in irgendeiner windstillen Ecke der Lehre vom Menschen suchte. »Der leidende Jesus lebt und leidet in mir. Der von Gott aus dem Tod geholte und zu Gott zurückgekehrte strahlende Christus lebt in mir.« So sagt der Mensch, wie ihn Paulus sieht und uns zeigt. Und wir tun gut, uns darüber nicht zu ärgern, sondern zu sehen, dass es keine Möglichkeit gibt, vom Menschen zugleich ehrlicher und rühmlicher zu reden. Nirgends ist die ganze Gegensätzlichkeit, die den Menschen auseinander zu reißen droht, so weit auseinander gespannt gezeigt worden, und so, dass gleichsam weder rechts noch links, weder in seinem Licht noch in seiner Dunkelheit, etwas übrig bliebe, das von dieser Spannung nicht erfasst wäre.

16

Sie gaben ihm den Rang eines »Gottessohnes«

Was aber mag es bedeuten, dass sie von Jesus Christus als vom »Sohn Gottes« redeten? Was lag in dieser seltsamen Bezeichnung? Was wollten sie den Menschen damit über Jesus sagen?

Ein »Sohn« war für den Juden mehr als tausend Jahre vor Christus und immer seither eine besondere Gabe Gottes und ein Zeichen für einen besonderen Segen. Auf dem Sohn lag alle Hoffnung auch insofern, als in ihm Eltern und auch Großeltern fortzuleben hofften. Vor allem war es später der erstgeborene Sohn, auf dem die Hoffnung lag, er könnte der Messias, der Erlöser Israels sein. In unserem Glaubensbekenntnis erscheint der Erstgeborene, dieser Träger des Segens und des Heils, unter der Bezeichnung »der Eingeborene«.

Nun verstehen wir Abendländer ganz selbstverständlich einen »Sohn« als einen Abkömmling. »Sohn« wird man durch eine Zeugung und eine Geburt. Anders wurde es verstanden in der antiken Welt, vor allem im Orient. Dort konnte es zur normalen Ordnung gehören, dass ein Vater den neu geborenen Sohn von der Erde aufhob mit den Worten: »Du bist mein Sohn.« Nicht durch seine Geburt, sondern kraft dieser Anerkennung wurde er der Sohn des Vaters. Das Verhältnis zwischen einem Vater und einem Sohn war also zunächst ein Rechtsverhältnis, und erst in zweiter Linie auch eine Blutsverwandtschaft. Das wesentliche Merkmal war nicht seine Nähe zu seinem Vater oder seine Ähnlichkeit mit ihm, sondern seine Unterordnung.

Aber »Sohn« wird in vielen Zusammenhängen gebraucht. Das Wort dient auch zur Bezeichnung eines

Verhältnisses zwischen einem Lehrer und einem Schüler *(1. Timoteus 1,2 oder 1. Petrus 5,13)*. Er dient auch als Bezeichnung für die Zugehörigkeit zu einer Gattung. Wenn der Araber sagt: »Du Sohn einer Hündin«, so will er nicht die Mutter des Angeredeten beleidigen, sondern sagt damit: »Du Mensch nach Art eines Hundes. Du Hund.« So heißt »eure Söhne« in *Lukas 11,19* so viel wie »Leute wie ihr«, oder: eure Anhänger. Wer dem Tod geweiht ist, ist ein »Sohn des Todes« *(1. Samuel 20,31)*, wie auch im *Psalm 79,11* nicht, wie Luther sagt, Kinder des Todes gemeint sind, sondern »Söhne des Todes«. So gibt es auch »Söhne der Bosheit« oder »Söhne des Friedens«. So sind Funken »Söhne der Flamme«, Gottlose sind »Söhne der Welt« oder »Söhne des Unglaubens.«

Ebenso breit ist auch die Bedeutung von »Sohn Gottes«. So ist in Syrien Baal, der Gott einer jüngeren Kulturstufe, der »Sohn« des Himmelsgottes El. Das Alte Testament kennt Gottessöhne, das heißt himmlische Wesen, die teils als von Gott abgefallene Engel *(1. Mose 6,2)*, teils auch als ihm dienende Geister verstanden wurden *(Psalm 29,1 u.a.)*. *Psalm 89* fragt: »Wer könnte Jahwe gleich sein unter den Söhnen der Götter?« Israel als Ganzes gilt als Gottes Sohn. David wird so bezeichnet *(2. Samuel 7,14)*. Auch der Titel »erstgeborener« oder »eingeborener« Sohn wird auf einen König nach David angewandt *(Psalm 89,28)*. In *Sirach 4,11* wird der Gerechte »Sohn« Gottes genannt. Bei den Essenern der Zeit Jesu trug der erwartete messianische Hohepriester den Titel »Sohn Gottes«.

Dazu kommt aber vor allem eine zu all dem gehörige Vorstellung, die wie selbstverständlich in das Nachdenken der Christen der ersten Zeit überging: Der altägyptische König, der Pharao, galt als Sohn des Sonnengottes Re. Die Sumerer und Babylonier nannten ihre Könige Söhne dieses oder jenes Gottes. Noch im römischen Kaiserkult, also in sehr aufgeklärter Zeit, lebten solche uralten Vorstellungen fort, etwa in der Gestalt der Opfergottesdienste, mit denen man den Kaiser feierte. So wurde auch in Israel der König bei seiner Inthronisation als »Sohn Gottes« bezeichnet.

Die Formel, mit der ein Mensch zum König, das heißt zum »Sohn Gottes«, eingesetzt wurde, lautete:

»Gott spricht: Du bist mein Sohn,
heute habe ich dich gezeugt.«

»Heute« – das heißt im Vollzug des Krönungsrituals. In *Psalm 2,7* wird diese Formel im Blick auf den König so gebraucht:

»Gott spricht: ›Ich habe meinen König eingesetzt
auf meinem heiligen Berg Zion‹.«

Und der Sänger bekennt dazu:

»Kundtun will ich den Ratschluss Gottes.
Er hat zu mir (im Blick auf den König) gesagt:
Du bist mein Sohn, heute habe ich dich gezeugt.«

Im *Psalm 45* preist der Sänger einen König, und nach allerlei lobenden Worten redet er ihn in Vers 7 gar als »Gott« an:

»Gott, dein Thron bleibt immer und ewig;
das Zepter deines Reiches ist ein gerechtes Zepter.
Du liebst Gerechtigkeit und hassest gottloses Treiben,
darum hat dich Jahwe, dein Gott, gesalbt
mit dem Öl der Freude wie keinen deinesgleichen.«

Und in *Psalm 89,27* wird von einem Wort Gottes an David geredet:

»Du (Gott) hast gesagt:
Ich habe einen Helden erweckt, der helfen soll,

ich habe erhöht einen Auserwählten aus dem Volk.
Ich habe gefunden meinen Knecht David,
ich habe ihn gesalbt mit heiligem Öl ...
Er wird zu mir sagen: Du bist mein Vater!
Du bist mein Gott und mein Hort, der mir hilft.
Ihn will ich zum erstgeborenen Sohn machen,
zum höchsten unter den Königen auf Erden.«

Der Sohn ist hier also der Bevollmächtigte, der im Auftrag Gottes regiert, der Stellvertreter, an dem die Menschen sich orientieren sollen, wenn sie wissen wollen, wer Gott sei und was Gott von ihnen wolle.

Diese Vorstellung spiegelt sich, sozusagen eine Ebene tiefer, in der Sitte, dass ein irdischer König einen »Sohn« berief. Der König suchte sich einen tüchtigen Mann, den er zu seinem Stellvertreter berief etwa in der Weise, wie Josef in Ägypten vom Pharao zu seinem Bevollmächtigten erwählt und eingesetzt wurde, zu seinem Großwesir sozusagen. Er war damit nicht etwa der Nachfolger des Pharao, sondern nur während dessen Amtszeit sein erster Minister, sein »Sohn«. Er fuhr, wie die Josefsgeschichte sagt, auf dem Wagen des Pharao durchs Land, ordnete an, sprach Recht und übte die tatsächliche Regierung aus. »Nur um die Stufen des Throns« war der König höher als er. Der Sohn also ist der, der an der Stelle des regierenden Königs Gesetze erlässt, die Politik bestimmt und die sozialen Verhältnisse ordnet. Er wirkt sichtbar unter den Menschen, während der König für die Menschen unsichtbar in seinem Palast bleibt.

Korrekt in der Bildersprache dieser alten Ordnung an den Königshöfen sagt Jesus von sich selbst:

»Der Vater richtet niemand,
sondern alles Gericht hat er (mir,) dem Sohn, gegeben.«
Johannes 5,22

Und:

»Er hat ihm Vollmacht gegeben,
das Gericht zu halten.«
Johannes 5, 27

Und:

»Mein Gericht ist gerecht.
Denn ich suche nicht meinen Willen,
sondern den Willen dessen, der mich gesandt hat.«
Johannes 5, 30

Dieser Bevollmächtigte, dieser »Sohn«, hatte seinen Platz im Thronsaal »zur Rechten« des Königs. Und so sagt das Evangelium in seiner anschaulichen Bildersprache, nach seiner Heimkehr zu Gott sitze Christus nun zur »Rechten Gottes«. Wenn wir aber fragen möchten: Wo, bitte, ist die »rechte Seite Gottes«?, dann sagen wir damit lediglich, dass uns die Bildersprache des antiken Hofzeremoniells fremd und unbekannt geworden ist.

Diese Aussagen liegen auch in den Worten der Weihnachtsgeschichte. Da sagt der Engel zu Maria im Anschluss an das alte Krönungsritual:

»Du wirst einen Sohn gebären,
den sollst du Jesus nennen.
Der wird groß sein
und ›Sohn des Höchsten‹ genannt werden;
Gott der Herr wird ihm den Thron
seines Vaters David geben;
er wird über das Haus Jakob ewig König sein,
und sein Reich wird kein Ende haben.«
Lukas 1, 31–33

»Heiliger Geist wird über dich kommen,
und die Kraft des Höchsten wird dich überschatten.
Darum wird das Kind heilig genannt werden
und Gottes Sohn.«
Lukas 1, 35

Was unter den ersten Christen nicht völlig geklärt war, das war die Frage, ab wann denn Jesus der Titel »Sohn« zukam. Die einen schilderten seine Einsetzung so, dass sie während seiner Taufe geschah:

> »Als Jesus getauft war, stieg er aus dem Wasser.
> Da tat sich ihm der Himmel auf,
> und er sah den Geist Gottes wie eine Taube herabfahren
> und über sich kommen.
> Und eine Stimme vom Himmel sprach: .
> Das ist mein lieber Sohn, an dem ich Wohlgefallen habe.«
> *Matthäus 3,16f*

Für andere war Jesus »Sohn Gottes« geworden durch seine Auferstehung aus dem Tode. So lesen wir:

> »Paulus, Knecht Jesu Christi, zum Apostel berufen,
> erwählt, das Evangelium Gottes anzusagen ...,
> nämlich das Evangelium von seinem Sohn Jesus
> Christus, unserm Herrn,
> der seiner irdischen Herkunft nach
> aus dem Geschlecht Davids stammt,
> der aber durch die Kraft des heiligen Geistes
> eingesetzt ist als Sohn Gottes in Macht
> seit (oder aufgrund) seiner Auferstehung von den Toten.«
> *Römer 1,1–7*

Erst in späterer Zeit, als das Evangelium den Menschen des griechisch-römischen Kulturkreises erklärt werden musste, begann man den Titel »Sohn« misszuverstehen und deutete ihn im Sinne von leiblicher Geburt und Abkunft. Die Evangelien des Matthäus und Lukas aber bemühen sich deutlich, dieses Missverständnis abzuwehren, indem sie Jesu Ahnenreihe bis zu Abraham und bis zu Adam nachweisen. Die Dogmen des 4. und 5. Jahrhunderts befestigen das Missverständnis dadurch, dass sie davon sprechen, Jesus Christus sei »vom Vater geboren worden«, was freilich eben diese Bilderrede ad absurdum führt. Für uns darf klar sein, dass das Wort »Sohn« den Rang beschreibt, den Jesus für uns hat, seine Bedeutung, seinen Auftrag, seine Vollmacht, und dass wir die skurrile Vorstellung, Gott habe, allein und ohne eine Frau, einen Sohn zur Welt gebracht, mit Gelassenheit weglegen dürfen.

Wollen wir aber Jesus verstehen, so ist wichtig, dass wir uns die Versuche seiner Zeitgenossen vergegenwärtigen, das unerhört Fremde an ihm sich erträglich zu machen dadurch, dass man ihn in uralte bekannte und vertraute Zusammenhänge einstellte. Jesus wäre anders nur unbegreiflich gewesen. Die enthusiastische Kraft, mit der Jesus in das Bekannte einbrach, Lehren, Ordnungen und Konventionen beiseite wischend, die Überwältigung, die ihn selbst mitriss, und die Überwältigung, die die Menschen durch ihn erfuhren, brauchten ein vertrautes Maß. Wie er die Brücken hinter sich abbrach und von denen, die ihm folgen wollten, forderte, dass sie ihrerseits alle Brücken abbrachen, war zu unvergleichbar, als dass es »einfach so«, unmittelbar, hätte verstanden werden können. Wie er aus den sozialen Zusammenhängen seines Landes die Menschen hinüberriss in das ganz Andere, das er das »Reich« nannte, das bedurfte der Milderung, sollte jemand auch nur einen ersten Schritt mit ihm wagen. So nannten sie ihn den »Sohn« im Sinne der vielen übereinandergelagerten Bedeutungsschichten dieses Wortes. Wir aber, wir Heutigen, tun gut daran, nun nicht zu sagen: Also ist das alles alt und vergangen und für uns nicht mehr bedeutsam, sondern den Aussagen nachzutasten, die die Menschen jener Zeit über ihre eigene Ergriffenheit und über den, der sie ergriff, machen konnten, und die ihre Gültigkeit und ihr Geheimnis nie verloren haben.

Vielleicht liegen uns andere Worte näher, in denen die Gäste Jesu andeuteten, wer denn dieser Jesus für sie sei.

Der »Befreier« vielleicht. Der »Bruder«. Der Meister. Der Lehrer. Der Hirt. Der Arzt. Der Helfer. Der Offenbarer. Der Künder. Wenn wir solche Bezeichnungen tief genug fassen, wenn wir ihnen den großen Hintergrund lassen, vor dem sie stehen, wenn sie genug Gewicht haben für unser inneres Leben, für unser Leben vor Gott, dann sollen sie gelten. Dann sollen sie seiner Wahrheit und seiner bleibenden Bedeutung gültigen Ausdruck geben.

Es liegt alles sehr weit zurück

17

Die Weltgeschichte ist eine lange Lichterkette

Wenn uns dies alles unmittelbar erreichte, wäre es sehr gut und nah. Aber es ist unendlich fern. Zweitausend Jahre trennen uns von Jesus, er lebte in einer Kultur, die dreitausend Kilometer von uns in einem fernen Land nach ganz anderen Regeln und Gesetzen lebte als die unsere. Wie kommen wir ihm näher? Oder: Wie ist es möglich, dass wir ihm heute überhaupt begegnen?

Es mag uns dabei zum Bewusstsein kommen, dass alles, das ganze Christentum wie alle Religionen und alle Kulturen, geschichtliche Erscheinungen sind. Alles, was wir erleben, begegnet uns im Zusammenhang der Geschichte. Alles, was uns entschwindet, verliert sich in der Geschichte. Alles, was wir tun, trägt seine Folgen in die künftige Geschichte. Wir sind selbst eine Zeiterscheinung, geschichtliche Wesen durch und durch.

Wie also kommt eine Wahrheit zu uns? Offenbar findet uns auch alle Wahrheit auf den Wegen der Geschichte. Wir erfinden fast nichts. Wir übernehmen fast alles. Und wir geben, was wir empfangen haben, weiter an die, die nach uns sind. Wie erlangen wir überhaupt Kenntnis von etwas, das fern von uns und irgendwann früher gedacht oder gesagt oder getan wurde? Mit unserer Antwort darauf werden zugleich auch die Weichen für unser eigenes religiöses Bewusstsein gestellt.

Es ist schon merkwürdig. Was vor fünfhundert oder vor zweitausend Jahren geschehen ist, ist uns verborgen. Wenn ich ein Buch über den Dreißigjährigen Krieg lese, finde ich darin nicht eigentlich den Dreißigjährigen Krieg. Was ich finde, ist das, was ein Historiker oder

Schriftsteller über ihn weiß, über ihn denkt, sich über ihn vorstellt. Wenn ich an Goethe denke oder an Napoleon, so habe ich nie den originalen Goethe oder Napoleon vor mir, sondern immer nur das, was ich über die beiden gelernt habe, was mir einer gesagt hat und was mir im Gedächtnis haften geblieben ist. Es kam über ein Buch zu mir, über einen Lehrer, eine Fernsehsendung, ein zufälliges Gespräch, und es war eingefärbt von überlieferten Meinungen, von Urteilen oder Vorurteilen. Was von einem historischen Ereignis zu mir dringt, ist die Wirkung, die es heute noch hat, oder der Bericht irgendeines Menschen. Was davon bis zu mir kommt, nennen wir darum seine »Wirkungsgeschichte«. Die Geschichte selbst kann ich auf keine andere Weise kennen. Und das gilt auch von allem, was ich von den Menschen der Bibel, von den Ereignissen, die sie berichtet, weiß. Auch all dies kommt zu mir über unzählige Spiegelungen, eben über die Lichterkette einer Wirkungsgeschichte.

Das hat man nicht immer so gesehen. Für unsere europäische Klassik und noch für das 19. Jahrhundert, etwa für Goethe oder Schleiermacher, war das Faszinierende an der Geschichte die »große Persönlichkeit«. Wer sie betrachtete und sie verstand, konnte sich an ihr bilden, an ihr wachsen und reifen. Wer sie verstehen wollte, musste sich in sie einfühlen, sich in sie ein-denken. Er musste versuchen, zu denken und zu empfinden wie sie. Aber diese Zuversicht ist uns mittlerweile abhanden gekommen. Wie wollen wir uns denn einfühlen in Menschen, die uns so fern sind wie Dschuang Dsi, so überlegen wie Gautama Buddha oder deren Lebensweise uns so unergründlich bleibt wie die eines türkischen Derwischs oder eines indianischen Schamanen? Und was haben wir denn an Kenntnis über sie? Doch nur, was andere über sie sagen! Wer kann wissen, ob sie wirklich meinten, was von ihnen überliefert ist, und ob sie wirklich so waren, wie man über sie erzählt?

Ich will es an dem Beispiel zeigen, das uns hier beschäftigt. Auf welche Weise denn kommt, was Jesus Christus gesagt, gewollt und getan hat, zu uns? Wir haben keine Zeile von ihm, die er selbst geschrieben hat. Wir haben nur knappe Andeutungen seiner Biografie, und keine psychologische Analyse wird je möglich sein. Was haben wir? Wir haben Äußerungen von Menschen, die ihn verehrten. Jedes Wort, das wir von ihm lesen, ist erst einmal durch den Kopf und das Herz eines Hörers gegangen. Der aber kann seinen Meister verstanden haben oder missverstanden, und manche von ihnen, so der Evangelist Lukas und der große Interpret der Christus-Geschichte, Paulus, haben überhaupt erst durch Dritte von ihm gehört. Alles, was wir lesen, ist das Werk von Menschen der ersten, zweiten und dritten Generation nach Jesus.

Was wir also haben, ist nirgends das Original, sondern immer und überall der schon gedeutete, der interpretierte Jesus. Wir haben nicht das ursprüngliche Licht, sondern nur seine Ausstrahlung. Seinen Widerschein in anderen Augen. Wir haben nicht seine Persönlichkeit, sondern immer nur seine Wirkungsgeschichte. Diese Wirkungsgeschichte ging über die Zeit der ersten Augenzeugen hinaus weiter, und immer erneut kamen Reflexe und Spiegelungen eines Menschen oder einer Zeit dazwischen. Die Geschichte ist, wie gesagt, eine lange, schöne und immer wieder irgendein Leuchten widerspiegelnde Lichterkette.

Was haben wir in der Hand, wenn wir das Neue Testament lesen? Da sind Worte, die Jesus selbst gesprochen haben kann. Da sind aber auch Worte, an die sich die Berichterstatter nur ungenau erinnerten, oder Worte, in denen sie formulierten, was ihnen erinnerlich war, in

denen sie ihre eigenen Erfahrungen mit Jesus ausdrückten oder in denen sie zum Ausdruck brachten, was ihnen an Jesus kostbar war.

Es hat sich in den letzten Jahrzehnten mit überzeugender Deutlichkeit herausgestellt, dass es völlig illusorisch
ist, trennen zu wollen zwischen authentischen Jesus-
Worten und späteren Einfügungen, zwischen historischen und legendären Erzählungen, oder etwa ausscheiden zu wollen, was mythologischer Art sei. Denn jede
Art von Wort oder Erzählung ist Ausstrahlung eines
Worts oder einer Geschichte oder vielfacher Widerschein
dieser Ausstrahlung und nicht das Originalgeschehen.

Genau das aber, was uns als Reflex oder Widerschein
trifft, ist das, was für uns »Geschichte« ist. »Ausstrahlung« ist eine der Sprachfiguren, in denen wir ausdrücken, was uns aus dem Leben und Werk großer ge-
schichtlicher Persönlichkeiten trifft. Wir können niemals fragen: Wer war Jesus wirklich? Niemand wird es
ergründen. Wir können nur fragen: Was trifft uns von
ihm? Und was wollen wir weiterspiegeln für die, die
nach uns kommen?

Denn dieses Problem, das wir mit Jesus haben, haben
wir mit jeder Gestalt der Geschichte. Die Buddhisten
haben es mit Buddha, die Philosophen unserer Kultur
haben es mit Sokrates. Beide, die zu den fünf oder sechs
wichtigsten Gestalten der Geistesgeschichte gehören,
kennen wir nur aus der Liebe und Verehrung Jüngerer. In
den drei dicken Bänden mit den Predigten Buddhas steht
kein Wort, das er so gesagt haben muss. In den Dialogen
Platons werden Gespräche des Sokrates mit seinen
Schülern berichtet, aber es sind keineswegs Gespräche,
an denen Sokrates beteiligt war, sondern kunstvoll ge-
staltete Szenen, mit denen Platon seinen Meister zu eh-
ren gedachte. Trotz dieser ihrer historischen Ungreifbar-
keit aber haben alle drei, Jesus, Buddha und Sokrates, die

Geistesgeschichte auf dieser Erde unendlich tief und nachhaltig geprägt.

Die Geistesgeschichte ist kein Museum und keine Walhalla mit berühmten Köpfen aus Marmor. Sie ist ein dramatisches Geschehen. Sie besteht in Überlieferungsvorgängen zwischen Eltern und Kindern, Lehrern und Schülern, zwischen Verkündern und ihren Zeitgenossen. Sie besteht auch in Querverbindungen, in den Impulsen, die vom einen Ende der Welt her auf Menschen eines anderen, weit entfernten trifft. Immer aber wird sich, was so im Austausch vom Einen zum Anderen geht, dabei wandeln in etwas Neues und Anderes, und was dabei entsteht, wird danach im neuen Zusammenhang als Spiegelung einer veränderten Wahrheit weiterwirken.

Wir sollten also vom christlichen Glauben keine eisern feststehenden »ewigen Wahrheiten« erwarten. Er ist selbst eine geschichtliche Erscheinung, er hat sich immer wieder gewandelt und wandelt sich weiter, und was ich von ihm verstehe, das verstehe ich darum, weil er mich in seiner gegenwärtigen Gestalt betrifft. Weil er, so wie er zu mir kommt, mich angeht.

Es kommt hinzu, dass alles, was aus früheren Zeiten berichtet wird, in einer Welt spielte, die mir fremd ist. Ich kenne weder die Orte genau, wie sie damals waren, noch die Lebensumstände, weder die rechtlichen Ordnungen noch die Sitten oder die religiöse Verfassung der Menschen. Ich müsste ein Gelehrtenleben lang mich damit befassen, wollte ich ein Urteil darüber gewinnen, warum dieser oder jener Krieg wirklich ausbrach oder wie eine Pestzeit von den Menschen wirklich erfahren wurde. Was weiß ich schließlich über die Welt, in der der starke Grettir der isländischen Sage oder der Mose der biblischen Geschichte wirklich gelebt haben? Ich

stelle mir die Umstände, die Bedingungen und die Be-
drohungen, unter denen beide gelebt haben, auf jeden
Fall anders vor, als sie waren. Und das geht auch dem
Historiker so, der mehr davon weiß als ich.

Vor allem aber ist dies alles ein Problem der Sprache.
Und zwar auf verschiedenen Ebenen. Da ist einmal die
Ebene einfach der Tatsache, dass fast alles, was die Weltgeschichte mir anbietet, in einer fremden Sprache formuliert ist, die ich beherrschen müsste, um wirklich zu
verstehen, was gemeint ist. Wenn ich in der arabischen
Wüste eine Beduinenfamilie aufsuche, dann muss ich
nicht nur Arabisch können, sondern auch den Dialekt,
den die Leute sprechen. Da ich ihn aber nicht kenne,
bleibt mir vieles fremd, das das Leben jener Menschen
ausmacht. Da ist zum Zweiten die Ebene der Tatsache,
dass eine Sprache sich entwickelt, dass also das Deutsch
des Mittelalters nicht dasselbe Deutsch ist, das mir vertraut ist. Dazu kommt noch, dass ein deutsches Wort
nur selten wirklich dieselbe Bedeutung hat wie dasselbe
Wort in einer fremden Sprache. Das Lexikon täuscht nur
vor, ich hätte mit dem entsprechenden Wort in einer
fremden Sprache dasselbe vor mir wie mit dem in meiner eigenen. Es muss uns doch beunruhigen, wenn wir
uns klarmachen, was ein Jude der Zeit Jesu sich vor-
stellte, wenn er das Wort »Massá« hörte, »Versuchung«.
Was wir uns heute vorstellen, wenn uns einer von »Versuchung« spricht, das ist vielleicht für einen verheira-
teten Mann eine hübsche junge Frau oder ein Zigaret-
tenladen für den, der sich das Rauchen abgewöhnen
will. Wenn der Jude von damals dieses Wort hörte, sah
er den Weltuntergang! Massá, das Wort, das Jesus vermutlich im Vaterunser gebrauchte, war für das apoka-
lyptische Milieu von damals die Gefahr, dass einer unter
dem Anprall endzeitlicher Leiden das Vertrauen verliert, dass er an Gott irre wird, dass ihm der Glaube ab-

handen kommt. »Führe uns nicht in Versuchung« heißt also: »Wenn alles zusammenbricht, dann bewahre uns davor, an dir irre zu werden.« Wir dürfen uns nicht wundern, wenn der große Hebraist Reuchlin, der ältere Zeitgenosse Luthers und Großonkel Melanchthons, der Meinung war, das Hebräische sei prinzipiell unübersetzbar, und jede Übersetzung zerstöre die eigentliche Aussage des Textes. Trotzdem hat Luther übersetzt, und er tat wohl daran. Wir aber tun gut, bei allem, was wir in Deutsch hören, sorgfältig zuzuhören, und zu wissen, dass immer eine Distanz bleibt zwischen dem, was die Bibel sagt, und dem, was wir heute davon verstehen.

18

Was geschieht, ist schwer durchschaubar

Was früher einmal geschehen ist, hatte Gründe und Ursachen, von denen uns die meisten unbekannt sind. Wenn ich von der Kaiserkrönung Karls des Großen oder von der Ermordung Wallensteins höre, kann ich mich fragen: Warum lief das so und warum nicht ganz anders? Aber eine korrekte Antwort werde ich kaum finden, denn die Geschichte verläuft selten nach logischen Gesetzen. Überall waren die Liebe und der Hass, die Einfälle und Verrücktheiten des menschlichen Kopfes, die Gefühle und die Ungereimtheiten der menschlichen Seele am Werk. Ideen brechen ein, Wirkungen toben sich aus, ohne dass es erkennbare Gründe gäbe, und vieles bleibt schlechterdings unerklärlich. Das ist auch in der Geschichte des christlichen Glaubens immer so gewesen. Die Geschichte fließt nicht wie ein ruhiger

Strom, sie wirbelt, sie bricht sich an Widerständen, und immer wieder wird irgendein Gedanke oder eine Kraft in sie einbrechen, die zuvor unbekannt waren.

Dass das Dasein sich geschichtlich vollzieht, bedeutet, dass es undurchsichtig ist und unserem Zugriff verschlossen. Dass wir das Gewebe von Ursachen und Wirkungen weder überblicken noch durchschauen. In jedem Vorgang laufen unzählige Voraussetzungen zusammen. Was geschehen ist, wirkt auf verschlungenen und verborgenen Wegen weiter. Alles ist mit viel anderem, ja grundsätzlich mit allem verflochten. Es steht in einem Zusammenhang, der sich ins Endlose hinausbreitet.

Ich will, was ich meine, wieder an dem uns vertrauten Beispiel zeigen, an der Berichterstattung über Jesus im Neuen Testament. Es ist ja zwischen den Berichten der Augenzeugen und dem, was später über ihn gesagt wird, ein seltsamer Bruch. Er zeigt sich deutlich an dem, was Paulus, sein wichtigster Interpret, von sich sagt: »Mich interessiert nicht eigentlich, wer Jesus von Nazaret war, mir ist wichtig, was er mir heute sagt. Was ich von ihm weiß, habe ich nicht von irgendwelchen Augenzeugen, sondern aus meiner geistigen Verbundenheit mit ihm, aus dem Geist« *(2. Korinther 5,16)*.

Aber Paulus war damit nicht allein. Die ganze urchristliche Wanderbewegung, die nach dem Tod des Meisters zu ihren Missionsreisen aufbrach, in der man einander von Jesus erzählte und die nach außen hin öffentlich von ihm redete, lebte aus zwei Quellen. Einmal aus Erfahrungen mit Jesus, zum anderen aus dem, was den Aposteln »der Geist eingab«. Die ersten Christen lebten und redeten auch und vor allem aus dem, was ihnen unabhängig von historischer Kenntnis oder persönlicher Erinnerung zugeraunt, zugeflüstert, zugesprochen wurde, aus dem, was sie im Traum, in der Schau, in der

Ekstase sahen oder hörten. Sie bezeugten, dass in ihnen etwas laut werde, das weder von anderen Menschen noch aus ihnen selbst kam; dass da ein Mut entstand, den sie selbst nie aufgebracht hätten, und eine Gewissheit, für die es keinen vernünftigen Grund gab.

So besteht Geschichte nie nur aus Überlieferungsvorgängen, sondern immer auch aus unerwarteten Aufbrüchen, Einbrüchen und Durchbrüchen der erstaunlichsten Art; und wer die Tatsache solcher Einschläge aus dem »Anderen«, aus irgendeinem Wirken eines schöpferischen Geistes, nicht wahrhaben will, wird sie nicht verstehen. Es gilt darum auch für uns Heutige, darauf gefasst zu sein, dass uns Unerklärliches widerfährt, dass uns beängstigend Neues begegnet, ja dass uns selbst heute ein Wort eingegeben wird, das etwas ganz Anderes mitteilt, als was um uns her gedacht wird. Denn Wahrheit ist nie nur das, was gewesen ist, sondern immer auch, was heute aufscheint und worauf wir unsere Antwort geben. Sie ist unberechenbar. Die Logik der Geschichte ist tief irrational.

Logischerweise hätte die Geschichte um Jesus so weitergehen müssen, dass das Häuflein seiner Anhänger nach dem katastrophalen Ende des Meisters sich zerstreut hätte, dass die einzelnen seiner Anhänger versucht hätten, wieder an ihre berufliche und gesellschaftliche Vergangenheit anzuknüpfen. Die logische Folge wäre gewesen, dass, was Jesus gesagt und getan hatte, sich aus der Erinnerung der Menschen leise verloren hätte. Aber nun erzählte man von einem Einbruch. Von einer plötzlichen Richtungsänderung, die auf den Geist Gottes zurückzuführen sei. Man erzählte von einem Einbruch des Geistes Gottes in die Köpfe und Herzen der Menschen. Die Folge war eine breite Bemühung um das Verstehen der wirklichen Bedeutung Jesu, aber auch eine ebenso breite Nach- und Umgestaltung der Botschaft von ihm. Sie versuchten, die Botschaft, mit der Jesus nach seinem eigenen Bekunden die Welt in Brand zu setzen suchte, so neu zu formulieren, dass sie die Menschen einer späteren Generation zum kreativen Mitvollzug auf- und einforderte. Und seitdem hat die Christenheit immer aus zwei Quellen gelebt: dem Bericht, der ihr weitergegeben wurde, und dem freien, aus dem Geist Gottes kommenden neuen Gedanken. Das aber liegt in Jesus selbst begründet. Wenn er der war, der zu sein er beanspruchte, dann musste seine Wirksamkeit die Menschen in ihrer Geschichte begleiten, von Stufe zu Stufe. Dann musste für eine neue Generation eine Neudeutung möglich sein, die nicht nur erlaubt war, sondern notwendig. Man sprach daher immer von zwei Wirkungsweisen der Jesusbotschaft: Von dem äußeren Wort, das auf Papier steht und das nachgesprochen und ausgelegt werden kann. Und vom inneren Wort, das dem, was auf dem Papier steht, seine aktuelle Schärfe und Genauigkeit zu geben vermag und das im einzelnen Menschen laut wird.

Wir lesen also in der Bibel. Wir hören, was uns ein kenntnisreicher Mensch dazu erklärt, und wir haben zuletzt unsere eigenen Eingebungen. Diese aber sind, so wie der christliche Glaube seine geschichtlichen Wege geht, das für uns Entscheidende.

19

Alles Frühere sehen wir mit den Augen unserer Epoche

Das ist eine schlichte Tatsache. Wir sehen in die Welt, wie man als Mensch dieses Jahrhunderts in die Welt sieht. Wir beurteilen, was geschieht, wie man es als Mensch dieser Zeit beurteilt. Uns will richtig erscheinen, was einem Menschen dieser Epoche ganz selbstverständlich richtig erscheint. Ein Mönch des Mittelalters sah anders in die Welt als ein Künstler der italienischen Renaissance oder ein Bürger des 19. Jahrhunderts. Ein amerikanischer Industrieller von heute wird in einer ihm fremden Kultur etwas ganz Anderes sehen als ein französischer Schöngeist des 18. Jahrhunderts. Es gibt keinen Rückgriff auf Früheres anders als unter den Bedingungen, die eine spätere Zeit vorschreibt.

Es wird immer wieder nötig sein, bei einer Erscheinung von früher oder einer Einsicht von früher anzuknüpfen. Das Schwierige daran aber wird sein, dass wir dem Früheren nie als seine Zeitgenossen, sondern immer als Menschen unserer Gegenwart begegnen. Wir werden also das früher Gesprochene auf eine heutige Weise hören. Wir werden es uns anders erklären, als die Menschen jener Zeit es taten. Tun wir es mit wissenschaftlichen Mitteln, so werden wir andere Regeln für richtig halten, als frühere Zeiten es taten, und wir werden eben die Art Wissenschaft treiben, die man in unserer Zeit für sachdienlich hält, also eine andere, als das Vergangene eigentlich erfordern würde, und unsere Wissenschaft könnte, gerade weil sie eine moderne Wissenschaft ist, dem, was sie untersucht, ganz und gar unangemessen sein. Immer aber wird die Zeit, in der wir leben, und der Ort, an dem wir sind, die Weise bestimmen, in der wir versuchen werden zu verstehen.

Martin Luther griff auf die Bibel zurück. Er tat es in einer Zeit, in der die Renaissance nach Deutschland kam und der Humanismus die alten Selbstverständlichkeiten hinterfragte. Luther tat es mit den Sprachkenntnissen, die ihm der Humanismus zur Verfügung stellte, und mit der Leidenschaft eines in jener Zeit der Unruhe wach gewordenen Gewissens. Er nahm den Ruf der Humanisten »Zurück zu den Quellen!« auf und formulierte ihn für die Kirche um: »Zurück zur Heiligen Schrift!« Was er fand, war zum Beispiel eine Staatslehre, wie sie seiner Zeit entsprach, die er aber in der Bibel nirgends hätte finden können. Er fand keineswegs alles, was ihm die Bibel hätte sagen können, sondern vor allem eine Lehre von der Gerechtigkeit Gottes und des Menschen, wie sie seiner ihm widerstehenden Kirche entgegenzusetzen war, und die in der Bibel selbst eine andere Rolle spielte, als die er ihr zuwies.

Wenn vierhundert Jahre später Kierkegaard zurückrief zum Wort der Bibel, dann tat er das als ein von Hegel geschulter Spätromantiker. Niemand kann dem Historiker Adolf von Harnack vorwerfen, er habe nicht exakt geforscht, was er aber als das »Wesen des Christentums« fand, spiegelte das, was das Bürgertum des beginnenden 20. Jahrhunderts gut fand, was ihm einleuchtete. Wenn die evangelische Theologie in den zwanziger Jahren nach dem großen Krieg neu ansetzte, so drückte sie in ihrem Rückgriff auf das Dogma die Unsicherheit ihrer Zeit aus, oder sie formulierte den christlichen Glauben in den Denkformen der Existenz-Philosophie, und was dabei herauskam, war so verschieden von der ursprünglichen Aussage, dass es eine kühne Behauptung wäre, dies alles sei gleichzeitig mit dem Glauben der ersten Gemeinde abzudecken.

Überblicken wir die heutigen Versuche, das Wort der Bibel zu verstehen, so finden wir Menschen, die es mit den Mitteln des neuzeitlichen Pietismus tun oder mit denen der zeitgenössischen Philosophie, von irgendeiner Art von Sozialismus, von einer besonderen Art von Feminismus aus oder mit dem Beharrungsvermögen eines modernen Konservativen, und jeder von ihnen wird finden, was von seinem Ausgangspunkt aus erreichbar ist. Schlage ich aber selbst die Bibel auf, so bemerke ich, dass Worte, die für andere zentral wichtig sind, an mir vorbeigehen, und dass mich Worte treffen, die anderen ganz unbekannt sind. Trifft mich aber ein Wort wirklich, dann wird es das auf eine rätselhaft unverfügbare Weise tun, und es wird vor allem in eine Situation hineintreffen, die nicht die Situation eines biblischen Schriftstellers, sondern meine eigene ist. Und das heißt: Es gibt kaum einen Versuch der Neuinterpretation, der nicht mindestens ein grundsätzliches Recht für sich in Anspruch nehmen könnte. Am Ende werden wir wissen, wie wenig wir wissen können. Wie sehr wir Kinder unserer eigenen geschichtlichen Situation sind und wie schmal der Ausschnitt ist, den unser Verstehen erreicht.

Und dazu kommt noch eins: In alles, was ich sehe oder höre oder verstehen will, bringe ich mich selbst mit ein. Meine Interessen, mein Lebensgefühl, meine Ängste, meine Vorurteile, meine Erfahrungen, meine Verletzungen, meine Wünsche. Alles, was ich am Ende im Gedächtnis behalte, trägt die Färbung und die Intensität, die meine Seele ihm gibt. Jede Begegnung mit einer Gestalt der Vergangenheit ist also nicht nur von meinem rationalen Interesse bestimmt, sondern auch von meinen persönlichen Lebenserfahrungen, von meinen Vorlieben, meinem Widerwillen oder meinen Traumata. Wenn ich heute das Wort »Caesar« höre, dann schwingt bei mir immer noch die geistlose Art mit, in der wir vor fast siebzig Jahren durch seinen »Gallischen Krieg« gezerrt wurden. Wenn ich von Alexander dem Großen höre, kann ich nicht vergessen, dass mir der Kulturminister des Iran bei einem Gespräch über Alexander mit einem weisen Lächeln sagte: »Wir nennen ihn nicht den Großen.« Ich habe einmal gelernt, es gebe in der Weltgeschichte nichts Wichtigeres und nichts Interessanteres als die lange Aneinanderreihung von Kriegen, von Siegen und Niederlagen, aber dieses Bild hat sich mir sehr verändert, als ich selbst die Erfahrung eines Krieges machte.

Aber nicht nur meine Erfahrungen bestimmen mein Bild von der Geschichte, sondern auch meine persönlichen Interessen. Meine besondere Begabung tut es, die mich entweder auf die Musiker oder auf die Literaten oder die Asketen oder die Bauern verweist. Ich bringe die Herausforderungen mit, die mir meine eigene Lebensgeschichte stellt, und was ich dann erfahre, wird seine Bedeutung von der Wichtigkeit bekommen, die es für meine eigene Bewusstseinsgeschichte hat. Ich bringe die Tatsache mit, dass ich in einer Familie der sozialen Mittelschicht aufgewachsen bin und eine gewisse Schulbildung vermittelt bekam. Ich bringe die Tatsache mit, dass um mich her Menschen sind, die in irgendeiner Weise christlich geprägt sind, und vieles andere.

Das alles wird mein Bild von der Geschichte mitbestimmen, fälschen oder klären. Es gibt keinen objektiven Blick auf irgendetwas auf dieser Erde, auch für die Wissenschaft gibt es das nicht. Auch jeder noch so sorgfältige Wissenschaftler bringt sich selbst in seine Untersuchungen ein. Und wenn ich selbst mich dem christlichen Glauben zuwende, dann wird mir daran immer etwas Anderes wichtig sein als irgendeinem Menschen neben mir. Dabei aber kann mir auf eine befreiende

Weise klar werden, dass ich keineswegs etwas nur darum glauben muss, weil es Menschen gibt, die es glauben, sondern mich darauf verlassen kann, ich würde der
Wahrheit, die für mich gilt und die mir bestimmt ist,
original und auf meine eigene Weise, im Gespräch mit
anderen auch, begegnen.

20

Wir haben Mühe, mit der Bibel sinnvoll umzugehen

Nun ist die Bibel ein Buch, das von einer Geschichte berichtet, das in einer langen Geschichte entstand und das
nach einer langen Geschichte des Verstehens oder auch
Missverstehens am Ende zu uns kommt. Was ist, wenn
von der Bibel alles gelten soll, was von geschichtlichen
Erscheinungen überhaupt gilt? Man mag beklagen, dass
es alles schwierig und mühsam wird.

Es hätte tatsächlich alles auch sehr einfach sein können. Nehmen wir an, Jesus hätte seine Aufrufe schrift-
lich verbreitet. Er hätte, was er sagen wollte, selbst nie-
dergelegt, er hätte am Ende seine Lebenserinnerungen
aufgesetzt, und diese Handschrift wäre unbeschädigt auf
unsere Tage gekommen. Es wäre alles klar. Denn ich
könnte mir nicht denken, dass er nicht Worte gefunden
hätte, die wir heute verstehen.

Aber leider – es ist alles viel komplizierter. Was zu uns
kommt, sind viele Erfahrungen, die viele uns unbekannte Menschen mit Jesus gemacht haben. Es sind Bekenntnisse von Menschen über das, was durch Jesus in
ihnen bewegt oder verändert worden sei und also Spiege-

lungen über Spiegelungen, die die Weltgeschichte, die wir als Lichterkette bezeichnet haben, auch sonst für uns bereit hat. Und was wir danach darüber lernen, das kommt über unzählige Vermittlungen und Deutungen und keineswegs nur über die Bibel direkt, sondern über ein Buch, eine Lehre, eine Predigt, eine Sendung im Fernsehen, ein Zitat von früheren Interpreten. Was zu uns kommt, das ist die Wirkungsgeschichte, die von Jesus ausgegangen ist, und niemals er selbst, wie auch die Wirkungsgeschichte von Propheten oder Aposteln.

Schon in der Anfangszeit der kritischen Auseinandersetzung mit der Bibel sprach Gotthold Ephraim Lessing ein berühmtes Wort, das diesen geschichtlichen Abstand zwischen uns Heutigen und der Bibel feststellt: Er bezeichnete die Schwierigkeiten, die uns der geschichtliche Abstand bedeute, der Abstand zwischen dem, was wir heute denken müssen, und dem, was uns aus einer so fernen Geschichte berichtet wird, als einen »garstigen, breiten Graben«, über den er nicht komme, so oft und so ernstlich er den Sprung auch versucht habe. »Kann mir jemand hinüber helfen, so bitte ich ihn! Ich beschwöre ihn!«

Schon vor Lessing hatte Luther versucht, über die Traditionen der Kirche zurückzuspringen zum reinen Wort der Heiligen Schrift. Wir stellen freilich heute fest: Er kam nicht bei der reinen Heiligen Schrift an, sondern bei einer Deutung dieser Schrift, wie die Mittel und die Denkvoraussetzungen des 16. Jahrhunderts sie ihm ermöglichten. Vor hundert Jahren aber stellte Albert Schweitzer in seinem Buch über die »Leben-Jesu-Forschung« fest, es gebe einen solchen Sprung zurück zum Original der Heiligen Schrift endgültig nicht.

Trotzdem fragen wir heute, mit großer wissenschaftlicher Energie die einen, mit der prüfenden Vernunft des

Laien die anderen danach, was denn nun eigentlich geschehen sei. Wir versuchen unermüdlich, zwischen echten und unechten Worten Jesu zu trennen. Wir können aber wissen, dass dies nicht möglich ist. Wir versuchen immer neu zu klären, ob denn die Geschichte vom Auszug der Israeliten aus Ägypten historisch sei, und können wissen, dass wir keine Mittel haben, dies auf irgendeine Weise zu belegen. Wir versuchen immer neu, durch die verherrlichenden Berichte der Evangelien durchzudringen bis zu der einfachen Gestalt des Jesus von Nazaret und wissen, dass alles, was wir von ihm wissen, von der Dankbarkeit, der Verehrung derer geprägt ist, die von ihm berichten.

Was spielt sich denn in einer Überlieferungsgeschichte wie der der Bibel ab? Jesus spricht ein Wort. Ein Hörer wird von ihm getroffen. Er berichtet einem Anderen davon. Der nimmt es in Kopf und Herz. Dann setzt er sich und schreibt auf, was ihm der andere gesagt hat. Das ist der Anfang einer Überlieferung. Aber nun neigen wir dazu zu sagen: Beim Schritt von Jesus zu dem ersten Hörer verändert sich möglicherweise der Sinn und der Wortlaut dessen, was Jesus gesagt hat. Er verändert sich noch einmal bei dem Schritt vom Hörer zum Schreiber. Es ist jedes Mal ein Verlust an Wahrheit zu beklagen. Wir müssen also zurückzudringen suchen bis zum ursprünglichen Wort, das Jesus gesagt hat, und wissen doch, dass wir dazu die Mittel nicht haben. Und so wird uns die Geschichte sehr schnell zu einem Feind, den wir überwinden müssen, um an die Wahrheit zu kommen. Wir sehen die Geschichte nicht mehr als Lichterkette, sondern als eine Folge zunehmender Verdunkelungen. Der »breite, garstige Graben« Lessings tut sich auf.

Ich sehe keine andere Möglichkeit, an die Wahrheit der biblischen Botschaft heranzukommen, als die, dass wir uns endlich mit der Geschichte des Glaubens und mit den geschichtlichen Bedingtheiten unseres Erkennens und Verstehens versöhnen. Denn es ist ja alles Überlieferung. Die Bibel selbst ist in tausend langen Jahren entstanden auf den Wegen der religiösen Überlieferung eines Volkes. Die Geschichte Jesu steht ganz und gar in dieser Überlieferung. Was zu uns gelangt, ist Überlieferung. Wir selbst sind mit unserem Glauben und unserem Nachdenken selbst ein Stück der weitergehenden Überlieferung. Und die Antwort, die wir der Bibel geben, geht als Überlieferung an unsere Kinder weiter. Was unsere Zeit an Gedanken über die Bibel hinterlassen wird, wird am Ende wiederum als Überlieferung von den Späteren aufgenommen werden. Wäre es nicht ein Glück und eine Erlösung, könnten wir uns mit diesen vielfältigen Verflechtungen unseres Daseins zwischen Ursprung und Geschichte, zwischen Geschichte und neu entstehendem Glauben, zwischen dem Papier, das wir in der Hand haben, und dem Geist Gottes, der in uns Glauben weckt, einverstanden erklären? Wenn ich den 19. Psalm lese, dann habe ich dieses wunderbare Bild vom Sinn einer Überlieferung vor Augen, das Bild von der Lichterkette der Geschichte:

»Die Himmel erzählen die Herrlichkeit Gottes,
sie machen sichtbar, was er getan hat,
überall in der Welt.
Ein Tag sagt es dem anderen weiter
und was eine Nacht weiß, sagt sie der nächsten ins Ohr.
Sie reden ohne Worte
und ohne vernehmbare Stimme.
Was sie erzählen, durchtönt alles Land,
und bis ans Ende der Welt dringt ihr Raunen.«
Psalm 19, 1–5

Könnten wir Menschen, die in ihre Geschichte zurücksehen, uns nicht ähnlich bereit zwischen die Tage stel-

len, die vergangen sind und die kommen werden, auf-
nehmend, was zu uns kam, und weiterreichend, was wir
erkannt haben? Es müsste den garstigen Graben nicht
geben.

Was indessen mit der zu Ende gegangenen Neuzeit zugleich vergangen ist, das ist die herkömmliche Unterscheidung zwischen den Frommen und den weniger
Frommen, wie sie bislang an ihrer ungeteilten oder
nachfragenden Zustimmung zur Bibel und ihren Geschichten abgelesen worden ist. Zu den Zeiten unserer
Großväter konnte einer liberal sein oder rechtgläubig. In
der Zeit unserer Väter konnte man ihn als modern oder
konservativ einstufen. Heute gibt es, viel weniger über-
sichtlich, eine Vielzahl von Meinungsgruppen. Man unterscheidet etwa zwischen sozial Engagierten und Medi-
tierenden. Aber bitte: All dies sind Alternativen aus der
Mottenkiste. Wir werden heute, ohne die Welt untergeh-
hen zu sehen, viele Wege entdecken, die ein Christ oder
einer, der es werden will, gehen kann. Die Bibel redet
uns gemeinsam und verbindlich an. Die Antwort, die
wir geben, wird unsere Antwort sein, und wir werden
sie in Freiheit treffen. Hinter diese Eigenverantwortung
unseres Glaubens können und wollen wir nicht zurück.

Wie also wollen wir weiterkommen? Ich meine, auf dem
Weg über zwei Einsichten, die von derselben Wichtig-
keit sind:
   Die eine ist die: Die Bibel ist kein Lehrbuch, auch kein
Geschichtsbuch; sie ist eine lange in einer Geschichte
aufgereihte Folge von spirituellen Erfahrungen. Die
Menschen, von denen die Bibel erzählt, hörten eine
Stimme und gaben ihre Antwort. Sie schauten ein
großes Bild und versuchten, es den Mitmenschen ihrer
Umgebung zu zeigen. Sie träumten einen Traum und

versuchten, ihn zu deuten. Sie wussten sich bewahrt und dankten dafür. Sie wussten sich geführt und wagten den nächsten Abschnitt ihres Weges. Sie empfingen Weisungen, wie sie leben sollten, und formulierten sie für die Menschen ihrer Zeit in der Gestalt nomadischer Erzählungen oder priesterlicher Lehre. Sie erfuhren, wie Gott aus seinem verborgenen Welthintergrund heraustrat und Leben entstand. Sie fassten Vertrauen zu ihm oder stritten mit ihm. Aber sie schilderten Gott nicht, wie ein Lehrbuch es tun würde, in zwanzig oder hundert Paragraphen, sondern immer nur so, wie sie ihn jeweils in ihrer Stunde erfahren hatten. Und so war ihnen Gott der »Lebendige«, wie sie ihn nannten. Sie zeigten an den Geschichten, wie ein Leben vor Gott gelingen kann und wie es scheitern muss. Wer das alles historisch bewiesen haben will, der wird ins Leere greifen. Und was die Jesus-Geschichte betrifft, so berichten etwa die Evangelisten nicht als Historiker; sie hatten vielmehr Jesus-Erfahrungen empfangen auf den Wegen einer spirituellen Empirie, in der sich die Erfahrung des auferstandenen Christus und seine historische Gestalt bis zur Unauflöslichkeit verbanden. Immer aber eignet einem solchen spirituellen Bericht die Dignität des genuinen Zeugnisses. Das vom »Geist«, wie sie sich ausdrückten, gewirkte Menschenwort empfängt seine Legitimität dadurch, dass es als ein Wort des Menschen Jesus von Nazaret ausgewiesen wird.

Die andere der notwendigen Einsichten ist die: In uns Menschen gehen bei jedem unserer Schritte Erfahrungen ein. Wir sind Wesen, die aus ihren Erfahrungen ebenso leben wie aus dem ihnen mitgegebenen Wesen. Eine bestimmte Ebene dieser Erfahrungen ist das religiöse Berührtwerden, das ich im Abschnitt 6 geschildert habe. Wir könnten uns heute in die Lichterkette all der unzähligen Versuche hineinstellen, zu verstehen, zu deuten, nachzuvollziehen und in lebendiges Leben zu verwandeln, die in dreitausend Jahren unternommen wurden, was die Erfahrungen eines sehr alten Volkes sind, an denen es uns teilhaben lässt, und was Jesus gesagt und getan hat, was er den Berichterstattern bedeutet, was in ihnen gewirkt und verändert, befreit und lebendig gemacht hat. Wir könnten den Respekt vor ihren Bekenntnissen ebenso bewahren wie unsere eigene Freiheit.

Was aber mich selbst betrifft, so ist mir die Spannung zwischen den vermutlich zutreffenden und den vermutlich ausschmückenden Stellen in den Texten des Neuen Testaments immer unwichtiger geworden, und ich verstand, dass auch, was wir Legenden nennen, eine Art epischer Deutung, und zwar zutreffender, hintergründiger Deutung ist. Denn die historische Exaktheit war es ja nicht gewesen, die mich in seinen Bann gezogen hatte. Im Gegenteil, die Bedeutung, die Jesus für mich gewann, wurde dann zwingender, wenn ich mich der Spiegelung zuwandte, die zwischen den Zeilen seiner Berichterstatter hindurch sein Licht sichtbar machte. Es kommt ja ohnedies keine Information über Jesus auf anderen Wegen zu mir als auf dem Weg über die Hände und Herzen der Menschen, die mir von ihm erzählen.

Ich bin also meinen Erfahrungen mit ihm nachgegangen und habe versucht, die Stimme dieses Jesus so zu hören, wie sie über die tausend Spiegelungen der Geschichte heute zu mir spricht. Manches historische oder legendäre Detail, vor allem aber manche Haarspalterei der Wissenschaft haben dabei ihre vordringliche Wichtigkeit verloren. Ich fand ihn als den, der sich den Menschen zuwendet. Der ihnen nahe ist. Der etwas bringt, das sie angeht. Ich fing an, das Feuer zu sehen, das er auf die Erde geworfen hat und das mich erreichte. Ich kann nicht sagen, wie andere ihn sehen sollten, ich kann nur

bezeugen, wie er mich erreicht hat. Und in den Spiegelungen der Geschichte begann ich auch mir selbst deutlicher zu werden.

Wer aber angesprochen ist, dessen Sache ist die Antwort, die er findet und der er Gestalt gibt. Und erst, wer
seine Antwort gegeben hat, wird der Begegnung mit dem
wirklichen Jesus gewiss sein können.

21

Gottesbilder entwickeln sich in der Geschichte

Es ist eine unbestreitbare Grundtatsache, die wir nie
übersehen dürfen, dass auch Religionen – wie alles andere, was zu uns Menschen gelangen will –, Erscheinungen der Geschichte sind. Sie entwickeln sich aus Anfängen. Sie leben auf. Sie setzen sich gegen andere oder
frühere Religionen durch. Sie wandeln sich. Sie degene-
rieren. Sie nehmen Fremdes auf, fremde Gedanken,
fremde Rituale. Sie reifen. Sie sterben ab oder werden
von einer anderen Religion aufgesogen. Und das alles in
Jahrtausenden. Sie sind, solange sie wahr sind, nicht nur
kenntlich an ihrem Stehvermögen, an ihrer Kraft zu beharren, sondern vor allem und in erster Linie an ihrer
Wandlungsfähigkeit. Innerhalb solcher Entwicklungen
wandeln sich auch die Bilder, die die Menschen sich von
Gott machen oder die ihnen von ihrer Religion gezeigt
werden.

Was nun die Bibel betrifft, so ist diese Wandlungsfähigkeit der Gottesvorstellungen mit Händen zu greifen. David hat anders geglaubt als Abraham und die Wüs-

tenwanderer der Mosezeit anders als die Weisen des 2. Jahrhunderts vor Christus. Wir missverstehen die Botschaft des Alten Testaments aufs Gründlichste, wenn wir meinen, der Gott Jakobs müsse dieselben Züge tragen wie der Gott Jesajas. Gerade die Differenzen sind ein Zeichen dafür, dass dieser Glaube die Menschen bestimmter Zeiten konkret anging und betraf. Ich sehe allein in den Jahrhunderten von Abraham bis zur babylonischen Gefangenschaft, also vom 15. bis zum 6. Jahrhundert vor Christus, eine ganze Folge von Stufen der religiösen Entwicklung.

Denken wir einen Augenblick zurück in die Bronzezeit, also in das 3. und 2. Jahrtausend vor Christus. Neben den großen Stadtkulturen in Mesopotamien und Syrien lebten dort wandernde Hirtenvölker. Es bildeten sich die Kulte einerseits für die mütterlich vorgestellten Ackerbaugottheiten der sesshaften Völker und die männlich gedachten Wandergottheiten andererseits der Nomaden. Israel und seine Religion aber gehen auf charakteristische Weise auf die Lebensformen und die Gottesvorstellungen der nomadischen Völker jenes Raums zurück. So war Gott für Abraham ein Begleiter auf seinen Wanderungen. Gott war erfahrbar im Sturm oder am nächtlichen Sternhimmel. Er war nicht einfach »da« wie die Ackerbaugottheiten, die in der Erde wohnten, ihn musste man rufen: »Komm!« »Hilf uns!« Man hatte, eben weil man immer unterwegs war, keinen Tempel, sondern baute nur hier und dort einen Altar. Für diese Frühzeit war Gott der, »der am Himmel reitet« *(5. Mose 33,26)*. »Er reitet auf schneller Wolke« *(Jeremia 19,1)*. »Er reitet durch die Steppe« *(Psalm 68,5)*. Dieser Gott dürfte den Namen »El Schaddaj« getragen haben.

Eine zweite Stufe mag man sehen: Im 12. Jahrhundert vor Christus tritt ein anderer Gott ins Blickfeld Israels. Er ist dem alten Clangott »Abrahams, Isaaks und Ja-

kobs« ähnlich, aber doch auch deutlich von ihm verschieden. Er trägt den Namen »Jahwe«. Dass er mit dem
Gott Abrahams nichts zu tun hatte, drückt das Alte Testament so aus, dass es sagt: »Abraham kannte ihn nicht«
(2. Mose 6,3). Als Israel nach Darstellung der Bibel um
1200 versklavt in Ägypten lebte, begegnete Mose auf
seiner Flucht zu den Midianitern deren führender Gottheit »Jahwe« und verband ihn mit dem Gott seiner Ahnen. Auch dieser Wüstengott war ein Sturm- und Ge-
wittergott, der den Wüstenwanderern sagte, wann sie
rasten und wann sie aufbrechen sollten *(4. Mose 9,18–23)*.
Zwischen diesem Gott und dem Volk Israel wurde nun
ein »Bund« geschlossen, der beide, Gott und die Menschen, zu ausschließlicher Zuwendung und fester Treue
verpflichtete.

Eine dritte Stufe oder Phase, wenn wir so wollen: Sie
setzte ein, als um 1100 aus den Wüstenwanderern Bauern wurden. Sie brauchten nun keinen »Wegbegleiter-
Gott« mehr, sondern einen, der ihnen die Frucht ihrer
Äcker gab und der an ihrem Regierungssitz anzutreffen
war. Gleichzeitig verband man die Verehrung Jahwes
mit der des Baal, des Fruchtbarkeitsgottes der Syrer, und
mit Gottesvorstellungen und Ritualtexten der Kanaanäer. Man übernahm die Kultstätten kanaanäischer
Gottheiten und widmete Gesänge von dort nun um auf
den Gott Israels. So dürfte der Psalm 29 ursprünglich ein
Psalm gewesen sein, der im Kult des Baal gesungen
wurde. Er wird bis heute in christlichen Gottesdiensten
gesprochen und hat nichts von seiner Kraft verloren.

Eine vierte Stufe mag man in der Davidsgeschichte
finden. David, der junge Heerführer, erlebte eines Tages,
dass Saul, der regierende König, ihm gegenüber von
höchstem Misstrauen erfüllt war und ihn gerne als lästi-
gen Konkurrenten beseitigt hätte. Er floh über die
Grenze des Landes hinaus ans Tote Meer und fluchte

dort den Leuten, die ihn zwangen, das Land zu verlassen und damit bei fremden Göttern Zuflucht zu suchen: »Verflucht seien die, die mich vertreiben aus dem Besitz Jahwes und sagen: Fort! Diene anderen Göttern!« *(1. Samuel 26,19)*. Für ihn war der brausende Wüstengott zu einem eingegrenzten Landesgott geworden, der gerade in der Wüste nicht mehr zuständig war, sondern eben nur bis an den Rand des Staats. Und ähnlich empfanden noch vierhundert Jahre nach David die gefangenen Judäer in Babylon, von denen die Bewacher verlangten, sie sollten ein Lied singen, wie sie es am Tempel in Jerusalem gesungen hätten, und die zur Antwort gaben: Das geht doch nicht! »Man kann doch kein Lied für Jahwe singen auf fremder Erde!« *(Psalm 137,4)*.

Eine fünfte Phase: Israel musste sein Bild von Gott nicht nur deshalb verändern, weil es zum ansässigen Bauernvolk wurde, sondern auch deshalb, weil es einen Staat gründen musste, eine Hauptstadt festlegen und eine Dynastie von Herrschern einsetzen. So wurde ihnen Gott nun zu dem, der die Sicherheit der Stadt gewährleistete, die Kriege des Staats führte, die Rechtsordnung im Lande schützte und eine dauerhafte Dynastie sicherte. Dies alles sagt ein Prophet dem David in einem Spruch von Gott zu.

Eine sechste Phase: Nach vierhundert Jahren des Bestehens des jüdischen Staats ging Jerusalem in Flammen auf, und die Babylonier trieben die Menschen durch die syrische Wüste nach Babylon, wo sie als Gefangene und Arbeitssklaven fast fünfzig Jahre lang lebten. Aber hier, gerade hier, am Ende aller Träume, geschah unter den Juden der geistige Aufbruch, der ihren Glauben und ihre Gottesvorstellung auf eine Höhe führte, die in den damaligen Zeiten ohne Beispiel war: die Erkenntnis des Gottes, der die Welt erschaffen hat, neben dem andere Götter undenkbar wurden, dessen Wesen sowohl das

Licht umfasste als auch die Finsternis, das Gute und das Böse. Die Erkenntnis jenes souveränen Gottes, der über allem ist und in allem und dem der Mensch mit seiner ganzen freien Zustimmung gegenübertritt. In der Schöpfungsgeschichte wird dieses Bild Gottes als Protest gegen die Götter des babylonischen Reiches formuliert. In Verstehensvorgängen von unglaublicher Freiheit hat dieses Volk damals nicht nur seine Identität gefunden, nicht nur eine Überlieferung von tausend Jahren zugleich bewahrt und überwunden, sondern hat vor allem einer schlechthin überlegenen politischen und militärischen Macht, die es im Griff hatte, den Anspruch des einen, großen, alles prägenden Gottes entgegengestellt.

Man könnte fortfahren bis in die Zeit der Weisheitsschriften in den letzten Jahrhunderten vor Jesus und der apokalyptischen Bewegungen der Zeit Jesu selbst. Immer wieder tritt ein neuer Aspekt der Gottheit Gottes hervor. Das muss hier nicht ausgeführt werden, die Beispiele mögen genügen. Klar muss uns nur sein, dass es durchaus nicht ein einheitliches und gleichbleibendes Bild von Gott ist, das das Alte Testament uns zeigt, sondern dass es Entwicklungen gab, auch Brüche und Mischungen. Das aber ist sinnvoll, solange der Mensch als ein geschichtliches Wesen sein Leben auf dieser Erde führt, solange sein Glaube sich in Situationen konstelliert, das Bild von Gott sich in immer wieder anderen Lebensaufträgen spiegelt und ein allmählicher Prozess hin zur Reife sich abspielt.

Religionen wandeln sich. Sie klären, was sie anfangs in archaischen Bildern erfassten. Sie weiten sich aus einer anfänglichen Enge. Sie wachsen über den Zustand eines Deutungsmusters, das für einen Clan galt, zu einer verbindenden Kraft für ein Volk und zu einer weltweit agierenden geistigen Kraft. Sie reformieren sich, indem sie, was ihnen anfangs gegolten hatte, wieder aufgreifen

und in Geltung setzen. Sie heilen aus, was Störung oder
Krankheit oder Zerstörung war. Vielleicht gelangen sie
mehr und mehr zu der verborgenen Zielgestalt, die ihnen mitgegeben war. Sie wandeln sich aber auch von einer lebendigen Kraft in ein gefügtes, am Ende verfestig-
tes System, sie verlieren vielleicht die Freiheit auch
ihres Anfangs und werden »rechtgläubig«, beschreibbar
und abgrenzbar. Und vielleicht geschieht eines Tages
eine Neugeburt, die das schon dem Tode Verfallene wieder zum Leben ruft. Die christliche Geschichte wie die
Geschichte anderer Religionen sind voll von Beispielen
dieser Art.

So hat sich auch das Bild, das man sich von Jesus
Christus machte, im Lauf der Geschichte immer wieder
tief gewandelt. In den ersten drei Jahrhunderten, als die
Christen vom römischen Staat verfolgt wurden, rief
man ihn an als den leidenden Retter, der dieser brutalen
Macht ein Ende setzen werde. Als die römischen Kaiser
Christen wurden, wandelte sich das Bild von Jesus
Christus in das Bild des himmlischen Herrschers, der
die Macht auf der Erde mit seiner Macht und Würde le-
gitimierte. In den Kirchen der byzantinischen Zeit, etwa
in Ravenna, sehen wir ihn aus dem Chorgewölbe als den
himmlischen Kaiser streng und fordernd herabschauen.
Für die jungen Kirchen der Völkerwanderungszeit oder
des neu entstehenden Frankenreichs wurde er zum jungen Helden, der ein neues, dynamisches Staatswesen
verkörperte. In der Gotik wurde er zum Schmerzens-
mann, zum Geschlagenen, zum Gekreuzigten, zum
Sterbenden, dessen Leidensweg die Menschen auf sich
nehmen sollten. In der Zeit des Pietismus wurde er zum
Seelenfreund, dem Bürgertum des 19. Jahrhunderts zum
Hausfreund. Er wurde immer auch zu einem National-
gott, für den eine bestimmte Armee zu kämpfen hatte,
oder zum Leitbild für einen politischen oder sozialen

Widerstand. Jede Zeit fand ihren Jesus. Und immer oder fast immer hatte sie eine Wahrheit ergriffen oder eine Wahrheit zum Ausdruck gebracht. Und wenn Menschen sich heute von Jesus Christus nicht dasselbe, sondern etwas sehr Verschiedenes erhoffen, so haben sie wiederum Recht. Denn er wird uns immer in unserer Zeit begegnen, auf den Wegen der Überlieferung, in der wir stehen, oder auch in unserer besonderen Situation. Und immer wird er uns als der begegnen, der uns unbedingt angeht. Der uns fordert, der uns unseren Weg zeigt, den Weg durch unser eigenes Leben und durch die Landschaft unserer heutigen Welt.

22

Es gibt keine »reine« Religion

Wenn wir uns in der Welt nach den Religionen umsehen, sei es, dass wir dabei den Islam ins Auge fassen, den Buddhismus oder das Christentum oder eine der anderen, so werden wir überall bemerken, dass es viele Formen in jeder dieser Religionen gibt, obwohl sie alle irgendwann einen bestimmten, eindeutigen Ursprung hatten. Sie haben sich alle verändert. Das hängt wiederum mit der einfachen Tatsache zusammen, dass sie alle Erscheinungen der Geschichte sind. Geschichte ist ein ständiger Austausch zwischen Völkern und Kulturen, eine Folge von Begegnungen und Veränderungen. Es gibt schon deshalb nirgends eine Religion, die sich von Einflüssen aus ihrem jeweiligen kulturellen Zusammenhang freihalten und bei der reinen Ursprungsaussage bleiben konnte, die sie am Anfang ins Leben gerufen hat. Religionen leben in Nähe und Abwehr zu anderen Religionen. Sie verbinden sich miteinander, sie mischen sich, sie reiben sich, sie gehen auseinander hervor. Und wenn sie am Ende das sind, was wir eine Hochreligion nennen, dann sind und bleiben auch alle Phasen ihrer eigenen Geschichte, alle Querverbindungen zu anderen Religionen in ihnen erhalten, auch die Glaubensaussagen, die inzwischen von der Geschichte des religiösen Nachdenkens und von der Geschichte der Offenbarungen überholt sind.

Wenn wir noch einmal die Zeit von Abraham bis zur babylonischen Gefangenschaft entlanggehen, so werden wir feststellen, dass es in der Kürze gar nicht möglich ist, alles zu schildern, was aus frühmesopotamischer Frömmigkeit, aus syrischer, phönizischer oder ägyptischer Überlieferung in die Gedanken und die Texte des Alten Testaments hineingewirkt hat.

Es ist hier nicht der Raum, es auch nur annähernd aufzuzählen. Nur ein einzelnes Beispiel aus dem 6. Jahrhundert muss angefügt werden: In der Zeit der babylonischen Gefangenschaft tritt nach fünfzig Jahren der Sklaverei Kyros als Befreier auf, der Perserkönig, von den Juden als Beauftragter und Willensvollstrecker Gottes gefeiert. Mit ihm aber kommt die iranische Religion, der Zoroastrismus, breit herein in das jüdische Denken, und aus Dankbarkeit oder aus Verehrung für den großen König oder aus was für Gründen immer übernehmen die Juden entscheidende Elemente der persischen Religion. So zum Beispiel den Dualismus von Licht und Finsternis, der Gott teilen will in einen Gott des Lichts und einen Gegengott der Finsternis. Den Propheten des Alten Testaments war der Gedanke einer dualistischen Weltsicht völlig fremd gewesen. Und noch in der Gefangenschaft wehrt sich ein Prophet gegen diese fremde Vorstellung, indem er nachdrücklich feststellt, Gott schaffe das Licht und die Finsternis, das Gute und das Böse, das Verderben und das Heil *(Jesaja 45,6–7)*. Aber eben damals dringt aus dem Parsismus jener Licht-Finsternis-Dualismus ein, der sich noch bei Johannes so ausdrückt, dass er sagt: »Gott ist Licht, und in ihm ist keine Finsternis« *(1. Johannes 1,5)*. Oder: Hoffnung auf Auferstehung war dem jüdischen Denken fremd, bis sie eben durch persischen Einfluss Aufnahme fand in die jüdische Frömmigkeit. Aus persischen Vorstellungen stammt auch der Gedanke, es werde am Ende der Zeiten ein Endkampf stattfinden zwischen den Heeren des Lichts und denen der Finsternis, das Licht werde siegen und das Reich Gottes aufgerichtet werden.

Aber die Einwirkung der persischen Religion geht weiter. Augustin, 400 nach Christus, hatte ihr in seinen jungen Jahren in der späten Form des Mithraskults angehört. Aus ihr nahm er die Lehre von der Erbsünde, für die es weder im Alten noch im Neuen Testament eine Begründung gibt. Sie ist persischen Ursprungs ebenso wie die von Augustin eingebrachte Prädestinationslehre.

Und so und weiter hat das Christentum in breitem Ausmaß Vorstellungen der griechisch-römischen Antike übernommen. Die Antike war in der Skepsis zu Ende gegangen. Nun führte ihr das Christentum wieder die religiösen Kräfte zu, die sie verloren hatte. Gleichzeitig übernahm das Christentum viel antikes Gedankengut, und eben durch diese sinnvolle Verbindung gewann das Christentum zusammen mit der Antike seine bleibende Gültigkeit, sein jahrhundertelanges Stehvermögen.

Die Vermischungsvorgänge gehen weiter: Die Scholastik des Mittelalters war geprägt durch die Philosophie des Aristoteles, die mystische Tradition durch die Philosophie Platons. Das Lichtkreuz des Mithras wurde zum

Grundsymbol des Christentums, und der römische Kaiser, dem in einer Vision ein Kreuz erschien und dem gesagt wurde: »In diesem Zeichen wirst du siegen«, konnte dem nachkommen, denn Mithras war in seinen Truppen ebenso populär wie Christus.

Die Götter, Göttinnen, Feen, Geister und mythischen Helden der ganzen damaligen Welt von Ägypten bis Irland wandelten sich in christliche Heilige. Die Mutterreligionen der alten Welt mündeten in die Verehrung der Mutter Maria, wie dieselben alten Kulte einmündeten in die Verehrung der segnenden Hand der Fatima im Islam.

Aus der verfolgten Minorität der Christen wurde im 4. und 5. Jahrhundert die staatstragende Macht Kirche, und das antike Gottkönigtum des Nahen Ostens entstand neu im christlichen Kaisertum. So entstand das christliche Dogma teils aus dem Willen des Kaisers, teils aus dem Erbe der griechisch-römischen Erlösungsreligionen und Mysterienkulte, vor allem auch aus den Denkformen der griechisch-römischen Philosophie. Es ist einfach wahr, was Adolf von Harnack vor hundert Jahren gesagt hat: »Das christliche Dogma ist ein Werk des griechischen Geistes auf dem Boden des Christentums.«

Bezeichnet man also das heutige Christentum als eine synkretistische Religion, so tut man ihm kein Unrecht; man bestätigt lediglich, dass es seinen Weg durch eine Geschichte des ständigen Austauschs gegangen ist wie alle anderen auch. Man bekennt lediglich, dass die Wahrheit für uns Menschen immer im Zusammenhang unseres konkreten Menschenlebens aufscheint. Was alt ist, wird nicht ungültig. Was neu ist, braucht keine Entfremdung der empfangenen Wahrheit zu sein, es kann vielmehr der alten Wahrheit einen neuen Weg eröffnen. Synkretismus heißt Gemischtheit oder Verschmelzung. Er ist eine Grundgegebenheit alles Religiösen.

Es gibt keine reine, ungemischte Religion, so wenig es eine reine, etwa eine »deutsche Kultur« gibt oder eine abendländische. In jeder Zeit gilt, dass, was einmal im Spiel war, in die Zukunft mitgeht, und dass, was zu einer bestimmten Zeit Christentum war, sich ergeben hat aus ungezählten Einfällen, Einbrüchen und Einwirkungen der umgebenden Geschichte und – füge ich hinzu – aus Gottes Geist, der je und dann den Menschen die Augen und das Herz geöffnet hat. Ich möchte vorschlagen, dass wir, statt von einem bösen und verderblichen Synkretismus zu reden, ganz anders, angemessener und offener von der »vielfarbigen Weisheit Gottes« sprechen, wie es der Epheserbrief getan hat.

Vor allem: Es ist an dem, was wir heute das Christentum nennen, nichts, was es aus den übrigen Religionen herausheben könnte außer der schmalen, verletzlichen Gestalt des Jesus Christus. Und wir tun gut, sehr sorgfältig zu trennen zwischen dem, der uns in jenem Mann aus Nazaret begegnet, und dem, was wir das Christentum nennen.

Noch einmal: Jede Religion, die über eine längere Zeit ihren Weg durch die Geschichte gegangen ist, nimmt auf, was ihr begegnet, gibt ab, was ihr eigen ist. Sie lebt aus der Bündelung heterogener Elemente. Die Religionen der Menschheit sind einander in den sechstausend Jahren ihrer Geschichte, die wir überblicken, immer wieder begegnet, haben sich berührt, haben sich gestreift, überschnitten, gebündelt und wieder getrennt.

Jede geistige Bewegung übernimmt Anregungen, Impulse oder Gedanken und wandelt sie so, dass sie dem Eigenen ähnlich werden. Sie gibt ihre Antworten auf die Fragen ihrer Zeit so, dass ihre Zeit sie verstehen wird, und nimmt, was ihr dabei dienlich ist, in verwandelter Form auf ihren künftigen Weg mit.

Das alles sagt noch nichts darüber aus, wieviel Wahrheit sie uns eröffnet. Aber damit ist eben doch die Frage nach der Wahrheit gestellt. Denn jede Religion ist sich darin gewiss, was sie aussage, sei die Wahrheit. Ist uns das klar, so wird es für uns desto wichtiger sein, nachzuzeichnen, was denn für Jesus von Nazaret das Eigentliche und Eigene war, das er den Menschen bringen wollte und gebracht hat.

Die Bilder, die uns die Religionen vor Augen stellen, wandeln sich. Sie wechseln. Sie ändern sich gründlich. Aber wandelt sich damit Gott? Wohl kaum. Was Menschen sich erdenken oder was ihnen gezeigt wird, was sie erfahren und in ihren Bildern verdichten, formt sich zu einer Religion. Religionen ändern sich mit geschichtlichen Zeiten und Kulturen. Sie sind teils primitiv, teils hoch reflektiert; aber sie bleiben Religionen, und sie bleiben der Veränderung unterworfen. Es gehört zum Wesen einer Religion, dass sie den Vorfahren und den Nachkommen durchaus nicht dasselbe sagen oder zeigen. Wandel ist ein charakteristisches Merkmal von allem, was sich in menschlichen Köpfen spiegelt.

Das kann nicht bedeuten, dass irgendein Mensch, irgendeine Zeit oder Kultur, die auf primitive oder auf reflektierte Weise Gott anrufen, nicht den wirklichen Gott erreichte. Der wirkliche Gott, der universelle, der nahe, der ferne, der offenbare, der verborgene, der mächtige, der zugleich der leidende ist, ist ihnen nah, unabhängig von den Bildern, die sie sich von ihm machen oder von den Namen, die sie ihm geben. Er ist dem Stamm, der sich in der Steppe versammelt und seinen Regengott anruft, ebenso nah wie dem Mönch in seiner Zelle oder dem Kind in seinem Spiel. Die Wirklichkeit ist nicht in den Bildern. Aber sie spiegelt sich in ihnen. Die Bilder wechseln. Die Wahrheit ist eine, und sie ist gegenwärtig und unerreichbar zugleich. Wir müssen festhalten: Was wir uns in dem Flachland unseres religiösen Nachdenkens vorstellen, ist nie und nimmer das Gebirge selbst, auf das wir hinblicken.

Das Christentum ist reicher geworden an Bildern und Gedanken durch all das, was ihm aus fremden Quellen zugeflossen ist, und es besteht Grund, dafür dankbar zu sein. Notwendig ist allerdings, dass wir späten Empfänger dieses Reichtums in jeder Generation aufs neue die Strenge und Kargheit der ursprünglichen Botschaft des Mannes aus Nazaret wiederfinden. Das Christentum, wie wir es antreffen, ist nicht dasselbe wie das Evangelium in seiner ursprünglichen Schlichtheit und überzeugenden Wahrheit. Wenn wir sagen, die Kirche habe die Offenheit zu bewahren, die sie braucht, um sich immer und immer wieder neu zu reformieren, so geht es um den Weg jeder Generation aus dem Christentum, dieser synkretistischen Religion, vorwärts zu einer neuen Erkenntnis des Evangeliums, aus aller Beliebigkeit zu dem, was uns unbedingt angeht, aus der bunten Fülle des Überlieferten zur schlichten Klarheit und Schönheit der Botschaft des Jesus von Nazaret, wie wir sie verstehen müssen und verstehen dürfen.

23

Was wir als Wahrheit vertreten, ist immer nur unsere Deutung einer Erfahrung

Wieder können wir schauen, wohin wir wollen: Jede Religion ist überzeugt, was sie den Menschen zeige oder sage, sei die Wahrheit. Jeder von uns möchte festhalten, es sei die Wahrheit, was er anderen gegenüber vertritt. Die Folge ist, dass unsere Wahrheiten sehr verschieden aussehen und dass sie einander widersprechen. Dass um sie gestritten wird. Dass etwa eine Kirche feststellt: Das ist die Wahrheit. Das gilt. Das ist zu glauben. Wer anders glaubt oder an etwas anderes, täuscht sich oder irrt. Dabei aber gibt es allein innerhalb des Christentums so viele Wahrheiten, dass es sich unmöglich bei allen um dieselbe Wahrheit handeln kann.

Wir müssen uns dazu deutlich machen, dass niemand von uns die Wahrheit in der Hand hat. Was wir in Worte fassen können, ist nie die Wahrheit, es ist immer eine Deutung von etwas, das wir ahnen oder erfahren haben. Die Wahrheit ist Gottes Sache allein, wir Menschen können immer nur deuten, was uns begegnet. Was in dieser Welt als »Wahrheit« auftritt in einem Dogma, in einer Lehre, in einem Dokument wie etwa der Bibel, ist immer die Deutung, mit deren Hilfe ein Mensch, eine Epoche, eine Religion ihre Erfahrung der Wahrheit und ihre Erfahrung mit der Wahrheit anschaulich zu machen sucht. Die Wahrheit ist das Gebirge am Horizont. Was wir in ein Dogma fassen, wird in unseren Talauen gedeihen mit Hilfe der Ströme, die zu uns herabkommen.

Wie geschieht es denn, dass eine Wahrheit sich kundtut? Da hört ein Prophet ein Wort. Oder ein Visionär schaut ein Bild. Irgendeinem begegnet das, was wir Offenbarung nennen. Der Betreffende weiß sich angerufen, gefordert. Er muss weitersagen, was er gehört oder geschaut hat. Und nun beginnt für ihn die Schwierigkeit. Was soll er sagen oder rufen? Wie kann er zeigen, was ihn traf? Er hat eine Erfahrung gemacht, aber was er weitergeben kann, ist nicht die Erfahrung, sondern ein Bericht über sie, eine Erklärung.

Die Menschen hören ihn. Sie sehen seine Verwirrtheit oder seine Begeisterung oder seine eigentümliche Ausstrahlung von Kraft. Er gebraucht Worte, die sie mühsam verstehen. Der Sprechende, der Prophet, der Seher, muss also erklären. Er muss sagen, was seine Erkenntnis für diese Situation und für diese Menschen bedeutet.

Aber vielleicht verstehen ihn die Menschen immer noch nicht. Da steht unter den Hörern einer auf, der sagt: Halt! Das ist wichtig! Das kommt von Gott! Und er versucht nun seinerseits zu deuten, was der Prophet gesehen hat. In dem Falle, in dem den Menschen dabei klar wird, was da auf sie zukam, tun sie sich zusammen und versuchen, das Ganze in seiner Wichtigkeit zu begreifen, das Ganze in seinem Zusammenhang zu verstehen. Sie formulieren die Konsequenz, die sie daraus ziehen. Sie formulieren einen Glaubenssatz. Am Ende vielleicht ein Bekenntnis.

Dieses Bekenntnis muss nun weitergegeben werden. Es entsteht ein Bericht. Weil dieser Bericht aber den Späteren wieder erklärt werden muss, entstehen die Lehrbücher, die Predigten, der Unterrichtsstoff. Es wird gelehrt, weitergesagt, publiziert. Was aber dann in den Lehrbüchern steht, ist nicht das, was der Prophet erfahren hat, und auch nicht das, was seine Zuhörer zu fassen bekamen, sondern eine späte Deutung. Es muss nicht falsch sein, was die Deutung sagt, aber die Deutung und die Wahrheit sind nicht dasselbe.

Ich will ein Beispiel nennen: Jesus ist mit seinen Jüngern zum letzten Abendmahl versammelt. Er nimmt ein Brot, bricht es, sagt: Das ist mein Leib! Und gibt es an seine Tischgenossen weiter.

Er erklärt es nicht. Er sagt etwas Seltsames, etwas Abruptes. Denn klar ist, dass er nicht das Brot ist, sondern der, der das Brot bricht und weitergibt. Aber was will er sagen? Was meint er? Die Jünger machen sich danach ihre Gedanken. Ihnen ist klar, dass dieses Brot etwas zu tun hat mit ihrer Teilhabe am Opfertod dieses Jesus. Aber was?

Nun beginnen die Deutungen. Die des Paulus, die des Markus, die des Lukas, die des Johannes. Die sind durchaus nicht einheitlich, aber doch vereinbar. Und mit diesen Deutungen in ihren Köpfen und Herzen beginnen die ersten Christen ihre Wanderungen zu Juden und Nichtjuden in der damaligen römischen Welt. Man kann fünf oder mehr Deutungen zusammenzählen, die aussprechen sollten, welche Bewandtnis es habe mit dem Wort Jesu: Das bin ich.

Die Geschichte geht weiter. Die Botschaft vom heiligen Mahl geht zu den Menschen späterer Generationen, fremder Kulturen, und es wird fraglich, ob ihnen diese Deutungen etwas sagen. Es muss also etwas entstehen wie eine kirchliche Abendmahlslehre, und sie entsteht unter anderem dadurch, dass Gedanken der spätantiken Mysterienreligionen, etwa der Gedanke der Zauberkraft, der Heilung oder der magischen Wirkung, zur Deutung herangezogen werden. Als das Zentrum der Kirche in das westliche Europa rückte, musste eine neue Deutung gefunden werden. Man nahm ein paar Grundsätze der Philosophie des Aristoteles zu Hilfe und sagte: Wenn wir das Abendmahl feiern, dann verwandelt sich die Substanz des Brots in den Leib Christi. Spätere deuten diesen Satz »Das bin ich« als Symbol für die Gemeinschaft, die wir mit Christus haben. Am Ende steht scheinbar Wahrheit gegen Wahrheit. In Wirklichkeit steht Deutung gegen Deutung. Alle menschlichen Deutungen der Wahrheit haben teil an den Veränderungen, die im Lauf der Geistesgeschichte ablaufen. Alle Deutungen sind gefärbt von der kulturellen Tradition, innerhalb derer ein Mensch seine Erfahrungen macht. Alle sind sie des Gesprächs, der Diskussion bedürftig. Alle spielen sie auf der Ebene des Versuchs. Versuche der Deutung sind notwendig. Sie sind der einzige Zugang, den wir zur Wahrheit haben. Aber es sind Versuche.

Ich will unser Beispiel fortsetzen: Wenn ich mir deutlich mache, mit welcherlei Vorstellungen die Menschen, alte und junge, tatenfrohe und depressive, leidende und glückliche, gebildete und weniger gebildete, Hausfrauen und Unternehmerinnen, an einem Festtag zur Feier des Abendmahls kommen, so stehe ich vor einer breiten Menge von Versuchen, zu verstehen, was dabei geschehen wird.

Der Eine denkt katholisch: Da wandelt sich die Substanz des Brotes real. Der Andere lutherisch: Da kommt etwas zum Brot hinzu, aus Gottes Geist. Der Dritte reformiert: Da trifft mich ein Wort, das mich wandeln will. Der Vierte psychologisch: Da wandelt sich nichts, aber ich fühle mich bejaht und einbezogen. Der Fünfte ritualistisch: Es ist Festtag. Also gehe ich hin. Der Sechste magisch: Irgendetwas Geheimnisvolles wird da bewirkt. Der Siebte mythisch: Irgendeine kosmische Macht ist da am Werk. Der Achte mystisch: Da habe ich mit dem Christusgeheimnis zu tun. Der Neunte denkt überhaupt nicht: Er geht hin, weil er sich nicht isolieren will. Der Zehnte denkt sichernd: Es könnte doch sein, dass mir sonst irgendetwas entginge.

Und alle kommen. Alle erhalten Brot und, wenn es eine Kirche so hält, Wein. Wer es ablehnt, dass wir die christliche Religion für eine synkretistische halten, muss die Volkskirche abschaffen. Er wird freilich danach in einer synkretistischen Sekte ankommen.

Was uns aber deutlich werden kann, ist, was ich schon gesagt habe: Es gilt, damit ernst zu machen, dass die Wahrheit Gottes Sache ist und die unsere die Deutung. Denn das wird der Anfang des religiösen Friedens sein. Des Friedens zwischen den Religionen der Welt, den so genannten Hochreligionen auch und den so genannten primitiven, des Friedens zwischen den Konfessionen der Kirche und zwischen den Meinungen und Überzeugun-

gen von uns Einzelnen. Diesen Frieden aber gilt es angesichts der heutigen Weltlage dringend einzuüben.

Alles, was Konfessionen und Kirchen an unterschiedlichen Vorstellungen gegeneinander setzen, spielt auf
der Ebene der Deutungen. Ob es sich um die Eucharistie
handelt oder die Lehren vom Priestertum oder von der
Kirche oder vom Papst oder von der Rechtfertigung, immer wird es sich um Deutungen handeln, die eine Erfahrung von Wahrheit gefunden hat. Über die Wahrheit
können wir nicht diskutieren. Wir haben sie nicht in der
Hand. Wohl aber über jede Deutung. Wenn das gilt, dann
gibt es praktisch keine Gegensätze zwischen den Kirchen, in denen Wahrheit gegen Irrtum stünde. Immer
geht es um Deutungen, über die man freundschaftlich
und ohne ihnen allzu viel Gewicht beizumessen reden
oder auch hinwegsehen kann.

Gehen wir einander also entgegen nicht mit der streit-
baren Behauptung: So ist es! Sondern immer mit dem
einfachen Bekenntnis: Ich habe dies und dies gefunden.
Und mit der Gewissheit, die zu hoffen vermag auf einen
gemeinsamen Schritt, und sei es in der bleibenden Frag-
lichkeit, in der wir einander erzählen können, was uns
widerfahren und was uns selbst offenbar geworden ist.
Wie aber ein Mensch nicht wissen kann, aus welcher
Richtung Gott ihn heute ansprechen wird, so kann auch
das Christentum, können seine Kirchen nicht wissen,
woher der Anruf Gottes uns alle morgen gemeinsam
treffen wird. Wir können uns aber bereithalten für das,
was uns geschieht, und ihm mit unserem Ja antworten.
Dabei werden neue Aufträge an uns ergehen und wir
werden sie mit dem, was wir praktisch tun, beantworten. Was wir tun, wie wir danach leben, das wird die
Deutung sein für die Wahrheit, die uns getroffen hat.
Denn die Wahrheit begegnet uns in bestimmten Stunden, und wir geben ihr, unabhängig von festliegenden

Meinungen, Glaubenssätzen oder Dogmen, unsere eigene Antwort.

Aus dieser Erkenntnis folgt, dass es kein christliches Dogma geben kann in dem Sinne, dass in ihm ein Schatz an richtigen Aussagen und Vorstellungen vorläge, auf den ein Christ zu verpflichten wäre und an den sich jeder zu halten hätte. Das betrifft sowohl die Lehre von der Dreieinigkeit Gottes wie die von der Gottgleichheit Jesu, wie sie im 4. und 5. Jahrhundert im Osten festgestellt worden ist, wie auch von der Sünden- und Gnadenlehre, wie sie gleichzeitig im Westen entstand, wie auch für die Lehre von den Sakramenten, wie das Mittelalter sie schuf, wie auch für die Lehre von der Aneignung des Heils, wie die Reformationszeit sie hervorbrachte. Wohl aber waren das trinitarische wie das christologische Dogma Bekenntnisse der damaligen Kirche, die von Menschen der damaligen Zeit nach ihrem besten Wissen und Vermögen abgefasst wurden, wie es ihnen die geschichtliche Stunde nahe legte. Wollen wir heute sagen, wer uns Gott sei und wer Jesus Christus, so werden wir es nach unserer heutigen Einsicht und vor allem mit der heißen Bitte um den Beistand des Geistes Gottes im Herzen tun müssen, und wir werden darauf vertrauen, dass wir den uns erreichbaren Zipfel der Wahrheit erfasst hätten. Das Barmer Bekenntnis von 1934 war ein solcher Versuch. Die Kirche des 16. Jahrhunderts hat dementsprechend kein neues »Dogma«, sondern das Augsburger »Bekenntnis« abgeliefert. Und sie sprach dabei nicht von den »Dogmen der alten Kirche«, sondern von den »Bekenntnissen der Väter«.

Aber auch von diesem Bekenntnis gilt, dass es nicht ewig gelten kann, sondern dass ihm unser heutiges Bekenntnis, wie es dieser Stunde der Kirche entspricht, folgen soll. Heute sind wir angeredet. Heute geben wir unsere Antwort in der Gestalt unseres Glaubens und vielleicht seiner Formulierung, das heißt in Gestalt eines Bekenntnisses. Heute hören wir, was das Evangelium uns sagt. Heute hören wir, was die Väter und die Mütter gesagt haben. Heute machen wir unsere eigene Glaubenserfahrung. Wir hören in allen drei Erfahrungen die Stimme Gottes und geben ihr unsere Antwort.

Religiöse Erfahrung schafft Bilder und Symbole

24

Durch Erfahrung kamen die Menschen zu ihrem Glauben

Ich kann mir denken, dass die Menschen, die in jener Hütte mit Jesus am Tisch saßen, aus dem Rätseln nicht herauskamen. Was ist das für einer, so oder ähnlich mögen sie sich gefragt haben, der von sich sagt, er komme von Gott, er rede in Gottes Auftrag, und der sich mit uns an einen Tisch setzt? Was ist das für einer, der uns, diesen Randfiguren unserer Gesellschaft, sagt, wir seien Töchter und Söhne Gottes? Dass ihnen in diesem Menschen vielleicht zum ersten Mal etwas begegnete, das wirklich mit dem Gott zu tun hatte, von dem sonst nur geredet wurde, dass sie zum ersten Mal anfingen zu verstehen, was das eigentlich überhaupt sei, das man mit »Gott« bezeichnete. Wie nahmen sie es wahr? Unglaublich!, konnten sie nur sagen. Und sie mussten es glauben.

Es geschah ihnen das, wovon das ganze Alte Testament immer wieder berichtet: dass den Menschen von Abraham an und bis in die Zeit von Jesus etwas Plötzliches begegnete, das sie nicht einordnen konnten und an dem ihnen aufging: Hier ist etwas Anderes, hier ist ein Anderer am Werk. Die Bibel tut ja nicht so, als wäre mit Gott alles klar. Aber sie zeigt, wie Menschen immer wieder etwas erfahren und wie ihre Erfahrungen sich zusammenreimen zu einer langen, ein Jahrtausend und mehr dauernden Gesamterfahrung Gottes. Sie erzählt: Das hat Abraham gehört! Das hat Elia erlebt! Das hat Hesekiel geschaut! So redete David mit Gott! Das widerfuhr dem Jeremia! Das ganze Alte Testament ist eine Geschichte von Gotteserfahrungen. Und es spricht von ihnen so, dass uns klar werden kann: Wir können unmöglich einfach so freihändig von Gott reden. Wir müssen ihn erfahren. Wir müssen ihn hören. Wir müssen ihm antworten, und nur der Glaube, der auf solche Weise in uns entsteht, kann ernsthaft von Gott reden.

In jener Hütte saßen die Menschen aber nun nicht Gott gegenüber, sondern einem Menschen. Da redete zu ihnen auch kein Halbgott, sondern ein Handwerker aus einem benachbarten Dorf. Jesus war in die Geschichte seines Landes und Volks und in die Geschichte der Menschheit eingebunden, in seine Zeit und seine Zeitgenossenschaft. Er hatte einen bestimmten Auftrag zu erfüllen, ein bestimmtes Schicksal zu tragen, er begegnete einer bestimmten, ihn fordernden Situation. Er trat auf ohne die Attitüde eines Mächtigen. Er hatte der Gewalt der Mächte seiner Zeit nichts entgegenzusetzen. Er war wehrlos und wurde am Ende niedergemacht. Er konnte missverstanden und überhört werden, und er wurde es auch bis zu seinem Tode. Man konnte ihn nur fassen, indem man ganz einfache Bezeichnungen für ihn fand: »Meister«, unter vielen Meistern. »Bruder«, unter vielen Brüdern. »Freund«. »Herr«. Im Rahmen der alten Gesellschaftsordnungen war das zunächst durchaus nichts Besonderes, eben weil es der Herren viele gab, und erst danach konnte man im »Herrn« die alte Gottesanrede ausdrücken, die ihn zu Gott hinrückte. Wir würden heute sagen: Heiler, Befreier, Lastträger, Mutmacher, Stellvertreter, Lichtbringer oder was immer.

Und doch. Wem er wirklich nahe kam, der wusste: Das ist nicht alles. Hinter diesem Menschengesicht steht etwas Anderes. Hier kommt uns Gott selber nahe wie nirgends und bei keinem sonst. In dieser Menschengestalt erschien Gott, gedeutet eben in der Machtlosigkeit und Verletzlichkeit dieses Menschen. Wenn Gott jemals anschaulich wurde, dann hier. Wenn irgendwo je-

mals eine Brücke gebaut wurde, über die wir nicht nur
zu frommen Gedanken über Gott kommen, sondern
wirklich zu Gott selbst, dann hier. Wenn wir irgendwo
verstehen konnten, wie Gott liebt, dann in der Liebe
dieses Jesus zu den Ärmsten dieses Landes. Wenn die
Worte der »Beauftragte«, der »Bevollmächtigte« jemals
Sinn hatten, dann bei ihm. Nicht, weil er so viel von
göttlichem Glanz an sich gehabt hätte, sondern weil er
so sehr Mensch war. Wir reden von »Menschwerdung«
und feiern diese »Menschwerdung Gottes« in unserem
Weihnachtsfest. Aber dieses Wort ist missverständlich.
Es wäre genauer, wenn wir von einer Erscheinung
Gottes redeten. Denn das Wort Menschwerdung meint
ja nicht, Gott hätte sich in einen Menschen »verwandelt«, so dass in der Hütte in jenem Dorf nun Gott selbst
am Tisch gesessen hätte. Er meint ja etwas wie ein Aufblitzen der Göttlichkeit Gottes in jener Stunde. Es
meint die Erfahrung, dass plötzlich Gottes Gegenwart
spürbar, hörbar, erkennbar wurde für die Menschen, die
da versammelt waren. Das Wort »Offenbarung« meint
ein solches plötzliches Aufscheinen Gottes vor den Augen von Menschen.

Das Wort »Menschwerdung« aber führt uns tief in uns
selbst hinein. Denn in uns selbst soll nun in der Tat etwas verwandelt werden. Verwandelt in das Bild eines
Menschen. Dieses Menschen Jesus Christus. Paulus
sagt:

»Wir alle spiegeln mit freiem Gesicht
das Licht des Christus.
Er verwandelt uns mehr und mehr in seine Ebenbilder,
und wir werden durchscheinend
für die Klarheit Gottes.
Der Geist Gottes ist es, der es an uns wirkt.«
2. Korinther 3, 18

Was Paulus sagen will: Christus ist der, der die Offenbarung Gottes zu uns Menschen bringt. Der Lichtträger. Und wir nun, wir Christen, werden in sein Ebenbild verwandelt, in die Gestalt von Menschen, in denen Gott anschaulich wird. Durch uns hindurch wie durch ihn selbst hindurch werden die Menschen Gott erfahren. Unsere Leuchtkraft sind wir nicht selbst, es ist unsere Transparenz für sein Licht, das uns zu seinen Schwestern und Brüdern macht. Es hat einer gesagt, wir Menschen seien eine Zwischenstufe zwischen dem Tier und dem Menschen, und wer sich über den Menschen keine Illusionen macht, weiß, dass es so ist. Es geht tatsächlich um unsere Menschwerdung. Johannes sagt Ähnliches:

> »Niemand hat Gott je gesehen.
> Wenn wir einander lieben,
> so ist Gott gegenwärtig in uns ...
> Gott ist Liebe, und wer in der Liebe bleibt,
> der bleibt in Gott und Gott wirkt in ihm.«
> 1. Johannes 4,12.16

Er deutet damit aber nicht nur, was den Menschen in jener Hütte in diesem Jesus begegnete, sondern vor allem auch, was durch uns nun geschehen soll: dass nämlich in unserer Liebe der Raum entsteht, in dem Gott wirkt, in dem für die Menschen um uns her Gott erkennbar wird. Er sagt: Gott ist der Liebende. Christus ist der Liebende, der die Liebe Gottes für unsere Augen anschaulich macht. Wir aber, wir normalen Menschen, sollen eine Tür werden, durch die die Liebe Gottes zu anderen Menschen kommt.

Aber noch einmal: Da ist der Gedanke, in Jesus Christus sei Gott Mensch geworden, in seiner ganzen Missverständlichkeit. Man müsste ja weiterdenken: Wenn sich Gott in einen Menschen verwandelt hat, wie kam er

dann in unsere Welt herein? Durch normale Eltern?
Durch eine normale Geburt? Das ist nur schwer vorstellbar. Es muss auf eine besondere Weise zugegangen
sein. Und so kam es zu der Deutung, die die Herkunft
des Kindes Jesus in der Weihnachtsgeschichte erfahren
hat. Es muss zwischen Gott und Mensch eine Jungfrau
gedacht werden, die unberührt ist von menschlicher Be-
teiligung. Im damaligen Sinn ist eine junge, verheiratete
Frau gemeint, die noch kein Kind geboren hat. Fassen
wir freilich »Menschwerdung«, wie ich es hier tat, als
das Aufblitzen Gottes in einem Menschen auf und nicht
als ein biologisches Sich-Einverwandeln Gottes in einen
Menschen, dann ist das »geboren aus Maria, der Jungfrau« für unseren Christenglauben durchaus entbehrlich, und niemand muss befürchten, er werde zum Ungläubigen oder zum Ketzer, wenn er diesen Satz im
Credo nicht mitspricht. Man wollte wohl etwas schwer
Aussagbares in einem anschaulichen Bild ausmalen,
aber das Mittel, das man dazu wählte, hat für uns keine
Aussagekraft mehr. Lassen wir es im Frieden ruhen, und
lassen wir uns von ihm nicht zu Gedanken zwingen, die
nicht mehr die unseren sein können.

Halten wir aber den Gedanken vom »Empfangen vom
Heiligen Geist« behutsam fest! Geist Gottes – das ist die
Weise, wie Gott uns Menschen nahe kommt, wie wir
verstehen können, was Gott tut und wirkt. Er ist das uns
zugewandte Gesicht Gottes, vor dem wir leben und
sind. Es ist der Gott, der »zu uns herabkommt«, der in
einer ständigen, großen »Abwärtsbewegung« bei uns
Menschen ist, in uns, mit uns, der uns führt und geleitet, der uns mit göttlichem Leben und göttlichen Gedanken erfüllt, wenn sie uns denn geschenkt werden.
Ich bin überzeugt: Wo und wann immer ein Mensch, ergriffen von dem, was er erkannt hat, den Gedanken an
den ihm nahen Gott fasst, ist dieser Gedanke nichts an-

deres ist als ein Gedanke Gottes selbst im Bewusstsein
dieses Menschen. Wie sollte ein Mensch im Ernst
»Gott« denken können, wenn nicht Gott in ihm dächte?

25

Religiöse Erfahrung ist auch uns zugedacht

Wenn es keine Erfahrung Gottes für uns geben soll, ist
es sinnlos, von Gott zu reden. Wenn man von etwas
nicht reden kann, sagt Wittgenstein, so soll man davon
schweigen. Es ist aber nicht einzusehen, dass die ganze
Bibel von der ersten bis zur letzten Seite ununterbro-
chen von Gotteserfahrungen berichtet und dazu aufruft,
solchen Erfahrungen standzuhalten und ihnen zu vertrauen, dass danach aber wir heutigen Menschen keine
Erfahrungen mit Gott zu erstreben hätten. Nun gehört
es aber eben zu den Mangelerscheinungen unserer bisherigen evangelischen Theologie, dass sie von »religiöser Erfahrung« kaum je geredet hat. Sie forderte immer
nur das »Hören aufs Wort« und den Gehorsam gegenüber dem Wort. Alles Andere, alles eigene Erfahrenwol-
len führe in die Irre. Damit aber koppeln wir den Menschen von heute von eben den Erfahrungen ab, die er
macht, die er machen kann oder die er machen könnte.
Von den Erfahrungen seines praktischen Lebens, den
Erfahrungen seiner denkenden Bemühung, den Erfahrungen an der Grenze zum Nicht-Erfahrbaren und den
Erfahrungen, die über das normal Erfahrbare hinausrei-
chen. Ich habe im Laufe meiner fünfzig Jahre Dienst als
Pfarrer über hunderttausend Zuschriften beantwortet,
und unter ihnen sprachen rund tausend Briefe über aller-

lei religiöse Erfahrungen und davon, die Schreiber hätten keinen Pfarrer, dem sie davon erzählen könnten. Es werde immer alles pauschal abgewertet. Es ist überhaupt nicht zu ermessen, wie viele zaghafte Versuche zu verstehen wir Theologen durch unsere rigorose Abwehr der spirituellen Erfahrung schon gekappt haben, eben dadurch, dass wir, theologisch gesprochen, den Zusammenhang zwischen dem äußeren und dem inneren Wort zerstört haben. Wissen wir denn gar nichts mehr vom »inneren Zeugnis des Heiligen Geistes«, durch das unsere eigene innere und äußere Erfahrung mit der Erfahrung der Menschen der Bibel sich verbinden will?

Der geistliche Weg, der uns gewiesen ist, ist der Weg vom Hören und Erfahren hin zu Wandlungen, die in uns selbst geschehen sollen, der Weg von der Anrede, die uns aus der Bibel trifft, über das Ja, das wir selbst aufgrund unserer Erfahrung zu sprechen wagen, hin zur Reifung unseres Glaubens, zur Befreiung, zur Orientierung, zur Erlösung. Ich sehe keinen anderen Weg, um in der Seelenlandschaft von Menschen dieser Zeit etwas anzupflanzen, das ihnen zum Leben und zum Gedeihen hilft.

Was ist denn in unserem eigenen Leben religiöse Erfahrung? Im Zusammenhang unserer alltäglichen Erfahrungen mag es geschehen, dass uns, in uns selbst oder außer uns, plötzlich etwas begegnet, das in dieser Welt nicht »vorkommt«, in ihr nicht angelegt ist und das auch die Bilderwelt unserer eigenen Seele nicht enthält. Eine Begegnung mit etwas, das anders, neu, überraschend, ängstigend oder beglückend und jedenfalls fremd ist. Ich kann dem, was mich überfällt oder anrührt, einen Namen geben, viele Namen, und werde wissen, dass ich »Es« oder »Ihn« damit nicht fasse. Es ist die Erfahrung eines »irgendwie Heiligen«, eines »Numinosen«. Und es ist die

Erfahrung, dass dieses »irgendwie Heilige« auf irgendeine Weise in mein Dasein eingegriffen hat oder eingreift.

Wenn wir von »religiöser Erfahrung« sprechen, meinen wir nicht ein Verlassen unserer Welt, so, als sähen wir plötzlich Gott selbst, auf seinem himmlischen Thron sitzend. Sie geschieht verhaltener, verborgener, angedeuteter. Religiöse Erfahrung ist ein Ahnen oder ein Schock, eine Beglückung oder ein plötzliches Verstehen, das uns innerhalb irgendeiner anderen, einer normalen Erfahrung trifft. In einem Schicksalsschlag, in einer Kunstbetrachtung, in einem Glück oder Unglück, in einer Naturerfahrung kommt etwas Anderes zu uns, das uns angeht. Und wohl jeder, der ernsthaft und bewusst nachdenkt, wird irgendeinen Tag nennen können, an dem ihm Derartiges widerfahren ist.

Es kann mir zum Beispiel geschehen, dass ich unter dem plötzlichen, erschreckenden Eindruck stehe: Das betrifft mich! Das meint mich! Und immer wird eine solche Erfahrung daran kenntlich sein, dass sie meine Sicht der Dinge verändert, daran, dass sie von mir eine Änderung meines Denkens oder meines Verhaltens fordert. Wenn mich aber einer oder etwas so genau anredet, dann kann sich der Eindruck mit solcher Erfahrung verbinden: Da kennt mich einer. Da ist einer, der mir sagen will, wer oder was ich bin.

Es kann mir widerfahren, dass ich plötzlich unter dem Eindruck stehe: Ich bin geführt worden! Oder: Da hat mich einer bewahrt! Und das ganz unabhängig davon, ob ich im übrigen religiös orientiert bin oder nicht. Mir gehen sozusagen die Augen auf und ich sehe: Da ist eine Linie in meinem Schicksal. Da sind Kräfte, die mir helfen. Da ist ein Plan in meinem Leben. Da muss eine Absicht sein, ein Ziel, dem ich zugeführt werde. Oder: Da meint es jemand gut mit mir, und der hat das Sagen. Ich kann also vertrauen. Ich habe Grund, dankbar zu sein. Und das alles kann geschehen, ohne dass sich für mich ein bestimmtes Bild von Gott daraus zu ergeben braucht. Ein Christ freilich darf es als Bestätigung nehmen für das, was er auf anderem Weg gelernt hat zu glauben.

Ich kann ein andermal mit einem Schock mich selbst entdecken: Das also bin ich! Oder: Da ist mir ein Gedanke eingefallen – ein-gefallen aus einer Höhe, die nicht in Metern zu messen ist. Ich kann auch inmitten der tausendfachen Unsicherheit, was ich denn tun müsse, um das Richtige zu tun, plötzlich eine Klarheit finden, die ich nicht gewöhnt bin, und wissen: Das und nichts anderes ist jetzt zu tun, und die Folgen, die es für mich hat, spielen keine Rolle. Ich kann auch an den Punkt kommen, an dem ich weiß: Ich bin nicht zu zerstören. Mein eigener Tod hat keine Macht über mich. Mein Weg geht weiter. Oder ich kann inmitten all der vielen Unfreiheiten, in die ich eingespannt bin, einen weiten Raum erleben, in dem ich frei entscheiden kann, und dieser Raum führt mich in eine Welt, die plötzlich offen ist. Es kann mir auch geschehen, dass mir plötzlich aller Boden unter den Füßen weggezogen wird. Dass ich fragen muss: Warum gibt es überhaupt etwas? Es könnte doch auch sein, dass es überhaupt nichts gäbe? Und ich beginne zu ahnen, dass ich hart an der Grenze stehe, an der ich anfangen muss, religiöse Gedanken zu fassen. Oder: Ich kann das Dasein insgesamt als zu schwer für menschliche Schultern, die es tragen sollen, empfinden. Zu unbegreiflich für menschliche Gedanken. Als rätselhaft, bedrohlich, unheimlich, schrecklich. Als einen Sturz durch ungezählte, gefährliche Fragen, die irgendjemand an mich richtet.

Es kann aber auch abseits jedes Nachdenkens ein Überfall geschehen. Ein plötzlicher Zwang, auf die Knie zu gehen. Oder die Erkenntnis: Hier geht es nicht mehr um mein Leben und meine Sicherheit. Ich muss mich hingeben. Hier ist ein Opfer verlangt. Das aber kann bei einzelnen Menschen in bestimmten Situationen bis zum Martyrium gehen. Ich muss dann sagen: Ja, ich bin einverstanden. Ich weiß. Ich kann nicht anders. Was da begegnet, ist stärker. Ich bin überwältigt. Besiegt. Ausgelöscht. Ich bin am Ende meiner Möglichkeiten, und neue Möglichkeiten, vielleicht sind sie hier.

Es kann mir aber auch ein Licht begegnen, das ich schlechthin als Gnade empfinde, und ich sage, auch wenn ich im Ausweglosen fest hänge: Das ist gut. Alles ist gut. Ich kann im Frieden bleiben und leben. Oder: Irgendetwas bedroht mich tödlich. Und vielleicht hat das mit dem zu tun, was die Frommen »Gott« nennen. Es greift mich an, und ich habe ihm nichts entgegenzusetzen. Luther nennt es »Anfechtung«. Die Mystiker reden von der »dunklen Nacht der Seele«. Diese Erfahrung hat ihre eigene unbegreifliche Klarheit und Reinheit, ihre eigene Wahrheit. Eine nicht beweisbare, eine keines Beweises bedürftige.

Man spricht in diesem Zusammenhang auch von einem »Gipfelerlebnis« und ist sich darüber im Klaren, dass es von der mystischen Erfahrung nicht zu unterscheiden ist. Man reagiert spontan mit Dankbarkeit. Man weiß: Das ist wahr über alle Beweisbarkeit hinaus! Und das ist wahr bei allen Menschen, denen solche Erfahrung geschenkt wird. Unabhängig von ihrer Kultur oder Religion. Man wird spontan von »Gott« reden, je in dem Sinne, in dem man von Gott zu reden gelernt hat, und wird doch wissen, dass ganz andere Erfahrungen von Gott ebenso wahr sind. Auch wenn sie ganz und gar nur auf den eigenen Menschen zugeschnitten bleiben.

Ich hatte erste Erfahrungen dieser Art, als ich ein kleiner Junge war. Ich strich oft allein in den Wäldern und auf den Bergen der Schwäbischen Alb umher, ohne Plan, und fühlte mich frei. Ich saß oft auf den weißen Kalkfelsen über irgendeinem abgelegenen Waldtal vor meinem Zelt und schaute in das abendliche Licht. Und die ganze Landschaft veränderte sich. Die Bäume wurden wie aus Glas, durchscheinend, die Felsen, die Berge und die verstreuten Häuser waren glasig durchsichtig, und es tat sich hinter ihnen eine Welt aus Licht auf so, als sei hinter der Welt der Bäume und der Felsen eine zweite Welt, und ich hätte den unbegreiflichen Vorsprung vor allen anderen Menschen, dass ich sie schaute, dass ich ihr zugehörte. Ich wusste: Dort, in dieser Welt aus Licht, liegt mein Ursprung, dort komme ich her, und dort gehe ich wieder hin, wenn ich in ferner Zukunft einmal gestorben bin, und diese andere Welt ist das Einzige, das für mich zählt. In solchen Stunden empfand ich alles, was um mich her war, als eine einzige große Wärme, als eine umfassende und alles durchdringende Liebe. Und ich dachte mir, es sei wohl die Liebe dessen, den die Menschen um mich her als »Gott« bezeichnen. Hätte aber damals einer neben mir gesessen und mir gesagt: Ich sehe nichts! Dann hätte ich nicht an dem gezweifelt, was ich sah, wohl aber am Wahrnehmungsvermögen dessen, der so sprach. Und bis heute kann ich viele Stellen in der Landschaft meiner Heimat nennen, an denen ich solche und ähnliche Erfahrungen gemacht habe. Sie haben mich nicht zum Christen gemacht, aber sie haben mich empfänglich gemacht auch für das, was das Christentum mir später zeigte.

Es war alles in eine Erfahrung von Freude, von Frieden, von Glück getaucht, abgewandt von der Welt der Menschen. Ich hatte das Empfinden, alles sei irgendwie heilig, ohne dass ich hätte sagen können, was »heilig« eigentlich heiße, und in einer unendlich segensvollen Weise geweiht. Zu den Menschen aber davon zu reden, habe keinen Sinn.

Diese frühen Erfahrungen sind mir heute wichtiger als sie es mir durch lange Zeiten meines Lebens gewesen sind. Und zwar darum, weil sie mir heute wieder als die große Offenheit aller Dinge erscheinen, die ich am Ende meines Lebens erreicht haben möchte. Ich weiß heute, dass sie wahr sind.

Die Bibel jedenfalls redet durch alle ihre Schriften hin von spirituellen Erfahrungen. Wir aber, die sich auf die Bibel berufen, tun so, als seien wir selbst plötzlich unfähig zu hören oder zu schauen, was über unseren Horizont hinausgeht, und als wäre Gott stumm geworden. Wenn wir die geistliche Erfahrung ausgrenzen, dann kann der christliche Glaube zwar noch gelernt und ausgesagt werden, aber er lebt nicht mehr, und es geht kein Leben mehr von ihm aus. Der Bibel ist der »Geist Gottes« die offene Stelle in der Welt, durch die Anderes und Fremdes zu uns Menschen kommt, er ist die Wahrheit, die uns erkennbar wird, er ist die Kraft, die uns erfasst und verwandelt und die zu erfahren wir uns in Wachheit und Achtsamkeit einüben müssen.

Man nennt solche Gedanken häufig »Spekulation« und will damit sagen, sie gingen aus der Phantasie unseres Nachdenkens hervor und hätten mit Wirklichkeit nichts zu tun. Das Wort ist aber großartig in seiner wirklichen Bedeutung. »Spekulation« heißt »Spiegelung«. Warum soll ich nicht spiegeln, was auf mich zukommt? Was auf mich einstrahlt? Spiegelung ist das Merkmal jener Erleuchtung, die mir zugesagt ist, wenn ich mich auf Jesus Christus einlasse. Die Spiegelung der Wahrheit in einer Erfahrung, das ist die Spitze dessen, was mein Geist zu fassen vermag, solange ich in der Welt lebe.

Ich glaube nach allem, was ich in Gesprächen höre, dass viel mehr Menschen zu religiösen Wahrnehmungen und Erfahrungen fähig sind, als wir ahnen. Wir wissen so wenig davon, weil die meisten die Scheu nicht überwinden, davon zu reden, und die Worte nicht finden, die schildern könnten, was ihnen widerfuhr. Viele schweigen auch darüber, als zeigte, was sie gehört oder gesehen hätten, sie seien geistig nicht zurechnungsfähig, und verschließen es für immer in sich selbst, ohne daraus Kraft oder Klarheit zu gewinnen.

Ich muss nicht eigens betonen, es ist selbstverständlich: Jede Erfahrung dieser Art gilt nur für den, der sie macht. Sie anderen beweisen zu wollen, ist Unsinn. Sie beweisen zu müssen, ist schrecklich. Jede Erfahrung dieser Art kann auch irrig sein, falsch oder ungenau. Der Psychologe wird immer Namen dafür finden, die ihre Erscheinung erklären. Sie können aus Wünschen oder Befürchtungen hervorgehen. Kritisch zu sehen ist notwendig. Genaues Hinschauen ist wichtig. Aber Erfahrungen dieser Art zu leugnen ist einer der Grundfehler, die uns Kindern der Aufklärung unser Bild von unserem Dasein bis auf den Grund zu fälschen vermögen. Und wenn ich mich frage, wie oft ich denn solche außergewöhnlichen Erfahrungen gemacht hätte, dann sage ich in aller Gelassenheit: Immer wieder zwar, aber nicht jeden Tag. Auch nicht in jedem Jahr. Weil ich sie aber kenne, kann ich mich damit zufrieden geben, dass ich um ihre Wahrheit weiß, und lebe im übrigen, und zwar gerne, »im Glauben und nicht im Schauen«.

26

Was unserer Seele begegnet, malt sie in Bildern nach

In was für einer Sprache geben wir denn weiter, was wir erfahren? Welche Sprache hat die Seele für ihre Erfahrungen? Es stört viele Menschen dieser Zeit, dass die Bibel von Gott in Bildern redet. Sie spricht von seinem »Angesicht«, obwohl sie weiß, dass er keines hat, von seinen Händen, von seinen Augen und Ohren, von seinem Atem. Sie sagt, er sitze oder stehe, er gehe oder komme, er fasse zu, er sei nahe oder fern. Warum sie das tut, wird sofort deutlich, wenn sie zwar von seinem Atem redet, nicht aber von seiner Lunge, von seinem Ohr, aber nicht von seinem Trommelfell. Sie gebraucht ausschließlich Bilder, die etwas aussagen über die Art und Weise, wie wir ihn erfahren, wie er sich uns gegenüber verhält und was er in seiner Welt tut. Es eignen sich dafür Bilder, die etwas aussagen über unsere menschliche Existenz, wie sie von Gott berührt, angeredet oder gesehen ist. Es ist, so mag man sagen, ein in langen Zeiten verabredetes Spiel, das es überhaupt ermöglicht, irgendetwas Wichtiges über Gott auszusagen.

Da dieses Spiel schon so alt ist, kommt ein Zweites hinzu. Wir reden, ohne uns viel dabei zu denken, so, als lebten wir in der alten Welt vor zwei- oder dreitausend Jahren. Wir reden vom »Himmel« als dem Ort Gottes, weil die Völker der Antike es sich so vorstellten, wir reden darum auch von der »Himmelfahrt« Jesu und meinen seine Rückkehr zu Gott. Wir reden von unserem Himmel als vom Firmament, das heißt einer gehämmerten Schale, wie die Alten sie sich über die flache Erdscheibe gestülpt dachten. Und es fällt uns kaum etwas dabei auf, wenn wir sagen, Gott schaue auf die Erde herab. Es ist einfach jene alte Sicht der Welt, wie sie gesehen wurde in der Zeit, als die religiösen Urkunden der Menschheit abgefasst wurden. Und sie sind bis heute aussagestark und sinnvoll, obwohl wir angesichts unseres heutigen Weltbildes nicht mehr sagen könnten, wo in unserer Welt oben oder unten sei.

Und dazu kommt ein Drittes: Die Menschheit hat seit Jahrtausenden ihre Erfahrungen mit Leben und Tod, mit Gelingen und Scheitern, mit Gut und Böse, mit Recht und Unrecht, mit Wahrheit und Lüge, mit Irrtum und Täuschung, mit den Schicksalen der Menschen und dem gemeinsamen Leben in Stadt oder Dorf in Bildern ausgedrückt. Sie empfanden ihre Umwelt als erfüllt von unsichtbaren Mächten, Dämonen oder Zwischenwesen zwischen Gott und ihnen selbst und ihre Welt regiert und geordnet von Göttern der vielfältigsten Art. Sie dachten »mythisch«.

Eine mythische Welt kennt keine Trennung zwischen einem Diesseits und einem Jenseits, vielmehr wirken Mächte aus der unsichtbaren Welt ungehindert unmittelbar in unsere Welt herein. Es kann täglich alles geschehen, Natürliches und Übernatürliches. Die Welt hat einen Anfang und ein Ende. Ihre Lebensdauer beträgt ein paar tausend Jahre, und wie die Germanen auf eine Götterdämmerung hinblickten, so schauten die Griechen auf das Ende des eisernen Zeitalters hin und das Judentum der Zeit Jesu auf einen Endkampf zwischen Licht und Finsternis. Diese alten Vorstellungen sind in der Geschichte überholt worden. Nicht überholt wurden sie in der menschlichen Seele. Unsere Seele bewahrt eine Fülle von Bildern aus den seltsamen Welten des Mythus, und sie drückt vieles, das sie sagen will, in diesen Bildern aus, die ihr aus sehr alter Zeit eingeprägt sind.

Müssen wir nun vergessen, müssen wir aus unseren Vorstellungen ausscheiden, was mit unserem heutigen Weltbild nicht zu vereinbaren ist? Oder hat uns die alte Bildersprache etwas zu sagen? Die Frage wird uns in diesem Buch immer wieder beschäftigen. Und wir werden versuchen, nicht in den modernen Fehler zu verfallen, statt an das alte nun an das heute gültige und gewiss morgen überholte Weltbild der Physik oder der Biologie zu glauben als an eine ewige Wahrheit, sondern uns um die Erkenntnis dessen bemühen, was heute so gegenwärtig und so wahr ist wie vor zehntausend Jahren, weil es uns heute trifft und uns heute unbedingt, unabhängig auch von den Vorstellungen dieser Zeit, angeht.

Wir haben Grund, mit den alten mythischen Vorstellungen sorgsam umzugehen, weil in den Bildern des Mythus die Herkunft des Menschen in Geschichten von bleibender Gültigkeit geschildert ist, weil er vom Ziel des Menschenlebens spricht und vor allem, weil er den Dialog vorzeichnet, den wir Menschen mit uns selbst, mit unserem Schicksal, mit unserer Schuld führen können und sollen, weil er Tod und Auferstehung zeichnet, weil er uns hilft, abzusteigen in die Tiefe unserer Erfahrungen, in die Tiefe unseres eigenen Todes und in die Begegnung mit allen jenen dunklen Mächten, mit denen unsere Seele sich auseinanderzusetzen hat. Ein Mythus wie der von Orpheus und Eurydike ist bleibend wahr, auch wenn wir nicht an den Unterweltfluss oder an die Rückkehr eines Menschen aus der Unterwelt glauben. Der Mythus schildert im Grunde ja nicht die äußere Welt, er spricht lediglich in den Bildern eines Welt-Bildes von der Dramatik unseres eigenen Schicksals und hilft uns, Wege zu finden durch die Wirrnis unserer Erfahrungen und unserer Empfindungen, unserer Gedanken und unserer Widerstände. Der Mythus ist gerade heute, in unserer so sehr vom rechnenden und planenden

Verstand beherrschten Zeit, ein unentbehrliches Gegengewicht, das uns hilft, als Menschen mit unserem Menschenwesen und Menschenweg zurechtzukommen. Und das gilt auch vom christlichen Mythus.

Der Mythus handelt von der Urzeit. Aber er meint nicht eine Epoche, auf die der Historiker zurückblicken, die er etwa mit Jahreszahlen bezeichnen könnte, sondern jene Urzeit, die aller Zeit zugrunde liegt oder voraufgeht und aller Zeit den Sinn bestimmt. Er redet von dem Uranfang, den das Johannesevangelium meint, wenn es sagt: »Im Anfang war das Wort.« Er redet von dem Ursprung, auf den der Mensch, nachdenkend, Bilder schauend, Geschichten erzählend, Rituale nachspielend, jederzeit zurückgreifen, aus dem er selbst neu beginnen kann. Der Mythus erzählt von Göttern und von Menschen. Aber selbst, wenn Menschen Namen tragen, wenn sie Adam heißen oder Eva, Kain oder Abel, meint die Geschichte nicht bestimmte einzelne Menschen, sondern den Menschen überhaupt, das Gemeinsame, das Typische, das Gültige, das Bleibende des Menschen, wie es sich in jedem Einzelnen bis ans Ende der Menschengeschichte wiederholen oder neu verkörpern wird. Wenn er die Welt schildert, dann beschreibt er zugleich und vor allem immer den Menschen mit seiner ordnenden Kraft und dem in ihm selbst drohenden Chaos.

Und dieser Mythus wirkt in die Gegenwart herein. Wandlung, Erlösung, Reifung, Befreiung, Orientierung, Bestrafung, Tod, Auferstehung werden, nachdem sie in einer Geschichte gedeutet wurden, zum Muster und Sinn eines gegenwärtigen Rituals. Die Geschichte wird zur Kultlegende. In der Seele des Menschen aber, der seine Gottesdienste feiert, wiederholt sich nun das Drama, das der Mythus erzählt, und bewirkt, wovon er berichtet hat. Was der Mensch außen schaut und was er in sich selbst erlebt, fällt zusammen, und aus dem Bild, das die Welt darbietet, und den Innenbildern der Seele wird das »Zusammentreffende«, das Symbol.

Mythische Geschichten entstehen nicht durch plötzliche Einfälle. Sie wachsen in Jahrtausenden, wandeln sich, erweitern ihre Stoffe, vertiefen ihre Aussage. Das Muster aber, nach dem sie gewebt sind, ist in allen Völkern dieser Erde ähnlich oder gleich.

Wenn wir Symbole verlieren, wenn sie uns nichts mehr sagen, beweisen wir nicht, dass wir über eine primitive mythische Welt hinausgekommen, sondern im Gegenteil, dass wir in eine archaische Welt zurückgefallen sind, in der die Menschen noch nicht deuten konnten, was ihnen draußen in der Welt oder drinnen in ihrer Seele begegnete. Symbole sind nicht Merkmale eines noch schlafenden Bewusstseins, sondern im Gegenteil Zeichen eines Geistes, der aus seinen Träumen erwacht ist. Denn nur der Erwachte kann Rechenschaft geben über einen Traum.

27

Ohne Symbole hat die Seele keine Sprache

Mit den Bildern, die die menschliche Seele bewahrt, ist ihr das Mittel gegeben, zu sagen, was sie freut oder was sie leidet. Alle Sprache steht und fällt mit den Bildern, die sie gebraucht, sobald von einer Sache die Rede sein soll, die man nicht einfach in die Hand nehmen und vorzeigen kann. Dabei verfallen wir heutigen Menschen allzu leicht einem einfachen Verfahren. Wir wissen, was wirklich ist und was Phantasie. Wer von einem Drachen erzählt, denkt mythisch und also falsch. Es gibt keine

Drachen. Wer von einem Weltuntergang spricht, denkt mythisch, also falsch. Es gibt keinen Weltuntergang. Aber wir verkennen dabei, dass Bilder dieser Art in aller menschlichen Sprache, auch aller Dichtung und aller Wissenschaft, gegenwärtig sind. Wenn ich aus einer Dichtung alles mythische Bildmaterial ausscheide, ist die Dichtung am Ende. Mehr noch: Wenn ich die mythische Bildwelt aus der Sprache ausscheide, ist die Sprache tot. Der Börsenfachmann sagt: »Die Kurse steigen.« Man kann antworten: Nichts steigt, da werden nur andere Zahlen geschrieben. »Dein ist mein ganzes Herz«, sagt der Liebende zu seinem Mädchen, und er meint damit keineswegs das Organ »Herz«. Alle Sprache, soweit sie irgendetwas aussagen will, das nicht unmittelbar anschaulich ist, redet in Bildern. Das Bild ist ein Transportmittel, mit Hilfe dessen ein Verstehen vom einen zum anderen Menschen kommt.

Alle Sprache hat selbstverständliche Sinnrichtungen. Was wertvoll ist, ist höher. Das Gute ist höher als das Böse, das Heilige höher als das Banale. Das ist uns eingestiftet, weil wir Menschen unser Licht nun einmal von oben bekommen, mit Sonne, Mond und Sternen. Ein Ziel ist »vorn«, weil wir eben gewohnt sind, vorwärts zu gehen. Eine Herkunft liegt »hinter mir«. Andere Menschen sind »neben mir«. Alle Sprache ergeht in Bildvorstellungen. Zeigt sie einen Gegenstand vor, so bezeichnet sie ihn mit einem Namen. Zeigt sie etwas, das nicht zu sehen ist, so gebraucht sie ein Bild aus der konkreten Welt und gibt ihm eine besondere Bedeutung. Denkt sie an Entscheidungen, die vor einem Menschen stehen, die ihm helfen sollen, »weiter« zu kommen, so spricht sie von einem »Schritt«, den er tun soll, damit er seinen »Weg« findet. Dabei denkt sich niemand etwas. Alle Sprache tut das: Sie baut mit ihren Bildern eine Welt auf, die es so nicht gibt, die aber so vorgestellt werden muss, damit der Mensch sich in der konkreten, »wirklichen« Welt zurechtfindet.

Heute kann man wissen, dass das Mythische auf allen Ebenen, von der Alltagssprache bis zur mystischen Deutung, die Sprache der Seele ist, mit der sie wiedergibt, was ihr begegnet und was in ihr dabei entsteht, und dass die Seele keine andere als diese Sprache hat. Es ist natürlich und selbstverständlich, dass viele mythische Bildvorstellungen uns heute nichts mehr sagen; aber statt ihrer werden wir andere Bilder und Symbole finden, die dasselbe oder etwas anderes auf mythische Weise aussagen. Anders gibt es weder Verstehen noch Kommunikation. Erich Fromm nennt den Mythus »unsere Muttersprache«.

Was geschehen wird, wenn wir versuchen, ohne Bilder nur das zu sagen, was wirklich ist, habe ich versucht, in eine kurze Geschichte zu fassen. Sie lautet so:

»Es war einmal ein sehr kluger und gebildeter Mann. Ein Theologe. Der war es Leid, immer so ins Ungefähre von seinem Glauben zu reden. Immer in diesen kindlichen Bildern und Geschichten vom Himmel, von den Engeln, von dem hoch oben thronenden Gott, von der Auferstehung der Toten, von Wundern und Prophetien. Von der Schöpfung etwa auch in sieben Tagen, von einer ewigen Seligkeit und einem fernen Reich Gottes. Er hatte das ganze bunte Bilderbuch satt, in dem er jeden Sonntagmorgen aufs Neue zu blättern hatte. Er wollte sagen, was hinter den Bildern war und was es alles wirklich zu bedeuten habe, in klare Begriffe gefasst.

Während er in seine Gedanken versunken am Schreibtisch saß, blickte er von ungefähr in seinen Terminkalender und stellte fest, seine Frau habe heute Geburtstag. Und weil er sie bei all seiner amtlichen Verpflichtung, kritisch über die Menschen nachzudenken, doch auch liebte, beschloss er, ihr einen schönen Bund roter Rosen zu schenken. Er ging also in den Blumenladen an der Ecke. Als er dort eintrat, sah er die vielen bunten Blumen, die sich auf den Tischen und am Fußboden dicht gedrängt anboten, und ärgerte sich. Er wusste genau, dass all dies die reine Illusion war. Dass sie alle nur so taten, als böten sie Farben an. In Wahrheit – und auf Wahrheit kam es ihm an – waren dies alles nur Schwingungen, und nur seine eigenen Augen und das Sehzentrum in seinem Gehirn zauberten sie in Farben um. Und da er einer so krassen Irreführung nicht aufsitzen wollte, wandte er sich an die Blumenfrau, die erwartungsvoll auf ihn zukam: ›Ich hätte gerne Rosen. Und zwar solche mit einer Wellenlänge von dreimal zehn hoch minus sechs Metern oder auch ein bisschen weniger. Vielleicht fünfhundertneunzig Nanometer. Es können auch bis sechshundertdreißig sein.‹ Die Blumenfrau sah ihn entgeistert an. Und als er sah, dass er mit seiner Bitte nicht ankam, fügte er erklärend hinzu: ›Ich meine mit einer Frequenz von zehn hoch vierzehn Hertz oder ein bisschen mehr.‹

Denn er hatte Recht. Er dachte korrekt. Es kam ihm darauf an, zu sagen, was wirklich war. Die Farbe Rot aber gibt es nicht. Sie ist eine Illusion. Und so schien es ihm notwendig, den Menschen statt ihrer frommen Irrtümer zu sagen, was an Information sie weitergeben müssten, damit sie einander am Ende wirklich korrekte Rosen schenken konnten. Wahr aber ist einzig die Zahl, die angibt, wie oft in der Sekunde etwas an die Netzhaut in meinem Auge klopft. Was das Auge daraus macht, ist reine Mythologie. Am Ende, weil er ja nicht viel Zeit hatte, blieb ihm nichts übrig als gegen alle Überzeugung selbst in die Bildersprache der Märchen zu verfallen und der Blumenfrau zu sagen: ›Ich meine die roten da!‹ Auf dem Weg nach Hause sah er es verdrossen rot durch das Geschenkpapier schimmern. ›Warum eigentlich‹, so fragte er sich, ›wollen die Menschen die Wahrheit nicht wissen?‹

Aber seine Frau war mindestens so klug wie er. Sie freute sich an den Blumen und gab ihm einen Kuss auf seine schmale, blasse Backe.«

Soweit unsere Geschichte.

Wer hat denn nun Recht? Ich meine, alle drei. Der Mann. Die Verkäuferin. Und die Frau.

Der Mann hatte Recht. Man kann sich doch unmöglich mit der Bildersprache, die immerfort und überall im Gebrauch ist, zufrieden geben. Man muss doch fragen dürfen, was das alles, das man da glauben soll, wirklich bedeute. Und er war gesonnen, sich von niemandem von diesem prüfenden Nachfragen abbringen zu lassen.

Die Blumenfrau hatte auch Recht. Sie erwartete, dass ihr Kunde ihr in verständlichen Worten sagen werde, was er wollte. Wenn er rote Rosen meinte, warum sagte er das nicht? Und wenn eine Kirche will, dass man sie ernst nimmt, warum sagt sie nicht, was sie zu sagen hat, konkret und anschaulich und in so klaren Worten, dass jedermann begreift, worum es ihr geht?

Am Ende hatte die beschenkte Gattin zu Hause auch Recht. Warum musste eigentlich alles erklärt werden? Rote Rosen waren doch einfach schön. Warum sollte man sich nicht an ihnen freuen dürfen so, wie sie waren? Ist nicht am christlichen Glauben so viel Hilfreiches, so viel Tröstliches, auch so viel Schönes und Wahres, dass man ihn unmittelbar begreift? Und dass man ihn unzerpflückt stehen lassen kann? Wird sich uns seine Wahrheit nicht zeigen, wenn wir nur mit offenen Augen schauen?

Dieses Buch nimmt sich vor, zu tun, was unser Theologe für richtig hält. Es will dem, der hinter die Dinge schauen will, zeigen, was die eigentliche Meinung all der vielen merkwürdigen Behauptungen ist, die uns am christlichen Glauben heute so viel Mühe bereiten.

Es nimmt sich auch vor, zu tun, was die Blumenfrau mit Recht erwartet. Dass wir nämlich in einer Sprache reden, die sie versteht. Die nicht für Fachleute allein verständlich ist.

Und es nimmt sich auch vor, es – wie die Gattin – so behutsam zu tun, dass die Rosen nicht am Ende zerfleddert auf dem Boden liegen, sondern Rosen bleiben. Sie müssen sich am Ende noch dazu eignen, dass wir sie einander in ihrer ganzen Schönheit schenken.

Wir können heute wissen, dass das Denken in mythischen Bildern nicht einer jetzt überholten Phase der Bewusstseinsentwicklung, sondern unverlierbar dem Wesen des Menschen und seiner Welt zugehört. Man kann einen Mythus nachdenkend erhellen, aber man kann ihn nicht aus dem geistigen Leben eines Menschen ausscheiden. Man kann ihn erklären, prüfen und deuten, aber man kann ihn nicht durch rationale Begriffe ersetzen. Der Mythus ist die Sprache, die der Mensch immer sprechen wird, wenn vom Unbedingten, vom Ganzen, vom Gültigen und Beständigen die Rede sein soll. Die mythische Welt ist in uns selbst; sie schläft in uns, sie erwacht in uns, wirkt in uns, steuert, treibt oder hemmt uns und unsere Gedanken, und ob die Vernunft eines Menschen frei ist, denkend die Wahrheit zu erfassen, das entscheidet sich unter anderem an der Rolle, die das mythische Bild dabei spielt.

Das gilt auch für den Umgang mit der Bibel. Denn wohl ist die Bibel das Wort. Wohl ist Christus nicht der Mythus, sondern das Wort. Aber was die Bibel »Wort« nennt, ist bei weitem nicht dasselbe, was wir im Sinne von Lexikon oder Grammatik »Wort« nennen. Es umfasst das Bild mit. Es umfasst das Ereignis, das Geschehen, die Tat, das Drama, das schöpferische Spiel, das Mysterium, die in Jahrtausenden gewordene Wirklichkeit und ihren Niederschlag in der menschlichen Seele. Jesus selbst sagt einmal am Ende seiner Wirksamkeit: »Ich habe zu euch in Bildern geredet. Es wird eine Zeit kommen, in der ich ohne Bilder reden werde« *(Johannes 16, 25)*, und er weist mit dieser Voraussage über den Rahmen des Menschenlebens hinaus. Aber die Bilder seiner Gleichnisse sind nicht selbstständig, sie sind Diener des Worts, und das Wort wird durch die Bilder anschaulich, das heißt verstehbar.

Es war, seit es eine Kirche gibt, immer bekannt, dass die Bibel »spirituell« gelesen sein will; das heißt, dass im buchstäblichen Sinn ein geistlicher Sinn verborgen sei, den es gelte, wahrzunehmen. Den buchstäblichen Sinn könnte man auch als den in Bildern ergehenden bezeichnen, in den Bildern der Geschichten, des Hymnus oder der Prophetie. Und immer wird man fragen müssen: Wie soll ich nun mit den Erfahrungen meiner eigenen Seele antworten? Und was sind die Bilder, in denen ich meine Antwort formulieren kann?

Natürlich werde ich in diesem Buch dem nüchternen Nachdenken vieles erklären. Natürlich werde ich sagen: Das bedeutet dies! Oder: Das bedeutet für uns nichts mehr. Aber ich warne davor, zu meinen, dies sei der einzige oder der wichtigste Weg, den christlichen Glauben zu verstehen. Wenn der Leser nicht sich selbst mitbringt, auch seine eigenen Einfälle, wird ihm die rationale Erklärung nicht viel bringen. Denn unser deutender Kopf kann immer nur in Worte fassen, was in unserer Seele, das heißt, in unserem ganzen Menschen, sich abspielt.

Die Kirche spricht von
der Dreieinigkeit Gottes.
Sie spricht in Rätseln

28

Dieses Dogma entstand spät an der Reibungsfläche zwischen zwei Kulturen

Im vollen Bewusstsein der tiefen Risse und Sprünge im Bild Gottes, im tiefen Bewusstsein seiner Unzugänglichkeit für menschliche Verstandesmittel zeichnet die Bibel, einmal genauer, ein anderes Mal andeutungsweise, drei Zugänge zu Gott. Nein, eigentlich sind es keine Zugänge für uns Menschen zu Gott, sondern drei Weisen, in denen Gott sich uns nähert, sich uns zugänglich macht.

Sie sagt: Sieh dir die Welt an. In den Dingen der Welt kommt Gott verborgen auf dich zu. Du kannst ihn von dorther nicht beschreiben. Aber du findest eine Spur, der nachzugehen sich lohnt.

Sie sagt: Nimm dich selbst wahr. Du bist ein Hörender. Dein Herz hat ein Ohr. Deine Seele ist ansprechbar. Zu dir redet einer. Leise, andringend. Höre zu! Gottes Geist ist eine Stimme in dir, die dich angeht.

Und sie sagt: Diese Stimme redet zu dir auch auf den Wegen der Geschichte. Fern von dir, Jahrtausende zurück, hat einer geredet. Er wusste, was er von Gott zu den Menschen zu bringen hatte. Was er dir sagt, gibt dir deinen Weg auf dieser Erde frei. Es reicht über deine Zweifel und Anklagen gegen Gott hinaus. Es gibt dir Vertrauen. Du findest Frieden. Du findest Wahrheit.

Diese drei Richtungen, aus denen etwas von Gott zu dir kommen will, fügen zusammen, was dir zerrissen scheint. Sie bringen ein je anderes Licht in das Dunkel, das dir Gott zunächst ist. Sie lösen nicht alle Fragen, aber sie zeigen einen Weg, der zwischen den Fragen hindurch ins Helle führt. Sie helfen, dass Fragen offen bleiben dürfen, dass auf ihre Beantwortung verzichtet werden kann.

Auch nach Jesus hat die junge Christengemeinde an diesen drei Weisen der Gottesbegegnung festgehalten. Gott wird wahrgenommen in der Schöpfung, sagt Paulus. Der Geist ist es, der in uns redet; der Geist aber ist Gott selbst, sagen viele. Gott ist uns nahe in Jesus Christus. Wie das Eine mit dem Anderen verbunden ist, das wird auf vielerlei Weise ausgelegt. Immer aber ist das Charakteristische, dass nicht der Mensch sich seine Gedanken macht und Gott findet, sondern dass der Mensch sich öffnet für den Gott, der kommt. Was die erste Gemeinde nicht tat, das war, das sie daraus eine Theorie über Gott gemacht hätte. Sie hat, was ihr von Gott her widerfuhr, nicht systematisiert. Das tat erst später, vom vierten Jahrhundert an, die Kirche.

Es gehört mit Recht zu den Grundforderungen des christlichen Glaubens, es dürfe von Gott nicht einfach und direkt geredet werden, sondern immer nur auf charakteristischen Umwegen. Dazu zwingt ihn ein tiefgehendes Bewusstsein des Abstandes zwischen Gott und Mensch, der Unzulänglichkeit des menschlichen Verstandes und der Unreinheit des Menschenherzens. Er sagt: Du weißt nichts unmittelbar, das du über Gott aussagen könntest mit dem Anspruch, es sei wahr. Du verstehst, wer Gott ist, immer nur auf dem Weg über das, was Jesus Christus dir sagt, was er dir zeigt. Immer nur auf dem Weg, den Gottes Geist in dir selbst dir eröffnet. Darin liegt ein Akt des Verzichts auf freihändige Phantasien, der Akt einer grundlegenden Bescheidung. Du kannst über Gott nie aufgrund dessen reden, was du siehst und zu finden meinst, sondern immer nur über das, was dir eröffnet wird. Zugleich aber sagen wir damit etwas, das uns Heutigen – merkwürdigerweise – besonders schwer eingeht. Man könnte mich durchaus fragen, was ich als moderner Mensch mit einer so alten Formel wie der von der Dreieinigkeit Gottes denn noch anfangen wolle, da es doch gewiss nicht drei Götter gebe, sondern allenfalls, jedenfalls nach Auskunft der Bibel, einen einzigen, und da wir daran doch wohl festhalten wollen.

Und in der Tat: Die Kirche ist von der Bibel her strikt darauf verpflichtet, von Gott nie anders zu reden als von dem Einen, dem Einzigen. Warum aber reden wir dann nicht schlicht vom »Vater«, wie Jesus selbst es tut? Der Grund ist der, dass in unseren menschlichen Köpfen das Bild Gottes immer in Gefahr ist, platt zu werden oder gar zu versimpeln, und weil alle bisherigen Versuche, einen Glauben an einen solchen einfachen Gott vorzuzeigen, am Ende zu einfach geraten sind und zu unernst. Am Ende lief es hinaus auf einen »lieben Gott« oder auf einen »Vater überm Sternenzelt«. Vor allem würde ein solcher Gott allzu leicht für alle möglichen Interessen brauchbar, als ein nützlicher Zweckgott, der den Umsatz des Geschäftsmanns segnete oder kriegführenden Staaten als Helfer zum Sieg vorausging. Das »Gott mit uns« auf den Koppelschlössern deutscher Soldaten ist überdeutlich, wie auch, dass man im Reich Hitlers vom »Gott der Deutschen« sprach. Die »Soldaten Christi«, die in den letzten sechzig Jahren von den USA auszogen, um das Böse in der Welt zu bekriegen, sind ebenso deutlich. Der Gedanke an den Gott, der uns in dreifacher Weise begegnet, hat dem gegenüber einen sichernden Sinn.

Nun kommt aber eine Lehre von der Dreieinigkeit Gottes in dem Sinn, den das Apostolicum formuliert hat, in der Bibel nicht vor.

Es kommen lediglich Aufzählungen vor, wenn ein Segenswunsch des Paulus lautet:

»Die Gnade unseres Herrn Jesus Christus
und die Liebe Gottes
und die Gemeinschaft des Heiligen Geistes
sei mit euch allen.«
2. *Korinther 13,13*

In *Epheser 4,4–6* werden der Vater, Jesus Christus und der Geist nebeneinander genannt, ohne dass über die Art ihres Zusammengehörens etwas ausgesagt wird. In *Matthäus 28,19* wird von der Taufe gesagt, sie solle »im Namen des Vaters und des Sohnes und des Heiligen Geistes« erfolgen.

Es war den Christen der ersten Zeit völlig klar, dass es nicht drei Götter gebe, sondern nur einen Gott. In welcher Weise er sich äußerte und in welcher Weise wir Menschen ihn mit Jesus Christus und dem Geist zusammendenken könnten, das klärten sie nicht.

Aber nun geschah schon im ersten Jahrhundert und danach deutlicher in den ersten vier Jahrhunderten etwas, das nach einer Klärung verlangte: Das Christentum trat aus dem jüdischen Kulturkreis hinaus in den griechisch-römischen, aus dem jüdisch-nahöstlichen Denken in den völlig anders gearteten Umkreis der abendländischen Religion und Philosophie. Später wiederholt sich dieser Vorgang, als das Christentum aus dem griechisch-römischen Kulturkreis in den völlig anderen Umkreis der germanisch-keltischen Kultur überging und germanische Rechtsauffassungen theologisches Gewicht bekamen. Heute wiederholt sich das, wenn etwa das Evangelium in Korea Platz greift und dabei uralte schamanische Heilungspraktiken einbezogen werden. Wenn wir solche Vorgänge beobachten, setzen wir zwei Begriffe ein: den der Inkulturation und den der Kontextualisierung. Beide spielen heute eine wichtige Rolle in der Diskussion um den Sinn und die Arbeitsweise der christlichen Mission in außereuropäischen Ländern. »Inkulturation« meint: Das Christentum wird, zum Beispiel durch die Mission, in eine fremde Kultur eingebracht. Es muss also übersetzt werden nicht nur in die Sprache, sondern die ganze Vorstellungswelt der fremden Kultur. Bis ins 19. Jahrhundert bemühten sich die Missionen in aller Regel, dabei die fremde Kultur zu europäisieren. Eine christliche Gemeinde in Schwarzafrika musste ihre überlieferten Gesänge vergessen und die europäischen Gesangbuchlieder erlernen. Die Buschtrommeln mussten verschwinden und ein europäisches Harmonium an die Stelle treten. Man verwandelte die Menschen des fremden Kontinents in Nachahmer der europäischen Kultur. Heute legen wir Wert darauf, dass die fremde Kultur nicht nur erhalten bleibt, sondern auch, dass die Christen in ihr dem christlichen Glauben die Gestalt geben, die ihm dort angemessen ist. Wir haben also zu klären, was an unserem Christentum nicht allgemein menschlich, sondern europäisch gedacht und gestaltet ist, und wie die Glaubens- und Lebensfragen, die in einer fremden Kultur gestellt werden, auf eine dort verständliche Weise beantwortet werden können. Inkulturation heißt also: Wir bringen, was wir zu bringen haben, bewusst in eine andere geistige und kulturelle Umwelt hinüber.

Der andere Begriff heißt »Kontextualisierung«. Er meint, dass ich, was ich zu sagen habe, nicht oder nicht nur in den großen kulturellen Rahmen eines fremden Landes einbringe, sondern auch in eine aktuell gegebene Situation. Die Situation wird zum Kontext, das heißt zum aktuellen Rahmen für meine Aussage. Nun stehen wir aber in einer Zeit, in der die europäische und nordamerikanische Dominanz in religiöser Hinsicht deutlich zurückgeht und das Christentum sich weltweit in unzähligen sozialen und politischen Situationen wiederfindet, zu denen es vielleicht etwas zu sagen hat. Das heißt, die ganze Begriffs- und Bildersprache des Christlichen muss sich so wandeln, dass sie auf irgendwo gestellte Anfragen zu antworten vermag. Beispiel für solche aktuellen Antworten sind etwa die Befreiungstheologie in Südamerika oder auch bei uns selbst die feministische Theologie.

In den beiden Begriffen spiegelt sich also eine der großen und sehr schweren Aufgaben, die die heutige Weltsituation uns zumutet, und es ist noch nicht sichtbar, wie sie wirklich bewältigt werden kann. Wir Westlichen hängen noch immer viel zu sehr an den Spezialformen christlichen Glaubens, wie sie etwa das 16. Jahrhundert in Gestalt des Protestantismus oder das Mittelalter in Gestalt des römischen Katholizismus hervorgebracht haben. Das Hinüberbringen des Evangeliums aus einer alten in eine neue Weise des Glaubens bleibt eine der Hauptaufgaben des christlichen Bewusstseins heute.

Nun reden wir also von der sogenannten Lehre von der Dreieinigkeit Gottes. Diese Lehre entstand, als die Christenheit vor der Aufgabe stand, sich in die griechisch-römische Geisteswelt zu inkulturieren. Dabei musste sie vieles sehr anders verstehen und ausdrücken als zuvor. Worin haben sich denn die beiden Kulturkreise, der östliche und der westliche, unterschieden? Ich will es sehr vereinfacht schildern.

Die Juden waren in erster Linie interessiert an dem, was einer sagt oder was einer hört, an dem, was geschieht oder sich ereignet, und auch an Gott war ihnen wichtig, was er will, was er tut, was er sagt und bewirkt. Am Verhältnis des Menschen zu Gott war ihnen wichtig, was da gut ist und was zerstörend, was da gelingt oder nicht gelingt, was da an Abstand ist und wie der Abstand überwunden werden kann.

Die Griechen und der griechische Geist waren interessiert am Nachdenken über das, was ist, was besteht und was bleibt. Was die kleinsten Teile in der Welt sind und was über die Welt insgesamt gewusst werden kann. Was den Urstoff und was das Sein der Dinge ausmacht. Das Bestehende, Gültige, Bleibende, das in dieser Welt der Wechselfälle gedacht werden muss, war ihnen der Stoff ihres Nachdenkens.

Zur Eigenart des jüdischen Denkens gehört es, dass es von der Fähigkeit des Menschen zu hören viel hält. Er hört ein Wort, auf das alles ankommt, er ist hörsam, er ist ge-hor-sam und antwortet so auf eine Anrede oder einen Anspruch. Die jüdische Religion ist eine Religion, in der wichtig ist, was das Ohr des Menschen trifft. Sein Grundthema klingt in der Aufforderung an: »Höre, Israel!« Und bis heute mag man in der unerhörten Musikalität dieses Volks ein Ergebnis dieser jahrtausendelangen Übung des Hörens sehen.

Es gehört im Gegensatz dazu zur Eigenart des griechischen Denkens, dass es zwar Sprache und Musik hochentwickelt hat, dass aber sein Eigentliches in dem zum Vorschein kommt, was man sehen kann, anschauen, betrachten. In Architektur, Bildern und Vasen, plastischen Figuren zeigten sie nicht nur, wie die Welt gebaut sei, sondern auch, was sie sich unter Gott oder den Göttern vorstellten.

Das Judentum ist eine bildlose Religion, wie noch heute der Islam, der demselben kulturellen Umfeld entstammt. Die Griechen andererseits kannten etwas wie ein »Wort Gottes« kaum, von den Orakelstätten einmal abgesehen. Eine Selbstoffenbarung Gottes im Wort war ihnen fremd. Ihre Götter lebten ihr eigenes Leben, und die Menschen waren dem ausgeliefert, was das Schicksal ihnen zuwies, die Götter selbst aber dem Schicksal ebenso verfallen.

Man könnte also unterscheiden zwischen Akt und

Sein. Zwischen einer Geschehensreligion und einer Seinsreligion. Einer Religion des Hörens auf ein Wort und einer Religion des Schauens von Ideen. Stellen wir uns einen Augenblick vor, ein griechisch gebildeter Mensch des dritten Jahrhunderts hätte ein heutiges Auto gesehen. Er hätte vielleicht gesagt: »Ein Blechkasten, elegant, farbig lackiert, mit Fenstern, mit vier weichen Rädern, einem stinkenden Motor und vier bequemen Sitzen. Es kann sich sogar bewegen!« Wenn ein Jude jener Zeit dasselbe Auto gesehen hätte, hätte er vielleicht gesagt: »Ein tolles Mittel zum Fahren. Eine tödliche Gefahr für die Fußgänger, ein Ding, das der Verantwortung eines Fahrers anvertraut ist, das aber seine moralische Kraft hoch überfordert.« Ein Grieche hätte das Auto beschrieben, der Jude hätte gefragt, was denn damit zu machen und was vielleicht für eine Gefahr damit verbunden sei. Der Grieche, der sich Gedanken über Gott macht, will vor allem wissen, wer oder was als Gott anzusehen sei und wie man ihn definieren und beschreiben könne. Der Jude fragt sich, wie er dem Gott, der ihn anspricht, antworten soll. Und so hat sich die Vorstellung von dem Gott, den Jesus verkündigt hat, auf dem Weg dieser Inkulturation in die westliche Welt verwandelt aus einem sprechenden und begegnenden Gott in einen Gott, den man aus sicherer Distanz beschreiben konnte, von dem man wissen wollte, woraus er denn bestehe.

Die Begegnung zwischen dem jüdischen und dem griechisch-römischen Denken ist also etwas wie die Begegnung zwischen zwei riesigen Kontinentalschollen, die sich reiben, sich stoßen, und in deren Begegnung etwas neu zugeschnitten wird, verbunden mit vielen großen und kleinen Erdbeben. Eine solche Begegnung wird immer eine Gefährdung dessen sein, was ursprünglich gegolten hat, und ein Gewinn an neuer Erkenntnis. Und das ist gewiss: Nicht die Bewahrung des Gehabten allein kann als Wahrheit gelten, sondern auch das, was in einer neuen Situation neu formuliert wird, was uns in unserer andersartigen Kultur heute betrifft.

Die offene Frage war: Was sagen wir eigentlich über Gott, wenn wir unterscheiden zwischen Gott, dem Schöpfer der Welt, und Gott, dem in uns selbst wirkenden Geist, oder zwischen dem Geist und dem zu uns redenden Jesus Christus, dem »Sohn«, und wenn wir mit solcher Unterscheidung doch am Ende den einen Gott meinen?

29

In anderen Religionen gab es ähnliche Vorstellungen

Nun gab es zu einer Lehre vom dreieinigen Gott durchaus Entsprechungen in der damaligen Welt. In den ersten Jahrhunderten nach Christus war Syrien unter den Ausbreitungsgebieten des christlichen Glaubens neben Ägypten das geistig lebendigste Land im Orient. Die großen Lehrer jener Zeit stammten zum großen Teil von dort, und die Dogmen des 4. und 5. Jahrhunderts atmen in vielerlei Hinsicht den Geist der dortigen Kirche.

Die politische und wirtschaftliche Zentrale dieses Raums war damals Palmyra, in der syrischen Wüste nordöstlich Damaskus gelegen und heute eine der wunderbarsten antiken Ruinenstädte, die uns erhalten sind. Palmyra war eine glänzende Schöpfung hellenistischer Kultur, und wir dürfen annehmen, dass die weitgereisten Kaufleute, die von dort über die Seidenstraße nach

China und über die Weihrauchstraße bis Südarabien wanderten, die zahllosen Götter der alten Welt längst zu einer Gesamtvorstellung verbunden hatten. Sie hatten längst gelernt, zwischen Gott, dem Einen, und den vielen Weisen seiner Offenbarung zu unterscheiden.

Der alte syrische Götterhimmel mit seinen unzähligen Göttinnen und Göttern hatte sich damals zu einer Dreiheit verdichtet. In Palmyra verehrte man Gott als Jarchibol, den Mondgott, als Bel, den Himmelsgott und als Aglibol, den Sonnen- oder Stiergott. Die drei wurden in Gestalt dreier Männer abgebildet, die einander wie Brüder glichen. In der späten Zeit, in der dort Christen lebten, im 3. und 4. Jahrhundert, dachte man dabei längst nicht mehr an drei Götter, sondern an den einen Gott, der sich in ihnen offenbare.

Nun will mir scheinen, in der vorislamischen arabischen Welt habe es auch Christen gegeben, die Gott, den Vater, den Sohn und den Heiligen Geist wie drei Götter verehrten, und durch sie habe sich Mohammed gezwungen gesehen, die Einheit und Einzigkeit Gottes auf seine extreme Weise zu betonen. Die Christen hätten für ihn in einer Linie gestanden mit den altarabischen polytheistischen Religionen, die zu beseitigen er sich berufen wusste.

Aber damals gab es auch seit Jahrhunderten feste und viel begangene Verbindungen in wirtschaftlicher und kultureller Hinsicht zwischen dem Nahen Osten und Indien. Man mag es zufällig nennen, dass einer der großen indischen Dichter, Kalidasa, im 4. Jahrhundert, also just in der Zeit, in der die Christen ihre Lehre von der Dreieinigkeit Gottes formulierten und die Leute von Palmyra ihre Göttertrias verehrten, ein Gebet an den einen, dreigestaltigen Gott formulierte:

Dir, dem Dreigestaltigen,
bringen wir unsere Verehrung dar.

Du warst vor der Schöpfung der Welt die reine Einheit.
Du hast dein Wesen zerspalten zu deinem Werk.
Du hast dich entfaltet,
indem du in die drei Farben zerflossest.

Du allein erkennst, wer du bist.
Du allein schaffst dich selbst, allein durch dich selbst.
Als dasselbe Wesen, mit dir allein,
kehrst du am Abend des Weltenwerks in dich zurück.

Du bist die Urkraft, aus der die Natur hervorgeht.
Die Urkraft, die verwirklicht, was der Geist will.
Du bist der Geist auch, der in tatenloser Ruhe
dem Spiel der ewigen Urkraft zuschaut.

Du bringst selbst das Opfer dar.
Du bist selbst das Opfer.
Du bist das große Rätsel, du bist seine Entschleierung.
Du bist der Sucher und der Gesuchte,
ortlos bist du und ohne Namen.

Dem Hindu also war der Gedanke einer Dreieinigkeit Gottes durchaus nicht fremd. Das Padma Purana, eine spätere Schrift, in der Vishnu die Hauptrolle spielt, beschreibt Gott dreifaltig als den Schöpfer, den Erhalter und den Zerstörer. Am Anfang schuf der höchste Geist – der ungreifbar hinter den kultisch verehrten Göttern gedacht war – aus seiner rechten Seite Brahma, den Weltschöpfer. Als ihren Gestalter ließ er aus seiner linken Seite Vishnu entstehen, den Freund der Menschen. Um die Welt zu beenden, ließ er aus seiner Mitte Shiwa hervorgehen. Man könne, so sagt das Buch, jeden dieser drei verehren, man müsse aber wissen, dass sie eine Einheit sind. Ihre Drei-heit heißt »Trimurti«, Dreigestalt. Die drei Götter lebten in dem Einen, und der Eine in den Dreien.

Noch eins: Mindestens seit dem zweiten Jahrhundert,

wenn nicht dem dritten vor Christus, bestand die Seidenstraße zwischen dem hellenistischen Mittelmeerge-
biet und China, ausgehend von Antiochien, Damaskus
und Palmyra. Es scheint mir gewagt, anzunehmen, das
chinesische Denken seit dem sechsten Jahrhundert vor
Christus habe in den Jahrhunderten zwischen dem
zweiten vor Christus und dem zweiten oder dritten
nach Christus keinen Weg gefunden in den Westen. Eher
scheint mir, die Philosophie Laotses oder Dschuang
Tses könne schon eine längere Zeit vor Christus in der
westlichen Bildungswelt bekannt gewesen sein, in eben
auch den Städten, in denen die christlichen Theologen
der Dreieinigkeit Gottes nachdachten.

Nun sprach aber Laotse oder einer seiner Schüler vom
dreieinigen Gott:

> Mit Augen suchen wir ihn – und sehen ihn nicht.
> Dreifach ist er,
> aber die Drei zu trennen vermögen wir nicht.
> In sich verschlungen ist seine Dreiheit,
> seine Einheit erkennen wir,
> seine Dreiheit betrachtend.
> Im Wesenlosen hat er sein Wesen,
> er, des Gestaltlosen Gestalt, des Bildlosen Bild.
> Geheimnisreich ist er und unbegreiflich.
> Ihm entgegen geht unser Weg,
> doch finden wir nicht seinen Anfang.
> Ihm folgen wir, doch finden wir nicht sein Ende.

Und so gab es auch in Ägypten im Zusammenhang der
Amun-Theologie eine Art Trinität, vielleicht aus pto-
lomäischer Zeit oder später: »Drei sind alle Götter,
Amun, Re und Ptah. Keiner ist ihnen vergleichbar.
Amun verbirgt seinen Namen. Re ist das Gesicht. Ptah
der Leib.« Und diese Vorstellung könnte den ägypti-
schen Christen des vierten Jahrhunderts geholfen haben, die christliche Trinitätslehre auszubilden. Athana-

sius, einer der Väter des christlichen Dogmas, lebte in Ägypten.

Ähnliches gilt, bei aller Vorsicht, auch für das Judentum. In den Spätschriften der Bibel ist von der Weisheit die Rede, die zu Füßen Gottes spielt, und es ist durchaus nicht immer klar, ob sie eine Erscheinungsweise Gottes sei oder eine eigene Person. Was in der jüdischen Mystik später als Schechina verstanden wird, die auf der Erde wandert und das leidende jüdische Volk bis in die untersten Tiefen seiner schmerzensreichen Geschichte begleitet, das bewegt sich immer an einer unklaren Grenze zwischen einer eigenen göttlichen Gestalt und einem der Welt einwohnenden Aspekt Gottes.

Und immer ist der Sinn dieser dreifachen Deutung Gottes der, zu unterscheiden zwischen dem Geheimnis des einen Gottes und den allzu schlichten Erkenntnismitteln des Menschen, den immer auf mehrerlei Weise das treffen wird, was ihm dieses Geheimnis zu öffnen vermag.

30

Das Spiel der drei Masken Gottes

Nun taten die Kirchenväter des 4. Jahrhunderts bei dem Versuch der Inkulturation des christlichen Gottesbildes in die griechisch-römische Welt einen genialen Griff. Sie standen vor der Aufgabe zu erklären, wie Jesus zu Gott stehe und wie der heilige Geist, und sie mussten zwei Gefahren vermeiden, nämlich diese Dreiheit zu zerreißen einerseits, allzu viel über das innere Sein und Wesen Gottes zu behaupten andererseits.

Sie sprachen davon, Gott sei ein Wesen mit drei »Gesichtern«, Lateinisch: Personen. Das wird ganz allgemein so missverstanden, als bestehe Gott aus drei Personen, wie wir heute eine Person verstehen. Aber »Person« bedeutete damals etwas gänzlich Anderes als heute. Eine Person ist für uns Heutige ein Mensch, ein in sich geschlossener, nach Figur und Aussehen beschreibbarer, er ist mit einem Pass zu identifizieren und als Mensch und Staatsbürger mit bestimmten Rechten ausgestattet. Aber das griechische »Prosopon«, das für das lateinische persona stehen kann, bedeutet Gesicht und wie die lateinische persona »Maske«, während das Wort Hypostase das wahre Wesen bezeichnet, die verborgene Wirklichkeit.

Das Wort Maske entstammt der Theaterwelt. Wir sehen heute noch die riesigen Theater der antiken Städte vor uns, oval oder als Halbkreisbauten. In diesen Theatern war aber ursprünglich weniger nach dem Unterhaltungswert gefragt, es spielte sich vielmehr ein religiöses Drama ab zwischen Göttern, Dämonen, Heroen, Herrschern, Völkern und einzelnen Menschen. Es kam dabei etwas »herüber« von einem Gott zu den Menschen, es wurden Bekenntnisse formuliert oder ein tragischer Untergang beschrieben. Nun traten aber die Schauspieler nicht als Stars auf, ihre Person war gerade nicht das Wichtige. Das Wichtige war ihre Rolle. Wenn sie einen Gott spielten, dann gaben sie dieser Rolle nicht ihr persönliches Gesicht und ihren persönlichen Charakter, sie traten vielmehr gänzlich zurück hinter dem, was sie darstellten. Darum trugen sie Masken. Sie verkörperten eine göttliche Macht oder ein Schicksal, und die Maske drückte das Wesen dessen aus, was da von ihr verkörpert war. Diese Maske nannte man damals griechisch prosopon oder lateinisch persona. Per-sona meint wörtlich etwas, durch das etwas »hindurchtönt«. Prosopon meint:

ein Gesicht, mit dem sich uns jemand zuwendet. Diesen
Hintergrund hat noch heute das Wort von der Person,
mit dem wir etwas aussagen, was eigentlich eine Verar-
mung der ursprünglichen Meinung ist: Der Mensch
nämlich sei ein Medium, durch das etwas hindurchtöne.
Unser heutiger Begriff aber meint gerade umgekehrt, der
Mensch sei eine Größe, die in sich selbst ruhe und sich
selbst genug sei. Er meint das in sich geschlossene Indi-
viduum. Und wenn wir nun diesen heutigen Personbe-
griff übertragen auf die Trinitätslehre, die von drei Personen Gottes spricht, so verwirrt sich uns alles.

Für das Dogma von der Dreieinigkeit Gottes ist grundlegend, dass die Kirchenväter des 4. Jahrhunderts, die es
formulierten, unter »persona« noch klar die Theater-
masken verstanden. Sie sprachen von den drei Masken
oder Gesichtern Gottes. Sie sagten: Gott begegnet uns in
drei Weisen. Wir nehmen ihn wahr als den Schöpfer. Er
wird uns gezeigt in dem Mann aus Nazaret. Und wir erleben ihn als die Energie, die uns erfüllt, als den Gott in
uns. Was wir über Gott sagen können, hat drei Quellen:
Wir sehen seine Welt. Wir hören von ihm durch Jesus
Christus. Wir erfahren ihn als den Geist, der uns erfüllt.
Wir stehen nicht wie die Engel vor Gottes Thron und
schauen ihn selbst. Wir stehen vielmehr einem Geheimnis gegenüber, das wir auf keine Weise aufklären, wenn
es nicht anfängt, zu uns zu reden. Es spricht aber durch
drei Masken hindurch. Wir nehmen also eine Maske
wahr für etwas, das uns verborgen ist, und hören, was
durch sie hindurchtönt. Die Welt ist eine Maske, die uns
Gott verbirgt, und sie ist zugleich eine Maske, durch die
etwas oder einer hindurchspricht. Aber das ist nur das
Eine.

Woher wissen wir denn, wer da zu uns spricht? Wir
Christen wissen über den Schöpfer und den Vater aus
dem Mund von Jesus von Nazaret. Wir kennen ihn

durch das, was er gesagt hat, was er getan und was oder wen er repräsentiert hat. Er sagt: Ich will dir Gott zeigen. Ich will dir sagen, wie du leben kannst, wenn du dich ihm anvertraust. Ich lebe dir Gott vor, wie er ist. Und ich sage dir, was er von dir erwartet, was er mit dir vorhat, worauf also dein Leben hinausläuft. Und dieser Vater liebt dich, wie ich dich liebe, mit all deiner Schwachheit und Unansehnlichkeit. Er will deine Güte. Er will deine Freiheit.

Und was antwortet dir danach in dir selbst? Vielleicht hörst du eines Tages ein Wort, das Gott zu dir spricht. Ein Wort, das dir persönlich gilt. Eine Wahrheit, die du dir nicht selbst sagen konntest. Und du weißt: Das bin nicht ich selbst, der da redet. Da redet ein Anderer. Dann sprichst du vom Heiligen Geist. Du hörst, was dir von Gott her gesagt wird, durch eine dritte Maske hindurch. Und es ist derselbe Gott, der hinter dem letzten Stern ist, der in Jesus Christus gesprochen hat und der in dir selbst sich zeigt. Schau es alles zusammen. Es ist nur ein Gott.

Immerhin hat dieses Dogma einen Wall gebaut gegen die hereinbrechende Flut der hellenistischen Mischreligion, die den christlichen Glauben hätte wegspülen können. Durch die Trinitätslehre blieb das Christentum im Gegensatz zu allen anderen eine Offenbarungsreligion, die in der Schöpfung ebenso gründet wie in der Geschichte und im Glauben an eine ständig fort- und weitergehende Offenbarung.

Was wir auf alle Fälle festhalten müssen, ist dies, dass die Dreieinigkeitslehre nichts darüber sagt, wie Gott in sich gebaut oder gar, wie er in sich zusammengesetzt sei. Sie sagt aber, wie und auf welchen Wegen wir Menschen den Gott erkennen, der uns anspricht. Sie zeigt, an wen wir uns wenden dürfen. Wie und auf welchen

Wegen wir den finden können, dem am Ende unsere Verehrung und unser Gebet gelten. Der aber ist Einer.

Wenn ich Kindern die Lehre von der Dreieinigkeit Gottes zu erklären hatte, fragte ich gelegentlich: Was seht ihr, wenn ihr vor einer Plakatsäule steht? Und weiter: Seht ihr auch die Plakate auf der anderen Seite? Nein? Ich sehe die eine Hälfte. Und nicht einmal die Hälfte. Denn was seitlich ist, sehe ich stark verkürzt. Ich brauche drei Plätze, um alle Bilder zu sehen. Ich muss also um die Plakatsäule herumgehen und von drei Orten aus hinschauen. Auf diese Weise sehe ich nicht drei Plakatsäulen, sondern nur eine. Aber ich kann alles sehen, was sie zeigt.

Paul Tillich hat vor fünfzig Jahren zu einer »Neuerschließung des trinitarischen Symbolismus« geraten. Das meinte, wir sollten die Gedanken, die wir über Gott denken, einfügen zwischen die geschichtlichen Ereignisse um Jesus und unser heutiges religiöses Bewusstsein. Und nun bitte nicht wieder auf dem Wege neuer Begrifflichkeit, sondern auf den spirituellen Wegen der Feier, der Meditation, der Einkehr und der Weltbetrachtung. Auch und vor allem so, dass sie uns hilft, auf unsere menschliche Weise ihre Verbindung zwischen Personalität und Sozialität zu spiegeln für die Gestaltung eines gemeinsamen Lebens der Menschheit auf dieser Erde.

Dass freilich die Kirchenväter des 4. und 5. Jahrhunderts, die uns ihr Dogma hinterlassen haben, nicht einfach nur Gelehrte oder bloße Schulmeister waren, bemerken wir, wenn wir einen der wichtigsten unter ihnen hören, den Bischof Gregor von Nyssa (334–396), von dem wir heute wissen, dass er unter die großen Mystiker zu zählen ist. Für ihn war die Lehre von der Dreieinigkeit Gottes keine abstrakte Theorie, sondern eine

Art Bilderwand, die ihm half, Gott angemessen zu rühmen. Er schreibt:

> O du, der du das All bist
> und größer als alles zugleich!
> Wie könnte ein Wort dich preisen?
> Wie könnte ein Wort dich nennen,
> wie ein Verstand dich betrachten?
> Wie sollten Gedanken dich erkennen,
> da sie doch erst durch dich entstehen?
> Dich preist, was Stimme hat und was stumm ist.
>
> Dich suchen aller Begehren und aller Schmerzen.
> Zu dir fleht das All.
> Gesammelt sinnt alles deinem Sinnbild nach
> und rühmt dich in schweigendem Singen.
> Aller Ziel bist du. Du bist Einer und alle und keiner.
>
> Alle Namen kommen dir zu.
> Wie aber nenn ich dich, den Einzigen, den ohne Namen?
> In das Dunkel, in das wir schauen, dringt kein Verstand.
> Aber du bist die Nähe,
> du bist das All und jenseits von allem.
> Wie anders – als in Bildern – dürfte ich von dir reden?

Wenn wir uns heute bemühen, ein Glaubensbekenntnis
zu formulieren, das nicht den Glauben des 4. Jahrhunderts wiedergibt, sondern unseren eigenen, so stellt sich
mir als einer der geglückten Versuche der des Schweizer
katholischen Priesters und Meditationsmeisters Anton
Rotzetter immer wieder als der beste dieser Zeit dar:

> Du
> Gott im Himmel oben
> Unbegreiflicher, ferner
> Vater,
> wir beten dich an.
>
> Du
> Gott auf der Erde unten
> begreiflicher, naher

Jesus,
wir lieben dich.

Du
Gott in uns
begriffener, begeisternder
Geist,
wir bezeugen dich.

Ich hielte es für einen großen Fortschritt, würden die Kirchen sich für diese Stunde der gemeinsamen Geschichte miteinander darauf einigen, künftig statt des für viele nicht mehr nachzuvollziehenden apostolischen Credos dieses in ihren Gottesdiensten zu sprechen.

Gott ist Licht und Finsternis zugleich

31

Gott hat keinen Widersacher.
Auch nicht den Teufel

Eines der Urprobleme, die in die frühesten Gedanken der Menschheit über Gott zurückreichen, ist dies: Wer trägt für das Gute und Sinnvolle in der Welt die Verantwortung, für das Schöne und Lebendige? Und wer trägt sie für das Böse, Sinnlose, Schreckliche und Zerstörende? Dabei griff man in fast allen Religionen zu der Lösung, es müsse einen guten Gott oder viele gute Götter geben, und es seien auf der anderen Seite ein böser, dunkler Gott oder viele böse, dunkle Götter am Werk. Man teilte die Welt in eine gute und eine böse Zone und ihren Hintergrund in eine göttliche und eine widergöttliche Macht.

Und in der Tat: Wir stehen vor einer ersten Frage: Wollen wir uns das Ganze der Wirklichkeit als einen in sich stimmigen Zusammenhang vorstellen oder sie geteilt sehen in einen Bereich, in dem das Gute zu Hause ist, und einen anderen, in dem das Böse herrscht, einen Bereich also des Lichts und einen der Finsternis? Im ersteren Fall wird Gott der Schöpfer aller Dinge sein und der Repräsentant aller Schichten der Wirklichkeit, im zweiten der Repräsentant der einen Hälfte der Wirklichkeit, und er wird seine Herrschaft begrenzen müssen auf die Hälfte, in der die Welt uns Menschen schön und sinnvoll erscheint. Ihm steht dann ein Widersacher entgegen, irgendein Repräsentant dessen, was uns böse, töricht oder feindlich erscheinen mag. Wir sprechen dann von einem Satan, einem Teufel oder einem Gegengott. Wir können versuchen, uns im Schutz des guten Gottes zu bewegen und uns gegen den dunklen Gegengott abzuschirmen.

Immer schon aber war man sich im Lauf der christlichen Geschichte uneins, wie man sich in dieser Frage entscheiden solle. Meist neigte man einer dualistischen Sicht der Welt zu. So sprach ein Teil schon der ersten Gemeinde davon, Gott sei »Licht, und in ihm sei keine Finsternis« *(1. Johannes 1, 5)*, der Teufel aber sei als gegengöttliche, aktiv böse Macht zu denken, und er werde erst am letzten Ende der Weltgeschichte überwunden werden. Man sprach vom doppelten Ausgang des Menschenlebens in Himmel oder Hölle, man dachte sich das Leben auf dieser Erde als einen Kampf zwischen beiden Mächten, zwischen Gott und Satan, der Mensch aber habe sich zu entscheiden, wem er sich zur Verfügung stellen wolle. Man sprach konsequenterweise von einem gerechten Krieg der Gerechten gegen die Mächte des Bösen und seine Helfer unter den Menschen.

Nun enthält aber etwa die Schöpfungsgeschichte der Bibel keinerlei Andeutung einer Gegenmacht gegen den einen Gott. Ich habe schon angedeutet, dass in eben jener Zeit, in der die Schöpfungsgeschichte geschrieben wurde, im 6. Jahrhundert, persisches Gedankengut in das Denken Israels eindrang. Es konnte eindringen, weil der persische König in Babylon mit seiner Armee als Befreier auch der Juden auftrat und die Juden ihn als einen Beauftragten Gottes empfinden mussten. Die persische Religion, die damals auf mehreren entscheidenden Ebenen sich mit der jüdischen verband, teilte aber die Welt scharf in zwei völlig getrennte Bereiche, das Reich des Lichts, des Ahura Mazda, des guten Gottes, und des Ahriman, des finsteren Gegengottes.

In jener Zeit gab es eine Gegenbewegung gegen diesen Einfluss. Prophetische Stimmen unter den Gefangenen hielten an dem alten israelitischen Glauben fest, es sei nur ein Gott, wie ihn schon zweihundert Jahre zuvor der Prophet Amos verkündet hatte:

»Geschieht denn irgendein Unglück,
das nicht Gott selbst bewirkte?«
Amos 3, 6

Und so sprach in persischer Zeit der Prophet im Namen
Gottes:

»Ich bin Gott, und außer mir ist keiner.
Ich mache das Licht, und ich schaffe die Finsternis.
Ich gebe Frieden, und ich verhänge das Unheil.
Ich bin Gott, der hinter allem steht.«
Jesaja 45,6–7

In derselben Zeit wehrte sich ein Sänger in der Heimat,
in Jerusalem, gegen das Eindringen der fremden Gedanken mit den Worten:

»Wenn man alle Gefangenen unter die Füße tritt,
wenn eines Mannes Recht gebeugt wird …
Wer darf dann sagen, das geschehe ohne Gottes Befehl,
und es komme nicht Böse und Gutes gleichermaßen
aus dem Munde des Allerhöchsten?«
Klagelieder 3,34.38

Und als später Hiob nach der Ursache seiner Qual
suchte und nach der Herkunft seines unbegreiflichen
Schicksals, da sagte er:

»Es ist Gott! Wer sollte es sonst sein?«
Hiob 9, 24 u.a.

»Die Schrecknisse Gottes (!) sind auf mich gerichtet.«
Hiob 6,4, auch 19,6–11

Es ist ein Zeichen für die Kraft, die in Israel damals erwachte, dass es vermochte, gegen den Geist jener per-
sisch bestimmten Epoche das Licht und die Finsternis,
das Gute und das Böse, das Glück und das Leid zusam-
menzuhalten in einem einheitlichen und umfassenden
Bild Gottes, wie ja auch die Schöpfungsgeschichte es
tut.

Das Chaotische, das Zerstörende, das Böse, das der Mensch in seiner Welt erfährt, rückt aus dem Gegensatz zu Gott herein in Gott selbst. Wenn wir das später geschriebene Buch Hiob lesen, dann begegnen wir einem Satan, der als ein Vollzugsorgan am himmlischen Hof wirkt. Er ist nicht der Widerpart Gottes, sondern sein Diener. Das Wort Satan heißt so viel wie der Ankläger, der Staatsanwalt. Gott fragt ihn im Vorspann zum Buch Hiob, was er zur Zeit tue, und der Satan gibt Auskunft. Der Satan fragt Gott, ob er den Hiob beobachten und prüfen dürfe, Gott erlaubt es ihm bis zu einer gewissen Grenze, und der Satan hält sich an die Weisung. Der Satan ist derjenige am göttlichen Hofstaat, der die Sünden der Menschen aufdeckt, benennt und anklagt. Der Richter aber ist Gott. Es ist in der christlichen Geschichte zu wenig geschehen, die Konsequenzen dieser Vorstellung nachzuzeichnen.

Aber der persische Einfluss begleitete das Judentum wie das Christentum noch lange Jahrhunderte und ist dem Christentum bis heute anzumerken. Zur Zeit Jesu spielte im Judentum eine Bewegung eine große Rolle, die wir mit »Apokalyptik« bezeichnen. Sie sah in der Menschenwelt die Mächte des Bösen regieren, Unrecht, Gewalt, Gottfeindlichkeit. Und sie erwartete einen Endkampf zwischen Gott und dem Widersacher, zwischen Gut und Böse, zwischen Licht und Finsternis, in dem am Ende das Licht siegen werde. Der Mensch aber müsse sich als Krieger für die Sache des Guten einsetzen und, wenn der Endkampf beginne, sich in die Reihen der Kämpfer für das Licht begeben. Manches im Neuen Testament spiegelt die verbreitete Vorstellung jener Zeit.

Wenn wir aber fragen, was denn Jesus dazu gesagt habe, dann treffen wir auf das merkwürdige Wort: »Ich sah den Satan vom Himmel fallen wie einen Blitz!« Das heißt: Den ihr den Satan nennt, den könnt ihr vergessen.

Er hat keine Macht. Gott ist souverän. Er hat keinen Gegenspieler.

Aber es war ja einfacher, die Welt zu teilen. Das ergab das sympathischere Gottesbild und ermöglichte den Moralisten die handlichere Einteilung der Menschen in die Guten und in die Bösen. So holte Augustin um 400 nach Christus aus der persischen Tradition das herüber, was wir bis heute die Erbsünde nennen und was in der Bibel keinen Ort und keinen Sinn hat. Sie besagt, der Mensch sei, schon ehe er irgendetwas Gutes oder Böses tun könne, vom Bösen besetzt, beherrscht und ihm wehrlos ausgeliefert. Es bedürfe erst der Erlösung aus dieser Macht. Augustin holte aus eben dieser persischen Überlieferung seine »Prädestinationslehre« herüber, die besagte, die einen Menschen seien schon, ehe sie das Licht der Welt erblickten, für den Himmel vorgesehen, die anderen für die Hölle. Aber auch diese Vorstellung hat nirgends in der Bibel irgendeinen Anhaltspunkt. Weil es aber für die Durchsetzung von Macht, Einfluss oder Interessen immer hilfreich ist, wenn ich mich selbst als Kämpfer für das Recht oder die Wahrheit gegen das Unrecht und die Lüge sehen darf, halten sich solche Vorstellungen bis zum heutigen Tag. Dann kann ein Volk als Kämpfer für das Gute auftreten und in seinen Feinden das Zentrum des Bösen erkennen, die »Achse des Bösen«, die »Schurkenstaaten« oder was immer. Es kann als Engel der Gerechtigkeit in den Krieg ziehen und Gott auf seiner Seite wissen. Der Krieg wird »gerecht« sein.

»Gott mit uns« war früher auf den Koppelschlössern der deutschen Soldaten zu lesen. Wer, so hätte man sich fragen müssen, wer ist dann mit den Feinden? Aus solcher Teilung der Welt, die eine Teilung in Gott ist, ergab sich für das Christentum und seine Geschichte immer wieder das Recht zum Pogrom an den Ungläubigen, an

den Häretikern, an den Hexen, also an allen, die auf irgendeine Weise dem Teufel dienten, und das ging bis hin
zum Mord an den Behinderten, an den Juden, den Zigeu-
nern, den Homosexuellen in Auschwitz und anderswo.
Die christlichen Stimmen, die dem widerstanden, blieben in den Kirchen wie in der Theologie immer die ver-
schwindende Minderheit.

Die Folge ist immer gewesen, dass man auch unter
Christen vieles, das für Jesus zentral war, nicht mehr
verstand oder nicht mehr für praktikabel hielt. Wenn Je-
sus sagt: Sprich kein Urteil über andere Menschen!
Hasse nicht, sondern sei barmherzig. Sieh deine eigene
Schuld! Liebe deinen Feind! Überwinde das Böse mit
Gutem! Räche dich nicht! Erwidere keine Gewalt mit
Gewalt! Dann wird man all dies aus einer Ethik, die von
einer Teilung der Menschheit in die Guten und die Bö-
sen ausgeht, bewusst oder unbewusst ausklammern.

Aber die Folgen der Teilung gehen weiter: Man wird
teilen zwischen dem Geist des Menschen und der
bloßen Natur, wie es die ganze Neuzeit getan hat, und
die Natur der Zerstörung anheim geben. Man wird die
Menschheit teilen in die Leistungsfähigen, denen es mit
Recht gut geht, und die Untauglichen, und wird in den
Händen der ersteren neunzig Prozent des Weltvermö-
gens versammeln, während die anderen, die an ihrem eigenen Unheil ja selbst Schuld sind, hungern. Sie sind
eben ein Teil der unteren, der dunklen Welthälfte. Und
es bedeutet, dass keine Hoffnung bestehen kann, es werde einmal auf dieser Erde ein Ende der Kriege geben.
Friedenspolitik wird dann immer eine Sache von ah-
nungslosen Idealisten sein oder eine Sache für Feiglinge,
die den Kampf, den notwendigen, scheuen.

Dieselbe Zweiteilung pflegt sich in uns Menschen ab-
zuspielen. Was an uns selbst teuflisch ist, wird hinaus
verlagert, verdrängt, geleugnet. Das Teuflische erscheint

im anderen Menschen. Aber es dürfte nicht der Teufel gewesen sein, der die Juden unter Hitler oder die Gegner Stalins umgebracht hat. Es war nicht der Teufel, der Scheiterhaufen der Inquisition aufgerichtet hat. Es ist nicht der Teufel, der hinter unserem eigenen Hass, unseren eigenen Ausreden und Gewalttaten steht. Es ist der Mensch in uns allen.

Aber denken wir einen Augenblick über unser kurzes Leben hinaus. Was soll die Ewigkeit bringen? Wollen wir uns im Ernst vorstellen, die Ewigkeit werde für die weit überwiegende, weil ungläubige Mehrzahl der Menschen in der Qual einer finsteren Hölle und in der Gottferne bestehen? Dann wäre Gott für alle Ewigkeit nicht der Gott, den Jesus uns gezeigt hat, sondern ein harter Herr der einen Hälfte der Welt, nämlich seines Himmels, in der anderen aber herrschte ungebrochen das Böse, die zynische Gewalt, die Rachsucht, das Gelächter der Folterknechte. Nein, biblischer Glaube ist Glaube an den einen Gott, neben dem ein anderer nicht denkbar ist, und eine Sicht der Welt, die in sich eins ist in allen ihren Schichten und Dimensionen. Es gibt keinen Gegengott. Es gibt keine ewige Teilung in Himmel und Hölle. Nein, nichts, auch nicht die vielen Universen, die es außer dem Weltall, das wir wahrnehmen, geben mag, können außerhalb Gottes sein. Gott ist Einer.

32

Gott ist alles. Alles ist Gott

Es gibt also keinen Teufel. Schön. Aber dann wird alles noch entscheidend schwieriger. Wenn Gott Einer ist und kein Gegengott für das Schreckliche steht, woher dann rührt mitten in aller Schönheit und Sinnfülle dieser Schöpfung die tiefe Dunkelheit, die in allem ist, auch in uns Menschen? Woher das Unheil? Woher das Böse? Woher das Leid, der Streit und der allgegenwärtige Tod? Fridolin Stier, der große katholische Theologe, schildert den Tod seiner Katze: »Das Gehen wurde ihr schwerer. Die Hinterbeine trugen sie nicht mehr, sie schleppte sich nur noch – das sehen zu müssen! Ich sah es, sahst Du es auch? Hast Du es je gesehen – das Elend Deiner Kreaturen? Als Schöpfer lässt Du Dich glauben und besingen, Du! Wäre ich der Schöpfer, ich rechnete es mir zur Schmach.« Und noch einmal: »Hörst du die Sterbende klagen? Ach, mein Herr und mein Gott! Im Leiden und Sterben meiner Katze begegne ich Dir. Es ist etwas in mir, das sich weigert, Dich aus der Haftung für das Weh der Kreatur zu entlassen.«

Wir stehen also vor einer zweiten Frage: Wer ist dieser eine, souveräne Gott? Ich kann überzeugt sein, Gott sei allmächtig und er sei allgegenwärtig. Wenn ich aber den Gedanken fasse, er sei gegenwärtig auch in allem, was in seiner Schöpfung leidet, dann muss ich mich fragen: Wie weit reicht denn nun seine Macht? Ist er vielleicht auch fähig zu leiden? Ist er vielleicht grausam oder ohnmächtig dem gegenüber, was Leiden schafft? Ist er ein starker und mitleidloser oder ein schwacher und leidensfähiger Gott? Wäre er allmächtig und hätte er Auschwitz verhindern können oder auch die Hölle von Verdun, dann wäre er, da er es nicht getan hat, ein dunkles Monster. Ich höre aber: Er ist Liebe. Das geht nicht zusammen, und einen Ausweg gibt es nicht. Die Frage nach dem Bösen ist die eigentliche und ausweglose Schwierigkeit des Glaubens an den einen Gott.

Und so stehen wir am Ende vor dem ungeheuren Gebirge »Gott«, das in der Geschichte des Christentums oft genug Menschen verschüttet hat, wir stehen vor dem, was die Betroffenen die »Gottesfinsternis« genannt haben. Es kann dann geschehen, dass Gott für uns in einem tiefen Dunkel versinkt und dass wir nicht mehr darunter leiden, dass da ein Widerspruch ist zwischen Licht und Dunkelheit, sondern darunter, dass uns Gott vollständig in einer schwarzen Finsternis versinkt. Wir fragen, wenn wir danach noch den Mut haben, Fragen zu stellen: Wie dunkel muss Gott sein angesichts der tiefen Leidensfinsternis, in der nicht nur wir Menschen, sondern die ganze Schöpfung lebt und zugrunde geht? Wer hat denn das Leben eingerichtet so, wie wir es antreffen? Wer hat uns Menschen ihr Schicksal bestimmt, wer hat ihnen ihr zerklüftetes, widersprüchliches Wesen verliehen? Wer hat die Tyrannen gemacht, die Kinderschänder, die Halsabschneider, die Gauner und die Lügner? Woher kommt denn das Leiden und die Krankheit, das Verbrechen und das große Versagen? Kommt es nicht alles aus dem tiefen Abgrund, den wir Gott nennen? Bleibt uns am Ende von seinem Bild vielleicht nur noch Gott, der Fresser, Gott, die Bestie? Gott, der Gleichgültige, der Zyniker, der Spieler, als Zuschauer beschäftigt mit dem Verrecken und Verbluten seiner Geschöpfe, die ihren Kampf ums Überleben durchzufechten haben? Und drückt am Ende ein Hitler mit seiner Brutalität nur noch die Brutalität Gottes aus? Es ist nicht zu verkennen: Wenn es nicht einen anderen Weg gibt, gibt es kein Weiterkommen.

Für Luther war der Gott der Bibel keineswegs eindeutig der Gott des Evangeliums, der Vater Jesu Christi, sondern auch der, der den Zugang zu ihm für bestimmte Menschen verbaut, der sie also »verstockt« und verwirft. Das Wort »verstocken« kommt aus der mittelalterlichen Übung, abends das Stadttor mit einem Balken, einem »Stock«, der rechts und links eingehängt wurde, zu verschließen. Luther unterscheidet den gnädigen Gott des Evangeliums vom verborgenen Gott, der überall in der Welt gegenwärtig und wirksam ist, der aber als Gott nicht erkannt wird. Diesen verborgenen, dunklen Gott kann er nur ertragen, indem er ihn Jesus Christus gegenüberstellt, der Licht hat auch für diesen dunklen Gott.

Es führt auch kein Weg an einem anderen Gedanken vorbei: Wenn Gott in allem lebt und ist, dann findet auch das Leiden der Geschöpfe nicht außerhalb seiner statt. Dann leidet Gott die Schmerzen aller Geschöpfe mit. Dann ist er nicht nur ein schaffender, sondern auch ein leidender Gott. Und es hat schon seinen Sinn, wenn der christliche Glaube sagt, Gott komme uns in Jesus Christus, dem leidenden und sterbenden, am nächsten. Auf diese und ähnliche Fragen werden wir unsere Antwort finden müssen, auch wenn wir wissen, dass sie uns nicht weit führen wird.

Wir wissen doch: Am Ende stand Jesus selbst, der so liebevoll und so leidenschaftlich von seinem Vater im Himmel geredet hatte, vor dem dunklen Gott, schaudernd vor dem, was dieser Vater ihm zumutete, den furchtbaren Willen annehmend, der ihm plötzlich entgegenstand. Den dunklen Gott immer noch, bis zum Schluss, mit Vertrauen anredend. Und wir stehen mit ihm vor der Finsternis Gottes. Wir brauchen nur ein paar Namen zu nennen. Das Warschauer Ghetto, Auschwitz,

Dresden, Katyn, Hiroshima, Vietnam ... Wir können singen: »Schau an der schönen Gärten Zier«, und den Gott
des Gartens preisen. Das kann uns zu Zeiten so falsch in
den Ohren klingen wie die »Wacht am Rhein«

Was stattdessen? Wenn wir uns die einfache Lösung einer Teilung der Welt zwischen Gott und Satan versagen,
was für ein Gottesbild wird vor uns stehen? Für Martin
Luther war Gott ein dunkles, gefährliches, unergründli-
ches Geheimnis. Er sprach vom »verborgenen Gott«, der
nicht nur Leid schuf, Tod und Zerstörung, der vielmehr
auch den Glauben unmöglich machte, der so war, dass
der Mensch sich nur gegen ihn stellen konnte. Und sein
Rat an den, der den wirklichen, rätselhaften Gott unge-
schützt erlebt und von ihm gejagt ist, war der, er solle
von diesem verborgenen Gott wegflüchten zum Vater
Jesu Christi. Er solle zu dem Gott fliehen, der in der Gestalt, im Weg und im Wort des Jesus von Nazaret sich ab-
spiegelt. Ihn, Jesus, sehen wir am Kreuz unter dem Gott
leiden, der nah ist und sehr fern. Der die Fülle ist und
das Nichts. Der Allmächtige und der Mitleidende. Die
Macht und die Ohnmacht. Der Vater und das finstere Geheimnis zugleich. Es ist kein Zufall und auch keine Nebensache, dass das Zeichen für das Christentum das
Kreuz ist, an dem der Repräsentant dieses zerklüfteten
Gottes zugrunde ging.

Es ist ja auch ergreifend, zu beobachten, wie diesem
Boten Gottes an einem bestimmten Punkt seiner Lei-
denserfahrung der Gott, den er verkündigte, in Stücke
zerriss. Im Garten Getsemane vertraute er sich dem
dunklen Willen Gottes an und nahm, was ihm bevorstand, aus seiner Hand. Hintergrund seiner Bereitschaft
zu leiden war die Unfraglichkeit Gottes, der all das
fügte, was ihm bevorstand. Als aber am selben Abend
die Soldaten ihn festnehmen, sagt er: »Das ist eure Stun-

de und die Macht der Finsternis.« Wo bleibt denn nun dieser Macht der Finsternis gegenüber die Hand des Vaters? Wessen Wille geschieht, der des Vaters oder der der Macht der Finsternis? Wer steht hinter dem Geschehen? Wer hat die Macht? Oder kann es denn geschehen, dass nun Gott diese Finsternis selbst ist? So käme denn alles Böse und alles Entsetzliche aus Gott? Aus seinem Abgrund? Aus seinem »Schatten«? Und diese Grenzfrage, die ich mir in meinen jungen Jahren angesichts meiner eigenen Erfahrungen gestellt habe, hat mich nie ganz losgelassen.

Ist nun Gott in sich gespalten? Gewiss nicht. Wohl aber scheint er so, weil wir Menschen, was wir mit unseren unzureichenden Mitteln sehen wollen, nicht verstehen. Die Sonne scheint und wärmt und leuchtet vor aller Augen. Aber niemand kann sie ins Auge fassen wie die Dinge, die von ihr ihre Helligkeit empfangen, ihre Gestalt und ihre Farben. Sie verweigert sich solchem Betrachten, indem sie den, der es versucht, blind macht, ihm die Sehkraft zerstört. Er wird danach auch die Dinge in seiner Nähe nicht mehr wahrnehmen. Gott ist das »überlichte Licht«, sagen die Mystiker.

Wenn etwa wir als Theologen allzu genau über Gott Bescheid zu wissen meinen, wenn wir ihn sozusagen allzu lange »angestarrt« haben, dann kann es geschehen, dass wir für den wirklichen Gott blind werden. Und gegen eine so überzogen »kenntnisreich« ausgestattete Theologie – die zum Beispiel ganze Bände über die Eigenschaften Gottes zu schreiben weiß –, und gegen eine solche Art der Blindheit hat der Atheist, der von Gott überhaupt nichts wissen will, allemal Recht.

33

Unser Gottesbild spiegelt immer auch unsere eigene Seele

Wir stehen vor unserer dritten Frage: Wenn wir der Finsternis Gottes begegnen, begegnen wir dann Gott oder vielleicht nur wieder uns selbst? Gewiss scheint mir zu sein, dass unsere Gedanken über den rätselhaften Gott darum so ausweglos in sich verhakt und verfangen sind, weil sie immer auch Gedanken sind, die wir aus uns selbst mitbringen, und weil es Wandlungen eines Gottesbildes bei uns selbst immer nur gibt im Zusammenhang mit Wandlungen, die in uns selbst stattfinden. Weil die Wahrheit über Gott in unserem Geist immer erst dann beginnen kann aufzuleuchten, wenn wir angefangen haben, klar zu sehen über uns selbst.

Ich will hier das Hin und Her unserer Überlegungen kurz unterbrechen und eine Geschichte erzählen, eine uralte, eine archaische aus der Bibel. Sie handelt von der Veränderung eines Menschen, die zugleich geschieht mit einer Veränderung des Bildes, das er sich von Gott macht. Von einer Klärung seiner selbst, durch die eine Klärung seiner Erfahrung mit Gott geschieht.

Jakob, der Erzvater, der nach seinem Betrug an Esau ins nordsyrische Grenzgebiet geflüchtet war, kehrte nach langen Jahren zurück in seine Heimat. An einem Abend kam er an den Grenzfluss zum Land seiner Familie, den Jabbok, der in einer tiefen Schlucht von Osten her dem Jordan zufließt. Er nahm seine beiden Frauen, seine Mägde und seine elf Kinder und führte sie durch die Furt. Auch alle seine Herden brachte er ans andere Ufer. Er selbst aber blieb die Nacht über allein am Fluss.
Da, mitten in der Nacht, fiel ihn ein Mann an und

kämpfte mit ihm bis an den Morgen. Als der Fremde sah, dass er Jakob nicht bezwingen konnte, griff er nach seiner Hüfte, verrenkte sie und fuhr Jakob an: »Lass mich los, die Morgenröte kommt herauf.« Jakob antwortete: »Ich lasse dich nicht frei, wenn du mich nicht segnest.« Da fragte der andere: »Wie ist dein Name?« Jakob erwiderte: »Jakob.« »Dein Name«, fuhr der Fremde fort, »soll nicht mehr Jakob sein, der Listige, sondern Israel, denn du hast mit Göttern und Menschen gekämpft und bist Sieger geblieben.« Jakob fragte dagegen: »Und wie ist dein Name?« Aber der Unbekannte antwortete: »Frage nicht nach meinem Namen.« Und er segnete ihn an jenem Ort. Jakob aber nannte die Stelle »Pniel«, was heißen sollte: »Ich habe Gott gesehen und bin dennoch am Leben geblieben.« Als er von dort aufbrach, ging ihm die Sonne auf, er hinkte aber an seiner Hüfte *(1. Mose 32)*.

Jakob kam als ein Benachteiligter zur Welt, als der zweite Zwilling nach Esau. Damit war gesagt, dass sein Bruder alles erben würde, dass dem Bruder alles offen stand an Erfolg und Glück und väterlichem Segen und er das Schicksal zu tragen habe, leer auszugehen. Aber Jakob war eine starke Gestalt. Er drängte heraus aus seiner engen Situation und ging aufs Ganze. Und er hatte Erfolg damit. Sein Leben ist das eines Menschen, der die Ziele erreicht, die er sich steckt, der sein Schicksal zwingt, der sich mit Tricks und Finessen durchsetzt, glücklich, reich und am Ende ein freier Mann wird. Und der eines Tages, am Ziel seiner Wünsche, plötzlich in ein tiefes Loch fällt. Mitten in die Finsternis Gottes hinein.

Er ist uns vertraut. Wir kennen die Sache mit dem Linsengericht, für das er seinem Bruder das Erstgeburtsrecht abkaufte. Die Sache mit dem väterlichen Segen, den er durch einen Betrug an sich brachte. Wir kennen auch jenen euphorischen Traum, den er auf der Flucht vor seinem Bruder träumte, in dem er einen Gott schaute, wie er ihn sich wünschte. Dieser Gott fragte nicht nach Betrügereien, sondern versprach, ihn reich und glücklich zu machen und ihn vor allen Gefahren zu bewahren. Er war ein Erfolgsgott. Wir kennen auch die schöne Geschichte von Rahel, um die er zweimal sieben Jahre dienen musste, und auch die Sache mit dem magischen Betrug, durch den er sich in den Besitz großer Herden setzte. Nun also kehrt er nach zwanzig Jahren in seine Heimat zurück, und da plötzlich fällt ihm sein Bruder Esau ein. Da beginnt er, der Starke, sich vor dem Schwächeren seltsam zu fürchten. Ihm war klar, dass Esau das Recht hatte, sich zu rächen. Dass er, wenn er den Grenzfluss überschritt, in den Tod ging. Je näher er seiner Heimat kam, desto dichter spinnt die Vergangenheit ihn nun ein. Er sendet allerlei üppige Geschenke voraus, die seinen Bruder milde stimmen sollen. Aber er merkt, sie nehmen ihm seine Angst nicht. Er erinnert Gott daran, dass er ihm doch Glück und Segen zugesagt habe. Aber er erhält keine Antwort. Schließlich wird es Nacht, alles, was bisher hell und schön gewesen war, kehrt sich gegen ihn. Er merkt: Alles, was ich habe, ist gestohlen. Alles, was ich bin, ist hohl und scheinbar. Und nun ist es aus. Er gerät in die Fänge eines nächtlichen Geistes, in eine dunkle Panik.

Ihn fällt, so erzählt die Geschichte, eine Gestalt an. Ein Mann. Vielleicht dachte der Erzähler an einen Fluss- oder einen Grenzdämon. Der ringt mit ihm, und Jakob, der sich bewusst war, er sei jedem Gegner gewachsen, merkt, dass der andere ihn im Griff hat. Er ringt lange, ohne dass einer den anderen bezwingt. Und in der nächtlichen Gewalt rinnt für Jakob alles zusammen: Esau, sein gefährlicher Bruder. Gott, der ihm seine Nachtseite zuwendet. Er selbst und alles Schattenhafte in ihm.

Seine ganze Lebensgeschichte. Alles verdichtet sich zu einer ungeheuren Macht der Finsternis.

Als der »Andere« sah, dass Jakob die Kraft hatte, ihm zu widerstehen, griff er ihm nach der Hüfte und verrenkte sie. Und er, den der Erzähler offenbar als einen an die Nachtstunden gebundenen Geist, einen echten Nachtmahr verstand, sagt: »Lass mich los! Die Morgenröte kommt herauf!«

Aber da gelingt es Jakob, seine ganze Angst vor Esau, sein Grauen vor Gott, seine Angst vor seiner eigenen schuldhaften Lebensgeschichte hinter sich zu lassen und nach vorn zu springen: »Ich lasse dich nicht los, ehe du mich segnest!« Er wendet sich nicht mehr gegen sich selbst, sondern von sich weg unmittelbar an den Geist: »Du, genau du musst mich segnen! Du bist nicht ein Dämon aus dem Abgrund! Du bist Gott!« Er greift durch die Spiegelung seiner selbst hindurch und bekommt den wirklichen Gott zu fassen. Er springt geradewegs auf das zu, was ihn bedroht, und reißt dem Geist die Maske herunter: Das bin doch nicht ich selbst, das ist doch Gott. Und wenn du Gott bist – du hast mich doch bisher gesegnet! Trotz allem, was ich bin und was war, ich will deinen Segen! Da fragt ihn der Unbekannte: »Wie ist dein Name?« Und Jakob macht sich wehrlos: »Ich bin Jakob.« Seinen Namen einem Feind zu nennen, das war für Menschen der damaligen Zeit und Welt lebensgefährlich, und Jakob hätte sich in früheren Jahren gehütet, das jemals zu tun, denn es bedeutete: Ich ergebe mich. Du bist der Sieger. Ich bin dir ausgeliefert. Aber Jakob fasst das verwegene Vertrauen, seinen Namen preiszugeben. Er hat den Mut, sich zu sich selbst zu bekennen. »Ich bin Jakob«, sagt er. Er bekennt sich zu seiner Lebensgeschichte. Er legt seine Ausreden ab, seine Beschönigungen und sagt: »Ja, das bin ich.« Er schließt die Geschichte seiner Erfolge und alle Schatten, in denen er sich selbst begegnet war, zusammen und sagt: »Dieser Mensch ist Jakob!« Und indem er das sagt, beginnt der Dämon seinen Schrecken zu verlieren. Da sagt der Fremde: »Man hat dich bisher Jakob genannt, den Trickser. Du sollst einen neuen Namen bekommen, nämlich Israel. Du hast es mit Gott, mit allen Mächten und Menschen und am Ende mit dir selbst aufgenommen und hast überwunden.« Genau übersetzt heißt »Israel«: »Gott möge Herr sein«. Damit wirst du künftig, wenn du deinen Namen nennst, sagen: Nicht ich will der Herr sein über mein Schicksal. Nicht ich will mein Glücksbringer sein. Ich nehme den Weg an, den Gott mich führt. Nicht der selbst gemachte oder selbst erträumte, sondern der wirkliche Gott. Am Ende stellt Jakob die Gegenfrage: »Wer bist denn du? Wie ist dein Name?« Und der andere antwortet: »Frage nicht nach meinem Namen!« Frage nach dir selbst, heißt das.

Jakob hat keine Schuld gebüßt. Sie wird ihm auch nicht ausdrücklich vergeben. Aber es zerreißt plötzlich das ganze Gewebe, das ihn eingesponnen hatte; er greift durch die Spiegelung seiner selbst hindurch nach Gott. Und als alles durchgestanden ist, nennt er den Ort »Pniel«, das heißt: »Ich habe das Gesicht Gottes gesehen und wurde gerettet.« Gott hatte bislang immer nur das Gesicht, was ich ihm gab, mein eigenes. Nun habe ich den wirklichen Gott gesehen und wurde von ihm gesegnet.

Während des Kampfs wird erzählt, der dunkle Geist habe Jakob nach der Hüfte gegriffen und habe sie ihm verrenkt. Nun, am Ende heißt es: »Als Jakob im anbrechenden Tag die Furt überschritt, ging ihm die Sonne auf, und er hinkte an seiner Hüfte.« Er setzte seinen Weg jenseits des Flusses fort, nicht mehr als der selbstgewisse, standfeste Mensch, als der er zwanzig Jahre vorher aufgebrochen war, sondern angeschlagen. Nicht mehr als der mit allen Wassern Gewaschene, der sein Glück zwingt, sondern als ein Mensch, der seine Schuld erkannt und an ihr zu leiden begonnen hat. Als ein Mensch, der seinen Schatten übernimmt .

Nun geht er weiter, und es wird ihm gemeldet, sein Bruder komme ihm mit vierhundert Mann entgegen. Da öffnet Jakob sich aufs Neue, macht sich diesem Bruder gegenüber wehrlos: Er wirft sich sieben Mal vor ihm nieder, aber der Bruder greift ihn nicht an, sondern läuft ihm entgegen, umarmt ihn, fällt ihm um den Hals und küsst ihn. Und sie weinen miteinander. Danach sagt Jakob das für die nächtliche Geschichte so erlösende Wort: »Ich sehe dein Angesicht. Und ich sehe in ihm das Angesicht Gottes.« Das Gesicht, das heißt Wahrheit Gottes, rückt zusammen mit dem freundlichen, liebevollen Gesicht des Bruders. Und danach geht Jakob weiter, hinkend, als ein Verletzter und ein Gesegneter. Er verzichtet auf seine Heldenrolle und wird zum Menschen. Ein Märchen würde enden: »Jakob nahm sein Land wieder in Besitz und lebte mit seinen Frauen und Kindern und Enkeln herrlich und in Freuden, und wenn sie nicht gestorben sind, dann leben sie heute noch.« Die biblische Geschichte hat diesen Schluss nicht. Im Gegenteil: Das Leben des Jakob führt danach sehr tief noch in Not und Angst, bis er am Ende seine beiden Enkel segnet und dabei den Jüngeren gegen alle Sitte vorzieht, vielleicht, um ihm das Schicksal zu ersparen, sich wie er selbst sein Glück durch Betrug beschaffen zu müssen.

Der erlösende Blick auf den wirklichen Gott wurde dem Jakob gewährt, als er in das Gesicht des Bruder schaute. Und wenn Jesus später sagen wird: »Wer mich sieht, sieht den Vater«, so fällt mir jene archaische Szene der

Begegnung Jakobs mit seinem Bruder ein. Das war ja der Auftrag gewesen, von dem Jesus bei seinem ersten öffentlichen Auftreten geredet hatte: mit dem Licht des Geistes Gottes in alle die Abgründe abzusteigen, in denen die Menschen gegen sich und gegen Gott streiten, und ihnen zu zeigen, wer Gott ist. Dorthin, wo die Dunkelheit der menschlichen Seele am dichtesten ist. Sozusagen den steilen Weg hinunter in die Schlucht, wo die Menschen dem dunklen Gott und ihrer eigenen Angst ausgeliefert sind. Wer dort ist, braucht die Hand eines Bruders, das freundliche Gesicht seiner Nähe, so dass ihm auch das Gesicht Gottes hell wird. Ich kenne genug Menschen, für die Gott ein Feind ist, den sie fürchten und hassen, für die nichts bleibt, als in einem lebenslangen Kampf Gott ihr Recht abzutrotzen. Und ich habe erfahren, wie Gott solchen Menschen begreiflich werden kann, vertrauenswürdig. Nicht anders als dass Christus, der Menschenbruder, an die Stelle des dunklen Gottes tritt, und sie selbst, vielleicht angeschlagen, aber getröstet in den Morgen gehen können. Wir selbst aber werden dabei wohl verstehen lernen, was unseres Amtes ist: nämlich als Brüder und Schwestern des Christus selbst zu Schwestern und Brüdern jener vom Dunkel gefangenen Menschen zu werden und ihnen zu zeigen, wer ihr Vater ist.

»Wir haben das prophetische Wort von Gott.
Wir tun wohl, darauf zu achten.
Denn Christus ist ein Licht,
leuchtend an einem dunkeln Ort,
bis der Tag anbricht und der Morgenstern aufgeht
in unseren Herzen.«
2. Petrus 1,19

34

Das Schreckbild von »Jesu Sühnetod«

Daraus ergibt sich unsere vierte Frage: Wenn sich zwischen Gott und mir oder in Gott oder in mir etwas ändern soll, damit ein wenig Klarheit eintritt, wo muss die Änderung ihren Anfang nehmen? In Gott oder in mir? In dieser Sache haben sich für die Christenheit von allem Anfang an die Schwierigkeiten verknotet. Das Eine könnte wahr sein, aber vielleicht auch das Andere. Oder vielleicht beides? Wie verhält es sich?

Nach dem Sterben Jesu, für das seine Anhänger keine Erklärung hatten, ging das Erschrecken um. Das Erschrecken darüber, wozu Menschen fähig seien. Das Erschrecken auch über das tiefe Dunkel, das dadurch in Gott offenbar wurde. Dann geschah Ostern, diese Folge von überaus seltsamen Lichterfahrungen, von neuen und vertrauten Begegnungen mit dem Auferstandenen, der ihnen wieder dasselbe zusprach, was sie zuvor von ihm gehört hatten. Sie konnten plötzlich die Freundlichkeit dieses Gottes wieder glauben. Gott war wieder der Liebende. Der Nahe. Der Leben gab und Segen über das Menschenleben. Aber nun begannen die Fragen.

Irgendetwas muss sich in Gott abgespielt haben. Auf irgendeine Weise muss – und offenbar dadurch, dass Jesus starb – Gott seine Freundlichkeit wiedergewonnen haben. Und so begann man über den Tod Jesu nachzudenken so, dass er für diese Veränderungen in Gott ursächlich gewesen sei, und dieses rätselnde Nachdenken setzte sich durch die zwei Jahrtausende fort, die seitdem vergangen sind. Man fand spirituelle Deutungen, kultische oder rechtliche, deren Sinn es war zu klären, was es bedeute, dass Christus »für uns« gestorben sei.

Eine der wichtigsten und folgenreichsten war die Deutung mit rechtlichen Mitteln, die als Gleichnisse herangezogen werden. Eine Deutung jenes »Für uns«, die vor allem in der katholischen Kirche Bedeutung erlangt hat. Eine der geschichtlich wirksamsten war die »Satisfaktionslehre« des Anselm von Canterbury (1032–1109), der einer der scharfsinnigsten Denker des frühen Mittelalters war und dessen Vorstellungen in allerlei Abwandlungen noch heute gelehrt werden. Für ihn war das germanische Königsrecht der maßgebliche Ausgangspunkt: Gott war ihm der König der Welt. Der Mensch war Gott gegenüber zum unbedingten Gehorsam verpflichtet. Nun will Gott sein Reich vollenden, indem er eine bestimmte Anzahl von Menschen in seine höfische Umgebung beruft und einbezieht. Die Ehre eines Königs besteht aber darin, dass es ihm gelingt zu erreichen, was er will. Doch der Mensch eignet sich aufgrund seines Ungehorsams nicht zu Gottes Gefolgsmann. Seine Sünde ist dabei keine Privatsache, sondern Unbotmäßigkeit, die sozusagen unter das öffentliche Recht fällt. Mit ihr ist Gottes Ehre verletzt. Gott erreicht sein Ziel nicht. Gottes Ehre aber fordert Gerechtigkeit. Wenn Gott dem Menschen einfach so und ohne weiteres vergäbe, würde er die Grundlage seiner Herrschaft, seine Gerechtigkeit, zerstören. Seine Gerechtigkeit verlangt also, dass die Sünde entweder bestraft wird oder dass der Mensch Gott durch eine Sühneleistung Satisfaktion verschafft. Diese Satisfaktion muss mehr bringen, als was der Mensch Gott von seiner Ehre geraubt hat. Sie muss ein »Mehr« enthalten als nur einen Ausgleich. Dazu aber ist der Mensch nicht fähig; dazu erfordert es den Einsatz des ganzen Gewichts des ausgleichenden Tuns Gottes selbst. Andererseits aber muss es doch eben der Mensch leisten, denn sonst wäre es keine Satisfaktion. Es ist also notwendig, dass Gott selbst ein Mensch wird, sich also mit dem Menschen »versippt«. Auch das ist ein germanischer Gedanke. Die »Sippe« ist das Geschlecht Adams. Christus also wurde ein Mensch, ausgestattet mit der Würde und dem Recht Gottes. Er war dem Tod nicht unterworfen. Damit aber, dass er, obwohl seinem Wesen nach Gott, den Tod des Menschen auf sich nahm, leistete er die nötige Satisfaktion für die ganze Sippe der Menschen. Die Sünde der Menschen ist getilgt, die Ordnung und die Ehre Gottes wiederhergestellt, die Sühne geleistet, und der Mensch findet, wenn er will, den Weg in Gottes Reich.

Was uns an diesem Modell deutlich werden kann, ist, was wir auch an anderen Versuchen dieser Art wahrnehmen: Aus einem Akt liebender Hingabe wird ein durch und durch kultur- und zeitgebundenes Gedankenkonstrukt gemacht, das zum Beispiel ein Mensch der ersten Gemeinde nie und nimmer hätte verstehen und gutheißen können.

Ein anderer Versuch sucht den Zusammenhang mit den kultischen Ordnungen des Alten Testaments. Man verwies auf das alttestamentliche »Sühneopfer«, das vom geschlachteten Tier mit seinem Tod dargebracht wird, stellvertretend für den Menschen, der eigentlich selbst den Tod verdient hätte. Aber zum einen kommt dieser Gedanke im Neuen Testament nur sehr am Rande vor. Er ist keineswegs so zentral, dass er zum zwingenden Thema unseres Glaubens werden müsste. Nur an zwei Stellen kommt der Begriff der »Sühne« in diesem Sinne vor: in *Römer 3, 25* und *Hebräer 2, 17*. Das Wort »Sühnopfer« erscheint überhaupt nicht. Zum anderen liegt im alttestamentlichen Opferritual etwas ganz Anderes, eine ganz andere Bedeutung als die eines »Sühneopfers«, nachdem die Theologie nun durch zwei Jahrtausende hin unbefangen davon gesprochen hat, die im Alten Tes-

tament geschilderten Riten des Schuldopfers und Sünd-
opfers hätten sühnenden Charakter. Man sagte, wie ein
Tier stellvertretend für den Menschen dessen Schuld
und Strafe auf sich nähme, so habe Jesus unsere Sünde
und unsere Strafe auf sich genommen mit der Folge, dass
wir nun von beidem frei seien. Aber es könnte doch sein,
und die neue Forschung legt es nahe, dass der Gedanke,
das Tier sterbe als Stellvertreter des Sünders, den Sinn
des alten Kults gar nicht voll träfe, und er aus eben diesem Grunde im Neuen Testament eine so geringe Rolle
spiele. Was wir Christen herkömmlich mit »Sühne
schaffen« übersetzen, übersetzt der Jude Martin Buber,
der dem allen ja geistig näher ist als unsere Theologie,
mit »bedecken«. Das Wort erscheint, uns allen vertraut,
in dem Namen des zentralen Festes des Judentums, dem
»Jom Kippur«, dem Tag der »Bedeckung«. Das Wort
heißt auch »reinigen«, »weihen«, die Heiligkeit Gottes
einem Gegenstand oder Vorgang weitergeben. Das Blut
des Opfers »sühnt« also nicht stellvertretend, sondern
es heiligt, es weiht den Altar und den Menschen, der vor
dem Altar steht.

Was uns an diesem zweiten Modell deutlich werden
kann, das ist die Schwierigkeit, der wir dann begegnen,
wenn wir Bildgleichnisse aus einer Welt nehmen sollen,
in der wir nicht mehr zu Hause sind. Was in dieser Sache
für Menschen früherer Zeiten lebendig gewesen sein
mag, ist uns völlig verschlossen und vergangen. Wir können damit nicht mehr umgehen. Es hat keinen »Sinn«
mehr für uns.

Ein dritter Versuch: Das Wort »Opfer« heißt im Alten
Testament »Korban«. Es meint die Weihegabe, die ich in
den Tempel bringe. Es hat mit einer Stellvertretung oder
einer Sühne nichts zu tun, sondern bezeichnet das
kleine oder große Geschenk, das ich dem Priester gebe
für den im Tempel ruhenden Schatz. Das Wort steht im

Zusammenhang mit der altorientalischen Praxis, einem König, vor den man tritt, ein Geschenk zu Füßen zu legen. Die Treppenaufgänge zum Empfangssaal des Königs in Persepolis erzählen in vielen Bildern, wie das aussah, wenn die Gäste des Königs ihre Geschenke brachten. Der Sinn eines »Korban«, eines Opfers ist, dass der Eintretende dem König wohlgefällig wird. Wenn eine solche Gabe an einem Tempel Gott dargebracht wird, muss sie in Rauch aufgehen, damit sie zu ihm aufsteigt und Gott »den lieblichen Geruch« zur Kenntnis nimmt. An dieser Praxis aber kann man nichts aufzeigen, das den Sinn einer Sühne hätte, wie es christliche Theologen seit alters immer wieder versucht haben.

Was uns bei alledem deutlich werden kann, das ist: Ob wir nun von Opfer reden, von Versöhnung, von Stellvertretung, von Entlastung, Befreiung oder Erlösung, von Lebensopfer, von Selbsthingabe – wesentlich daran ist immer der Gedanke, dass Jesus uns geliebt hat, dass er uns von der Liebe Gottes sprach und ihr Bürge war bis in den Tod. Dass er für uns gelebt hat und für uns gestorben ist, zu unserem Besten, uns zugute. Aber wie wir uns das mit unseren mühsam herumsuchenden Gedanken zurechtlegen, mit Hilfe, wie gesagt, spiritueller, kultischer oder rechtlicher Vorstellungen, das darf uns weniger wichtig sein. Die Wahrheit ist die Tatsache des »Für uns«; alles andere sind Deutungen, die Deutungen aber sind austauschbar oder auch entbehrlich.

Was wir diesen schwierigen Gedankenkonstruktionen entgegensetzen, das ist, was wir vom geschichtlichen Jesus wissen können: seine Verkündigung, sein Wirken, sein einbeziehendes, versöhnendes Handeln, wie wir es in unseren Überlegungen zum galiläischen Gastmahl gefunden haben. Damit freilich wird alles einfacher, und vieles wird entbehrlich, ohne dass von dem

Gewicht dessen, was wir Menschen an Schuld auf uns laden, und von dem, was Jesus getan hat, in seinem Leben wie in seinem Tod, irgendetwas verloren ginge. Sein Tod war freiwillig. Er war ein Ausdruck seines Eintretens für die Armen seines Landes, und es kam seinen Zeitgenossen ebenso zugute wie er es mit dem Bild vom Vater und mit dem Bild vom Reich Gottes für alle Zeiten uns eingeprägt hat.

Für uns ist weniger wichtig, wie wir uns ausmalen, was sich in Gott geändert habe dadurch, dass Jesus seinen Tod auf sich nahm, sondern was in uns durch die Begegnung mit ihm und seinem Tod anders werde. Der Gedanke, Gott müsse versöhnt werden, erscheint aber bei Jesus an keiner Stelle. Bei ihm kehrt der verlorene Sohn um, nicht der Vater. Jesus ruft vielmehr die Menschen auf, ihren Widerstand aufzugeben, die Einladung zu hören und zu kommen, einfach, bereit und ohne Angst.

So lesen wir bei Paulus:

»Gott war in Christus.
Er nahm die Menschen bei sich auf,
rechnete ihnen ihre Sünden nicht an
und forderte sie auf: Lasst es euch gefallen,
dass Gott sich mit euch versöhnt hat.
Und nun sind wir Botschafter, die ausrufen,
was Jesus Christus gesagt hat.
Lasst euch sagen: Ihr dürft Vertrauen fassen!
Gott liebt euch! Lasst von eurem Widerstand! Kommt!«
2. Korinther 5, 18–20

An uns aber ist es, wie an den Menschen um Jesus, die Einladung zu hören und zu kommen.

35

Das Ziel: Erlösung auch des Bösen

Am Ende stehen wir vor unserer fünften Frage: Worauf soll denn die Weltgeschichte hinauslaufen? Was ist das Ziel und Ende dieser düsteren, bedrückenden Veranstaltung, und was für ein Bild von Gott wird uns am Ende gegenüberstehen?

Wenn ich Jesus höre, wie er seine Einladung zum Vertrauen und zum gemeinsamen Fest ausruft, dann werde ich, so scheint es mir sinnvoll, kommen. Ich werde ablegen, was ich mit mir trage an Last, an Schuld, an Mühe auch, und werde eintreten. Ich weiß: Ich bin nicht festgelegt auf die Geschichte meines Tuns und Lassens. Ich bin nicht festgelegt auf meinen gegenwärtigen Zustand und auch nicht auf den Stand meiner Einsicht. Ich habe eine Heilung vor mir, eine Wandlung, eine Befreiung. Ich sehe mich beim Eintreten aber nicht als einen Bevorzugten, sondern als einen in der großen Menge der Menschen, die mit mir eingeladen ist. Mit mir werden alle Menschen Heilung, Wandlung und Befreiung vor sich haben.

Aber das kann nur der Anfang sein. Mit neuer Klarheit über uns selbst und über die Welt werden auch unsere Gottesbilder sich wandeln und wir werden den wirklichen Gott durch alle unsere bisherigen Schreckens- und Angstbilder hindurch erkennen.

Und auch das kann noch nicht das Ganze sein. Gewandelt und vollendet wird nach dem Evangelium nicht nur der Mensch und nicht nur sein Bild von Gott, sondern die Welt. Wir kleinen Menschen sind nicht der Sinn der Weltgeschichte, und Gott ist nicht nur der Gott der Menschen. Wichtig sind nicht nur wir Einzelnen

und unsere Seligkeit, wichtig ist das große Ganze der
Schöpfung und das große Ganze der Neuschöpfung aller
Dinge. Das meint der Kolosserbrief in seinem großen
Eingangshymnus, in dem er uns den verborgenen, aber
gewissen Sinn des Weltgeschehens zeigt:

>»Das will Gott: Aller Streit, unter dem die Welt leidet,
der Streit zwischen Mächten und Gewalten,
zwischen Licht und Finsternis,
zwischen den Menschen und Gott
und der zwischen den Menschen
soll beendet werden, und zwar durch Christus.
Die widerstrebenden Kräfte sollen versöhnt sein
und Frieden werden auf der Erde wie im Himmel.«
Nach Kolosser 1, 20

Dieser große Hymnus von der Schöpfung und Vollendung der Welt wendet sich gegen die Verengung, in der
der christliche Glaube normalerweise eingeschlossen
bleibt, die nämlich, dass der Sinn des Christusgesche-
hens das Heil des Menschen sei, dass es im Grunde
nichts Wichtigeres gebe, als was zwischen Gott und
den Menschen spiele, die Versöhnung des Menschen,
die Rechtfertigung des Menschen, das ewige Leben für
die Menschen, das Reich Gottes, das wieder aus Gott
und dem Menschen bestehe. Die Sicht dieses Hymnus
geht über diese kleinformatige Vorstellung hinaus in
kosmische Zusammenhänge. Die große Spaltung der
Welt in Licht und Finsternis, in Gott und Abgrund werde aufgehoben. Auch das Böse und gerade das Böse werde versöhnt. Alles, was wir an widergöttlichen Mächten
kennen, kehre zurück in Gott. So sagt auch der 1. Ko-
rintherbrief: »Am Ende wird das Reich Gottes stehen.
Alle Macht von Menschen und Mächten wird aufgehoben, und Gott wird alles in allem sein.«

»Am Ende aber wird Christus das Reich
Gott, dem Vater, übergeben,
nachdem alle Macht von Menschen
und von dämonischen Kräften aufgehoben ist.
Sein Reich wird so lange bestehen,
bis alle Feinde Gottes überwunden sind.
Als letzter dieser Feinde wird der Tod
sein Ende finden …
Am Ende wird der Sohn sich vor dem beugen,
der ihm alles übergeben hat,
so dass zuletzt Gott alles in allem sein wird.«
1. Korinther 15, 20–28

Paulus stellt sich vor, am vorläufigen Ende der Geschichte und der Menschenwelt werde noch immer ein
Reich des Bösen einem Reich des Lichts gegenüberstehen, dem Reich der Seligen ein Reich der Verdammten.
Er hat diese Vorstellung im Grunde selbst schon überwunden, aber es scheint, als bestehe für ihn noch eine
letzte Befürchtung, es möchte ein Reich des Todes und
des Bösen sich gegen das Reich Gottes behaupten. So
deutet er in eine ferne Zukunft und sagt das Einfache,
das von Anfang an im Evangelium ausgesagt war: dass
alles Leid und Geschrei, alles Elend und alle Gewalt ein
Ende haben werden und zuletzt Gott alles in allem sein
werde, alles durchdringen und alles erfüllen. Grenzen-
lose Gegenwart Gottes – das sei das Ende der Zeit und
das Merkmal des Neuanfangs. Denn Christus selbst ist
ja nicht, was wir uns immer wieder gerne vorstellen
möchten, der Lichtheld, der mit der Waffe über alle Bösen triumphiert. Er ist vielmehr der große Versöhnende,
der »die Feindschaft, das heißt die Spaltung, beendet«.

Am Ende der Dinge, sagt Paulus, werden das Leid und
der Streit und zuletzt auch der Tod aufgehoben. Gott
wird alles in allem sein und wir in ihm. Wer redet noch
von einer zwischen Gott und dem Satan aufgeteilten
Welt? Wer redet noch von der Ewigkeit eines Gott entge-

genstehenden Willens? Wer spricht noch von der Ewigkeit der Hölle?

Dabei wird uns ein Gedanke sehr nahe kommen, der in der Geschichte der 2000 Jahre des Christentums immer wieder, vorsichtig, umspielt worden ist: Der Gedanke von der »Allversöhnung« oder der »Wiederbringung aller Dinge«, der »apokatastasis panton«, den ich hier nur andeute.

Gewiss, es mag Mühe bereiten, sich vorzustellen, auch der Satan selbst werde eines Tages unter die Kinder Gottes heimkehren mit allen, die er in seiner Gewalt hatte. (Wenn man sich denn schon einen Satan vorstellen will!) Aber wer soll denn am Ende das größere Stehvermögen besitzen? Das Böse oder der versöhnende Christus? Wem soll die Ewigkeit gehören? Der festgeschriebenen Spaltung oder dem Gottesreich?

So ungewohnt uns dieser Gedanke berühren mag, es führt im Grunde kein Weg an ihm vorbei. Er ist ein fernes Licht am Horizont, an der Grenze unseres Erkennens. Der Ton einer fernen Musik, in der ein unendlicher Trost ist.

An uns aber wird es sein, auf jenen Augenblick einer sehr andersartigen Begegnung mit Gott hinzuleben. Franz Werfel spricht in seinem Gedicht »Unsterblichkeit« von diesem Augenblick, in dem unser Misstrauen durch eine Überwältigung beendet wird:

Weil einst vor einem
unendlichen Antlitz
ein Herz
zusammenstürzte zum Lied.

Unser Ziel, das Ziel unserer Wandlungen, wird unsere Dankbarkeit sein, unsere Zielgestalt die der sich beugenden, dankbaren Anbetung. Und so fassen wir den

Mut, diesen Dank vorwegzunehmen in dieses Leben auf der Erde herein in der Gestalt eines unbegründbaren und keiner Begründung bedürftigen Vertrauens. Es wird an uns sein, auf dieses ferne Ziel mit unserer ganzen Wachheit zuzugehen und uns immer neu zu fragen, wie sich denn dieser ferne Gedanke auf unser konkretes hiesiges Leben auswirke, auch auf alles, was an sozialen oder politischen Tagesfragen unserer Antwort bedarf.

Im Grunde ist es nichts Anderes, als was unser großes Gleichnis, das vom Gastmahl, für unser hiesiges Leben ausgesprochen hat. Es ist eine Ausweitung auf die Zukunft des Ganzen der Welt. Jesus hat eben nicht sortiert zwischen den Guten und den Bösen, sondern hat sie alle eingeladen, hat sie alle bejaht, mit allen geredet und mit allen gegessen und hat eben damit die Spaltung unter den Menschen, diesen Ursprung von Unwahrheit und Ungerechtigkeit, aufgehoben.

Am Ende werden wir, sagt das Evangelium, zu Hause sein im »Reich Gottes«, wie die ganze Menschengeschichte in ihm zum Ziel und Abschluss kommen wird. Das ist die Vorstellung sowohl Jesu vom Ende der Welt als auch die Vorstellung, von der die nach ihm aufbrechende Wanderbewegung redete. Um dieses vor ihnen stehenden leuchtenden Ziels willen nahmen sie Last und Mühe ihrer Missionsreisen wie auch Verfolgung und schreckliche Leiden auf sich. Sie schauten hinaus über ihre sichtbare Welt und über die kurze Zeit der irdischen Weltgeschichte und lebten im vorausspringenden Glauben an den Christus, der dieses Reich am Ende schaffen werde. Die Zeit bis dahin war überschaubar. Die wenigen Jahre werde man durchstehen. Aber dann würden Leid und Schmerz nicht mehr sein. Alle Tränen würden getrocknet. Das Geschrei der Gefolterten oder von den Raubtieren im Zirkus Zerrissenen würde vergangen sein und es würde gerecht gerichtet über Menschengewalt und Menschenunrecht. Sie vertrauten Jesus, dass er darüber die Wahrheit kenne, wie auch wir selbst ihm vertrauen. Wir legen unser jetziges und unser künftiges Schicksal in jene »Hände«, aus denen wir in dieses schmale irdische Leben entlassen sind und die uns empfangen werden, wenn wir in den weiten Raum hinaustreten, der sich hinter den Wänden unserer Wirklichkeit verbirgt. Wir werden auch nach unserem Tode nicht alle Welträtsel lösen, aber es wird uns gewiss vieles klar werden, das uns auf dieser Erde verhangen bleibt und unklar. Worauf es ankommt, das ist: Zuversichtlich geradeaus zu gehen in Erwartung einer neuen Erfahrung. Durch den Tod hindurch wie durch eine dünne Wand und ein schmales Tor in ein neues Dasein, von dem wir uns im übrigen überraschen lassen wollen.

Wir leben in einer ungeheuren, kaum verstehbaren Welt

36

Wir können nicht so tun, als gehe sie unseren Glauben nichts an

Es hat immer wieder Zeiten gegeben, in denen die Christen oder die Kirche es versucht haben. Ich denke an die Verfolgung von Giordano Bruno oder Galilei und an das Beharren der damaligen Kirche auf einer Vorstellung von der Welt, die vergangen war. Ich denke an den Protestantismus der Neuzeit, dessen religiöses Bewusstsein sich von den Erkenntnissen der Naturwissenschaft weg in den Innenraum der frommen Seele zurückzog. Ich denke an das beklagenswerte Verfahren, zwischen den Feldern, auf denen die Naturwissenschaft ihre Erfolge feierte, die noch nicht erforschten Zonen für den christlichen Glauben zu reservieren. In dieser Zeit der letzten fünfhundert Jahre hat sich die Naturwissenschaft mit zunehmender Berechtigung außerhalb des religiösen Nachdenkens angesiedelt. Aber die Tage, in denen eine weltlose Theologie ebenso wie eine religionslose Wissenschaft Sinn gehabt haben mochten, sind vorüber.

Ich persönlich interessiere mich leidenschaftlich für das Bild, das ein Physiker oder Biologe unserer Tage von unserer gemeinsamen Welt hat, und ich möchte ihnen meine Fragen stellen als ein Bürger dieses 21. Jahrhunderts, der mit ihnen in unserer gemeinsamen Welt lebt. Auch ich rede von dieser Welt, und es scheint mir nötig, ein Gespräch zu führen zwischen Lebensgebieten, die einander fremd zu werden drohen. Denn die Gefahr ist, dass das Wissen schnellere Schritte macht, als es ins Bewusstsein der Menschen dringen kann, und schneller veraltet, als darüber geredet wird. Es gehört dazu der Mut des Laien, auch dort mitzureden, wo er Laie ist, und die Geduld des Fachmanns, immer neu zu erklären, was er gefunden hat und wo seine Arbeit an die Grenzen seines eigenen Verstehens stößt.

Alle Religion sucht das Ganze. Sie sucht, seit es sie gibt, das heißt seit Jahrtausenden, seit den frühen Tagen der Alten Welt, den großen Zusammenhang, in dem das Menschenleben steht. Den Priestern, den Propheten, den Heiligen und den Weisen war von jeher selbstverständlich, dass sie nach dem Ganzen fragten, nach Gott, nach der Welt und nach den Menschen und dass davon keines ohne die beiden anderen denkbar sei.

Wir Menschen finden uns in einer Welt vor. Wir erfahren sie, wir handeln in ihr. Wir gestalten sie. Der große Lebensraum, dessen Teil und Organ wir sind, war von jeher das erste Thema aller Religion. Die Welt als ganze.

Es war von jeher auch klar, dass diese Welt keineswegs das Ganze ist, dass sie vielmehr einen Hintergrund hat, der uns verborgen ist und bleibt, einen schöpferischen, einen ordnenden und bewahrenden, und man gab diesem Hintergrund Namen. Man redete von Göttern oder göttlichen Mächten. Wir reden seit zweitausendfünfhundert Jahren von dem einen Gott.

Alle Religionen, alle Weisheit suchten von jeher, zum dritten, nach Wegen, auf denen ein Mensch zu sich selbst gelangen könne. Immer hat sie gesehen, dass er die einzigartige Fähigkeit hat, sich selbst ins Auge zu fassen, in seine eigene Tiefe abzusteigen, und dass am Ende dieses Weges die Erfahrung auf ihn warte, wer er denn selbst sei.

Dieses in sich geordnete Dreieck, dieses grundlegende Beziehungsmuster zwischen Welt, Gott und Mensch, hat seine Selbstverständlichkeit verloren. Es muss aber gesucht, es muss gefunden werden.

Die Babylonier vor drei- und viertausend Jahren sahen die Sterne und nahmen von ihnen das Maß für das Leben auf der Erde. Sie fanden die Schicksale der Menschen dort vorgezeichnet. Die Sterne aber waren göttliche Mächte. Alles war ihnen eins in einem in sich zusammenhängenden Raum.

Die Menschen der Bibel entdeckten danach die Zeit. Ihnen stand der Mensch unmittelbar Gott gegenüber, und dieser Gott lenkte ihre Schicksale und den Ablauf der Weltgeschichte. Die Welt wurde ihnen zu einem geschichtlichen Prozeß, dessen Anfang und Ende in Gott lagen. In diesem Prozeß lag der Sinn des Menschenlebens.

Die griechischen Philosophen der späteren Zeit entdeckten die Einsamkeit des Menschen in einem seelenlosen, mechanisch ablaufenden kosmischen Geschehen, und sie erlebten als erste den Abschied der Götter. Ihre Antwort war die stoische Tapferkeit des verlassenen Menschen.

Das christliche Mittelalter gründete in der biblischen Welt. Es sah den Menschen im Mittelpunkt einer wohlgeordneten Wirklichkeit. Es sah ihn in einem kugelförmigen Weltall, das über die Schichten der Planeten und Fixsterne hinausreichte bis in den alles umgreifenden Raum Gottes. Der Mensch war ihnen der zentrale Sinn des Weltgeschehens. Das Weltgeschehen aber in seiner mystischen Durchsichtigkeit und rationalen Klarheit war ihnen der äußere Ausdruck für das innere Geschehen zwischen Gott und Mensch.

Dann aber zerbrach diese Einheit. In einem jahrhundertelangen vielschichtigen Auflösungsprozeß zerfiel der religiöse Kosmos. Die Neuzeit entdeckte den Menschen in seiner Unabhängigkeit. Sie entdeckte die Welt als das Spielfeld der Naturwissenschaft. Gott wurde ihr zu einem Gedanken, der zwar noch lange wahr zu bleiben schien, der aber immer entbehrlicher wurde. Und das Ende? Am Ende wurde der Mensch zu einem Staubkorn, das auf einem Staubkorn wohnt, das mit sinnloser Naturgewalt in einen unendlichen Weltraum hinausgeweht wird, hinaus in den Kältetod des Universums. Die Welt aber ist heute ohne den Menschen durchaus vorstellbar. Mit dem Bild eines den Menschen bewahrenden Gottes verschwand die Vorstellung einer göttlichen Welt jenseits unserer Welt und damit jede Art irgendeiner den Menschen aufnehmenden Ewigkeit.

Die Antwort des christlichen Bewusstseins war ein langanhaltender Widerstand gegen die naturwissenschaftliche Sicht der Welt. Sie suchte den geordneten Rückzug auf die einsame und isolierte Beziehung zwischen Gott und der Seele, der Seele und Gott. Vielfach auch hält man sich bis heute an Traditionen fest, in denen man die ursprüngliche Ganzheit des Daseins bewahrt sieht. Aber weder der Weg nach innen allein noch der Rückgriff auf Traditionen allein werden diese Ganzheit retten. Notwendig wird sein, dass wir unser religiöses Nachdenken in dieser entgötterten Welt verankern. Joseph Beuys hat gesagt: »Das Mysterium findet auf dem Hauptbahnhof statt.« Glaube findet überall dort seinen Ort, wo unser Dasein in diese Welt verflochten ist.

Wir gehen also zunächst in diesem Kapitel einige Schritte auf unsere Welt zu. »Welt« ist der Kosmos. »Welt« ist unsere eigene Seele. »Welt« ist unser Werk, das wir tun. Welt ist aber auch, was unsere Erfahrung übersteigt, Welt ist auch die Grenzenlosigkeit, in die wir hinausgeraten, wenn wir achtsam genug mit dem umgehen, was uns an der Grenze unserer Welterfahrung begegnet. Beginnen wir also zunächst mit der schlichten und selbstverständlichen Weise, in der uns unsere Welt zugänglich ist: Mit der Wahrnehmung, die unser Verstand uns eröffnet.

Nun leben wir heute in einer Zeit des raschen Übergangs, der sowohl die Naturwissenschaften als auch die Geisteswissenschaften erfasst hat, und man kann, wenn man den christlichen Glauben in seiner Bedeutung für Menschen dieser Zeit schildern will, nicht mehr aussparen, was sich abspielt, was da vorbeiging und was neu kommt. Worin also besteht dieser Übergang? Es ist deutlich: In unseren Jahren ist eine Epoche zu Ende gegangen, die nun rund fünf Jahrhunderte gedauert hat. Wir bezeichnen sie als die »Neuzeit«. Sie begann mit Renaissance und Humanismus. Sie erreichte mit der Aufklärung und der Entwicklung der exakten Naturwissenschaft ihren Höhepunkt und feierte in der Gründerzeit der Industriegesellschaft im 19. Jahrhundert ihre technischen und wirtschaftlichen Triumphe. Sie kam vor hundert Jahren in ihre entscheidende Krise und wurde inzwischen durch etwas Anderes abgelöst, das wir die »Postmoderne« nennen. Im Lauf der ersten Hälfte des 20. Jahrhunderts vollzog sich ein Umbruch in den Naturwissenschaften, der so grundstürzend war, dass er einer ganzen Generation von Forschern den Boden unter den Füßen wegzog.

Ähnliche Umbrüche haben sich auch früher vollzogen, zum Beispiel als das Christentum aus einer kleinen verfolgten Minderheit zur beherrschenden kulturellen Macht in der spätrömischen Zeit wurde, oder als im 10. Jahrhundert in West- und Mitteleuropa die Auseinandersetzung zwischen Kaiser und Papst begann und sich die katholische Kultur des Mittelalters bildete oder als das Spätmittelalter in die Neuzeit überging. Den entscheidenden Begriff zur Kennzeichnung eines solchen Wandels hat ums Jahr 1970 der amerikanische Wissenschaftshistoriker Thomas S. Kuhn zum ersten Mal gebraucht: Er sprach von »Paradigmen« und von »Paradigmenwechseln«. Er verstand unter einem Paradigma ein einer ganzen Kultur gemeinsames typisches Modell, wie man in einer bestimmten Epoche lebt und denkt, wie man das gemeinsame Leben zu ordnen, wie man sich die Rätsel des Daseins zu deuten versucht, das sich von anderen Modellen des Denkens und Wertens deutlich unterscheidet. Es ist eine Gesamtkonstellation von Überzeugungen, von Fragestellungen und Lösungsmustern, die für eine bestimmte Zeit charakteristisch ist. So ist jede Wissenschaft eine Erscheinung einer bestimmten Epoche. Ihre Denkweise gilt nicht ewig, sie ist vielmehr immer nur der Versuch von Menschen, ihre Zeit zu begreifen, die Mittel ihrer Zeit auszuschöpfen, der Entwicklung einer bestimmten Phase einen Durchgang durch das eigene Bewusstsein zu öffnen. Der Israelit des Alten Testaments sah die Welt anders als der Grieche der klassischen Zeit, der mittelalterliche Mensch Mitteleuropas anders als der aufgeklärte Denker der Neuzeit. Und wir dürfen annehmen, dass auch in anderen Kontinenten und Kulturen immer wieder Paradigmenwechsel stattgefunden haben, von denen wir nichts bemerkt haben. Was aber in das jeweils und eben jetzt gültige Paradigma sich nicht einfügt, weil es ihm vielleicht vorausgreift, wird jeweils ausgeschieden, verlacht, verketzert oder totgeschwiegen, und zwar auf jedem Lebensgebiet. In das jeweilige Paradigma muss alles passen, was es an Lebensordnungen, Lebensformen, Moralvorstellungen, Kunstformen oder sozialen Abstufungen in einer Kultur geben mag. Kennzeichen für einen Paradigmenwechsel sind entweder eine sich lang hinziehende Agonie der alten Vorstellungen oder ein plötzlicher Zusammenbruch, oft auch eine Mumifizierung dessen, was sich der Neufassung der alten Selbstverständlichkeiten widersetzt.

Andererseits erfasst ein Paradigmenwechsel nie das Ganze der Überzeugungen, Maßstäbe und Denkweisen einer Epoche. Das meiste von dem, was die vorige Epoche zur Entwicklung des menschlichen Nachdenkens, Erfindens und Erfahrens beigetragen hat, bleibt bestehen auch im neuen Paradigma. Vielleicht ist schon der Ausdruck »Paradigmenwechsel« ein Zeichen von Überschätzung dieses Vorgangs. Auch in den Zeiten der Quantenphysik gilt die Newtonsche Physik für jeden weiter, der sich etwa mit Automobilbau oder mit der Architektur beschäftigt. Ich rede darum lieber von »Paradigmenerweiterung«. Denn die historische Abfolge von philosophischen oder naturwissenschaftlichen Entwicklungen geschieht immer als eine Art Einbettung des neuen in das alte Paradigma. So beschreibt Werner Heisenberg die geschichtliche Abfolge verschiedener wissenschaftlicher Epochen als eine »Folge abgeschlossener Theorien, deren jede die früheren umfasst und sie auf den Bereich angenäherter Geltung einschränkt.«

Gleichwohl ist das Neue aus dem alten Paradigma nicht erklärbar. Die Erkenntnisse der Quantenmechanik können mit Bildern oder Begriffen aus unseren normalen Vorstellungen von Raum und Zeit, von fester Materie, von Naturgesetz oder von Ursache und Wirkung nicht beschrieben werden.

Dabei ist ein neues Paradigma einem vergangenen gegenüber nicht notwendig »wahrer«, aber es entspricht der geistigen Landschaft besser, in der die Menschen einer bestimmten Zeit leben und wirken müssen. Es steht einer Epoche auch nicht frei, für was für ein Paradigma sie sich entscheiden will. Es wird ihr von der Geschichte, die war und die sich anbahnt, vorgezeichnet, und sie muss mit ihm leben. Fehler des alten Paradigmas können, das ist die große Chance jeder Übergangszeit, ausgeglichen werden. Neue Fehler, das ist unvermeidlich, werden sich einstellen. Die Wahrheit aber bleibt grundsätzlich in der gleichen Entfernung, dem

Zugriff der Menschen unerreichbar. Was mich dabei fasziniert, ist die Tatsache, dass eine solche Umwälzung durch alle Lebensgebiete geht und dass ich mich ihr stellen muss, unabhängig davon, wo ich in einer bestimmten Kultur meinen Ort und meine Funktion habe. Sie betrifft immer das Gesamtbewusstsein einer Zeit und selbstverständlich auch das religiöse. Im religiösen Zusammenhang aber wird ein solcher Wechsel von Grundvorstellungen von den betroffenen Menschen immer besonders tief durchlitten. Im religiösen Zusammenhang ist es zuweilen fast unmöglich, entschlossen hinüberzugehen in eine neue, fremde Epoche, und es bilden sich danach Kirchen, die an einer bestimmten Phase festhalten, in der sie sich besonders genau verwirklichen konnten. So bildete sich eine orthodoxe Kirche, die bis zum heutigen Tag das Paradigma der spätrömischen Zeit repräsentiert. Es bildete sich eine katholische Kirche, die heute noch weitgehend an ihrer Glanzzeit, dem Mittelalter, festhält. Und es bildete sich eine evangelische Kirche, die im Aufbruch zur Neuzeit entstand und die heute in Gefahr steht, was in der Neuzeit gegolten hat, für die Zukunft festzuhalten. Die heutigen Konfessionen sind wie ein museales Anschauungsmaterial der verschiedenen Umbrüche, die in der Geschichte des Christentums geschehen sind. Es ist kein Wunder, dass sich die christlichen Kirchen seit etwa hundert Jahren zunehmend deutlich in einer fundamentalen Orientierungskrise befinden. In dieser heutigen Übergangszeit ein paar Merkmale für das, was auf uns zukommt, zu nennen, ist eine der Absichten, die das vorliegende Buch verfolgt. Die neue Physik kann uns dabei als Beispiel und Muster für diese alles umfassende Paradigmenerweiterung dienen.

Wenn diese neue Naturwissenschaft von heute Ihnen fremd ist und Sie vermuten, Sie könnten sie doch nicht verstehen, dann lassen Sie die folgenden Abschnitte aus. Und setzen Sie mit dem Abschnitt 40 wieder ein.

37

Die Wirklichkeit erscheint uns heute anders, als sie der Neuzeit erschien

Wenn wir wissen wollen, wie ein Mensch sich selbst versteht und was ihm die Welt ist, dann können wir fragen, wie er denn als Mensch auf sie zugeht, wie er sich zu ihr praktisch verhält. Ich möchte also, so knapp es möglich ist, fragen, was sich denn im 20. Jahrhundert verändert habe an der Weise, wie unsere Wissenschaft auf die Dinge dieser Welt zugeht, um dabei zu klären, was uns der Paradigmenwechsel der letzten hundert Jahre gebracht habe. Zehn Punkte scheinen mir dafür charakteristisch.

1. Ein erster Punkt ist sehr grundsätzlich die Veränderung, die mit dem Gegenüber von Mensch und Natur vorgegangen ist. Die Neuzeit neigte dazu, den Menschen von dem, was er sah, abzutrennen und ihn der Natur einsam gegenüberzustellen. Einer der Väter der neuzeitlichen Naturwissenschaft, René Descartes (1596–1650), stieß bei der Suche nach etwas, das wirklich feststand und kein Traum war, auf sich selbst, den denkenden Menschen, von dem nicht geleugnet werden konnte, dass er denke. Er stand also einsam der Welt gegenüber. Er war anders. Er war das Maß aller Dinge. Die Natur stand ihm gegenüber, durchschaubar und berechenbar. Inzwischen schrieb Werner Heisenberg: »Die

alte Einteilung der Welt in einen objektiven Ablauf in Raum und Zeit auf der einen Seite und der Seele, in der sich dieser Ablauf spiegelt, auf der anderen ... eignet sich nicht mehr als Ausgangspunkt zum Verständnis der modernen Naturwissenschaft. Im Blickfeld dieser Wissenschaft steht vielmehr vor allem das Netz der Beziehungen zwischen Mensch und Natur, der Zusammenhänge, durch die wir als körperliche Lebewesen abhängige Teile der Natur sind und sie gleichzeitig als Menschen zum Gegenstand unseres Denkens und Handelns machen ... Der Zugriff der Methode verändert ihren Gegenstand ... Das naturwissenschaftliche Weltbild hört damit auf, ein eigentlich naturwissenschaftliches zu sein.«

2. Damit hängt ein Zweites zusammen. Die Neuzeit hielt es für selbstverständlich, dass der Mensch die Herrschaft über die Natur zu ergreifen berechtigt sei. Francis Bacon (1561–1626), der englische Philosoph und Staatsmann, stellte das Verhältnis des Menschen zu seiner Welt als das eines Herrschers zu seinen Leibeigenen dar. Er meinte: »Wir müssen die Natur foltern, bis sie uns ihre letzten Geheimnisse herausgibt.« Die Folge solchen Denkens steht uns heute vor Augen als die Ausbeutung, Vergiftung und Verwüstung der Erde, die auf eine globale Katastrophe zutreibt. Aber dieses Bild von der Herrschaft des Menschen über die Natur ist von gestern. Heute sieht die Naturwissenschaft den Menschen als einen lebendigen Bestandteil einer Natur an, in der eins mit dem anderen verwoben ist, als ein Organ in ihr, dem auch sein Bewusstsein und sein Wissen nicht die Rolle des Herrschers gestatten. Der Mensch wird mehr und mehr als ein Mitspieler der Natur angesehen, der ins Spielgeschehen integriert ist.

3. Ein Drittes ist ein schwindendes Vertrauen in die Verlässlichkeit unseres menschlichen Verstandes. Man nahm in den letzten Jahrhunderten wie selbstverständlich an, unser Verstand urteile objektiv und zutreffend über das, was er beobachtet. Inzwischen sehen wir, dass wir, was unser Verstand denkt, ständig in die Wirklichkeit hinausverlegen und, was wir dann wahrnehmen, Natur nennen, Welt oder Wirklichkeit. Wir sind in Wahrheit ständig in dem gegenwärtig, von dem wir meinen, es bestehe außer uns und sei »Wirklichkeit«. Wir bedienen uns eines Verstandes, der sich in die Welt hinausverlegt und der sich zugleich in die undurchdringliche Rätselhaftigkeit unseres eigenen inneren Menschen klärend hineinzuverlegen sucht. Der Mensch hat aber bei alledem nie eine objektive Wirklichkeit vor sich, sondern immer nur sich selbst. Im Grunde leben wir in einem Ozean, der aus uns selbst besteht. Wir schwimmen in ihm. Wir leben in ihm. Der Ozean umgibt uns, und wir sind selbst der Ozean, der uns umgibt.

4. Ein Viertes ist unser neues Nachdenken über den Zusammenhang von Geist und Materie. Die Neuzeit war überzeugt, Geist und Materie seien klar unterschiedene Dinge. Die Materie habe keinen Anteil am Geist, und der Geist sei ganz und gar von Materie unabhängig. Heute neigen wir eher zu der Vorstellung, es gebe keinen Geist, kein Bewusstsein ohne materiellen Zusammenhang, es gebe keine geistlose Materie und keinen leiblosen Geist. Auch wenn sie nicht dasselbe seien, so seien sie doch nicht zu trennen. Sie sind zwei untrennbar ineinander verwobene Aspekte der Wirklichkeit.

So schreibt Friedrich Cramer, früherer Direktor im Max-Planck-Institut für Experimentelle Medizin in Göttingen: »Die Welt des Natürlichen ist im Grunde geistig, und der Geist ist nicht nur im Körper, sondern auch in den Kommunikationspfaden außerhalb des Körpers.« Und: »In den biologischen Wissenschaften reicht der starre, kartesianische Materiebegriff nicht mehr aus. Materie hat ganz neue Eigenschaften: sie wird adaptionsfähig, sensibel, ja intelligent.«

Nach Ilja Prigogine, Nobelpreisträger für Chemie, gibt es einen ständigen intelligenten Austausch zwischen den Molekülen. Wie bei uns Menschen selbst keine Grenze mehr gezogen werden kann zwischen Leib und Seele, so beim Kosmos insgesamt keine Grenze zwischen Geist und Materie.

5. Ein Fünftes, das auffällt, ist die Wendung des Interesses, das sich früher den Strukturen zugewandt hat, zu den Prozessen. Man hat in der ganzen Neuzeit beharrlich nach den Strukturen gesucht, in denen die Welt sich bewegt, nach den Ordnungen, nach den Gesetzen, und das heißt: Man hat nach dem gesucht, was in dem allgemeinen Fließen und Sichbewegen feststeht und standhält. Aber es wird immer deutlicher, dass Strukturen und Gesetze nicht in der Natur sind, sondern in unserem Nachdenken sich herausbilden; sie sind Deutungen, die der Wirklichkeit nur sehr angenähert gerecht werden. Die Wirklichkeit ist ein einziges Fließen und Zurückfließen, ein Strömen, in dem alles Feste nur für Augenblicke besteht. Feste Strukturen erfindet unser Verstand. Was in der Natur selbst sich abspielt, ist eine unübersehbare Vernetzung von unübersehbar vielen Prozessen. Im Grunde gibt es nur den lebendigen Prozess.

6. Dazu kommt als Sechstes, dass das Gesetz der Kausalität, wie es in der Neuzeit gegolten hat, nicht mehr so zwingend und so universell gilt wie früher. Alles hat eine Ursache, sagte man. Heute erkennt man, dass alles, was geschieht, in einem unübersehbar in sich verstrick-

ten Netz von Ursachen steht und dass jede Folge einer Ursache immer auch zurückwirkt auf die Ursachen. Werner Heisenberg schreibt: »Die Quantenphysik hat die definitive Widerlegung des Causalitätsprinzips erbracht.« Das Naturgeschehen, so sagt man, ist einerseits ein sprunghaftes, andererseits ein ursachloses Geschehen, freilich nur für seine Voraussagbarkeit. Zur bisherigen Überzeugung von der zwingenden Kraft des Kausalen, also dem sogenannten Determinismus, sagt der britische Mathematiker Lighthill 1986: »Ich muss mich im Namen der weltumspannenden Bruderschaft der Naturwissenschaftler kollektiv dafür entschuldigen, dass wir den gebildeten Laien durch Verbreitung all dieser Ideen vom Determinismus der Systeme in die Irre geführt haben.«

7. Und so ist es nur selbstverständlich, das ist das Siebte, dass man heute von der Wirklichkeit nicht denkt wie von einem Bauwerk, sondern das Bild eines Netzwerks vorzieht. Eines der grundlegenden Merkmale neuzeitlicher Sicht der Natur war die Auffassung, die sichtbare Natur gliedere sich in das Reich des Anorganischen und in das Reich der Pflanzen, der Tiere und des Menschen als Krone einer Pyramide mit der menschlichen Kultur als Spitze. Darin spiegelte sich der Aufbau der Gesellschaftsordnungen der Menschen in Bauern, Bürger, Fürsten und Könige und etwa der Kirche in Gläubige, Priester, Bischöfe und Päpste. Heute sehen wir, dass es in der Natur Über- und Unterordnungen nicht gibt, sondern nur ein Netzwerk, in dem jedes mit jedem verbunden ist und jedes von anderen abhängig. Wir sehen heute, und die heutige Biologie beschreibt es, dass die Menschen nicht auf der Spitze einer Pyramide stehen, als Könige über die abhängigen Reiche der Natur, sie beherrschend und nutzend, sondern in alles andere in-

tegriert als lebendige Zellen des großen Organismus Erde.

Die Zeit, in der man von Grundbausteinen der Materie sprechen konnte, ist ebenso vorbei wie die, in der es fundamentale Prinzipien gab. Die Wirklichkeit ist ein Gewebe, in dem alles mit allem verbunden ist. Es gibt kein Oben und kein Unten. Nichts ist fundamentaler als irgendetwas anderes. Man greift heute gerne auf die Vorsokratiker zurück, auch auf Hippokrates, der gesagt hat: »Es gibt ein gemeinsames Brennen, ein gemeinsames Atmen. Alles steht miteinander im Einklang.«

Der Philosoph Ervin Laszlo sagt: »Unser Getrenntsein ist eine Täuschung. Wir sind miteinander verbundene Teile eines Ganzen. Wir sind ein Meer voller Bewegung und Erinnerung. Unsere Wirklichkeit ist größer als du und ich, und alle die Schiffe, die auf dem Wasser – mit dem wir eins sind – fahren, und all die Wasser, auf denen sie fahren, sind eins.«

Netzwerk bedeutet dabei Zweierlei: Das Netzwerk, das die Natur selbst ist, und das Netzwerk zwischen uns und der Natur. Die Naturwissenschaft aber ist ein Teil dieses Netzwerks, und so hört das naturwissenschaftliche Weltbild auf, ein eigentlich naturwissenschaftliches zu sein. Der menschliche Geist ist ebenso ein Teil des Netzwerks, und der Naturwissenschaftler steht immer auch vor der Herausforderung, über das experimentelle Spiel mit den Bauklötzchen der Natur hinaus philosophisch über das, was er tut und wahrnimmt, im Sinne einer Geisteswissenschaft Rechenschaft zu geben.

8. Ein achter Punkt könnte der folgende sein: Man hielt bisher das Verfahren für aussichtsreich, einen komplexen Gegenstand in seine Teile aufzugliedern und die Teile zu untersuchen, die man danach zum Ganzen zusammenzusetzen hoffte. Nein, sagen viele heute, der

Ausgangspunkt muss das Ganze sein. Nicht die Teile setzen sich zum Ganzen zusammen, sondern das Ganze durchwirkt die Teile. So sagt die Biologin Elisabeth Sahtouris: »Es ist unmöglich, ein Partikel als eigenes Objekt zu untersuchen. Es ist so unmöglich, wie für die Untersuchung eines Seesturms aus der Luft den Wind und aus dem Ozean die Wellen entnehmen zu wollen. Untersuchte man es, hätte man nichts in der Hand, obwohl man doch weiß, dass der Sturm aus Wind und Wellen besteht.«

Man nennt die Vorordnung des Einzelnen vor das Ganze den »Reduktionismus der Neuzeit«. Nach der heutigen Naturwissenschaft ist dieser Reduktionismus überholt. Es gibt keine isolierten Teile. Was wir als Teile bezeichnen, das ist nur ein Muster innerhalb eines untrennbaren Gewebes von Zusammenhängen. Heisenberg sagt: »In Systemen ist das Ganze mehr als die Summe der Teile.« In dem Buch von Carl Friedrich von Weizsäcker »Zeit und Wissen« lesen wir: »Nimmt man die Quantentheorie ernst, so gibt es in ihr überhaupt keine getrennten Objekte, sondern nur ein Ganzes. Die Frage ist nicht: Wie kommen wir an das Ganze, sondern: Wie ist überhaupt eine Physik denkbar, die sich den Teilen als Objekten zuwendet?« Oder Hans Peter Dürr: »Die Frage ist, ob das Ganze sich überhaupt als Summe von Teilen verstehen lässt, das heißt, ob eine analytische, zerlegende Betrachtungsweise, wie sie von der Naturwissenschaft praktiziert wird, überhaupt ein geeignetes Mittel des Weltverständnisses sei.« Wer also das Bein einer Spinne verstehen will, muss zuerst das Ganze der Wirklichkeit, in der Spinnenbeine vorkommen, begriffen und durchschaut haben. So sagt Carl Friedrich von Weizsäcker, da wir das Ganze nicht verstünden, wüssten wir im Grunde nicht mehr, wie wir uns dem Einzelnen in der Natur nähern sollten. Weil das Ganze also zu groß sei für einen menschlichen Verstand, führe am Ende kein Weg zum wirklichen Verstehen eines einzelnen Details im Ganzen des Kosmos.

9. Das Neunte: Es wird heute schwieriger, zu einem wirklichen Verständnis der Wirklichkeit zu gelangen oder Wege zu finden, auf denen ein solches Verständnis erhofft werden könnte angesichts der immer deutlicher heraustretenden unendlichen Komplexität der Dinge. Für die Neuzeit war die Wirklichkeit so einfach gebaut, dass man der guten Hoffnung sein konnte, man werde sie am Ende gänzlich durchgeklärt haben. Aber diese Hoffnung schwindet.

Friedrich Cramer sagt: »Wäre das menschliche Gehirn so simpel, dass wir es verstehen könnten, dann wäre es so simpel, dass wir es nicht könnten.« Und Ervin Laszlo: »Das Universum ist komplexer als das menschliche Gehirn und komplexer als jeder Computer, der aus Teilen des Universums zusammengesetzt ist.« Das weniger Komplexe aber kann das Komplexere nicht verstehen.

Die Grenze menschlichen Verstehens ist also dadurch festgelegt, dass die relativ einfache, aber dennoch überaus komplexe Struktur unseres Gehirns der größeren Komplexität der Wirklichkeit gegenüber keine Mittel hat. Die Wissenschaft kann also nicht darum ihr Ziel, das Universum zu verstehen, verfehlen, weil sie in ihrer Entwicklung noch nicht weit genug fortgeschritten ist, sondern darum, weil die Wirklichkeit sich dem menschlichen Zugriff nicht einfacher darstellen kann – was dazu nötig wäre –, als sie ist.

10. Und das Zehnte: Wahrheit ist nicht mehr das, was sich die Naturwissenschaft erhoffen kann. Es war einmal ein Merkmal der Neuzeit gewesen, dass das Vertrauen bestand und berechtigt schien, der Mensch er-

kenne die Welt zutreffend und objektiv, es gebe einen aussichtsreichen Weg zur Wahrheit. Heute würde man sagen: Alle Ergebnisse der Naturwissenschaft sind Vermutungen. Es gibt für den Menschen keine Wahrheit, sondern nur immer Annäherungen an die Wahrheit. Wissenschaftliche Theorien können niemals eine vollständige und definitive Beschreibung der Wirklichkeit liefern. Wissenschaftler befassen sich nicht mit der Wahrheit, sondern mit begrenzten und annähernden Beschreibungen der Wirklichkeit. Es gibt keine objektiven Feststellungen, sondern nur subjektiv-perspektivische Wahrnehmungen der Welt.

Wenn ich mir klarmache, was Wahrheit heute sein kann, dann stelle ich mir ein Flugzeug vor, das im Tiefflug über das Land zieht. Für den Piloten verändert sich die Landschaft ständig. Nur eines bleibt: der Horizont. Der sagt ihm zwar nicht, wo er sich befindet – das muss er an der Landschaft absehen –, er sagt ihm aber, in welcher Lage er sich über dem Land befindet, ob schräg oder waagerecht. Der Horizont bleibt. Er rückt nicht näher, so viel Landschaft unten auch vorbeizieht. Der Pilot wird nie hinter den Horizont sehen. Vielmehr weicht der Horizont ständig zurück. Wahrheit ist nicht etwas, was ich beurteilen kann, hinter das ich kommen kann, sondern eine Hilfe zur Orientierung. Das könnte ich ohne Horizont nicht. Deshalb hat jedes Flugzeug für den Fall, dass der Pilot den Horizont nicht sieht, »einen künstlichen Horizont«. Die Wahrheit aber ist immer nur der Horizont, in dem ich jetzt gerade stehe. Der Horizont weicht mit jedem Augenblick über eine neue Landschaft zurück und bleibt doch der Horizont. Es gibt keinen »Besitz« der Wahrheit.

Wenn das alles aber so ist, dann macht den Naturwissenschaftler nicht seine speziell naturwissenschaftliche Befähigung aus, ich muss ihn dann möglicherweise auch als Künstler verstehen oder als Philosophen. Wenn die Sprache des beweisbaren Wissens nicht mehr formulieren kann, was für die Wissenschaft wirklich bedeutsam ist, dann muss eine Sprache für das Bedeutsame gefunden werden, auch in der Naturwissenschaft, wobei deutlich sein muss, dass die Sprache für das Bedeutsame den inneren Ring der Naturwissenschaft notwendig verlassen wird. Der Weg von der Feststellung zur Deutung ist ein philosophischer Weg. Er wird niemals exakt, sondern immer suchend gegangen. Und er ist in der Naturwissenschaft inzwischen als notwendig erkannt. Reden wir aber fachübergreifend, so ist die Sprache der Deutungen die einzige, die die entstehenden Probleme zu greifen vermag.

Für uns, die Laien der Naturwissenschaft, für die Christen, vor allem auch die Theologen, scheint mir ratsam, die Umbrüche, die in unserer Zeit geschehen, nicht nur in der Physik, sondern parallel dazu in allen, auch den geistigen, Wissenschaften sehr ernst zu nehmen und uns immer und immer wieder zu fragen, was denn in unseren eigenen Gedanken noch das Normalbewusstsein und die Selbstverständlichkeiten einer vergangenen Epoche spiegelt.

Und vielleicht wird uns dabei auch deutlich, was mit unserer Theologie zu geschehen hat, wenn wir die Umbrüche in der heutigen Naturwissenschaft zum Vergleich heranziehen. Dort ergibt sich nämlich eine ähnliche Indirektheit. So scheint sich die heutige Physik aus einer die Natur beschreibenden in eine semantische Wissenschaft zu wandeln. Eine Wissenschaft also, die in Bildern, Metaphern, Gleichnissen oder, was dasselbe ist, mathematischen Formeln, also mit Hilfe von Deutungsmustern, anzeigt, was an Hinweisen dem beigelegt werden kann, was unsere Sinne trifft oder unser Denken bewegt. Der Verzicht auf eine bloße Außenwelt, die der

Mensch vor sich hat, die Einbeziehung der Erfahrungsweise des Menschen und der Einsatz einer mythologi-
schen Sprachphilosophie zur Verbindung von Außen-
und Innenwelt wird wohl die letzte Phase jenes Paradig-
menwechsels ausmachen, der mit der Naturwissenschaft in unseren Tagen seinem Abschluss zugeht. Sie
hat, nach den Bekundungen der wichtigsten Vertreter
dieser Wissenschaft, nicht mehr die Wirklichkeit vor
sich, sondern nur noch ihre eigenen Aussagen über die
Wirklichkeit. Was sie heute etwa über die Welt der Su-
perstrings aussagt, ist reine Mythologie. Wobei das Wort
»Mythologie« noch lange nicht meint, was sie sagt, sei
nicht zutreffend. Die Paradigmenerweiterung dieses
vergangenen Jahrhunderts zielt eindeutig von einer als
real erkennbaren zu einer gedeuteten Welt. So auch in
der Theologie.

38

Wir haben für das, was wir heute erkennen, noch keine Sprache

Und so gibt es Grenzgedanken des heutigen Nachdenkens über die Welt, die sich anhören wie dichterische
Aphorismen und denen gerade die Protagonisten der
heutigen Naturwissenschaft und Naturphilosophie zu-
neigen. So können wir hören oder in physikalischen
Standardwerken nachlesen: Geist und Materie sind eine
und dieselbe unbekannte Realität. Oder: Wir sind eingesponnen in ein Informationsfeld aus Bewusstsein und
Natur. Oder: Niemand weiß, ob die Welt außerhalb unseres Bewusstseins real existiert. Oder: Vielleicht ist die

Wirklichkeit nichts als ein ungeheurer Gedanke. Oder: Es muss in allem, was wir für bewusstseinsfern halten, ein kosmisches Bewusstsein geben, das in allen Dingen wirkt. Oder: Könnte es nicht sein, dass in allen Dingen auch Freiheit wäre? Oder: Das Universum ist eine in einem Code abgefasste Nachricht, und die Menschen haben die Aufgabe, diesen Code zu entschlüsseln. Oder: Wir werden immer nur unsere Deutung in der Hand haben und nie die Wirklichkeit. Wirklichkeit gibt es für uns immer nur in Annäherungen.

Und noch poetischer: Nichts ruht. Alles ist Bewegung. Aber es gibt keine Objekte, die sich bewegen würden. Alles ist Tanz. Aber es gibt keine Tänzer. Und wenn wir hören: »Alles ist Klang« – dann bewegt sich gerade die Crème der heutigen Naturwissenschaft in einer Sprache, die uns aus der mystischen Tradition vertraut ist. Und in der Tat: Zitate von Hildegard von Bingen, Meister Eckart oder den anderen Mystikern ziehen sich überall durch die heutige physikalische Literatur. Warum nur will es gerade den Kirchen so schwer gelingen, sich aus den Denkmustern des Mittelalters, der Aufklärung oder des 19. Jahrhunderts freizumachen?

Carl Friedrich von Weizsäcker schreibt in »Der Garten des Menschlichen«: »Die Wirklichkeit schreitet unablässig über die Positionen des Denkens hinaus. Das Denken selbst, solange es lebt – denn es ist ja selbst das größte Werkzeug des Lebens –, wird dessen inne, dass ihm die Wirklichkeit entglitten ist. Es verlässt die vorige statische Position, um eine neue einzunehmen, der doch dasselbe Schicksal gewiss ist. Gerade insofern das Denken statisch ist, muss es ziellos sein.« Gerade, wenn wir nichts verstehen, ist unser suchendes Nachdenken aufgerufen. In der Physik wie in der Theologie. Denn die Erkenntnisprobleme der Physik werden denen der Theologie immer ähnlicher.

Wir Menschen sind offenbar von der Natur – oder von Gott – so organisiert, dass die Welt sich uns so darstellt, wie wir sie brauchen, um zu überleben. Jedes Tier hat das Bild von der Welt, das es braucht. Nicht mehr. Wir Menschen sind zusätzlich mit einem Verstand ausgestattet, dem Neocortex, der unsere Welt so ordnet und darstellt, dass sie uns verlässlich erscheint. Dieser Verstand befähigt uns, »Dinge« festzustellen, Dinge in Gebrauch zu nehmen. Zuzugreifen. Zu verwenden. Unsere Welt wird für uns also zu einer Umwelt, die wir benützen, ausbeuten und beherrschen können. Sie muss für uns konkret, greifbar und begreifbar sein. Aber warum soll sich die Wirklichkeit der Welt nach den Bedürfnissen von uns Menschen richten?

Wir sehen heute, ohne es wirklich zu verstehen, dass die Welt eher ein ungeheures Energiegestöber ist aus verschwindenden und wieder aufleuchtenden kleinsten Wirbelwinden. Diese Tatsache zu verarbeiten wird die naturphilosophische Aufgabe der kommenden Jahrzehnte sein. Vielleicht ergibt sich am Ende eine neue Gesamttheorie des menschlichen Erkennens, die wir noch nicht haben. Und vielleicht haben wir eines Tages auch die Sprache, in der wir ausdrücken können, was wir als die Wirklichkeit des Ganzen unserer Welt verstanden haben.

Aber nicht nur die festen Kanten und Strukturen der Materie lösen sich auf. Was sind denn Zeit und Raum? Kleinste Wirbelwinde im Raum zu orten oder in der Zeit anzuordnen, scheint sinnlos zu sein. Vielleicht sind auch Zeit und Raum wieder nur Merkmale der Gebrauchswelt, die sich uns darstellt. Hat nicht schon Kant vermutet, Zeit und Raum seien »Anschauungsformen des menschlichen Verstandes«? Wäre es dann nicht, wenn wir das Ganze des Universums ins Auge fassen, sinnlos, von Zeit und Raum überhaupt zu reden?

Und was die Materie betrifft, wissen wir noch, was das ist? Man kann heute hören, die Wirklichkeit der Materie sei mit »geistig« zutreffender beschrieben als mit »materiell«. Was physikalisch zu beobachten sei, bleibe verschleiert. Hans Peter Dürr, früherer Direktor des Max Planck Instituts für Physik und Astrophysik in München, ist überzeugt, es gebe im Grunde keine Materie, sondern nur »Geist«. Aber wissen wir, was Geist ist? Die Erforschung des menschlichen Gehirns konnte es bislang nicht ergründen. Und wissen wir noch, was das ist, das wir mit »Wirklichkeit« bezeichnen? Wohl kaum. Es scheint sich alles in einen durch den Schornstein abziehenden Rauch aufzulösen.

Aber noch einmal: Was ist denn das, was wir mit »Geist« bezeichnen? Die Wissenschaft vom Lebendigen spricht von »Selbstorganisation«, vom ständigen Entstehen von lebendigen Einheiten aus einem ständig gegenwärtigen Chaos, und sie zu verstehen sei uns bislang nicht gegeben. Was ich immer so empfunden habe, dass nämlich irgendetwas sehr Wahres und Konkretes an der Theorie sein müsse, dass die Erde, wie die Gaia-Hypothese annimmt, ein einziges lebendiges System oder besser lebendiges Wesen ist, das scheint mir, auch wo ich in ihre Details nicht eingedrungen bin, in hohem Grade einleuchtend. Auch das Weitere findet meine emotionale Zustimmung, auch wenn ich es nicht verstehe: dass zum Beispiel Rupert Sheldrake annimmt, es müsse in der lebendigen Natur immaterielle Faktoren geben in Form von Ideen, Vorstellungen, Informationen oder Bauplänen, die in irgendeiner Weise dem großen Unbekannten zugehören, das wir »Geist« nennen.

Man spricht heute in tastenden Versuchen von »Feldern«. Man redet analog etwa zum elektromagnetischen

Feld von »Lebensfeldern«, von morphogenetischen oder gar von »Metafeldern« und nimmt an, man könne sich ihnen überhaupt nur auf spirituellen Wegen nähern. Das neue Jahrhundert wird hier seine besten Köpfe und seine lebendigsten Herzen ans Werk setzen müssen. Vielleicht wird eines Tages deutlich, dass das, was wir bisher für ein Privileg des Menschen gehalten haben, seine Freiheit, sein Bewusstsein, seine schöpferische Kraft, nicht nur ihm, sondern allem Lebendigen innewohnt und vielleicht gar auch allem, was wir die unlebendige Natur nennen. Und »Geist« gehorcht keinem Zeitbegriff, ist an keinen Raum gebunden; ihm ist so etwas wie Kausalität, Abhängigkeit also von etwas, was vor dem gegenwärtigen Augenblick seines Wirkens war, fremd. Deutlich auch scheint, dass dieser Geist am ehesten fassbar wird in Zusammenhängen, Wechselwirkungen, Bewegungen, in schöpferischer und gestaltender Lebendigkeit. Wir werden finden müssen, was es ist, was zwischen zwei »Teilchen« spielt, die weit voneinander entfernt doch wissen, was dem jeweils anderen widerfährt, und zwar nicht dadurch, dass etwas wie eine Nachricht vom einen zum anderen, und sei es mit Lichtgeschwindigkeit, zu ihm herüberkäme. Es weiß es gleichzeitig. Was wir finden müssen, ist, was eigentlich das »Quantenvakuum« füllt. Denn das Vakuum scheint voll zu sein von einer ungeheuren virtuellen Energie. Was sie aber ist, wissen wir nicht.

Man denkt schon lange auch darüber nach, wer denn den sogenannten »kosmischen Grundkonstanten« eigentlich ihre atemberaubende Genauigkeit gegeben oder sie festgelegt hat. Glückliche Zufälle dieser Größenordnung sind kaum vorstellbar. Ist der Geist, aus dem die Dinge hervorzugehen oder gar zu bestehen scheinen, vielleicht doch mit der Kraft, Klarheit und mathematischen Sachkenntnis eines planenden Willens ausgestattet?

Und was uns Menschen selbst betrifft: Wir können heute nicht mehr ausschließen, dass unser sinnliches Wahrnehmen und unser verstandliches Ordnen ihren Hintergrund, ihren Ursprung und ihre wirkende Kraft in einer trans-zerebralen Sphäre haben. In einem universellen Bewusstsein, das den »Welt-Geist« zu nennen vielleicht möglich ist, aus dem unser Bewusstsein seine Gedanken, seine Ahnungen, seine Einfälle bezieht. Weder Nahtoderfahrung noch Telepathie noch Wissen über Ereignisse, die in der Zukunft liegen, noch Rückerinnerungen an frühere Leben sind mit den bisherigen Mitteln zu erklären. Dass ein Mensch in der Regressionstherapie anfängt, in einer fremden oder in früherer Zeit gesprochenen Sprache zu sprechen, ist bislang nicht zu erklären. Es ist aber als Tatsache dokumentiert. Es scheint vielleicht doch Erfahrungen zu geben, die aus Nachrichten herkommen, die uns auf unbekannten Wegen übermittelt werden, die von irgendwoher kommen oder diffus »in der Luft liegen«. Vielleicht kämen wir dem allen näher, wenn wir das ergründen könnten, was Ervin Laszlo als das »fünfte Feld« neben den vier bekannten Grundkräften der Natur vermutet.

Was aber ist nach allem der Mensch? Will es nicht scheinen, er gewinne dabei eine neue Unableitbarkeit? Erscheint er nicht wie eine lebendige Zelle in einer Welt, in der alles im Zusammenhang mit allem steht? Er kommt von allem her, was bisher war. Er wirkt hinaus auf alles, was sein wird. Er hat seine Freiheit, wie auch in der ganzen Natur etwas sein muss, das Freiheit heißen kann. Sein Tod führt ihn nicht hinaus aus dem Zusammenhang und der Lebendigkeit dieser sichtbarunsichtbaren Welt. Er hat seinen lebendigen Geist, er hat ihn aus dem Geist, der in allem wirkt und von jeher gewirkt hat und der das eigentlich Dauernde ist mit seiner unerschöpflichen schöpferischen Kraft. Er ist Geist, der sich selbst kennt. Er ist Bewusstsein, das seiner selbst bewusst ist. Geist, der sich selbst gegenüber tritt. Mitschöpfer seiner Welt.

39

Wir tragen eine neuartige Verantwortung

Indem der Mensch freilich sich selbst als Bewusstsein seines Bewusstseins gegenübertritt, stellt er zugleich auch sich seinem Tun gegenüber und beginnt zu verantworten, was er tut. Er beginnt zu beurteilen, ob, was durch ihn geschieht, der Wirklichkeit der Welt wie auch seiner selbst entspricht, ihr gerecht wird. Er wird nicht mehr meinen, er bediene die Welt, wie eine Maschine von einem Maschinisten bedient wird. Er wird erkennen, dass er, will er an einer solchen Meinung festhalten, die Welt nur zerstören kann und damit auch sich selbst. Wenn er in diesem Sinn in der Rolle des Machers, des Ausbeuters und Zerstörers fortfährt, wenn er, heißt das, in diesem Sinne dumm bleibt, wird er aus der Evolution der Lebewesen dieser Erde hinausgeworfen werden. Wenn uns Menschen dieser Paradigmenwechsel nicht gelingen sollte, werden wir die Erde verlassen müssen. Wir passen dann nicht mehr in sie hinein.

Unsere Weltsicht, vorab die christliche, war im Grunde eine dualistische. Eine, die Gegensätze nicht zu verbinden, Widersprüche nicht als Zeichen der Ganzheit zu verstehen vermochte. Sie ist überholt, und auch der christliche Glaube ist gefragt, ob er noch vom Ganzen weiß und ob ihm Gott wirklich für das Ganze steht. Es geht aber auch nicht mehr um das, was man im Gegensatz zum christlichen Dualismus noch vor hundertzwanzig Jahren »Monismus« nannte, jenes Vereinfachen, das die restlose Erklärbarkeit alles dessen, was man wahrnahm, meinte. Was uns heute näher kommt, ist, was Physiker und Biologen »Holismus« nennen, nämlich die Offenheit eines Denkens, das alles mit allem, auch das Verstehbare und das Nichtverstehbare, zu verbinden sucht.

Die Frage bleibt: Wieviel darf ein Mensch, der diese Natur verstehen will, von ihren Gesetzen und ihren inneren Vorgängen festlegen wollen? Es scheint sich herauszustellen, dass ein Problem unlösbar wird, wenn zu viele Parameter gleichzeitig quantitativ festgelegt worden sind. Die Gefahr aller bisherigen Wissenschaft war, dass sie so viele Parameter als möglich, im Ziel alle, festzulegen suchte, um zum Bild einer umfassend verstandenen Natur zu kommen. Was die Quanten- und die Relativitätstheorie geleistet hat, war, dass sie unlösbare Probleme lösbar gemacht hat dadurch, dass sie bestimmte Festlegungen vermied, dass sie also, was sie fand, nicht widerspruchsfrei zu beschreiben versuchte. Indem sie selbst »ungenau« wurde, kam sie zu genauen, nachweisbar richtigen Aussagen an Stellen, an denen anders keine Lösung möglich schien. Sie sprach von Komplementarität und meinte das Zugleich von Widersprüchen, die für unseren Verstand unvereinbar scheinen und doch die Wirklichkeit gemeinsam zutreffend beschreiben. Oder sie sprach von »Unbestimmtheit«, und seltsamerweise geriet sie damit nicht in die Beliebigkeit, sondern begann die Wirklichkeit zutreffender zu sehen.

Ich möchte vermuten, dass Ähnliches auch für das Feld religiösen Nachdenkens gilt. Wer zu viel zu wissen meint, verbaut sich selbst den Blick auf die Wahrheit. Wenn ich meiner eigenen religiösen Erfahrung oder den Erfahrungen anderer allzu viel hinzufüge, wenn ich also festlege, was ich so genau nicht weiß, entferne ich mich von der Wahrheit. Viel, was im Laufe der christlichen Geschichte dogmatisch festgelegt wurde, wirkt sich in der Tat heute so aus, dass der christliche Glaube dadurch seine Glaubwürdigkeit verliert. Er bedarf einer neuen Interpretation, aber die Interpretation schafft keine Klarheit. Vielleicht müssen wir das, was wir christlichen Glauben nennen, aus seinen schmalen Ursprüngen heraus mit Hilfe unserer eigenen Erfahrungen mit den sparsamen Mitteln einer sachgemäßen Sprache neu und behutsam aufbauen und es der Gemeinschaft heutiger, nachdenklicher Christen überlassen, zu sagen, was sie denn nun wirklich angeht, was ihnen zur Gewissheit nötig, was ihnen zum Zusammenhalt ihrer Gemeinschaft unentbehrlich scheinen will.

Tatsache scheint zu sein, dass die Wirklichkeit anders ist als wir sie wahrnehmen. Wie – das wissen wir nicht. Wie aber können wir von etwas reden, dass wir weder wissen noch verstehen? Wenn ich den Physiker Hans Peter Dürr von seinen Gesprächen mit Werner Heisenberg erzählen höre, dann komme ich zu dem Eindruck, das Verstehen der natürlichen Zusammenhänge beginne nicht bei dem, was mir über meinen Verstand von außen her berichtet wird, es beginne vielmehr irgendwo in mir selbst. Es beginne bei einer Ahnung, von der ich nicht weiß, woher sie auftaucht und was sie bringt. Diese Ahnung bringt mich danach auf eine Idee, einen Einfall, einen ersten Gedanken. Damit hört die Ahnung auf. Dann aber gehe ich aus mir selbst heraus. Ich erzähle einem anderen, was mir eingefallen ist. Ich versuche, mit den anderen zusammen, die vor demselben Problem stehen, eine Sprache zu finden, mit der es möglich ist, ein vorläufiges Resultat zu formulieren. Danach setzen wir gemeinsam unsere Kenntnis und die kontrollierende Kraft unseres Verstandes ein. Wie aber kommen wir zu einer Ahnung? Heisenberg sagt: auf dem Weg der Versenkung, der Meditation. Das heißt: am Anfang des Verstehens ist der Mensch nicht der Beobachter oder der Rechner, sondern ein mit allem tief verbundenes Organ seiner Welt.

Noch einmal: Wir erleben etwas. Wir ahnen, was das Erlebnis uns sagen will. Wir können aber nicht sagen, was wir erlebt haben. Wir fassen einen Gedanken, der klarer ist als die Ahnung war. Damit verschwindet die Ahnung, und wir kommen auf eine Idee. Unser Verstand greift nach der Idee. Dabei fällt uns ein, wie etwas sein muss. Es fällt uns ein, wie wir uns zu verhalten haben. Wir behalten dabei im Bewusstsein, dass wir, was wir denken, nicht im Griff haben, sondern dass wir in ihm sind und Erkenntnis ein Ankommen ist in einer wunderbar lebendigen Welt, in der ständig Neues entsteht und geschieht. Unsere Welt kann dabei schöner werden als sie zuvor war, als wir noch meinten, die Dinge stünden uns zur Verfügung. Die Welt kann heiliger werden.

Die Physik ist nicht fromm geworden. Sie redet nicht religiös. Sie spricht nicht von Gott. Aber sie verfährt mit dem, was sie zeigen will, ähnlich wie der, der eine Glaubenswahrheit zum Ausdruck bringen will. Sie redet wie alle Religion in Gleichnissen und sie verzichtet wie jede Religion, die weiß, wovon sie spricht, darauf, zu behaupten, was sie in Begriffe und Sätze fasst, sei die einzige und die eindeutige Wahrheit. »Ich habe zu euch durch Gleichnisse geredet«, sagt Jesus am Ende seiner Wirksamkeit. Ohne Gleichnisse zu reden, wird uns erst nach unserem Schritt ins Gottesreich gelingen, nicht vorher. Es wird also bei der Betrachtung aller einzelnen Gedanken, die im Zusammenhang des christlichen Glaubens gedacht werden können, grundlegend sein, dass es sich durchgehend um Gleichnisse handelt, nicht um schlichte Feststellungen von beweisbaren Fakten. Wahrheit will auf allen Feldern des menschlichen Nachdenkens geahnt werden, gehört, geschaut, in Bilder gefasst. Was wir aber in Bilder fassen, gilt für heute. Es gilt für uns, die es erfahren haben. Es gilt, wo wir uns darüber austauschen, aussprechen, vielleicht einigen, es sei so oder es sei so zu glauben. Wichtig ist, damit ernst zu machen, dass alles Reden – das liegt im Wesen der Sprache – metaphorisches Reden ist, das heißt ein Reden, das in Bildern, Symbolen ergeht, und in Benennungen, die nur annähernd genau bezeichnen, was gemeint ist. Aber das eben macht das menschliche Reden so lebendig, so fruchtbar, so offen für neue Erkenntnis.

Wir wenden uns also der Schöpfung zu. Aber auf welche Weise? Wir werden es mit dem »Verstande« tun in der Hoffnung, etwas von ihr zu »verstehen«. Wir werden unsere »Vernunft« einsetzen mit der Bereitschaft, etwas zu »vernehmen«. Wir werden unser Empfinden wecken in der Erwartung, ihm werde etwas von der Wahrheit der Dinge sich öffnen. Wir werden mit allen unseren Erfahrungen unterwegs sein hin zur Erfahrung des Ganzen, das sich hinter den Dingen verbirgt und das doch allen Dingen und Wesen voraus ist. Wir werden also den unzähligen Kräften, die wir erfahren wollen, alle die vielen Kräfte zuwenden, die in uns selbst sind, das Bewusste und das Unbewusste, den Verstand und das Gefühl, die Empfindung und das Schauen, die Sinne und das kritische Denken, das Wirken und das Genießen.

Diese Welt ist bedroht. Und zwar von uns Menschen. Woraus nehmen wir die Hoffnung, die ebenfalls sehr bedrohte, es werde für die Enkel unserer Enkel noch eine Welt geben, in der es sich lohnt zu leben? Wir werden anders mit ihr umgehen, als wir als gelehrige Schüler der Straßenräubergesinnung unserer Zeit es tun würden. Wir werden nach einer anderen Weise suchen, unsere Welt zu gestalten. Wir brauchen eine anderes Agieren der Menschheit. Wir brauchen eine andere Wissenschaft als die, die das heutige Weltgeschehen bestimmt. Wir brauchen eine andere Technik als die, die die Erde ausbeutet. Wir müssen heute neu verstehen, was denn zukunftsfähig ist. So, dass die Menschheit nicht durch ihre eigene Torheit aus dem lebendigen Zusammenhang dieser Erde hinauskatapultiert wird. Darüber lasst uns unsere Ahnungen austauschen, unsere Ideen, unsere Gedanken. Und lasst sie uns in Sprache fassen. Und dann lasst uns Hoffnung schöpfen aus dem Vertrauen heraus, dass das Neue kommen wird, wenn es ernsthaft gewollt wird, und dass der große Zusammenhang, in dem wir leben, uns die Mittel dazu reichen wird.

Martin Buber hat gesagt:

> Das Wort Gottes fällt vor meinen Augen nieder
> wie ein fallender Stern,
> von dessen Feuer der Meteorstein zeugt,
> und ich selber kann nur das Licht bezeugen,
> nicht aber den Stein hervorholen
> und sagen: Das ist es.

Wir sammeln Erfahrungen auf mehreren Ebenen

40

Auf der Ebene des Wahrnehmens und Nachdenkens malen wir uns eine farbige Erde

Er-fahrung, das ist der Gewinn, den einer, der fährt, auf seiner Fahrt findet, sammelt und nach Hause bringt. Was hat Erfahrung mit dem Glauben zu tun, um den es in diesem Buch doch gehen soll? Dies zumindest, dass wir uns in unserer Welt zurechtfinden mit Hilfe dessen, was wir auf unseren Wegen mit unseren wachen Sinnen finden. Und dies auch, dass wir erfahren, wer wir selbst sind, so dass wir Wege finden, die in uns selbst, in die Landschaft unserer Seele hineinführen. Und dies auch, dass wir unseren Glauben auf alle diese Wege mitnehmen und uns fragen, was denn die Wahrheit sei, von der er spricht. Denn dies sollte uns ja nicht geschehen, dass der christliche Glaube eine Sache abseits unseres Lebens wäre und abseits dessen, was wir erfahren und was wir tun. Erfahrung aber findet auf vielen Ebenen statt. Eine erste, von der wir nicht sagen sollten, sie habe mit unserem Glauben nichts zu tun, ist die der Sinne und des Verstandes. Ihr wende ich mich zunächst zu.

Man sagt ja, ich hätte fünf Sinne. Aber trifft das zu? Ist das alles? Gewiss, ich sehe, höre, taste, rieche, schmecke. Aber es gibt auch einen Sinn für Hunger, Durst und Sättigung. Ich empfinde das Gewicht, mit dem ich auf meinen Füßen stehe, ich empfinde, ob ich im Gleichgewicht stehe gegenüber den Kräften der Erde. Ich fühle Wärme und Kälte, Schmerz oder Müdigkeit. Ich weiß, was Raum ist, Entfernung und Nähe, Größe und Kleinheit. Aber ich komme mit alledem auch tief in das Geheimnis einer außersinnlichen Wahrnehmung: Ich fürchte mich vor etwas, das kommt. Ich empfinde Angst.

Ich berühre die Hand eines Menschen und weiß: Ich kann vertrauen. Im Laufe der Zeit sammelt sich Lebenserfahrung, Berufserfahrung, Welterfahrung.

Ich gehe durch eine Landschaft. Ich sehe und höre, ich rieche den Duft der Blumen und des Harzes. Ich genieße die Wärme der Sonne oder die Frische des Windes. Ich stehe vor einem Waldrand und empfinde, dass ich schwer bin, stehend auf meinen Fußsohlen. Unter mir ist Festigkeit. Schwerkraft, der ich mit meinem Stehvermögen antworte. Ich sehe das kleine Leben rundum und weiß mich aufgenommen in die Gemeinschaft der lebendigen Wesen. Ich nehme eine Handvoll Erde auf und stelle mir das urlebendige Leben in jeder Krume vor, die halbe Milliarde von Erdamöben und Springschwänzen, die in jedem Löffel voll Erde Raum haben. Ich sehe den Tag kommen und gehen und füge mich ein in den Rhythmus, den die Erde vorgibt. Die Erde gibt mir Zeichen: die Gebärde eines Baums, die Gestalt eines Hügels, den Geschmack einer Waldbeere, den Ton eines Vogels. Aber das Leben ist auch in den scheinbar toten Dingen. Auch in Stein, Sand und Geröll. Denn Gestein ist vibrierendes Licht. Es ist Klang, schwingende Energie. Und alles behält sein Geheimnis.

Ich umarme die Dinge und weiß mich von ihnen umarmt, obwohl ich fast nichts von ihnen weiß. Ich wandere durch die Welt der Elemente und erfahre das Feuer, das heißt etwas, das nicht (wie die Erde) ruht, sondern das mich anspringt, Lebenselement, Licht und tödliche Gefahr zugleich. Es brennt in den roten Wolken der Frühe. Wer bin ich noch, wenn eine Feuerwand vor mir steht, die brausende Walze eines Buschbrandes? Der Grundstoff der Menschenseele ist Feuer, sagen die Weisen unter unseren Vorfahren, und bis heute ist es ein Bild für die seelische Energie und die geistige Kraft, für Leidenschaft und Liebe, für Zorn und Aufbegehren. Das

Feuer ist der Ursprung des Lichts. Nichts auf unserer Erde gedeiht ohne das Licht. Und das Licht ist der Anlass für die Entstehung des Auges, mit dem die Welt zu uns kommt.

Ich stehe da und fühle den Wind. Ich atme ein und nehme den Weltraum in mich auf. Ich atme aus und gebe mich dem Wind mit auf die Reise. Ich kenne das Fliegen, das Schweben und Fallen, das Steigen und das Gleiten. Ich bin mit den Wolken vertraut, den weißen Träumen voll Leichtigkeit und voll gewaltiger Energie, die dunkel scheinen können, obwohl es keine dunklen Wolken gibt. Es gibt nur Wolken im Schatten. Sie alle sind weiß wie das Licht. Ich sehe, wie der Wind an den Bäumen zerrt, wie er den Rauch aus menschlichen Wohnungen über das Land hin treibt. Was wäre, bliese der Wind nicht? Ersticken. Einschlafen. Sterben. Smog über dem Dasein, über der Seele. Der Wind ist das Leben, und die vier Richtungen der Erde werden spürbar in den vier Richtungen des Windes. Sandsturm. Auf der Wanderung durch eine Wüste begegne ich der Arbeit des Windes. Wo Erde und Fels, von Wald oder Heide nicht geschützt, dem Sturm ausgesetzt sind, wo Sand sie peitscht oder aufgewirbeltes Geröll, da verändern sie sich, als schlüge ein großer Bildhauer neue Gestalten aus ihnen heraus.

Element Luft – das ist auch das weite Feld des Geruchssinns, dieses vernachlässigten unter unseren Sinnesorganen. Keine Kunst beschäftigt sich mit ihm, und keinen Namen gibt es für die unendliche Fülle dessen, was da zu uns gelangt. Wir haben keinen Namen für den Duft des Waldes, keinen für die Schärfe der Seeluft, keinen für Heu und Harz, keinen für Fische oder Blüten, keinen für den Duft des Regens, für das Brot oder den Wein. In der arabischen Sprache können wir den Reichtum an Düften wiedererkennen, der unseren Worten fehlt.

Einige Jahre lang verbrachten wir, die Familie, unsere Ferien am Meer, in einer nahe am Strand gelegenen Hütte. Wenn morgens der Wind von der Landseite kam und das Wasser still lag, fuhr ich mit dem Faltboot hinaus. Eine halbe Stunde weit oder eine ganze. Draußen legte ich das Paddel ins Boot und ließ es treiben. Kein Laut, vielleicht dann und wann das ferne Tuckern eines Fischerboots. Nur Wasser. Das Land verschwamm in einem fernen Dunststreifen, das Wasser aber war das tragende Element, die lebendige Kraft, mit der ich mich, alten Worten über das Wasser nachdenkend, verbinden konnte.

Aber das Meer hat auch das andere Gesicht: Dünung, Brandung, Gischt. Wenn ich meine Kraft einsetze, trägt es mich auch im Sturm. Es fordert meine Energie und gibt sie mir wieder. Wenn ich mich aber treiben lasse, wenn ich träume, schwimmend, merke ich, dass das Meer strömt. Vielleicht trägt es mich hinaus, weg von den Klippen, und plötzlich wird aus der ruhigen Sicherheit tödliche Gefahr, Kampf ums Überleben. Wenn ich wieder am Ufer stehe, wird es wieder vertraut sein: das gewaltige, mir selbst tief verwandte Element.

Hochwasser. Der Fluss tritt über die Ufer, überdeckt die Felder, die Wiesen. Bäume, die sonst auf der Erde stehen, stehen über ihrem eigenen Spiegelbild, als betrachteten sie sich selbst. Das Wasser als Spiegel der Seele – vielleicht hilft es mir, mehr Klarheit zu gewinnen über das, was im Grund meiner eigenen Seele lebt.

Strömende Wassermassen. Wirbel am Ufer. Wirbel zwischen den Steinen. Wirbel bilden sich, wo Wasser gehindert wird, seinem Wunsch nach Tiefe geradlinig zu folgen, wo zusammenfließende Wasser einander behindern, wo langsame und schnelle Ströme aneinander vorbeidrängen. Überall, wo Leben ist, wo neues Leben entsteht, bilden sich Wirbel. So wächst das Blatt aus der

Knospe ins Freie. Die Innenseite wächst schneller als die Außenseite, so entrollt sich das kleine Blatt und findet seine Gestalt. Warum fürchte ich mich vor den Wirbelbildungen in mir selbst?

Wenn ich über einen Acker gehe, der mir trocken zu sein scheint, so gehe ich doch auf einer Welt von Wasser. Jedes tiefer liegende Erdkrümelchen trägt eine Art Wasserhaut. Die Milliarden kleiner Lebewesen in der Krume bestehen fast nur aus Wasser. Stiege ich hinab zu den Tonschichten, dem Gestein, den Schieferschichten, so befände ich mich in einer von Wasser triefenden Unterwelt, bis ich endlich im Grundwasser stünde, in den unterirdischen Seen und Flussläufen, in denen sich Wasservorräte unvorstellbaren Ausmaßes befinden. Aus der Tiefe kommen die Brunnen, Tag und Nacht den Reichtum der Tiefe herausgebend in der Sprache des Wassers, im Rauschen, Glucksen, Plätschern und Gurgeln. Und ich schöpfe das Unerschöpfliche, das Geheimnis des Lebendigen. Im Gefäß gebe ich dem Formlosen eine Form und werde zum »Schöpfer«.

Ich stapfe durch den Schnee, die Zauberwelt der Kristalle. Wasser in luftig leichter Gestalt, zart und behutsam die Wärme bewahrend, die die Erde hat und die sie braucht über die Zeit des Frosts. Eine Schlafdecke für Pflanzen und Tiere liegt ausgebreitet und hält Samenkörner und Fruchtknoten und das kleine Getier der Erde am Leben. Die Erde aber ruft unter dem Schnee heimlich die Feuchtigkeit ab, die sie braucht.

Wenn ich durch ein Land wandere, öffnet sich mir die Welt und mit ihr die Welt meiner eigenen Seele. Denn alles spiegelt sich in allem. Ich bin ein Kind dieser Erde und ich empfange sie und ihre Kräfte. Ich empfinde die Verlässlichkeit im Grund der Dinge. Ich schaue das Lebendige und gewinne den Mut zu leben. Ich ergreife, was mir begegnet, und lasse mich ergreifen.

Diese Erfahrungsweise bedient sich vor allem des Auges. Das Auge breitet mir die Welt im Raum auseinander. Es rückt die fernen Dinge in eine begreifliche Nähe. Es vermittelt uns die Gewissheit, dass die Dinge geordnet nebeneinander stehen. Über das Auge mache ich mich mit dem Raum, den die Welt ausfüllt, vertraut, mit ihren Ordnungen und Gesetzen. Die Gefahr für den, der sich vor allem auf sein Auge verlässt, ist aber die, dass er dem Bedürfnis nachgibt, alles, was ihm begegnet, für feststellbar zu halten. Und es wird für ihn nötig sein, über das feststellende Sehen hinauszukommen in andere Ebenen der Erfahrung.

Eine solche andere Erfahrungsweise ist die des Hörens, des Hörens vor allem auf die inneren Dinge. Wer hört, hat nicht den Eindruck, es stehe das Eine neben dem Anderen, wie es das Auge empfindet, sondern den, es folge eines dem anderen in der Zeit. Die Musik ist zeitlich geordnet. Sie fängt an, sie hört auf, sie ergeht schnell oder langsam. Und wenn sie aufgehört hat, ist sie sozusagen nicht mehr vorhanden. Will ich so zum Beispiel mich selbst verstehen, so werde ich mich nicht nur auf das Auge verlassen, sondern vor allem dem Hören, dem Hinhören, vertrauen.

Wir unterscheiden zwischen Erleben und Erfahren. Das »Erleben« ist das Ursprüngliche. Es kann im Grunde nicht korrekt bezeichnet oder geschildert werden. »Erfahrung« ist der Versuch, das Erlebnis zu deuten, es umzusetzen in Gedanken, es in Worte zu fassen, es also nützen zu können. Sie entsteht aber nicht allein auf dem Weg einer reflektierenden Verstandesarbeit, sie deutet auch und bewertet mit den Kräften der Seele.

Was wir an Erfahrung aus unserem Erleben gewinnen können, lässt sich in Sätze fassen. Einige davon, beileibe nicht alle, sind die folgenden:

Wir erleben ungleich mehr als wir verstehen. Wir sind mit unseren Sinnen ungleich näher an der Wirklichkeit und vielfältiger mit ihr verbunden als mit unserem Verstand. Wenn ich mich als Christ allein auf das Erkennen meiner Welt mit Hilfe meines Verstandes verlasse, wird mein Glaube immer an einer weitgehenden Weltlosigkeit leiden.

Der Grundvorgang des Erlebens ist nicht der, dass ich nach der Welt greife so, als wäre ich ein Macher oder auch ein Tourist. Der Grundvorgang ist vielmehr, dass mir etwas begegnet, sich mir zeigt, mich fordert, mich begleitet. Ich dringe nicht in die Welt ein, ich lasse vielmehr die Welt in mich eindringen und nehme auf, was sie mir zu sagen hat. Alles sinnliche Erleben ist ein Begegnen mit etwas, das mir entgegenkommt.

Unsere Vorstellungen von den Dingen der Welt sind nicht die Wirklichkeit selbst. Sie bilden nicht eine feststehende Realität ab; sie zeichnen vielmehr nur die Aspekte der Welt ab, auf die hin wir geformt sind. Wie ein Vogelflügel sich gebildet hat nach den Erfordernissen des Fliegens in der Luft, die Flosse eines Fisches auf Bewegungen im Wasser hin, so hat unser Verstand die Mittel entwickelt, mit denen wir unser Überleben sichern können. Nicht mehr. Alle Dinge, die wir wahrnehmen, prägt unser Verstand so um, dass sie unserem Leben dienlich werden. Alle aber bleiben sie in ihrer Substanz, in ihrem wirklichen Wesen unverstehbar.

Alles Erleben kann im besten Falle entweder genau sein oder umfassend. Niemals beides zugleich. Ich versuche, das Bild eines alten Meisters genau zu sehen. Ich bemerke dabei, dass, je genauer ich sehen will, der Umkreis, den ich wahrnehme, desto kleiner wird. Genauigkeit ist also nicht an sich und allein wünschenswert. Ebenso wichtig ist es, ein Ganzes, einen Zusammenhang sehen zu wollen. Der aber wird, je umfassender er sein will, desto unschärfer. Schönheit einer ganzen Gestalt, einer ganzen Landschaft wird immer ein unscharfes Sehen erfordern. Will ich etwas bewirken, so empfiehlt sich der genaue Blick auf die Einzelheit. Will ich mich orientieren, so brauche ich den umfassenden Blick auf das Ganze.

Alles ist voll Leben. Leben ist nicht nur, was wir biologisch beschreiben können. Leben sind auch Kräfte, Schwingungen, Beziehungen. Auch ein Stein hat seine eigene Art Leben. Zerbreche ich einen Stein, so habe ich die Teile in der Hand. Aber diese Teile ergeben, nehme ich sie zusammen, nicht mehr den vorigen Stein. Denn ich habe auch eine Beziehung zerstört, die ich nicht wieder herstellen kann. Was in den Teilen verloren gegangen ist, das sind die zusammenhaltenden Kräfte, die den Stein zu einem Ganzen gemacht hatten.

Tod und Leben geschehen miteinander und ineinander. Wenn unsere Welt so vielschichtig, so heimatlich zugleich und so unendlich fremd ist, und wenn wir, ohne sie beschreiben zu können, doch in ihren vielen Dimensionen leben, dann kann Tod in der einen zugleich Geburt in einer anderen sein. Dann kann nichts als erwiesenermaßen endgültig bezeichnet werden. Dann kann der Tod – und ich empfinde ihn so – transparent werden für das Leben. Dann werden wir auf unserer Erde auch das lieben, was vor unseren Augen stirbt. Auch die Fäulnis, auch das Vermodern, das Sich-Auflösen wird uns ein Zeichen werden für die unendliche Lebendigkeit unserer Schöpfung.

Voll Leben bin auch ich selbst, und ich begegne einer Welt voller Kräfte und Gestalten, wenn ich mich selbst ins Auge fasse, wenn ich mich selbst zu erwandern versuche. Aber was finde ich dabei? Was ist denn das, meine Seele? Sie ist ja gewiss kein eigener Raum in mir, auch kein eigenes Organ, das ich von anderen Organen unterscheiden könnte. Vielleicht ist sie nicht mehr als eine Art von Beziehungsfähigkeit. Mein Leib hat die Fähigkeit, mit dem Leib und den Sinnen anderer Menschen Verbindung aufzunehmen. Er kann sprechen und hören, er kann nachdenken und auf diese Weise auf dem Weg einer leiblichen Äußerung, zum Beispiel des Redens, zu anderen hörenden und denkenden Wesen hinübergelangen. Dass unser ganzes körperliches wie geistiges Wesen kontaktfähig ist, urteilsfähig, fähig zu Erfahrung und Deutung, macht das Wesen unserer Seele aus. Dass wir bewahren können, was uns begegnet, in einem »Gedächtnis« oder auch in den Verletzungen, die es in uns bewirkt, macht unsere Seele aus. Im Grunde ist es ganz unmöglich, zwischen Körper, Seele und Geist irgendwelche Grenzlinien zu ziehen. Wir sind eine in sich verbundene, ineinander lebende und wirkende Einheit aller unserer Kräfte. Was wir »Seele« nennen, das ist die Offenheit zwischen unseren eigenen Kräften und die Offenheit zwischen uns und unserer Welt. Eine Offenheit für Fremdes. Die Fähigkeit, Verwandtes oder Gegensätzliches zu lieben. Sie ist ein Gewebe von Beziehungen.

Ich kann also niemals sagen: Dieses Ding da ist meine Seele. Oder: Bis hierher reicht meine Seele, dann fängt der Verstand an. Ich kann nur sagen: In meiner Seele fließen mein Leib und mein Geist ineinander. In meiner Seele fließt das Universum mit mir selbst in meiner Ganzheit zusammen. Ich bin ein organisches Teil des Universums, und es gibt keine Grenzen zwischen mir und meiner Welt. Ich bin in ständiger Bewegung aus mir selbst in die Welt hinaus, und ich nehme ständig »Welt« in mich auf, um sie verändert wieder von mir zu geben. Es ist nicht zufällig, sondern tief sinnvoll, dass man den Geist oder die Seele des Menschen von jeher gerne mit seinem »Atem« verglichen hat. Die Kraft meiner Seele besteht in ihrer Fähigkeit, zu verbinden, was getrennt ist, in ihrer Fähigkeit, zu verstehen, in ihrer Fähigkeit, ins Unbegrenzte hinaus wirksam zu sein und das Unbegrenzte in sich aufzunehmen.

Eine eigene Ebene unserer Welterfahrung öffnet sich uns dort, wo wir an unserer Welt arbeiten. Sie gestalten. Sie verändern. Wir sehen ein Stück Welt. Wir nehmen wahr, was auf uns zuspringt. Wir ziehen, was uns begegnet, das Stück Welt, in uns selbst zurück und bringen es in einer neuen Gestalt wieder in die Welt, nach dem Gesetz der Form, die wir ihm mitgeben.

Ich gestehe gerne, dass ich im Grunde meines Herzens ein Bauer bin. Ich bin der Sohn einer Bäuerin und eines Bauern, auf einem Hof geboren, und ich gehöre noch heute dorthin. Mich fasziniert nichts so sehr wie das Leben mit Lebendigem. Mit etwas, das gesät wird, wächst, austreibt, seine Gestalt findet. Ich kann lange vor einem ausschlagenden Busch stehen und mit ihm in einem sehr unmittelbaren Gespräch sein, hören, was ihm fehlt und was ich für ihn tun kann. Ich lebe mindestens ebenso sehr in meinen Händen wie in meinem Kopf. Das alles aber nicht so, dass ich meine religiösen Gedanken abhängig machte von dem, was mich berührt, sondern dass ich auf der Suche bin nach dem, was hinter den Dingen ist, nach einer Wahrheit, die von weiterher kommt, als meine Sinne und mein Verstand reichen, und weil mich diese Suche wacher gemacht hat für das, was ich sehe, sensibler für das, was mich aus der Welt der Dinge anrührt. Denn wir werden sehender für das Sichtbare, wenn wir zugleich Ausschau halten nach dem, was wir nicht sehen, wenn wir vom Sichtbaren aus weitergehen und uns für die Berührung durch das bereithalten, was sich uns ansonsten entzieht.

41

Es gibt Erfahrungen an der Grenze zum Unerklärbaren

Wir gehen an die Erfahrungen, die in unserer Welt zu machen sind, mit dem selbstverständlichen Vorurteil heran, was wir wahrnehmen, was uns begegnet, sei die Wirklichkeit. Dieses Vorurteil ist notwendig für den, der mit dem Wirrwarr seiner Erlebnisse zurechtkommen will. Es ist lebensdienlich. Es ist sogar vernünftig. Unsere Wirklichkeit ist so, dass wir sie ohne ein solches Vorurteil nicht verstehen würden. Es ist aber hoch unvernünftig, zu glauben, mit diesem Vorurteil sei das Ganze der Wirklichkeit zu beschreiben. Denn diese Wirklichkeit ist nach allen Seiten in einer Weise offen, die es unmöglich macht, sie mit der Sprache, die aus unseren gemeinsamen Erfahrungen hervorgeht, zu schildern. Sie reicht über das für uns Wahrnehmbare und Verstehbare weit hinaus. Und das ist so, weil sie uns nur den schmalen Ausschnitt zuwendet, den wir sehen müssen, um überleben zu können.

Nun gibt es Erfahrungen, die uns an die Grenze führen, an der ein uns bis dahin unbekannter Aspekt der Gesamtwirklichkeit aufreißt, und wir, und sei es mit Schrecken, anfangen zu ahnen, es sei nicht das Ganze, was wir wahrnehmen.

Da sind etwa die Telepathie, die Voraussage, der sechste Sinn oder die Begegnung mit Verstorbenen, die wir tunlichst voneinander unterscheiden sollten.

Die Ebene der zeitlichen Vorwegnahme zunächst. Ich will nicht von dem reden, was tausendfach dokumentiert worden ist, ich meine vielmehr, in dieser Sache könne ich nur von dem reden, was mir selbst begegnet ist, für das ich also selbst bürgen kann. Ich habe schon gelegentlich von solchen Erfahrungen berichtet und will eine bestimmte hier wiederholen.

Während meiner Zeit als Kriegsflieger, als ich als Fernjäger über dem Atlantik eingesetzt war, geschah es eines Morgens, dass ich mit dem fröhlichen Gefühl aufwachte: Heute ist nichts. Wir haben frei. Und ich überlegte, was ich mit meinen Kameraden zusammen unternehmen könnte. Ich ging also auf die Stube meines Besatzungskameraden. Als ich eintrat, saß er auf der Bettkante, das Foto seiner Braut in der Hand. Er wandte den Kopf mir zu und sagte: »Heut bin ich dran.« Das hieß: Diesen Tag werde ich nicht überleben. »Aber heute haben wir doch frei«, sagte ich dagegen. »Heut ist doch gar nichts los!« Aber er wiederholte, klar und bestimmt: »Heut bin ich dran.« Um die Mittagszeit plötzlich Alarm: die Meldung, es sei ein U-Boot gebombt worden, und wir sollten nach Überlebenden suchen. Ein unerwarteter Einsatz. Zwei Stunden später stürzten wir im Feuer amerikanischer Jäger ab. Ich überlebte. Er war tot.

Wer einem solchen Vorgang keine Bedeutung beimessen will, muss mir doch erklären, wie er ihn einordnet. Tausendfach sind solche Vorgänge dokumentiert, bei denen Menschen vorausahnten, vorauswussten. Aber in was für einer Welt ist das möglich? In der unseren wohl nicht. In ihr folgt eine Wirkung aus einer Ursache. In ihr erfährt man, was geschieht, streng nach der Ordnung, die die Zeit vorgibt. Was die Zukunft bringen wird, kann niemand wissen, solange nicht Hinweise gegeben sind, was denn vermutlich geschehen werde. Wenn aber solche Hinweise gänzlich fehlen, wie geschieht ein solcher Vorgriff wirklich? Es muss eine Ebene der Wirklichkeit geben, auf der unsere Vorstellung von der Zeit und ihrem Ablauf nicht gilt. Also eine Ebene, auf der »gleichzeitig« ist, was früher geschah und was künftig geschehen wird. Vielleicht ist die Zeit nur eben die Täuschung, die uns begleitet, solange wir mit unserem speziellen Bewusstsein in dieser Welt zurechtkommen sollen. Vielleicht gibt es einen Hintergrund unserer Welt, in der die Zeit aufgehoben, beschleunigt, verlangsamt oder auch umgekehrt werden kann. Ich weiß es nicht. Aber wenn mir ein solcher Vorgang des Vorauswissens begegnet, kann ich unmöglich an der flachen Wirklichkeitsvorstellung festhalten, die mir in diesem Leben auf dieser Erde vorgegeben ist. Ich muss Wirklichkeiten vermuten, zu denen ich keinen Zugang habe. Ich muss solche Erfahrungen zulassen. Ich muss an ihnen wach werden und aufmerksam für das, was meine »normalen« Erfahrungen übersteigt, hinterbaut und möglicherweise erst begründet.

Eine andere Ebene: Die Überbrückung des Raums. Der große katholische Theologe Fridolin Stier erzählt, und ich zitiere ihn, weil er absolut kein Träumer war, sondern einer der klarsten und verstandesmächtigsten Menschen, die mir je begegnet sind. Zur selben Uhrzeit, in der seine Tochter in einer anderen Stadt an einem Unfall, von dem er nichts wusste, starb, begegnete sie ihm. »Ich kann die Gestalt nicht vergessen, die ich sah, als mich ein Ruf oder ein Stoß von tief innen heraus aus dem Halbschlaf weckte. Ich sah sie so klar, wie sie in der Türecke meiner Stube aus der Wand hervortrat, nach ein paar Schritten quer durch einen schmalen Gang in der anderen verschwand, im langen, mild grünen Gewand dahinschritt, barfuß, das Haar herabhängend, noch sehe ich sie, ihr Profil mir zugekehrt ... Das war in dem Augenblick, da ihr die Stunde schlug, es war um 15.20 Uhr am 7. September.«

Das ist beileibe nicht so selten, wie es manchem scheinen will. Mir werden solche Vorgänge immer wieder geschildert. Man kann sie ignorieren, man kann über sie hinwegdenken, aber dann hat man Entscheidendes nicht verstanden. Was aber bedeutet das, dass etwas über einen räumlichen Abstand hinweg erfahren wird?

Ein andersartiges Beispiel, wiederum aus meiner eigenen Erfahrung: Es war vor etwa zehn Jahren: Ich stand auf einem Podium und redete. Plötzlich empfand ich in der Brust einen Schlag, verlor kurz die Situation aus dem Bewusstsein. Ich schleppte mich in ein Nebenzimmer und legte mich auf den Fußboden mit Schmerzen in Armen und Schultern. Freunde übernahmen den Fortgang der Veranstaltung. Danach, als es etwas besser wurde, setzte ich mich ins Auto, fuhr nach Hause und legte mich ins Bett. Nur schlafen, dachte ich, dann wird es wieder. Meine Frau war verreist, und ich fand es unnötig, einen Arzt zu rufen. In der folgenden Nacht hatte ein junges Mädchen, das einige Zeit bei uns gewohnt hatte und nun in Hannover, 500 km entfernt, lebte, einen Traum: Sie träumte, ich hätte einen Herzinfarkt erlitten, und weil sie mit mir allein im Haus war, habe sie nicht gewusst, was sie tun sollte. Am Morgen rief sie, völlig verstört, ihre Mutter an, die in Heidelberg wohnte, und erzählte ihr den Traum. Die Mutter setzte sich ins Auto, kam zu mir nach Stuttgart, sah meinen Zustand und brachte mich in eine Klinik. Der aufnehmende Arzt fand, es sei höchste Zeit gewesen.

Wenn man nicht von einem Eingriff Gottes reden will – und dazu zwingt uns natürlich nichts, wenn wir es nicht so sehen wollen – wie geschieht eine solche Überbrückung der Ferne? Was bewegt sich zwischen mir und jenem Mädchen? Was veranlasst sie, sich mit ihrer Mutter in Verbindung zu setzen – nur wegen eines Traums?

Sie muss ihren Traum als Hinweis auf eine Wirklichkeit verstanden haben. Aber wie gelangte sie zur Kenntnis dieser Wirklichkeit? Wieder kann ich nur vermuten, dass unsere Vorstellung von Raum, von Nähe, Ferne und Abstand gebunden ist an unser Leben auf dieser unserer Erde. Aber dann ist nichts darüber ausgesagt, ob diese unsere Erlebnisweise nicht vor einem Hintergrund statt habe, in dem es weder Raum noch Zeit gibt, dass also unser kleines Bewusstsein in irgendeiner Verbindung steht mit einem umfassenden, großen, kosmischen oder überkosmischen Bewusstsein, von dem offen bleiben mag, ob wir es Gott nennen wollen oder anders.

Übrigens ließen sich dazu unzählige Beispiele bezeugen. Es war gar nicht so selten, dass Mütter, deren Söhne in Russland gefallen waren, am selben Tag davon Kenntnis hatten, während die Nachricht davon sie erst Wochen danach erreichte. Jeder möge sich erklären, was er dabei zu erklären vermag. Es wird nicht weit führen. Wir stehen vor Grenzen, die sich uns abzeichnen, die wir aber nicht überschreiten, solange wir an die Erkenntnismittel gebunden sind, die uns als leiblichen Wesen in dieser drei- oder vierdimensionalen Welt zugeteilt sind.

Solche Grenzerfahrungen sind aber nicht einzelnen besonderen Menschen vorbehalten, sie sind Elemente menschlicher Erfahrung überhaupt, wie ja auch deutlich scheint, dass unser ganzes Leben ein Gehen entlang einer Grenze ist. Das Wahrnehmen von Grenzen, das Verlangen, sie zu überschreiten, und die Ahnung, es sei irgendetwas jenseits ihrer, gehört, wenn nicht zum Leben des Menschen, so doch auf alle Fälle zu jedem Versuch, es spirituell zu bewältigen.

Alle Religion ist ein Begehen dieser Grenzen. Alle Religion ist Sensibilität dem gegenüber, was sich von jenseits solcher Grenzen anmeldet. Alles religiöse Üben ist ein Einüben von Grenzerfahrungen und der Freiheit, die im Wahrnehmen von Grenzen zu gewinnen ist. Grenzen wahrzunehmen aber bedeutet, die Augen zu schließen und darauf zu vertrauen, dass das geschlossene Auge zu sehen beginnt.

42

Alle Grenzen sind unsere Grenzen, in Wirklichkeit gibt es sie nicht

Wie »wirklich« aber sind diese Grenzen? Bestünden sie auch, wenn es keinen Menschen gäbe, der an ihnen anstrandete? Wohl kaum. Die Welt ist ein ungeheurer Zusammenhang vom Stein über den Menschen und bis zu allem, was uns Menschen unerreichbar, »jenseitig« erscheinen mag, und bis hin zu Gott. Innerhalb dieses großen offenen Zusammenhangs bewohnen wir Menschen die kleine Zelle der uns erreichbaren Wirklichkeit; diese aber ist, je nach der spirituellen Offenheit eines Menschen, größer oder kleiner.

Wer nie eine wirkliche Ekstase erlebt hat, mag das bezweifeln. Wem immer wieder im Lauf seines Lebens derartiges widerfuhr, der wird an Grenzen, die es objektiv gebe, nicht mehr glauben. Der hat erfahren, dass uns von jenseits unserer Grenzen eine Mächtigkeit begegnet, vor der alles, was wir wirklich nennen, zur unbedeutenden Nebensache zusammenschmilzt. Wer nie »außer sich« geraten ist, wer nie erfahren hat, dass ihn etwas überschwemmte, der wird kaum zutreffend vom »heiligen Geist« reden können. Wer aber Ekstasen irgendwelcher Art kennt, der wird sich leicht befreien von dem, was man heute als Realität bezeichnet oder zu irgendeiner anderen Zeit der Weltgeschichte als wirklich bezeichnet hat. Er wird zum unabhängigen, zum freien Menschen.

Er wird Äußerungen etwa aus der indianischen Tradition und Geisteswelt als völlig zutreffend empfinden, die etwa Norman H. Russel, ein heutiger Cherokee, in Verse gefasst hat:

> So wie der Baum nicht endet
> an der Spitze seiner Wurzeln oder seiner Zweige,
> so wie der Vogel nicht endet an seinen Federn
> und seinem Flug,
> so wie die Erde nicht endet an ihrem höchsten Berg:
> So ende auch ich nicht
> an meinem Arm, meinem Fuß, meiner Haut,
> sondern greife unentwegt nach außen
> hinein in allen Raum und alle Zeit
> mit meiner Stimme und meinen Gedanken:
> denn meine Seele ist das Universum.

So wird ihm die Grenze seines menschlichen Wahrnehmens nach vielen Seiten hin »undicht«.

Die sogenannte »Nahtoderfahrung« ist mittlerweile allgemein bekannt. Ich kann mich damit begnügen, an sie zu erinnern: Es ist von Tausenden von Menschen eine Erfahrung dokumentiert, die tief ins Übersinnliche führt, ohne mit schwarzer Kunst oder okkulten Praktiken irgendetwas zu tun zu haben. Es ist der Vorgang, dass ein klinisch toter Mensch bemerkt, dass er sich außerhalb seines Körpers befindet, dass er wahrnimmt, was die Ärzte oder die Unfallsanitäter mit seinem Körper tun, dass er hört, was sie sprechen. Die »Toten« berichten, sie hätten nie so klar gesehen und gehört. Sie seien sich ihrer Identität voll bewusst gewesen. Sie hätten sich bewegen können mit einer Leichtigkeit und Schwerelosigkeit wie nie in ihrem Leben. Sie seien einem großen Licht begegnet und hätten sich von einer großen Liebe umfangen gefühlt. Solche Erfahrungen werden auch aus längst vergangenen Jahrhunderten berichtet. Sie häufen sich nur eben in dieser unserer Zeit, in der die ärztliche Praxis der Reanimierung sich über frühere Möglichkeiten hinaus entwickelt hat, und sie lassen sich heute sowohl medizinisch als auch in der Forschung, die sich dem Phänomen zuwendet, deutlicher und konkreter aufzeigen. Sie lassen sich andererseits weder medizinisch noch pharmakologisch noch psychologisch auf irgendeine Weise erklären; sie weisen hinaus über alles, was in unserer Welt an Erklärungsmodellen zur Verfügung steht. Es scheint sich so zu verhalten, dass unsere Welt dort, wo wir ihre Grenzen vermuten, eben nicht zu Ende ist, dass sie vielmehr in Zonen, Schichten und Bereiche hinüberreicht, von denen unsere Schulweisheit sich nichts träumen lässt, und dass unser Leben, wenn es den zeitlichen Rahmen, in dem es stattfand, überschritten hat, in einer anderen Zone und unter gänzlich anderen Bedingungen weiter seinen Gang geht. Die wissenschaftliche Vereinigung »IANDS«, deutsch »Internationale Vereinigung für Nahtodforschung«, hat inzwischen zwanzigtausend Fälle solcher Nahtoderfahrung dokumentiert und ausgewertet.

Ich nehme solche Tatbestände nicht als Gottesbeweis. Auch nicht als Beweis für die Auferstehung, von der die Christen reden. Aber ich lege großen Wert darauf, dass wir uns nicht ganze Welten von Wirklichkeit verbauen dadurch, dass wir unseren engen Käfig, der aus Zeit und Raum besteht, für das Ganze aller möglichen Wirklichkeiten halten.

Ähnliche Erfahrungen liegen vor in dem, was bezeugt ist von Menschen, die während ihres gesunden Lebens ihren Leib verlassen haben, unter beglückenden oder beklemmenden Umständen. Unter der Anleitung erfahrener Psychologen kann heute ein gesunder Mensch in einen Zustand versetzt werden, in dem er seinen Körper verlässt, in dem er zu fliegen beginnt, sich von außen sieht und schließlich, nach Augenblicken oder nach Stunden, wieder in seinen Körper zurückkehrt. Er macht dabei Erfahrungen, die jeden Grad von Qual oder von Glück annehmen können, und wird dankbar oder unwillig zurückkehren. Was aber verlässt den Körper? Ist es die »Seele«? Ist es der »Geist«? Ist es das, was wir die Person nennen oder die Persönlichkeit? Immerhin ist klar, dass ein Mensch fähig ist, zu leben, zu erfahren, zu denken, zu wünschen, sich zu fürchten, zu leiden und sich zu freuen auch ohne seinen Körper. Immerhin scheint das, was wir den Körper nennen, gebunden zu sein an diese in Raum und Zeit eingegrenzte Wirklichkeit, und nur dort scheint er zum Leben notwendig.

Eine vorläufig letzte Schicht der Wirklichkeit öffnet sich dort, wo Fälle dokumentiert werden, in denen Menschen sich an frühere Leben auf dieser Erde erinnern. Sie kannten Landschaften, die sie nie gesehen hatten, sie erkannten in fremden Menschen ihre frühere Frau oder ihre früheren Kinder, sie redeten von Orten, an denen sie gelebt hätten, und konnten sie zutreffend beschreiben, und sie wussten von früheren Verwandten, ihrer Lebensweise, ihrer Sprache, ihrer Lebensgeschichte. Irrtum ausgeschlossen. Was tun wir damit?

Dass es möglich ist, einen Menschen in frühere Erfahrungen zurück zu versetzen, ist klar. Die Techniken sind bekannt. Fast tausend Reinkarnationstherapeuten sind mittlerweile in Deutschland tätig. Es gibt Menschen, die aus einer Narkose aufwachen und lateinisch reden, obwohl sie es nie gelernt haben, oder in einer

Sprache, die heute nirgends mehr so gesprochen wird. Und dieses Regredieren in eine frühere Existenz, das auch spontan geschehen kann, wird heute systematisch herbeigeführt. Es ist möglich, einen Menschen psychisch in die Zeit seiner eigenen Geburt zurückzuführen, zur Erfahrung der Schwangerschaft und in »frühere Leben«. So lassen sich auch die religiösen Urthemen durchleben, als wären es eigene Erfahrungen. Dabei allerdings wird ganz unklar, ob es sich um wirklich eigene frühere Erfahrungen handelt, oder ob aus einer universellen Erinnerungsquelle »geschöpft« wird. Und es legt sich inzwischen nahe, die Ursache nicht in historischen Abläufen zu suchen, sondern in Vorgängen, bei denen das einfache Schema von Ursache und Wirkung sich verflüchtigt.

Es scheint so, als gelange die Anthropologie heute an eine ähnliche Grenze wie die Naturwissenschaft, die ja nicht mehr sagen kann, was Materie sei und was Geist, worin also die Wirklichkeit bestehe. So vermuten Leute wie die Gruppe um den Physiker Ervin Laszlo und den Psychologen Ken Wilber, unser Bewusstsein entstehe nicht innerhalb unseres Gehirns. Es sei doch denkbar, dass, was wir »Bewusstsein« nennen, eine universelle Erscheinung wäre, anwesend in allen Menschen, in allen Dingen, in allen Kräften, auch in allen denkbaren Lebensformen, die über unsere Menschenerscheinung auf dieser Erde hinausgeht, dass dieses »transpersonale« Bewusstsein, wie man es nennt, also in unserem Gehirn Platz greift, in es eindringt oder sich in ihm spiegelt, ohne mit ihm identisch zu sein. Dass also unser Bewusstsein die individuelle Außenstelle eines universellen Bewusstseins wäre. Dann wäre auch erklärlich, dass es Wege gibt, die von einem individuellen Bewusstsein zurück und hinaus in das universelle Bewusstsein führen.

Vorauswissen also könnte dann damit zusammenhängen, dass das größere Bewusstsein sich im Einzelbewusstsein mit einer Nachricht meldete. Wissen über Raum und Ferne hinweg könnte eine Verbindung anzeigen zu eben diesem raumübergreifenden Bewusstsein. Das Nahtoderlebnis wäre dann zu verstehen als eine Rückkehr des im Einzelmenschen deponierten Bewusstseins in das größere Bewusstsein, das ja eben in der Nahtoderfahrung intensiv erfahren wird. Das Verlassen des Körpers wäre zu deuten als ein kurzfristiges Betreten der Übergangsbrücke zwischen dem Einzelbewusstsein und dem universellen Bewusstsein. Die Reinkarnationserfahrung aber brauchte durchaus nichts über ein früheres Leben auszusagen, auch nicht über eine längere Folge von Inkarnationen, sondern lediglich darüber, wie sich ein Einzelbewusstsein zurückverbinden kann mit anderen Wesen, die ihrerseits am universellen Bewusstsein teilhaben; wobei der, der es erlebt, mit der erinnerten Person durchaus nicht identisch zu sein braucht.

Das alles sind Vermutungen. Freilich Vermutungen, die in weiten Kreisen der heutigen Naturwissenschaft geteilt werden. Etwas anderes als eine Vermutung wird in diesem Zusammenhang kaum erreichbar sein. Und es ist durchaus nicht meine Absicht, Genaueres wissen zu wollen als diese Vermutung. Wenn ich in das andere Leben eintrete, wird es mir vermutlich deutlicher sein, und das soll mir genügen.

Es sind Deutungen. Freilich Deutungen klar denkender Menschen. Etwas anderes als eine Deutung wird uns in diesem Zusammenhang kaum erreichbar sein. Der Gedanke eines die einzelne Person weitenden und mit anderen Personen verbindenden Bewusstseins, das zugleich kosmisch gegenwärtig ist, ist ein Modell, ein unter vielen anderen mögliches Modell, das uns hilft, einzuordnen, was wir erfahren, und das durchaus durch ein anderes ersetzt werden kann, wenn wir ein anderes finden.

Wichtig ist aber, dass wir festhalten: Das alles sind noch keine religiösen Erfahrungen, keine Beweise für Gott, sondern nur Erfahrungen des Weltmodells, in dem wir uns befinden, nur Erweiterungsformen unseres eingegrenzten Bewusstseins. Wer aber davon überzeugt ist, dass Gott nahe sei in jedem Ding, in jedem Geschehen, in jedem Phänomen und in jedem Gedanken, auch im begegnenden Menschen und in ihm selbst, in seinem Bewusstsein und in seinem Herzen, der wird sich in diesen seltsamen Welten leicht und unbefangen bewegen. Er wird nicht jeder Behauptung glauben, aber er wird sich offen halten für die Stunde, in der ihm etwas bislang Verborgenes gezeigt wird. Er wird, so gewiss Gott ein Gott aller Schichten der Wirklichkeit ist, nicht mehr von verschiedenen Wirklichkeiten reden, sondern ein vielschichtiges, lebendiges Bild gewinnen von einer großen und in sich zusammenhängenden Wirklichkeit. Er wird in seinem Herzen und in seinem Kopf Raum schaffen auch für das, was an eigentlich religiösem Leben in ihm entstehen will. Er wird das größere Zuhause in der größeren Welt Gottes finden. Er wird nicht verängstigt, sondern erwartungsvoll auf seinen Tod zugehen und bereit sein, das Kommende zu betreten.

Und was die Christenheit insgesamt betrifft: Wenn solche Zusammenhänge erst einmal erkannt sind, wird sich die Christenheit öffnen dürfen auch für eine neue Welt, die sie in ihrem Glauben betritt. Sie wird, was Christus ihr ist, neu formulieren und wird ein neues Verständnis für das gewinnen, was man etwa den »kosmischen Christus« genannt hat. Sie wird konkreter vom Geist Gottes reden, als es ihr bislang gelingen konnte.

Und sie wird den Menschen und sich selbst den Weg zur Erlösung deutlicher zeigen können. Außersinnliche Wahrnehmungen vermögen bei nicht-religiösen Menschen unter Umständen immerhin einen Zugang freizulegen zum weiten Raum und Hintergrund jenes Vertrauens in die Liebe des nahen Gottes, das wir »Glauben« nennen.

Rilke hat in seinem Gedicht »Der Panther« beschrieben, wie sehr unsere Vorurteile uns den Blick verbauen:

> Sein Blick ist vom Vorübergehn der Stäbe
> so müd geworden, dass er nichts mehr hält.
> Ihm ist, als ob es lauter Stäbe gäbe
> und hinter lauter Stäben keine Welt.

Das gehört für unser menschliches Verstehen dicht zusammen: die ständige Erfahrung, dass uns Grenzen gesetzt sind, und die Ahnung, manchmal die Erfahrung, dass die Welt auf irgendeine Weise jenseits der Stäbe weitergeht, auf eine Weise, die für unseren Blick keine Realität zu haben scheint. Es ist die Erfahrung, dass wir ständig an Grenzen kommen und zugleich die, dass unsere Welt immer noch weiter in irgendeine Grenzenlosigkeit sich hinausdehnt. Immer weiter, ins Große, ins Kleine, ins Komplexe, ins Unscharfe, ins nicht Fassbare, ins Bedrohliche, ins Gleichzeitige, ins Verlockende. Wohin immer.

Es ist die Erfahrung, dass hinter jeder Erklärung der Erklärungsbedarf weitergeht. Dass es immer Wirklichkeiten gibt, die mit unserer Wirklichkeit nicht erklärt sind. Dass es wahrscheinlich ein Irrtum ist zu meinen, wir kämen auf der Suche nach den kleinsten Teilen der Materie irgendwann an irgendeiner anderen Grenze an als eben an der Grenze unseres Verstehens. Die Erfahrung, dass alle Erkenntnis eine wesenhafte Unschärfe enthält. Dass alle Erkenntnis in Andeutungen besteht. Dass alle

Lösungen immer nur für diese Stunde und für meinen Ort, für meinen Umkreis und mein Fassungsvermögen gelten. Dass mir immer wieder nur meine Erfahrung zugänglich ist, nie aber die anderer Menschen oder früherer Generationen oder fremder Kulturen. Dass die Wirklichkeit an jedem ihrer Punkte komplexer ist als das Ergebnis von Wahrnehmung oder Experiment und dass es immer nur Teilaspekte sind, die wir von ihr wahrnehmen. Wir mögen es drehen und wenden, wie wir wollen: Immer werden wir an Grenzen anlangen und immer werden wir vor der Tatsache stehen, dass es jenseits unserer Grenze auf irgendeine Weise weitergeht.

Es gibt aber, jenseits der Stäbe, an denen der Panther seine Schritte entlanggeht, eine Perspektive. Das Wort meint: einen »Durch-Blick«. Es ist das durch nichts zu begründende, mit nichts zu beweisende Vertrauen, dass die Widersprüche unserer Welt in irgendeiner Weise zu einer komplexen Wahrheit »zusammen-fallen«. Es gibt die Perspektive, die Nikolaus von Cues (1401–1464), von dem wir heute auch darüber hinaus eine Menge lernen könnten, als das »Zusammenfallen der Gegensätze in Gott« bezeichnet hat. Er meint das Vertrauen, dass es eine in sich stimmige Wirklichkeit gibt. Das Vertrauen, dass jenseits der Möglichkeiten unseres Verstandes die Rätsel sich lösen, sich aufheben, sich ergänzen. Das Vertrauen, dass Wahrheit – irgendwo und in irgendwem – besteht. Und das kann wohl ein Trost sein für den, der sich vornimmt, das Meer in eine Nussschale, in sein kleines Gehirn, zu fassen.

Die Welt ist eine, und sie ist ein Geheimnis. Es gibt objektiv keine Grenzen, und die vorhandenen Grenzen, die unsere Sinne uns vortäuschen, sind überschreitbar. Die Wände sind dünn zwischen unserer Welt, in der wir leben, und jener andersartigen, in die wir hinüberwechseln, wenn wir sterben. Was man aber übersinnliche Erfahrung nennt, das begegnete mir selbst und das begegnete Menschen, die mit mir verbunden waren und deren Berichten ich trauen konnte, so oft, dass es mir seltsam schiene, wollte man sie leugnen oder diffamieren. Wenn uns das aber klar ist, dann werden wir mit unserer Welt und mit uns selbst anders umgehen als wir es tun.

Wir leben in einer Welt. Wir reden innerhalb der Welt, in der wir leben, von einem religiösen Zusammenhang und lassen ihn uns von der christlichen Überlieferung deuten. Es wird grundlegend wichtig sein, dass wir das, was wir da finden, nicht als zusätzliche Träumerei verstehen, sondern als eine menschheitliche Erfahrung, die sich in Symbolen, Bildern und Ritualen verdichtet hat und die uns heute offen steht. Sie kommt als ein Wort zu uns, sagen wir, und meinen damit: als ein Sprechen von einer Wahrheit, innerhalb derer wir unser Leben führen und führen sollen, damit es am Ende auf die Wahrheit trifft.

Unter Christen nennen wir die Welt »Schöpfung«

43

Der biblische Schöpfungsglaube
in früher Zeit

Es ist selbstverständlich: Alles, was wir Menschen denken, wünschen oder glauben, fassen wir in die Bilder
und Gedanken, die unserer Zeit, unserer Kultur und unserer Situation möglich sind. Auch der biblische Glaube
hatte seine Stunden, seine Schritte und seine Stufen,
und wir selbst nehmen ihn auf als Menschen dieser heutigen Welt und Zeit. Was also die Bibel über die Schöpfung, über die Welt und ihren Schöpfer sagt, ist keineswegs einheitlich. Es ist vielmehr ein über mindestens
zwei Jahrtausende hin allmählich sich entwickelndes
Wissen aus mythischen Anfängen bis hin zu ersten naturwissenschaftlichen Deutungen, das sich in mindestens fünf verschiedenen Fassungen dieses biblischen
Schöpfungsglaubens niedergeschlagen hat, und zwar in
sehr unterschiedlichen Bildern und Gedanken.

   Die ersten Vorstellungen von der Entstehung der Welt
reichen ins zweite Jahrtausend vor Christus zurück,
wenn nicht ins dritte. Es sind Vorstellungen von einem
Drachenkampf, der in der Urzeit stattgefunden habe. In
den Psalmen sind Lieder enthalten, die Gott als den preisen, der »Rahab«, den Drachen der Urzeit, »zerschlagen« habe *(Psalm 89, 11)*, oder der »das Meer spaltete mit
seiner Kraft, zerschmetterte die Köpfe der Drachen im
Meer. Der dem Leviathan die Köpfe zerschlagen hat und
ihn zum Fraß gegeben dem wilden Getier« *(Psalm 74,
13–14)*. Oder wir lesen bei Jesaja »Wach auf! Wach auf!
Mach dich stark, du Arm des Herrn! Wach auf wie vor
alters, zu Anbeginn der Welt! Warst du es nicht, der
die Urschlange zerhauen und den Drachen durchbohrt

hat?« *(51,9)*. Und wenn etwa Jesaja von einer heilvollen Zukunft redet, dann nimmt er die Bilder der Weltentstehung auf und sagt: »Zu der Zeit (das heißt, wenn uns einmal Heil widerfahren wird) wird Gott den Leviathan, die flüchtige Schlange, und den anderen Leviathan, die gewundene Schlange, heimsuchen mit seinem harten, großen und starken Schwert, und wird den Drachen töten, der im Meer ist« *(Jesaja 27,1)*.

Solche Gedanken bewegen sich noch völlig im Raum und Rahmen der altorientalischen Mythologie und sind auf keine Weise Besonderheiten Israels. Denn die Schlange war im Zeitalter des Matriarchats das Symboltier der großen Mütter, und sie stellte ihre Weisheit dar und ihre heilende, heilbringende Kraft. Als im vierten Jahrtausend vor Christus sich die gesellschaftlichen Verhältnisse begannen umzukehren, die Männer die Lebensformen aus der Zeit der Mütter überwanden und selbst die Herrschaft ergriffen, wurden, wie es in Umbruchszeiten immer geschieht, die Symbole des Alten, das man überwinden will, hinabgestuft. Die Mütter wurden zu Hexen, zu Zauberinnen, zu Drachen – wie man heute noch sagt –, die Schlange wurde zum kosmischen Ungetüm, das aus der Tiefe des Meeres und aus der Tiefe der Erde heraufdroht und die Kultur der Erde zerstören will. Und so tritt denn der männliche Gott als Retter auf. Ob man ihn Baal nennt oder Zeus, Marduk oder Jahwe, ist nicht entscheidend. Alle kämpfen gegen niedere Götter, gegen Drachen, Titanen oder sonst irgendwelche Mächte des Bösen. Sie sichern jedenfalls die Herrschaft der Männer auf dieser Erde auch gegen die Macht der Frauen, schaffen eine von Männern entworfene Kultur, spenden Reichtum, befehlen oder gestatten oder segnen Kriege und stabilisieren die Throne der Könige gegen den Umsturz von innen oder die Gefahr von außen. Und niemand sage, solche Vorstellungen prägten

nicht bis zum heutigen Tag die Gottesbilder besonders
von vielen Mächtigen.

Eine spätere Vorstellung spiegelt sich in der sogenannten
Paradiesesgeschichte von *1. Mose 2 bis 3*. Da gibt es keine Götter mehr gegen Gott, und Gott hat keinen Gegner
zu bezwingen. Sie zeigt aber wie die vorige die Auseinandersetzung zwischen der männlich dominierten und der
weiblich geprägten Kultur. Sie war aktuell ungefähr zwischen dem 11. und dem 5. Jahrhundert vor Christus.
Am Beginn dieser »zweiten Schöpfungsgeschichte«
steht nicht das Chaos, sondern kahle, unfruchtbare Erde.
Da sendet Gott einen Nebel, der das Land befeuchtet.
Als die Erde weich und knetbar ist, nimmt Gott Acker-
erde und formt den Menschen. Und irgendwo in der
Wüste pflanzt Gott einen Garten, in den er den Menschen setzt. Flüsse machen das Land fruchtbar. Bäume
wachsen auf. Aus der Rippe des Mannes wird die Frau
gebildet. Der Mensch erhält das Recht, über die Tiere zu
herrschen. Und schließlich wendet Gott sich an den
Menschen: Du darfst von allen Bäumen essen, nur von
dem »Baum in der Mitte des Gartens«, oder von den
Bäumen der Erkenntnis und des Lebens, wie immer wir
das verstehen wollen, nicht.

> »Aber da kam die Schlange und sprach mit der Frau:
> ›Ist das wirklich wahr, dass Gott sagte:
> Es ist kein Baum im Garten,
> von dem euch zu essen erlaubt ist?‹
> ›Von den Früchten der Bäume im Garten‹,
> gab die Frau zur Antwort, ›dürfen wir essen,
> nur von den Früchten des Baums,
> der in der Mitte des Gartens steht,
> sprach Gott: Nicht essen! Nicht anrühren!
> Ihr werdet sonst sterben!‹
> Da sprach die Schlange zur Frau:
> ›Mitnichten! Ihr werdet nicht sterben!

Gott hat es verboten, weil er weiß,
dass euch die Augen geöffnet werden,
sobald ihr davon esst,
dass ihr sein werdet wie Gott
und Gut und Böse unterscheiden könnt.‹
Und die Frau schaute und sah,
dass von dem Baum zu essen gut wäre,
sah ihn, eine Lust für die Augen
und verlockend, weil er Klugheit verlieh.
Da nahm sie von seiner Frucht und aß
und gab auch dem Manne, und er aß.
Da gingen den beiden die Augen auf
und sie wurden gewahr, dass sie nackt waren.
Sie flochten Blätter von Feigen zusammen
und machten sich Schürzen.«

Nach 1. Mose 3,1–7

Nach einem Gespräch, das er danach mit den Menschen führte, vertrieb Gott sie aus dem Garten.

Diese Erzählung hat im Lauf der Jahrhunderte mehrere Fassungen erlebt. Die älteste davon dürfte in langer Vorzeit liegen. Die uns hier noch erkennbare zweite fand ihren schriftlichen Wortlaut vermutlich am Hof Salomos im 10. Jahrhundert vor Christus. Ihre heutige Gestalt gab ihr ein Erzähler während oder nach der Zeit des Exils, das heißt im 6. Jahrhundert vor Christus.

Sie war aber nicht nur ein Märchen, das man sich in friedlicher Runde erzählte, sie war eine Kampfschrift. Ich sprach schon vom »Matriarchat«. Um zu verstehen, was das bedeutet, bedürfen wir eines Umwegs. Wir versetzen uns zurück in die jüngere Steinzeit, das heißt die Zeit vom 8. bis zum 5. Jahrtausend vor Christus, und die Kupfer-Steinzeit, die die Kultur des Nahen Ostens im 4. Jahrtausend vor Christus prägten. Damals dürfte dort noch jene geschichtliche Phase geherrscht haben, die wir die Mutterkultur nennen, das Matriarchat. Wir wissen wenig über die Lebensweisen und die Ordnungen, die das Leben der Menschen damals geprägt haben; wir vermuten nur, dass der Anfang dieser Kultur der Mütter zusammenfällt mit der Entdeckung des Ackerbaus und den Anfängen der Viehzucht, mit dem Beginn fester Ansiedlungen und der Entwicklung des Handwerks, besonders der Töpferkunst. Seit die Menschen jedenfalls den Acker bebauten oder Gärten anlegten, konnten sie sich ansiedeln, wo sie fruchtbare Erde fanden. Dabei scheint sich eine Frauengesellschaft von einer Männergesellschaft getrennt zu haben. Während die Frauen bäuerlich arbeiteten, schweiften die Männerhorden, vielleicht – niemand weiß es genau – jagend durch die Steppen.

Damals scheint den Frauen aufgefallen zu sein, dass die Erde etwas tat, was unter Menschen und Tieren die Mütter taten: nämlich Leben hervorbringen. So erschienen ihnen ihre Götter auch wie große Mütter, die ihre Kinder, die Menschen und Tiere, hervorbrachten und am Leben hielten. Die Menschen bauten seit damals Dörfer und gründeten Städte, erstaunlich schönes Handwerk entstand. Es wuchs allmählich heran, was wir »Kultur« nennen; das Wort bedeutet ja ursprünglich nichts anderes als Ackerbau. Als heilig, als unantastbar in ihren Ordnungen galt damals nicht so sehr ein Tempel, ein Kult oder ein Götterbild, sondern das Dasein als Ganzes, alles, was Leben schuf, was weise machte oder Heilung bewirkte. Wichtig war nicht so sehr der einzelne Mensch, sondern mehr das gemeinsame Bewusstsein eines Clans. Der Tod bedrohte nicht so sehr das Leben des Einzelnen, er war Rückkehr in den Schoß der großen Mutter. Die Menschen wurden darum in »Embryonalhaltung« begraben. Die Erde war der Schoß der Mutter. Wenn sie sich eine Göttin vor Augen stellten, so erst spät als menschliche Gestalt, ursprünglich durch lange Zeiten hin als Busch oder Baum, als Felsen oder

Höhle, als Tier oder als Verbindung mehrerer Tiere, als Stier etwa mit den Pranken eines Löwen, später mit dem Kopf eines Menschen. Sie dachten sich Gott oder Göttin als Inbegriff einer Naturkraft, die der des Menschen an Mächtigkeit weit überlegen war.

Aber dann vollzog sich in der Geschichte der Menschheit eine Wendung elementarer Art, mit deren Folgen wir noch heute unsere Mühe haben. Städte wuchsen zu Zentren immer größerer Ackerbaugebiete. Flüsse mussten reguliert werden. Neue Formen der Organisation wurden notwendig. Die Städte brauchten Mauern, die ihren Reichtum vor schweifenden Nomaden schützen konnten; die Männer mussten zu ihrer Verteidigung bereitstehen. Staaten entstanden später über weite Gebiete hin, Verkehrswege mussten gebaut werden. Das alles erforderte die Sesshaftigkeit auch der schweifenden Männer. Es begann die Kulturphase des Patriarchats, der Herrschaft der Männer, die das Matriarchat allmählich weitgehend ablöste. Dieser Umbruch hatte sein Ziel erreicht, als gegen Ende des 3. Jahrtausends der König der Akkader, Sargon, das erste stehende Heer aufstellte, das nicht mehr dem Schutz der Ansiedlung, sondern der Kriegführung als Angriffswaffe diente, und sofort begann er mit weitreichenden Eroberungskriegen. Es ist deutlich: Wenn ein Militär, das aus Männern besteht, in einer Stadt die Herrschaft hat, können die Frauen sich nur fügen.

Ein Zweites hat vermutlich zu dieser Wende beigetragen. Im Lauf dieser langen Zeit des Matriarchats müssen Männer wie Frauen allmählich begriffen haben, dass die Mütter ihre Kinder keineswegs aus sich selbst allein hervorbrachten, dass sie vielmehr der Mitwirkung eines Mannes bedurften. Die Männer entdeckten ihre Macht. Der Phallus ist von da an das Würdezeichen des herrschenden Mannes. Auf alten Bildwerken erhebt immer wieder ein Mann den Arm mit der Faust, und bis hin zum Zepter neuzeitlicher Könige ist der Phallus das Zeichen der Macht über die Frau. Das reicht auch bis hin zum Minarett, das im Islam aufrecht und steil neben den runden Formen der Kuppeln einer Moschee steht oder zu bestimmten Kirchtürmen. Das Symbol des Phallischen vollendet sich heute in der Rakete und in der ungeheuren Steigerung der Macht, die sie eröffnet. Nun geht aber nichts, das einmal die Geschichte der Menschheit geprägt hat, einfach verloren. Es behauptet sich weiter in schmalerer Gestalt oder in verdeckter Form. Und so blieben auch in der Zeit des Patriarchats neben den Tempeln der mächtigen männlichen Götter die Kultstätten der großen Mütter, der Aschera, der Kybele, der Ischtar, der Hathor, überall erhalten, und sie boten ihre Gottesdienste, ihre Feste und ihre Orakel auch in Israel an. Man feierte unter Bäumen oder in Gärten, in denen Bäume standen, in denen auch Blumen gepflegt wurden wie in den Adonisgärten, oder in denen eine Quelle war, vielleicht auch eine Höhle, in der die Mutter als Herrin über den Mann wohnend dargestellt war, wie wir es bis heute in der Eileithya-Höhle in Kreta feststellen können. Die Bäume spendeten die Weisheit der Mütter und ihre Lebenskraft. Wer dort feierte, durfte von ihnen essen. Ihm wurde gesagt, was seinem Leben dienlich war, und er nahm neue, lebendige Kraft mit nach Hause. Hier fanden auch orgiastische Feste statt. Die Männer suchten den Verkehr mit den dort lebenden Priesterinnen oder ihren Helferinnen, und man feierte die »heilige Hochzeit«. Die Männer nun, die den Glauben Israels an Jahwe, den Gott aus der Wüste, gegen solche Vergöttlichung der Naturkräfte durchzusetzen suchten und die wir Propheten nennen, wurden denn auch nicht müde, die »Hurerei« zu brandmarken, die dort stattfand. Der Garten, das Paradies, die große Mutter und die Erlaubnis zur sexuellen Ausschweifung gehörten für sie zusammen.

Aber wer war die Schlange? Die Schlange lebt in den Löchern und Klüften der Erde, also nahe bei der Mutter, und sie brachte aus der Erde das Leben und die Weisheit zu den Menschen. Sie war heilig, weil sie heilende Kräfte hatte. Im Schlangenheiligtum im Asklepios-Tempel in Epidauros wurde der kranke Mensch durch einen verschlungenen Höhlengang zur plötzlichen Begegnung mit einer Schlange geführt. Sie war es, die ihn heilte. Und noch in der Königszeit Israels stand im Hinnomtal ein Schlangenbild, das Heilung versprach. Aber nun wird die Schlange zur Repräsentantin des Bösen. Die Paradiesesgeschichte sagt also: Geh nicht in die Gärten der Mütter! Iss nicht von ihren Bäumen! Die Schlange meint es nicht gut mit dir! Sie ist dein Feind! Die »Mütter« aber sind »Zauberinnen«.

Aus der Königszeit, also dem 10. bis 6. Jahrhundert vor Christus, wird berichtet: In der Zeit des Rehabeam (10. Jahrhundert) »machten sich die Israeliten Ascherabilder unter allen grünen Bäumen« *(1. Könige 14,23)*. Aschera war die große Fruchtbarkeitsgöttin im syrischen Raum, zu dem auch Israel gehörte. Oder: König Ahab (8. Jahrhundert) »brachte Opfer dar und räucherte ... unter allen grünen Bäumen« *(2. Könige 16,4, auch 2. Könige 17,9–12)*. In jener Epoche fand eine Auseinandersetzung statt zwischen denen, die Israel ausschließlich an Jahwe, seinen Gott, gebunden sahen und von den Israeliten forderten, sie hätten sich von allen Kulten der Mütter fernzuhalten, und denen, die den Gott aus der Wüste und die Mütter des Kulturlandes zu verbinden strebten. Propheten standen gegen priesterlich wirkende Kräfte am Tempel oder sonstwo an irgendwelchen Kultorten. Der Kampf der Propheten gegen diese fremden Kulte aber blieb im Grunde erfolglos, bis es gelang, in der »Sophia«, der weiblich vorgestellten Weisheit(!) Gottes das weibliche Element in die Gottesvorstellung Israels zu integrieren. Das geschah erst vom 3. Jahrhundert vor Christus an.

Die Erzähler der Paradiesesgeschichte machten also aus den Ordnungen und dem Geschehen an den Kultorten der Mütter eine Geschichte von einem Garten, in dem das Unerhörte, der Ungehorsam geschah und die mit der Vertreibung aus dem Garten endete. So drohte Jeremia im 7. Jahrhundert mit der Vertreibung aus dem Land Israel: »Unter allen grünen Bäumen habt ihr Hurerei getrieben« *(Jeremia 2,20)*. »Zum Stein sagt ihr: Du hast mich geboren« *(Jeremia 2, 27)*. Die Judäer »denken an ihre Altäre und Ascherabilder unter den grünen Bäumen. Darum sollen sie aus dem Land vertrieben werden, das ich, Gott, ihnen gegeben habe« *(Jeremia 17,2)*. Dahinter steht die Überzeugung, die Natur sei nicht Gott, und es sei unerlaubt, sie göttlich zu verehren. Gott sei anders, er sei heilig.

Gleichzeitig weissagt Hesekiel Anfang des 6. Jahrhunderts den Untergang Judas und begründet ihn mit der Teilnahme an den Mutterkulten: »Die erschlagenen Judäer werden mitten unter den Götzen liegen, um ihre Altäre her und unter allen grünen Bäumen« *(Hesekiel 6,13)*. Und noch in der Zeit des Exils fordert der dritte Jesaja: »Tretet herzu, ihr Söhne der Zauberin, ihr Kinder des Ehebruchs und der Hure, die ihr bei den Götzeneichen in Brunst geratet, unter allen grünen Bäumen!« *(Jesaja 57,3)*.

Die Strafe für den Aufenthalt in den Gärten der Mütter war die Vertreibung, der Verlust des Landes. Und wenn der zweite Jesaja den Vertriebenen sagt: »Wer auf mich, Gott, vertraut, wird das Land erben und meinen heiligen Berg bewohnen« *(Jesaja 57,13)*, so gibt er seinem gefangenen Volk in der Fremde die Hoffnung, es werde heimkehren dürfen und sein Land wieder in Besitz nehmen – unter der Bedingung, dass es sich an seine Verpflichtung hielte, allein Jahwe, seinem Gott, anzugehören. Denn die Erkenntnis des Guten und des Bösen und das Leben kommen allein von Gott, nicht von den grünen Bäumen.

In der älteren Form also war unsere Geschichte eine Warnung an die Menschen in Israel, sich auf die Kulte der Kanaanäer nicht einzulassen. In der Fassung, die während der Exilszeit geschrieben wurde und die uns heute vorliegt, ist sie eine Deutung dafür, warum Juda in die Fremde vertrieben worden war. Und sie ist zugleich die Drohung, das erneute Fußfassen in der Heimat werde nicht gelingen, wenn nicht eine Umkehr geschehe. Sie gibt zugleich die Hoffnung, wenn Israel diese Umkehr zuwege bringe, werde die Heimkehr gesegnet sein. Zu allen Zeiten aber war die Paradiesesgeschichte eine Kampfschrift um die Israel gegebene wahre Religion.

Sie ist also etwas ganz Anderes als die christliche Theologie aus ihr gemacht hat. Die Christen sahen in ihr ein Drama, in dem es um Sünde allgemein ging, um Erbsünde zumal. Sie beweise die unaufhebbare Verderbnis der menschlichen Natur, ihre Versuchlichkeit und ihre Schwäche dem Bösen gegenüber. Aber davon ist überhaupt nicht die Rede. Zudem liegt unser Problem heute umgekehrt. Wir sind nicht in der Gefahr, Naturkräfte mit göttlichen Funktionen zu versehen, sondern im Gegenteil, für uns hat die Erde zu wenig Heiliges an sich und gerade nicht zu viel. Die Erde ist uns gottlos geworden und ist uns nur noch Material für unseren Verbrauch. Für uns wäre es umgekehrt sehr wichtig und gut, wir begriffen wieder ein wenig von der Heiligkeit der Dinge dieser Erde, der Pflanzen und der Tiere, der Elemente und der Ordnungen, die im Garten Gottes gelten. Dass wir Sünder sind, ist überdeutlich. Aber es wäre gerade für uns Christen gut, wir verstünden uns mehr als bisher als die geliebten und gesegneten Kinder dessen, der Himmel und Erde gemacht hat. Vielleicht würde es uns weniger wichtig, die Erde zu beherrschen, vielleicht würde uns deutlicher, was wir an Zerstörung über die Schöpfung bringen. Vielleicht verlöre unser Machtgebaren der Natur gegenüber doch ein wenig von seinem tödlichen Zwang.

Wenn wir aber fragen, was uns denn Jesus mit seiner Einladung zu seinen Gastmählern sage, dann wird uns schnell klar, dass er uns keineswegs als die Ausgestoßenen ansieht, sondern als die Eingeladenen. Wir sollen kommen und essen. So sagt die Offenbarung: »Wer überwindet, dem will ich zu essen geben von dem Baum des Lebens, der im Paradies Gottes ist« *(2,7)*. Wir sind weder verdammt noch unwürdig. Das Evangelium hat sich endgültig gegen die Kampfschrift aus der Frühgeschichte des Glaubens durchgesetzt.

44

Das Siebentagewerk war eine Revolution

In eben diesem 6. Jahrhundert vor Christus, als die Paradiesesgeschichte ihre literarische Form fand, entstand auch die Schöpfungsgeschichte, die in 1. Mose 1 zu lesen ist, das sogenannte Siebentagewerk. Sie wurde niedergeschrieben ebenso wie jene in einem bestimmten geschichtlichen Zusammenhang, nämlich dem Exil der Judäer in Babylon.

Diese Zeit der Gefangenschaft und der Zwangsarbeit in Babylon war aber für sie nicht einfach nur eine politische und geistige Stunde Null. Es war zugleich jene Schwellenzeit, von der man im kulturgeschichtlichen Sinn gerne und mit Recht spricht, in der es wie ein großes Erwachen und Entdecken rund um die Welt ging. In China wirkten Kungfutse und wahrscheinlich auch schon Laotse, in Indien Gotama Buddha, im persischen Hochland Zarathustra. In den Handelsstädten am Ägäischen Meer erwachte mit den Namen Thales und Heraklit die europäische Philosophie. Aus vielen tausend Jahren des Träumens und des Suchens zog der Mensch an vielen Stellen der Welt gleichzeitig die Summe und fragte bewusst nach einer Wahrheit, die vor seinem erwachten Verstand und seinem selbstständigen Bewusstsein standhalten würde.

In diesem so wichtigen 6. Jahrhundert vor Christus ereignete sich auch der entscheidende Durchbruch im Denken Israels. Im Grunde waren die sechs Jahrhunderte zwischen Mose und der Zerstörung Jerusalems eine Zeit der Vorbereitung gewesen. Im Grunde war Gott für Israel bis zu diesem Zeitpunkt noch immer Lokalgott, Stammesgott, Gott neben anderen Göttern gewesen. Der Durchbruch zur Erkenntnis des einen universalen Gottes geschah im 6. Jahrhundert. Es war einer der großen Grenzübergänge der Weltgeschichte. Es geschah nicht während der Blüte der Königreiche Israel und Juda, sondern nach dem Inferno des Untergangs. Dem aber, was die Judäer nach diesem Untergang erkannten, verdanken wir Dokumente, die zu den großartigsten der Geistesgeschichte gehören, Dokumente, die von ihrer Bedeutung und dem Gewicht ihrer Gedanken her in zweitausendfünfhundert Jahren nichts verloren haben. Sie waren der jüdische Beitrag zum Erwachen des menschlichen Nachdenkens. Man muss sich klarmachen, was diesem Volk von Sklaven in den Ziegeleien Babylons da einfiel: nämlich eine Kampfansage gegen die gesamte mächtige Götterwelt der Babylonier im Namen des menschlichen Denkens und im Namen seiner unvergleichlichen Würde.

Wenn ich mir vorstellen soll, was damals geschah, dann denke ich es mir etwa so, dass da einer der Priester, die unter ihnen lebten, an irgendeinem Abend, nach dem Ende der Sklavenarbeit, sich an die Gefangenen wandte:

»Freunde, ihr könnt nicht recht begreifen, was Gott mit euch vorhatte, als er euch hierher, in dieses Elend, wandern ließ. Ihr verliert langsam die Verbindung mit der Überlieferung eures Volks. Ihr wisst nicht mehr recht, was ihr der Götterwelt und den Ritualen dieser mächtigen Babylonier entgegensetzen könnt. Wisst ihr noch, wer der Gott war, der zu Abraham sprach? Der unser Volk mit Mose aus Ägypten befreit hat? Der David eingesetzt hat? Und der hier bei euch ist? Ich will es euch sagen. Und ich will euch zeigen, was der Unterschied ist zwischen den Spielzeuggöttern der Babylonier und dem Gott, den ihr kennt oder kennen müsst. Ich will euch sagen, wer der ist, der alles, auch die babylonische Macht, auch die Scheingötter von Babylon, in der Hand hat, aus dessen Hand alles hervorgegangen ist, was besteht, was lebt, was um euch her und was in euch selbst ist.

Hört zu! Im Anfang schuf der Gott, den eure Väter bezeugt haben, den Himmel und die Erde.

Nichts war vor ihm, auch nicht das Chaos. Im Anfang war die Welt, die er schuf, wüst und leer, über der unendlichen Wassertiefe war Finsternis, und der Geist schwebte über dem Wasser. Unten war nicht der Drache, sondern Wasser, und oben der Geist Gottes, nicht Marduk, der Himmelsheld, der den Drachen besiegt habe, wie die Babylonier behaupten. Es war einfach Wasser. Und es bedurfte nur eines Worts von Gott, dass die

Welt sich bildete. Da sprach Gott: Es werde Licht! Es
werde Klarheit. Es werde eine Welt, die keine Kluft
kennt, keine finsteren Geheimnisse, keine Abgründe
und keine in ihnen hausenden Mächte. Es werde alles
klar bis auf den Grund. Das war der erste Tag.« Ich höre
den Priester weitererzählen und versuche, mir vorzustellen, was er gesagt haben könnte. Der Leser hört also
dabei meine Stimme.

Um Licht zu schaffen aber brauchte Gott weder die
Sonne noch den Mond. Sonne und Mond sind, wie die
Babylonier behaupteten, Götter. Schamasch, die Sonne,
ist der Name des Sonnengottes. Nana, der Mond, ist der
Name des Mondgottes. Sie tauchen erst später auf und
werden als Lampen am Himmel befestigt, weil der
Mensch seine Zeit ordnen soll nach Tagen und Jahren.
Man mache sich klar, was für eine gefährliche Aufleh-
nung gegen die Macht Babylons es bedeutete, den Son-
nen- und den Mondgott als »Lampen« zu bezeichnen.

Und Gott sprach: Ein Gewölbe soll entstehen zwischen den Wassern und sie trennen, ein fest gehämmer-
tes, das wir heute noch das »Firmament« nennen. Und
er nannte das Gewölbe Himmel. Es gab ja Völker, die
sich vorstellten, der Himmel sei eine Frau, etwa die Göttin Nut der Ägypter, die sich freundlich über die Erde
beugte. Aber der Himmel ist eine Schale. Die Schale
muss durchscheinend sein wie Alabaster. Und über ihr
muss Wasser sein. Warum sonst wäre der Himmel blau?
Und so bekommt der Mensch einen Lebensraum zwischen den Urwassern, geschützt durch das Firmament.
Das war der zweite Tag.

Ihr erinnert euch an die alte Geschichte. Da sprach
Gott durch den Mund des Mose, und die Wasser trenn-
ten sich. Die Väter gingen auf dem Grund des Meeres
durch das Wasser. Wenn Gott will, trennt er auch die
Wasser des Euphrat, der uns den Weg in die Heimat ver-

sperrt, und wir gehen unseren Weg ungehindert, wohin immer Gott uns führen will. Das bedeutet der zweite Tag der Schöpfung.

Und Gott sprach: Es sammle sich das Wasser unter dem Himmel an besondere Orte, so dass man trockenes Land sieht. Und es geschah so. Gott nannte das Trockene Erde, die große Wasserfläche nannte er Meer, und er sah, dass es gut war. Er nannte das Wasser nicht den »großen Richter« wie die Babylonier und die Erde nicht die »Große Mutter«. Er gab ihnen ganz einfach den Namen Meer und Land. Aber wenn ihr sagt: Sie sind nur Meer und Land, dann habt ihr nur die halbe Wahrheit. Denn Meer und Land sind nicht nur Geschöpfe dieses Gottes, sondern auch sein Ort. Wer durchs Meer geht, wer über das Land wandert, ist in Gott. Gewiss, das Meer ist schlichtes Wasser. Aber es ist mehr, denn Gott ist im Meer, er ist über dem Meer, und das Meer ist sein Kleid oder sein Werkzeug. Nehmt Gott weg, und das Meer ist nicht mehr das große Wasser, es versinkt ins Nichts.

Dann sprach Gott: Die Erde lasse Gras und Kraut aufgehen, das soll seinen Samen bei sich tragen. Wir brauchen also nicht die Götter zu versöhnen, damit etwas wächst, und nicht die Große Mutter zu verehren. Gott sprach: Fruchtbare Bäume sollen wachsen, und jeder Baum soll in seinen Früchten die Samen tragen, aus denen neue Bäume werden. Ihr könnt weiter gehen als die Babylonier und könnt ihnen zeigen, wie sehr sie der Aufklärung, der vernünftigen Deutung der Dinge, bedürfen, und sagen: Bäume sind nicht Götter, sondern schlichtes Holz. Aber das wäre nur die halbe Wahrheit. Denn in diesen Bäumen wirkt der schaffende Gott. Sie sind sein Werk. In ihnen ergeht sein Wort. Denn in allem Werden und Wachsen spricht Gott, und wenn Gott nicht spricht, dann wird nichts. Und wenn wir heute fürchten, wir seien ein abgeschlagener Baum oder verdorrtes Gras, dann liegt es in der geheimnisvollen Freiheit Gottes, sein Wort zu sprechen, wenn er will. Der Baum schlägt wieder aus, das Gras wächst nach, und unsre Leiden bringen ihre Frucht. Und so wurde der dritte Tag.

Und Gott sprach: Lichter sollen am Gewölbe des Himmels aufleuchten, die sollen zwischen Tag und Nacht scheiden und Zeichen geben für Tage und Jahre. Sie sollen als Lampen am Himmel hängen und die Erde erhellen. Er machte zwei Lichter: ein großes für den Tag, ein kleines für die Nacht, dazu die Sterne.

Vielleicht schaudert euch bei dem Gedanken. Aber der große Mondgott Sin der Babylonier ist eine Lampe, die leuchten soll. Der große Sonnengott Schamasch ist nur eine Lampe. Die Babylonier werden euch totschlagen, wenn ihr das sagt. Aber es gilt. Wenn ihr nun jedoch sagt: Sonne, Mond und Sterne sind nichts als Lampen, dann seid ihr nur einen Schritt gegangen. Denn Sonne und Mond sind Geschöpfe in der Hand Gottes. Wer für das Licht der Sonne dankt, dankt dem Gott, in dem die Lichter des Himmels sind – oder der in den Lichtern ist. Und so wurde der vierte Tag.

Und Gott sprach: Es wimmle das Wasser von lebendigen Tieren, und Vögel sollen unter dem Gewölbe des Himmels fliegen. Er schuf große Wale und alle Tiere, die im Wasser leben, und die gefiederten Vögel, ein jedes nach seiner Art. Und Gott segnete sie und sprach: Seid fruchtbar und mehret euch. Füllt das Meer, und die Vögel sollen sich auf der Erde mehren. So ging der fünfte Tag zu Ende. Und Gott sprach: Auch die Erde bringe lebendige Tiere hervor, Vieh, Kriechtiere, Feldtiere, jedes nach seiner Art! Tiere, die wimmeln, die fliegen, die sich mehren und mit Fruchtbarkeit ausgestattet sind, ein jedes nach seiner Art. Genau abgegrenzt nach ihren Arten. Er schuf also nicht jene schaurigen Monstren, die man hierzulande aufstellt und verehrt: Stiere mit Menschenköpfen, Schakale mit Löwenpranken und Schlangenhälsen. Nein, ein jedes nach seiner Art. Und diese Tiere sind Tiere, sonst nichts. Sie sind nicht Träger einer geheimnisvollen, göttlichen Macht. Sie wollen nicht angebetet sein. Sie sind liebenswert, weil Gott sie liebt, Wesen in Gottes Garten, der Obhut des Menschen anvertraut.

Das Geheimnis aber wird am dichtesten bei uns selbst, denn Gott sprach: Ich will Menschen machen, ein Bild, mir gleich. Die sollen verantwortlich sein für die Fische im Meer und für die Vögel unter dem Himmel und für das Vieh und alle Feldtiere und alles Gewürm. Und Gott schuf den Menschen ihm zum Bilde als Mann und Frau. Und Gott segnete sie und sprach: Seid fruchtbar, mehrt euch und füllt die Erde.

Ihr könnt den Babyloniern sagen, der Mensch sei mehr, als sie meinen, er sei ein Mensch. Ein Wesen mit einem eigenen Recht und einer eigenen Freiheit. Der Mensch sei kein Sklave und kein Massenwesen, das man leben lassen oder auch auslöschen könne. Er sei kein militärisches oder politisches Material, mit dem man operieren oder das man vernichten kann. Der Mensch sei ein Mensch. Aber selbst, wenn sie das begriffen hätten, wären sie immer noch auf dem halben Weg stehen geblieben. Denn der Mensch ist zu mehr bestimmt als zu dem, was er dem Urteil der Vernunft und der Humanität nach ist. Er ist mehr, als er selbst weiß. Er ist dazu bestimmt, Gott gegenüberzutreten und sein Licht zu spiegeln. Er ist dazu bestimmt, in sich selbst hineinzudenken und dort dem Geheimnis Gottes ebenso zu begegnen wie draußen, wo er mit Sonne oder Meer, Pflanze oder Tier zu tun hat. Er ist selbst ein Wort Gottes, und so hört und sieht er, was Gott ihm sagen oder zeigen will, und wird zum Werkzeug, mehr: zum

Mitarbeiter, zum Mitwirkenden im schaffenden und wirkenden Gott. Und so wurde der sechste Tag.

Aber nun ist Gott nicht nur der Wirkende. Nicht nur der Tätige. Er ist vielmehr der Gott, der einfachhin ist, der in sich ruht. Himmel und Erde sind vollendet, und Gott feiert am siebten Tag sein Werk. Er segnet ihn und macht ihn heilig, und der Mensch, der sein Bild ist, ruht an diesem Tag in Gott.

Die Woche der sieben Tage, in einem Erkenntnisakt von unglaublicher Überlegenheit entdeckt, gehört bis heute zu den großen Leistungen des freien Menschen. Singen, Sagen und Erkennen geben dem Werk seinen Sinn. Und wenn der Jude am Sabbat die heilige Schrift studiert, weist er damit darauf hin, dass der Mythus, der die Menschen beherrscht hatte, seine Macht abgab und Sprache geworden ist, Sprache des redenden und wirkenden Gottes. Er zeigt damit, dass der Mensch Gott gegenüber sozusagen gemeinschaftsfähig geworden ist, ein freies, selbstständiges Wesen, das hört und zu antworten vermag und das die Ehre weder sich selbst noch seinem Werk gibt, noch auch irgendeinem von Gott geschaffenen Wesen, sondern dem großen, geheimnisreichen Gott allein. Das bedeutet der siebte Tag.

Das wehrlose und rechtlose Volk der Gefangenen unternahm also das Unerhörte: die Staatsreligion der herrschenden Großmacht zu demontieren und an ihre Stelle den Glauben an den einen souveränen Gott zu setzen. Es demontierte damit zugleich eine ganze Welt von Mythologie und suchte an ihrer Stelle eine schlichte, aus entgöttlichten Dingen bestehende, aber von dem einen Gott geschaffene und durchwirkte Welt.

Es ist kaum zu glauben. Da endet ein Volk – wie heutige Marxisten sagen würden – auf dem Misthaufen der Geschichte und weiß das. Und dann steht einer auf und sagt: Dies ist kein Ende. Dies ist kein Misthaufen der Geschichte. Dies ist eine gute Zeit zum Nachdenken, Sicherinnern, Sichändern, zum Einüben von Vertrauen und Gelassenheit, zur Korrektur von Fehlern und eine große Chance zu einem neuen Anfang.

Das Exil hat sich als die große Stunde in der Geschichte Israels erwiesen. Aus ihm ging das Judentum recht eigentlich hervor, lebensfähig bis heute in seiner unerklärlichen geistigen und religiösen Kraft. Der Mensch erhob sich, der, als Partner Gottes angeredet, seine Freiheit gewann und die Fähigkeit zur Freude am Reichtum dieser sprechenden Schöpfung, vor allem fähig zur Verantwortung.

45

Weisheit ist Leben nach einem universellen Gesetz

In den Jahrhunderten danach gab es einen weiteren Schritt, auf dem die patriarchalische Einseitigkeit eine entscheidende Korrektur erfuhr. Was war mit dem weiblichen Aspekt in Gott, wenn doch Gott nicht Mann oder Frau, sondern Gott ist?

Der Anfang einer solchen Korrektur lag schon im Siebentagewerk. Das beginnt: Und der Geist Gottes brütete über der Wasserfläche. »Geist« ist im Hebräischen weiblich. Und dieser Geist tut das, was das weibliche Tier unter den Vögeln tut, er – oder sie – brütet, so dass die Welt wie ein Jungtier aus einem großen Ei hervorgeht. So sprachen die Judäer des 4. bis 2. Jahrhunderts vor Christus von der Weisheit Gottes so, als wäre sie ein eigenes Wesen neben Gott oder doch mindestens eine besondere Form der Offenbarung Gottes oder ein Aspekt Gottes. Und insgeheim liegt in diesem Weiterdenken des Judentums ein Versuch, das Weibliche aus der Verdammnis, aus der Gefangenschaft in seinem negativen, verschlingenden, tötenden Aspekt zu befreien. Indem das Siebentagewerk nicht mehr vom Drachen, sondern schlicht vom Wasser sprach, über dem Gott sein Werk tat, begann die Erlösung. Indem aber nun später die Weisheit auftritt, wie sie – wie ein kleines Mädchen, ein Kind – vor Gott spielt und sich die Welt einfallen lässt *(Sprüche 8,30)*, erscheint zugleich das Bild eines Gottes, der der Aufspaltung in männliches und weibliches Geschlecht enthoben ist.

Was in der ältesten Zeit als Kampf vorgestellt wurde, als tödliche Auseinandersetzung zwischen einem Gott und einem Untier aus der Tiefe, einem Drachen, das wandelt sich in ein freundliches, schöpferisches Spiel. So schließt der *Psalm 104* seinen Hymnus auf die Schönheit und Sinnfülle der Schöpfung mit den Worten:

> »Wie unendlich reich sind deine Werke!
> Da ist das Meer, so groß, weit und breit,
> ein Gewimmel von Tieren groß und klein,
> es ist nicht zu zählen.
> Schreckensgestalten wohnen in seiner Tiefe –
> die hast du gemacht, um mit ihnen zu spielen.«
> *Psalm 104, 24–26*

Das ist das Ende der weltbedrohenden Drachen: Sie sind keine Schreckensgestalten, vor denen der Mensch sich fürchtet, sie sind freundlicher Natur, Wesen, mit denen Gott spielt als mit seinen Kindern. Die ganze Weltentstehung ist ein Spiel, der Urknall ist ein Spiel Gottes mit den Möglichkeiten, denen er zu ihrer Verwirklichung helfen will. Der gekrümmte Raum, ein Stück Phantasie der vor Gottes Füßen spielenden Weisheit, das unendli-

che Universum – Spielplatz für die Myriarden Welten-
inseln. Ein kosmischer Tanz das Ganze, das Energiegestöber in der Welt der Quarks, von einem Kind fröhlich
hinausgewirbelt in der Erwartung, es werde sich etwas
daraus bilden, an dem es sich danach freuen könne. Es
ist eine unerhörte Leichtigkeit in einer solchen Vorstellung von der Entstehung und dem Werden der Welt. Und
eine ergreifende Schönheit. Ein einziges großes Ja.

Wenn sich nun der Mensch seine Gedanken darüber
macht, wie er diesem Spiel der Schöpfung mit seinen eigenen Gedanken und Einfällen antworten könne, so,
dass ihm sein Leben gelinge, so entsteht, was die jüdische Literatur der Zeit vor Jesus die »Weisheit« nennt.
Die Lebendigkeit der Dinge und die Einsicht des Menschen zusammen machen das Dasein aus, das sinnvolle
Menschenleben. So lesen wir in dem »Gebet Salomos«
aus jener Zeit:

>»O gütiger Gott meiner Väter,
> der du alle Dinge durch dein Wort gemacht
> und den Menschen weise bereitet hast,
> dass er herrsche über deine Geschöpfe,
> dass er die Welt regiere
> mit Heiligkeit und Gerechtigkeit
> und mit wissendem Herzen ordne.
> Gib mir die Weisheit, die bei dir auf deinem Thron ist;
> denn ich bin dein Knecht und deiner Magd Sohn,
> ein schwacher Mensch und kurzen Lebens
> und weiß nicht genug vom rechten Weg
> und von der rechten Ordnung meines Lebens.
> Denn welcher Mensch weiß Gottes Rat?
> Oder wer kann denken, was Gott will?
> Der sterblichen Menschen Gedanken
> sind ungewiss und unsre Pläne sind gefährlich.
> Der sterbliche Leib beschwert die Seele
> und die irdische Hütte drückt den zerstreuten Sinn.

Wir treffen kaum, was auf Erden ist,
und finden nur schwer, was unter den Händen ist.
Wer will denn erforschen, was vor Gott Recht ist?
Wie soll einer deine Weisung erfahren?
Nicht anders, als dass du Weisheit gibst
und sendest deinen heiligen Geist aus der Höhe,
dass richtig werde das Leben auf Erden,
dass die Menschen lernen, was dir gefällt,
und durch die Weisheit errettet werden.«
Weisheit Salomos 9, 1–19

Niemand sage, damit sei in unserer heutigen Welt nicht ein zentrales Thema getroffen. Der Anfang der Weisheit liegt dort, wo ein Mensch damit Ernst macht, dass Gott ist, dass er Ordnungen gab, dass er hinter seinen Ordnungen unerbittlich steht und dass der Verstoß gegen diese Ordnung sich gegen ihn selbst, den Menschen richtet. Der Weise sucht nach den Gedanken Gottes im Bauplan seiner Welt. Er findet sie im »Gesetz«. Denn der Weg, den das Gesetz ihm anweist, führt mitten durch diese Welt. Diese Welt aber ist liebenswert. Liebevolles Wissen auf dem Grund der Gewissheit ist Weisheit.

Aus der Grundordnung der Welt entsteht zunächst die klassische Formel der Zehn Gebote, die dem gilt, der mit Gott leben will, und die das gemeinsame Leben zwischen Gott und seinem Volk bestimmt. Wo dieses gemeinsame Leben angefangen hat, da ist aber etwas Anderes als nur Moral, da ist Gottesdienst, da sind Lobgesang und Anbetung, Opfer und kultische Feier geordnet nach Gottes Willen. Das kultische Gesetz des Alten Testaments ist Gottes Gesetz wie nur irgendeines der Zehn Gebote, und darum ist Weisheit nötig, wo Menschen einen Gottesdienst ordnen, wo sie sein Wort und seinen Willen verkündigen, wo sie das Volk zur Anbetung anleiten. Wiederum freilich hat die Ordnung des geistlichen

Lebens nur solange ihren rechten Sinn, als sie Teil eines nach Gottes Gesetz geordneten Lebens überhaupt ist. Denn auch Waisen und Witwen zu schützen, Recht zu sprechen und Rechtsordnungen zu erhalten, ist Gottes Gebot. Und noch weiter: Gottes Gesetz reicht auch dorthin, wo Recht und Gerechtigkeit in den Händen einzelner Menschen liegen. Auch die Praxis des Kaufens und Verkaufens hat ihre Maßstäbe, und die Maßstäbe sind von Gott. »Rechte Waage und Gewicht sind vom Herrn und alle Pfundgewichte im Sack sind sein Werk« *(Sprüche 16, 11)*.

Noch einen Schritt weiter: Politische Weisheit beginnt dort, wo einer die Gesetze verstanden hat, die Gott dem Werden, Wirken und Untergehen von Völkern zugrunde gelegt hat und wo einer dementsprechend damit anfängt, im Innern des gemeinsamen Lebens in einem Volk nach Gottes Ordnung etwas Gerechtes zu tun. Ähnlich ist jede wirkliche Ordnung, die der Mensch in seiner Welt vorfindet, Gottes Gesetz. Wir reden etwa von Lebensgesetzen, das heißt, wir machen bestimmte Erfahrungen, und die Erfahrungen wiederholen, bewähren und befestigen sich, bis deutlich ist: Hier ist ein Lebensgesetz, das man in ein Sprichwort fassen kann: »Wer Pech anfasst, dem klebt es an der Hand, und wer mit dem Spötter umgeht, der nimmt seine Art an« *(Sirach 13, 1)*. »Es hat alles seine Zeit, und alles Vornehmen unter dem Himmel hat seine Stunde« *(Prediger 3,1)*. Wer klug ist, nimmt solche Regeln ernst. Denn diese Gesetzmäßigkeiten macht er nicht selbst. Er findet sie vor. Sie sind stärker und beständiger als er. Und gerade sie sind dem Leben hilfreich. Sie machen es zuverlässig. Weil es sie gibt, hat es einen Sinn, Erfahrungen zu sammeln. Weil es sie gibt, kann der Mensch seinen Schritt überlegt setzen und ihn verantworten. Der Spötter ist darum etwa ein Mensch, der sagt: »Was gehen mich solche Lebensgesetze an? Ich kann

Gruben graben, ich werde nicht hineinfallen. Ich tue, was ich will und wann ich es will.« Er ist zudem ein Narr. Denn wer das Gesetz Gottes verachtet, der wird, so sagt die Bibel, sein Leben verlieren.

Aber nicht nur die Welt der Menschen, auch die Welt der Dinge, der Tiere oder der Sterne ist in allen Schichten gestaltet und geordnet nach Gottes Gesetz. Wie wunderbar, dass der Regen zu seiner Zeit kommt, dass die Sonne weiß, wo sie untergehen, und der Storch, wann er wiederkommen soll! Dass der Erdboden feststeht, dass das Jahr seine Zeiten und Tag und Nacht ihre zuverlässigen Ordnungen haben. Wie wunderbar, dass das Wasser seine bestimmten Orte hat, dass ein See in der Talsenke bleibt, die ihm zugewiesen ist, und nicht das Land überläuft. Wir sagen heute: Das Gesetz der Schwere sorgt dafür. Aber wir haben damit nichts anderes getan als einem Gesetz Gottes einen physikalischen Namen gegeben. Die Christenheit hätte, so ist zu vermuten, zu den Anfragen, die Naturwissenschaft und Technik heute an sie richten, mehr und Begründeteres zu sagen, wenn sie das periodische System oder die Gesetze der Undurchdringlichkeit, der Kausalität, der Beharrung, die Gesetze der Vererbung oder den Satz des Pythagoras mit meinte, wenn sie vom Gesetz Gottes redete. Das meint Sirach, wenn er den Beruf des Arztes in der von Gott geordneten Beziehung zwischen dem Leib des Menschen und dem Wachstum der Pflanze begründet sieht.

Was wir organisch nennen, im leiblichen oder übertragenen Sinn, das würde der Weise des Alten Testaments »von Gott geordnet« nennen. Denn ihm war die Natur nicht ein allgemeiner Begriff, sondern der Vordergrund einer von Gott unendlich weise geordneten Welt und ihrer Gesetze. »Lehre uns unsere Tage zählen, damit wir ein weises Herz einbringen«, sagt der 90. Psalm und

meint das Gesetz der Begrenzung, das Gott dem Menschenleben auferlegt hat und in dessen Rahmen der
Menschenwille gehorsam zu sein hat. Aber auch das ist
sinnvoll, und wir müssen einmal den Jubel gehört haben, der im Psalm 1 laut wird darüber, dass das Menschenleben gelingen kann:

> »Wohl dem Menschen,
> der Freude hat am Gesetz Gottes
> und über sein Gesetz nachsinnt Tag und Nacht.
> Der ist wie ein Baum,
> gepflanzt an Wasserbächen,
> der seine Frucht bringt zu seiner Zeit
> und dessen Blätter nicht welken.
> Alles, was er tut, gerät ihm wohl.«
> *Psalm 1, 2f*

Der Psalm 1 sagt: Es gibt die Möglichkeit zu stehen wie
ein Baum an einem Wasserbach, Frucht zu bringen, zum
Ziel und zur Reife zu kommen. Das Gesetz Gottes ist es,
das mir dieses sinnvolle, standfeste und fruchtbare Leben öffnet. Was wäre ich ohne die Treue Gottes, die mir
in seinem Gesetz das Leben anbietet? Spreu, die der
Wind verstreut. So aber stehe ich, so weiß ich, so bin ich
gewiss. So entsteht an der Stelle, an der ich stehe, Gerechtigkeit. So wird Frieden.

46

Der »kosmische Christus«
steht für die Würde der Schöpfung

Eine letzte Gestalt des biblischen Schöpfungsglaubens finden wir im Neuen Testament. Dort wird Jesus im Anschluss an die Bildersprache der Weisheitsliteratur als die »Weisheit Gottes« bezeichnet. Das heißt: Er rückt in die Rolle jener Weisheit ein, die als Kind Gottes gilt und die zu seinen Füßen spielt, mit der Erfindung der Welt beschäftigt *(Kolosser 2,3 und öfter)*. So bezeichnet auch Jesus selbst sich bei Matthäus und Lukas als »die Weisheit«. Und Paulus schreibt: »Wir schildern den Juden wie den Griechen gegenüber Jesus als ›Gottes Weisheit‹« *(1. Korinther 1, 24)*.

So beginnt auch das Evangelium des Johannes mit dem tiefsinnigen Hymnus, der an die erste Zeile des Siebentagewerks anschließt, und den wir (vorsichtig auslegend) ein wenig erweitern dürfen:

»Im Anfang war das Wort.
Das Wort war bei Gott,
und Gott war das Wort.
Nicht Zufall, nicht blinde Kraft
brachten die Welt hervor.
Im Anfang war Gottes Geist.
Denkend. Gestaltend. Liebend.
Im Anfang schuf Gottes Geist Himmel und Erde.

Gott sprach: Es werde Licht!
Und es ward Licht.
Gottes Geist wurde sichtbar an Himmel und Erde.
Gottes Geist wurde fassbar
in der Welt und ihrer Ordnung.
Gottes Geist nahm Gestalt an,
und die Welt wurde schön.

Am Anfang war schaffende Kraft.
Am Anfang war gestaltender Wille,
am Anfang war klarer, lichtvoller Geist,
und es wurde eine Welt voll schaffender Kräfte,
voll gestaltender Energien,
voll klarer, sinnvoller Ordnungen.

Aber das Wort war nicht nur am Anfang.
Es ist noch immer die schaffende Kraft,
das heimliche Wesen der Dinge.
Im Wort, das Gott spricht, ist das Leben,
und das Leben ist das Licht, in dem wir stehen.
Er, Christus, ist das Licht,
das uns allen leuchtet.
Er war in der Welt,
die Welt ist durch ihn gemacht.
Er kam in sein Eigentum,
und die Seinen nahmen ihn nicht auf.
Die ihn aber aufnahmen,
die machte er zu seinen Kindern,
nicht aus menschlichem Willen wurden sie es,
sondern aus seiner Kraft.
Das Wort wurde ein Mensch und wohnte unter uns,
und wir sahen die Herrlichkeit,
die der Sohn hat vom Vater,
voller Gnade und Wahrheit.
Und aus seiner Fülle
haben wir alle empfangen Gnade um Gnade.«
Johannes 1,1–16

Im 8. Kapitel des Römerbriefs spricht Paulus von der sehnsüchtigen Hoffnung der Kreatur auf Erlösung, auf Freiheit. Er meint, wir Menschen, die durch Christus frei geworden seien, hätten nun die Aufgabe, allen Pflanzen und Tieren, allen Elementen, allem, was geschaffen ist bis hin zu unserm ganzen Erdball, diese Freiheit zu geben oder doch mit ihnen allen zusammen auf die Zeit zu hoffen, in der Gott ihnen diese Freiheit zugedacht hat.

So kann Paulus auch all das ins Auge fassen, was es an dunklen Mächten in der Schöpfung geben mag, an dämonischen Kräften aus irgendeinem Untergrund der Welt, und sein Siegeslied singen:

»Ist Gott für uns,
wer will wider uns sein? ...
Ich bin gewiss, dass weder Tod noch Leben,
weder Boten des Abgrunds, weder Zufall noch Schicksal,
weder das Unheil von heute
noch die Gefahr von morgen,
weder Gewalten der Erde noch Mächte in den Sternen,
weder was am Himmel ist noch in der Tiefe,
noch irgendeine Macht,
die doch geschaffen ist von Gott,
uns scheiden kann von der Liebe Gottes,
die uns begegnet ist in Christus.«
Römer 8,31–39

Was das Neue Testament tut, ist dies, dass es an die Stelle, an der wir auf den uns unbekannten Schöpfergott hinschauen, die uns bekannte Gestalt des Jesus Christus stellt und dass die Sprecher und Schreiber des Neuen Testaments das, was sie über Gott sagen wollen, auf dem Wege sagen, dass sie von Jesus Christus reden.

Wenn nun freilich eine geistige Bewegung im Laufe ihrer Geschichte auf eine andere Bewegung trifft, die ihr ähnlich zu sein scheint, die ihr darum gefährlich werden kann und mit der sie sich auseinander zu setzen hat, dann pflegt ein doppelter Effekt einzutreten: Auf der einen Seite wird sie Gedanken vom historischen Gegner übernehmen. Sie wird gedankliche Felder des Anderen mit besetzen, um nicht ärmer zu erscheinen als sie sein möchte. Es wird zum Austausch kommen. Auf der anderen Seite wird sie ihr Eigenes und Unverwechselbares zu schützen versuchen, indem sie es auf besondere

Weise hervorhebt; die Stellen, an denen sie sich vom Gegner unterscheidet, werden wichtiger, und sie werden herausfordernder formuliert.

So doppelt erging es der Wanderbewegung, die sich nach Jesu Tod auf den Weg machte in die umgebende Welt und Kultur und die wir das Urchristentum nennen, als sie dabei auf die weit verbreitete spätantike Gnosis traf. Viel, sehr viel, das wir im Neuen Testament lesen, ist ein Ausdruck der langanhaltenden Auseinandersetzung mit den vielen gnostischen Gruppen in Ägypten, im Nahen Osten und im griechisch-römischen Europa. Der Kern dieser Auseinandersetzung lag in der Frage, wie denn die Welt zu beurteilen sei und das Dasein der Menschen in dieser Welt.

So trafen Christen in Ägypten auf gnostische Gruppen, entdeckten eine gewisse Ähnlichkeit von fremden und eigenen Vorstellungen, und es entstanden gnostische Christengemeinden wie die, die in der vor einigen Jahrzehnten entdeckten Literatur von Nag Hammadi erkennbar werden. Andererseits formulierte sich die parsistische Religion in der gnostischen Großkirche der Mithrasreligion neu, und diese Gnosis, die im 3. Jahrhundert ebenso stark war wie das Christentum, wurde zum mächtigsten Gegner. Unzählige verschiedenartige gnostische Gruppen, die zum Teil auf antike Mysterienkulte wie die Orphik oder die eleusinischen Mysterien zurückgingen, lebten in den Städten, in die die christlichen Missionare kamen, und schon Paulus hatte alle Hände voll zu tun, um die neu entstehenden christlichen Gemeinden von gnostischem Einfluss freizuhalten. Im Jordantal entstand aus der Taufbewegung Johannes des Täufers eine gnostische Bewegung, die sogenannten Mandäer, mit der später vor allem die Gemeinden zu tun hatten, die hinter dem Evangelium des Johannes standen, und diese Mandäer sind heute noch im Nahen

Osten anzutreffen. In Bagdad hatte ich eine schöne Begegnung mit einem Goldschmied, der dieser gnostischen Gruppe angehörte. Ziehen wir das im 4. Jahrhundert vorliegende Fazit, wie es sich etwa im christlichen Dogma zeigt, so wird es eine lange Reihe von Glaubensinhalten sein, die aus dieser Auseinandersetzung hervorgegangen sind und mit denen wir heute unsere Mühe haben.

Aber was war nun das Charakteristische, das die Gnosis in die damalige Welt gebracht hat? Es war zunächst eine scharfe Zweiteilung der Welt, eine Teilung in Licht und Finsternis. Unsere Welt, in der wir leben, so stellte man sich vor, ist eine finstere, tödlich gefährliche Unterwelt, eine Macht des Bösen. Diese untere Welt, die sublunare, die Welt unter dem Mond, hat nicht Gott geschaffen, sondern ein böser Untergott, der Demiurg. Ihr steht die obere Welt gegenüber, das Reich des Lichts, von Gott geschaffen, dem Vater, für die Christen dem Vater Jesu Christi. Der Mensch selbst ist herabgefallen aus der oberen Welt in die untere wie in ein Gefängnis und hat sich hier vorzubereiten auf seinen Wiederaufstieg in die obere Welt. Der Weg dorthin ist die Bemühung um Erkenntnis. »Gnosis« heißt Erkenntnis.

Unter den der Gnosis nahestehenden Christen sagte man: Christus kam aus dieser höheren Welt. Aber er wurde kein Mensch. Er schien nur ein Mensch zu sein. Sein eigentliches göttliches Wesen ging nicht in die Welt ein, sondern blieb in der scheinbaren Hülle eines Leibes unangetastet. Er wurde auch nicht gekreuzigt, sondern stieg vor seinem Tod zum Himmel auf. Er hinterließ den Menschen seinen Geist, damit sie ihren eigenen Aufstieg zum Himmel während ihres Lebens vorbereiten konnten.

Wenn nun also die Gnosis die niedere Welt als eine aktiv böse Kraft sieht, die Materie als dunklen Träger einer gottfeindlichen Macht, so wird zum Beispiel begreiflich, dass die Kirche ein Glaubensbekenntnis schuf, das an erster Stelle betont, Gott der Vater, der Allmächtige, habe nicht nur den Himmel, sondern auch die Erde geschaffen.

Diese Auseinandersetzung lebte noch einmal im frühen Mittelalter auf. Mit der Bewegung der Katharer Südfrankreichs trat damals eine starke gnostische Kraft auf, deren Gedanken vermutlich im Zusammenhang mit der Mithrasreligion der Spätantike stehen. Bei ihr drückte sich der Widerwille gegenüber der bösen unteren Welt darin aus, dass viele unter ihnen auf Kinder verzichteten und die Endura, den freiwilligen Hungertod, wählten, um dieser Welt zu entkommen. In ihren Kreisen tauchte vermutlich die Sage vom heiligen Gral zum ersten Mal auf, ehe sie sich mit dem Lohengrin- und dem Parzival-Sagenkreis verband. Der Gral war Symbol einer Vollkommenheit, die nur Erwählte und Vollkommene begreifen und erreichen. Die älteste Fassung der Gralsage datiert aus der Zeit, ehe die Katharer in Frankreich untergingen. Asketische Bewegungen des Mittelalters haben immer wieder ähnliche Gedanken aufgenommen, und was wir die Leibfeindlichkeit nennen, die dem Christen eigen sei, hat so jedenfalls von der Bibel aus keine Berechtigung. Sie ist gnostischer Herkunft.

Nun muss man sehen, dass die ersten Generationen in der Zeit bis ums Jahr dreihundert nach Christus diese Welt erfuhren als den Machtbereich eines Staates, der auf das Leben und die Botschaft der Christen mit Unterdrückung, Verfolgung, Folter und Mord reagierte; für sie war diese Welt in der Tat eine Zone des Bösen und des Leidens, und sie sehnten sich, aus ihr frei zu werden und heimzukehren zu Gott. Viele von ihnen empfanden darum die Lehre der Gnosis als verwandt mit ihrem eigenen Glauben. Es bildeten sich christlich-gnostische

Gemeinden, und die Auseinandersetzung ging mitten durch die junge Kirche hindurch.

Viele sagten nun also: Christus kam aus einer höheren Welt, aus der Welt des Lichts, und er ging ein in diese untere, finstere Welt als – nun – als was? Als ein Mensch? Dann wäre er ja selbst ein Stück der dunklen unteren Welt geworden. Das aber kann nicht sein. Nein, er wurde kein wirklicher Mensch! Er lebte nur scheinbar in einem Leib. Er ging über diese Erde als ein göttliches Wesen. Er wurde ja auch nicht gekreuzigt, er stieg vielmehr vor seinem Tod aus seinem Leib zum Himmel auf. Er hinterließ den Menschen seinen Geist, der sie aus dieser Welt hinausführen würde. Aber nun kam die Antwort jener Christen, die den gnostischen Hass gegen die Welt und das leibliche Leben nicht teilten. So scheint es in Korinth Christen gegeben zu haben, die ihr Nein zur Gnosis zu sagen versuchten damit, dass sie den Leib und die Seele des Menschen auch in seinem Tode nicht trennen wollten, und sagten: Auch unser Leib wird auferstehen. Wir werden ihn mitnehmen in die himmlische Welt. Ihnen widersprach Paulus:

> »Du Tor! Was du säst, wird nicht lebendig.
> Es stirbt. Du hast mit deinem irdischen Leib
> nicht die Frucht, sondern den Samen.
> Aber Gott wird dir einen neuen Leib geben.
> Es gibt himmlische Leiber und irdische,
> aber die Leuchtkraft der himmlischen
> überstrahlt die der irdischen.«
> *1. Korinther 15, 35–40*

Er sagt damit: Der Leib ist gut. Er dient dem Leben in dieser Welt. Er wird sterben. Die kommende Auferstehung hat aber als Ziel nicht die restlose Auflösung im Geist, sondern eine neue Leiblichkeit, das heißt ein neues Menschenleben von individuellem Charakter. Also einen neuen »Leib«.

Ihm entgegen hat die frühe Kirche das Bekenntnis formuliert: »Ich glaube an die Auferstehung des Fleisches.« Vielleicht zeigt sich daran, wie viel härter jene Kirche des zweiten und dritten Jahrhunderts von der gnostischen Weltteilung betroffen und gefährdet war, dass sie sich gegen Paulus zu diesem Satz gezwungen sah.

Aber von »Fleisch« ist auch bei Christus die Rede. Die Gnosis hatte gesagt: Jesus ist nur scheinbar Mensch geworden. Die Kirche selbst war immer in der Gefahr gewesen, Jesus von Nazaret zu einem Gott hinaufzustilisieren. Aber an dieser Stelle haben die Christen den Gnostikern widerstanden, und zwar so, dass etwa der *1. Timoteusbrief* sagt: »Die Offenbarung Gottes in Christus geschah im Fleisch« *(3,16)*. Wir würden im selben Sinn sagen: in einer geschichtlichen Gestalt. *1. Petrus 4,1* sagt: »Christus hat im Fleisch gelitten.« Christus war also dem Leiden nicht, wie die Gnosis meinte, enthoben. Vor allem sagt der *1. Johannesbrief 4, 1:* »Wer bekennt, dass Jesus Christus in das Fleisch gekommen ist, der ist von Gott.« Das heißt: Wer bekennt, dass Jesus ein wirklicher Mensch war. Und am Ende sagt das sogenannte »christologische Dogma«: »Christus war zugleich und in einem wahrer Gott und wahrer Mensch.« Und so blieb beides erhalten.

Noch ein ganz anderer Punkt resultierte aus der Auseinandersetzung mit der Gnosis:
Ein wichtiger Zweig der Gnosis war die Großorganisation des wiederauflebenden Parsismus in der Mithrasreligion. Sie war im 3. Jahrhundert noch der stärkste Gegner des Christentums. Das heißt, die ursprünglich auf Zarathustra zurückgehende Religion trug selbst schon gnostische Züge mit ihrer scharfen Trennung zwischen dem Reich des Lichtgottes Ahura Mazda und dem

des finsteren Ahriman, zwischen denen die Menschen ihr Leben zu fristen hatten. Sie verband sich mit gnostischen Gedanken und wurde zur Mithrasreligion, der wichtigsten Religion etwa für römische Soldaten, die sich berufen wussten, für den Gott des Lichts zu streiten.

Diese Religion war der Überzeugung, ein Mensch sei schon vor seiner Geburt entweder ausersehen zum Heil und zur Teilhabe am göttlichen Licht, oder verurteilt zu einem Leben im Bann der Finsternis, und er werde ihr auch verfallen. Man nennt eine solche Vorstellung »Prädestination«, Vorherbestimmung zum ewigen Heil oder zur ewigen Verdammnis. Der große Kirchenvater Augustin im 4. Jahrhundert war in seinen jungen Jahren Anhänger dieser Mithrasreligion gewesen und nahm nun diese Lehre aus dem gnostischen Gedankenumfeld herüber und stellte sie in die christliche Theologie ein. Die Bibel kennt diese Vorstellung nicht. Wenn uns also jemand heute unter Christen mit dieser Prädestinationslehre in Schrecken versetzen wollte, könnten wir mit leichtem Kopfschütteln sagen: Sie geht uns nichts an.

Und ein Zweites drang aus dem Mithraskult auf dem Wege über den Kirchenvater Augustin in die christliche Gedankenwelt ein: die Vorstellung von der Erbsünde. Dieser Gedanke, der Mensch sei von Grund auf und von jeher unheilbar böse, und zwar durch die Schuld seiner Ureltern Adam und Eva, kommt in der Bibel nirgends vor. Dieser Gedanke, der Mensch sei ein Feind Gottes und bleibe es, wenn ihn nicht Gott selbst aus seiner Verworfenheit freimachte, ist nicht christlich, sondern gnostisch. Wir sollten ihn dringend vergessen.

Nein, nach Jesus sind wir alle nicht Ausgesperrte, nicht Verstoßene, wie die Paradiesesgeschichte feststellt, nicht Verworfene, sondern Eingeladene. Wir brauchen der Einladung nur zu folgen. Dies und nichts anderes ist der Kern des Evangeliums.

47

Unsere Welt hat ein Wort für uns.
Sie ist ein Sakrament

Immer noch sitzen wir mit Jesus und seinen Gästen in jener Hütte zu Tisch, auch jetzt, da wir uns allerlei Gedanken über unsere Welt, ihre Herkunft, ihr Ziel, ihr Wesen und ihre Botschaft an uns zurechtlegen. Wir sitzen ihm gegenüber oder an seiner Seite und hören sein rätselhaftes Wort, das er über dem Brot spricht: »Das bin ich!« Und wir lassen uns das Brot von seiner Hand reichen, das Brot, das wir nun als Sakrament verstehen.

Wir erinnern uns: Wir haben festgestellt, ein Sakrament komme dadurch zustande, dass einem sichtbaren Ding oder Element ein Wort von Gott mitgegeben wird, das mit dem Element zusammen den Empfänger erreichen soll. Indem Jesus sagt: »Das bin ich«, gibt er sich selbst als das Wort von Gott dem Brot mit, und das Brot wird zum Sakrament wie auch der Wein im Glas und das Wasser in der Taufschale. Wir erinnern uns auch an das Wort Augustins, es sei völlig offen, wie viele Sakramente es geben könne, es könnten leicht statt drei oder sieben auch hundert sein.

Wenn es aber so ist, dann entsteht ein Sakrament überall dort, wo ich in einem Gegenstand, in einem Ding, in einem lebendigen Wesen oder auch im Ganzen dieser Welt ein Wort höre, mit dem Gott mich anredet. Vielleicht können wir überhaupt zwischen der Welt, dem All, dem Universum einerseits, der Schöpfung und dem Sakrament andererseits unterscheiden. Die Welt ist zunächst stumm, und ich selbst bin taub. Ich kann mich ein Leben lang mit den Dingen dieser Erde beschäftigen, solange kein Wort durch sie zu mir gelangt, bleiben es schlichte Dinge und die Welt bleibt Welt. Aber alle Dinge haben die Möglichkeit, für mich zur sprechenden Schöpfung zu werden und damit zum Sakrament.

Wenn uns Jesus seine Gleichnisse erzählt, kann uns das sehr deutlich werden. Dann liegen nämlich plötzlich die Dinge dieser Erde und des Alltags sehr dicht zusammen mit dem, was er uns im Namen Gottes zu sagen hat. Der Acker und das Wort, das Abendrot und die Zukunft der Welt, der Weinstock und die Erlösung aus dem Leid, die Herden und ihre Hirten mit der Bewahrung des Menschen im Unheil, der Fischfang mit dem Ertrag eines Lebens. In all dem liegt eine Grundannahme: die nämlich, dass die religiösen Dinge mindestens so eng mit den irdischen zusammenhängen, dass sich an den irdischen zeigen und ablesen lässt, was religiös auszusagen ist. Wenn Jesus von einem Senfkorn erzählt, das am Ende zu einem großen Baum wird, so schildert er damit, wie es zugehe, wenn wir Menschen mit Gott zu tun bekommen. Es gebe ein Gesetz des geistigen Wachstums, wie es ein natürliches gebe, ein Gesetz des Beginnens und des Reifens hier wie dort. Wenn er von einem Sauerteig spricht, der im Brotteig wirke, so verbindet er dieses Bild mit einer Wirklichkeit, die er das »Reich Gottes« nennt, die die Wirklichkeit dieser Welt durchdringe und durchwirke. Dass beides also mindestens so nahe beieinander sei, dass an einem Ding abzulesen sei, was geistig oder religiös in einem Menschen geschehen könne. Wenn er sagt, die Schafe in der judäischen Wüste müssten sich auf ihren Hirten verlassen können, wenn sie überleben wollten, und er sich selbst mit einem Hirten vergleicht, so hat, was er als seine Sendung ansieht, mit der Szene in der Wüste mindestens so viel gemeinsam, dass sich eine religiöse Aussage mit ihr verbinden lässt. Die Szene in der Wüste beginnt zu den Hörern Jesu zu reden, sie beginnt für sie, ein Wort von Gott zu sein.

Aber weiter: Dicht ineinander liegt der natürliche Vorgang auch dort mit dem Spirituellen, wo von dem die Rede ist, was in den Menschen geschehen müsse, damit das Reich Gottes sichtbaren Ausdruck finde. Wenn Jesus immer wieder und immer wieder neu davon spricht, das Wort Gottes sei wie ein Same, der in einen Acker fällt und dem dort zu sterben und aufzusprießen und am Ende Frucht zu tragen bestimmt sei, und er den Menschen mit dem Acker in eins setzt, den Samen aber mit dem Wort, das er hört, so wird ein beliebiger Acker, über den ein Mensch nun geht, der das Gleichnis gehört hat, anfangen zu reden und zu sagen: Du bist ich. In dir soll geschehen, was in mir geschieht. Er wird zu mehr als einem Acker, nämlich zu einem Wort.

Solche Geschichten hat Jesus wohl erzählt, wenn er mit seinen Gästen zu Tisch saß. Wenn wir ihn aber hören und ihm antworten, dann kann es uns geschehen, dass wir selbst, durch die sein Wort geht, zu einem Sakrament werden. Wir können dabei einen Anfang von dem verstehen, was die Bibel meint, wenn sie sagt, die Welt sei dadurch geschaffen worden, dass Gott gesprochen habe und aus seinem Wort die Welt hervorgegangen sei, dass er sie sozusagen im Wort ausgeatmet habe und dass er den Menschen geschaffen habe als den, der diesem Wort seine Antwort zu geben fähig sei. Die Schöpfung als Ganzes, die Elemente, die Dinge, die Wesen, die Gesetze, die Kräfte und der bewusste Mensch, die alle miteinander zu Gottes Stimme werden, sind miteinander das eine große Sakrament. Die Welt ist heilig. Sie ist Gottes voll. Daran liegt heute alles.

Wir sind lebendige Organe im Leib dieser Welt

48

Lebensgesetze zwischen Natur und Spiritualität

Wir reden wie selbstverständlich von Naturgesetzen. Sie haben mit der geistlichen Ebene unserer Wirklichkeit, der spirituellen, nach gewöhnlicher Auffassung nichts zu tun. Wir reden auch von einem Gesetz, das Gott gestiftet habe für das Verhalten des Menschen. Es hat mit den konkreten Gesetzen von Schwerkraft oder Undurchdringlichkeit der Dinge nichts zu tun, jedenfalls nach bisheriger Meinung. Ich frage mich nun: Gibt es Lebensgesetze, Weltgesetze, die eine Brücke bilden zwischen unserer materiellen Welt und der Welt des Glaubens, spirituelle Brücken, die uns helfen, beide »Welten« zusammenzudenken? Anders gefragt: Kann ich mit meinen menschlichen Sinnen und Verstandesmitteln Grundmuster finden, nach denen ein Frosch im Teich, ein Baum im Wald, ein Papagei im Urwald, ich selbst als Mensch lebe und nach denen ich auch geistig und spirituell angelegt bin, Grundmuster, die die großen spirituellen Zusammenhänge erkennbar machen, die für das Ganze der Schöpfung gelten? Ich habe im Lauf meines Lebens vier gefunden. Ich weiß nicht, ob die Reihe dieser Grundmuster vollständig ist. Jeder möge für sich weitere entdecken. Ich meine die Analogien, die Entsprechungen im Netzwerk unserer Welt. Die Polarität in der Struktur ihrer Gegensätze. Den Rhythmus in ihren Prozessen und Abläufen. Die Resonanz zwischen jedem und jedem, auch die zwischen den Dingen und mir, ohne die es kein Erkennen gibt. Gehen wir sie entlang.

Eine erste Entdeckung, der ich von meinen jungen Jahren an nachgegangen bin, ist die Analogie im Netzwerk unserer Welt. Was da abläuft an Werden, Reifen, Vergehen und Neuwerden, das, so fand ich, wiederholt sich im Universum, auf unserer Erde, in meinem Garten, in meiner Seele und in allem Leben, auch in den Kulturen, die der Mensch aufbaut. Was für mein Denken gilt, gilt mit Abwandlungen für mein Empfinden, für meinen Leib und bis in die scheinbar leblose Materie. Überall herrscht ein eindrucksvolles Zusammenspiel von Proportionen, von Spiegelungen. Und so vermute ich, was für meine sichtbare Umwelt gilt, werde auch für die unsichtbare Wirklichkeit gelten, an die mein Suchen überall stößt. Die alten Weisen haben gesagt: Was im Himmel gilt, gilt auf der Erde. Was für das Herz des Einzelnen gilt, gilt für die Gemeinschaft. Was oben ist, ist unten, was für die Lebenden gilt, gilt für die Toten. Darin gründet die Aussagekraft aller Gleichnisse, auch der Gleichnisse Jesu. Wenn er sagt: »Das Himmelreich ist wie ein Saatkorn«, so muss etwas Vergleichbares, Analoges zwischen beiden sein. Er sagt: Wer Unsichtbares begreifen will, muss die Augen aufmachen und das Sichtbare sehen. Wer in die Ferne denken will, muss wahrnehmen, was in seiner Nähe geschieht. Denn hier wie dort gelten einander entsprechende Gesetze und Ordnungen.

Darauf gründen alle jene Versuche, von einer Welt zu sprechen, die in Klängen aufgebaut sei, die sich nach den Gesetzen, die in der Musik gelten, begreifen lasse. Wo heute die Naturwissenschaft tiefer sieht als nur auf das nächstliegende Experiment, da findet sie überall »Felder« von Kräften, die ineinander, übereinander, untereinander wirken und in ihrem Zusammenspiel die Wirklichkeit abgeben, in der wir leben, ohne sie zu verstehen. Wer ausdrücken will, was in ihm selbst an Gefühlen oder Gedanken wach wird, der wird es in den Bildern tun, die ihm seine äußere Welt anbietet, weil sie

dem, was er sagen will, entsprechen. Das »Symbol«
fasst zusammen – es heißt ja auf deutsch »Zusammen-
fall« –, was in ihm selbst geschieht, wie auch, was sich
draußen in der Welt zeigt, und verbindet beides mit einem Bild. Und er kann das tun, weil damit nicht fremde
Ebenen künstlich verbunden werden, sondern einer
vielschichtigen Wahrheit ein zutreffender Ausdruck gegeben wird. Will ein Mensch schöpferisch arbeiten, so
wird er Figuren aus Stein hauen, er wird in konkreter
Sprache dichten, er wird einem Instrument Töne entlo-
cken, er wird eine technische Lösung für ein Problem
finden, und er kann dies alles, weil die Welt der Empfindungen, die Welt der Töne oder der Sprache oder der Bilder verwandt sind. Analog sagen wir. Analogie meint,
wörtlich übersetzt, ein Hinaufsprechen von einer Ebene
des Seins auf eine andere; das Wort meint, dies sei möglich, weil eine andere Ebene nicht fremd, sondern nur
anders und dabei verwandt bleibe.

So vermute ich nun, dass alles mit allem verwandt sei.
Das Universum und das Menschenleben, die Pflanze und
der Gedanke über sie. Der Stein in seiner Stummheit und
das Instrument mit seinem Klang. Der Abgrund des Kosmos und die Widersprüche in meiner eigenen Seele. Ich
entdecke das Gewebe der Schöpfung, den großen Zusammenhalt und Zusammenhang, der den fernsten Spiralne-
bel mit uns Menschen verbindet, ebenso, wie ein Quark
auf dem Mond mit einem Quark in einer meiner Nerven-
zellen. Die Welt wendet uns also nicht nur ihre Unbe-
greiflichkeit zu, sie lässt sich auch, ahnungsweise und
angedeutet, verstehen. An den heutigen Naturwissenschaften ist es deutlich: Was einer heute in der Biologie
findet, das wird ihm auch in der Physik oder in der Sozio-
logie begegnen. Und vielleicht beginnt er dabei zu verstehen, wie er selbst mitten in diese Welt hineingehört, wie
er zu Hause ist in allen ihren Zusammenhängen.

Eine zweite Erfahrung ist für mich entscheidend wichtig geworden, schon seit den dramatischen Erfahrungen meiner jungen Jahre: die der Polarität in allen Dingen. Mir begegnet Gutes und Böses. Ich erfahre Licht und Finsternis, Helligkeit und Schatten. Ich weiß, was oben ist und was unten, groß und klein, schnell und langsam. Ich führe mein Leben zwischen Tun und Ruhen, zwischen Ordnung und Chaos, zwischen Liebe und Streit, zwischen Wachheit und tiefem Unbewusstsein. Und ich bemerke dabei, dass jedes Geschöpf und nicht nur ich selbst in solchen Gegensätzen lebt.

Vor allem bemerke ich, dass ich immer das Eine als wünschenswert, das Andere als bedrohlich empfinde. Ich will die Ordnung, nicht das Chaos. Oder ich will das Chaos, nicht die Ordnung. Ich will das Glück und nicht das Leid, das Leben und nicht den Tod. Dabei fällt mir auf, dass, wer das Leid vermeiden will, das Glück nicht findet. Wer sein Leben bewahren will, sagt Jesus, wird es verlieren.

Es scheint ein Grundgesetz zu sein: Jeder Pol lebt aus dem anderen und hat aus ihm seine Kraft. Trenne ich in einem elektrischen Kabel den einen Draht durch, so bewegt sich auch im anderen nichts mehr. Wenn ein Pol stärker wird, wächst auch die Energie des anderen. Aber auch anders: Wir kämpfen für die Gesundheit und gegen die Krankheit. Aber wäre es richtig, alle Krankheit abzuschaffen? Sagt uns nicht unsere Erfahrung, dass Gesundheit nicht darin besteht, dass alle Organe vorschriftsmäßig funktionieren, sondern in der Kraft zu wachsen, sich zu erneuern, zu heilen und zu reifen, und bemerken wir nicht, wie oft solche Kräfte eben durch eine Krankheit geweckt oder erneuert werden können?

Ich bin ein freier Mensch. Behaupte ich. Ich könnte mich nicht schuldig fühlen, wenn ich kein freier Mensch wäre und also zu Fehlhandlungen fähig. Auf der anderen

Seite weiß ich: Kein Schicksal ist selbst gemacht. Kein Verbrechen, das nicht vorbereitet wäre durch ein Schicksal, durch ein Erbe oder eine Fremdbestimmung. Beides ist wahr. Und das zeigt mir, wie ich zwischen Freiheit und Unfreiheit wehrlos im Raum hänge. Denke ich aber über Gott nach, so höre ich: Gott ist Liebe. Und: Gott ist allmächtig. Ist aber Gott Liebe, so ist er nicht in allem am Werk, das geschieht. Ist er allmächtig, so wird er mir tief fragwürdig. Ich kann das nicht zusammenbringen. An der Grenze meiner Erfahrung treffe ich ständig auf Widersprüche dieser Art. Und woher kommt nun das Böse? Aus Gott? Aus einem Widersacher? Und was ist mit Christus? Die Bibel sagt, er sei ewig wie Gott selbst. Und sie sagt: Er sei zugleich der letzte, verlassene Mensch. Das Ende der Dinge? Ist es ein Reich Gottes, in dem Gott alles in allem ist, oder ist es die Spaltung in Himmel und Hölle, Gott und Satan?

Die Naturwissenschaft spricht von »Komplementarität«. Sie bezeichnet damit Widersprüche, die sich nicht auflösen lassen, die immer und grundsätzlich bestehen bleiben, die aber die Wirklichkeit, wie sie vermutlich ist, gemeinsam bezeichnen, gemeinsam »ausfüllen«. Sie bezeichnet also damit Wirklichkeiten, die wir fälschen würden, würden wir nur eine Seite des Widerspruchs gelten lassen, und die in ihrer Rätselhaftigkeit stehen bleiben – jedenfalls in unseren Köpfen –, auch wenn wir wissen, dass sie nur auf diese Weise, durch die gemeinsame Geltung der Widersprüche zu bezeichnen sind.

Ich ahne also, dass alles, was ich wahrnehme, seinen ihm zugeordneten Gegenpol hat. Dass aber der eine Pol nur gedacht werden kann, wenn der andere mit im Spiel ist. Und ich vermute, dass, wenn ich einmal mehr verstehen werde als mir in dieser Menschenwelt möglich ist, beide Pole als dieselbe Kraft erkennbar werden. In der Kontemplation nehme ich diese Erkenntnis vorweg.

Eine dritte Erfahrung spielt zwischen den verschiedenen Kräften des Kosmos. Es ist der Rhythmus. Die beiden Pole, die ich überall wahrnehme, sind sein Ausgangspunkt. Wenn an einem Pendel wechselseitig die Schwerkraft und die Trägheit angreifen, so schwingt es. Die Schwerkraft bewirkt, dass es fällt, die Trägheit, dass es steigt. Es schafft, indem es steigt, den Raum und die Freiheit zu fallen. Indem es fällt, schafft es die Energie zu steigen. Wo Leben ist in seiner Polarität, da entsteht Schwingung, Bewegung, Rhythmus. Atme ich ein, so folgt dem, ohne dass ich etwas dazu zu tun brauche, das Ausatmen. Meine ich aber, es komme nur auf das Einatmen an und verweigere ich das Ausatmen, so wird mein Leben rasch enden.

Ausdrucksform für rhythmische Abläufe ist jeder Schritt, den ich durch meine kleine Welt gehe. Und suche ich nach der Weise, wie wir Menschen ihnen entsprechen, so finde ich das Spiel, die Musik, die Dichtung, den Kult, den heiligen Raum und die heilige Zeit mit allen Bewegungen und Begehungen. Die Kirchenväter der erste Jahrhunderte haben immer wieder gesagt, die Schöpfung insgesamt sei ein Tanz, und im Tanz werde sich auch die Vollendung der Welt in Gottes Reich darstellen. Die schöpferische Weisheit Gottes, der Logos, der auch Christus heißt, sei der heilige Vortänzer im himmlischen Reigen. Bei Gregor von Nyssa oder Hippolyt lesen wir solche Gedanken über die Erlösung von Himmel und Erde in der schwingenden Verbundenheit des Tanzes. Die Bibel sagt, alles habe seine Zeit, das Gebären und das Sterben, das Pflanzen und das Ausreißen, das Töten und das Heilen. Da ist nicht die eine Zeit gut, die andere schlecht oder böse oder vermeidbar; beide haben ihren Sinn, weil es alles eben nicht zufällig geschieht, sondern in jenem Zusammenklang und Tanz, den wir »Rhythmus« nennen.

Ich werde selten sagen können: So ist es richtig! Und so ist es falsch! Selten werde ich sagen können: Dies und nichts anderes ist der Wille Gottes! Denn vielleicht will Gott zu einer anderen Stunde etwas anderes von mir als in diesem Augenblick. Wahrheit setzt sich uns Menschen gegenüber nie endgültig durch. Sie leuchtet auf, sie verbirgt sich, sie leuchtet wieder auf und verbirgt sich wieder. Anders ist sie nicht zu gewinnen. Das Einvernehmen mit Gott lässt sich nicht festhalten. Es wird geschenkt, gnadenhaft. Es zerbricht. Es gelingt. Es zerbricht. Anders ist es weder zu finden noch zu bewahren.

Das Spiel ist ein Symbol für das Leben und für die Welt, und zwar als ein Spiel, das wir mit der Welt spielen, wie auch als eines, das die Welt mit uns spielt. Kunst ist ein Werk des Menschen in seiner Welt, und sie ist ein Geschenk der Welt an uns. Zwischen notwendiger Regel und Würfelspiel, zwischen Ordnung und Phantasie schwingt das Spiel hin und her, und so bildet es das Geschick, das ich zu tragen habe, ebenso ab wie meine Freiheit. Wenn wir aber mit diesem Muster ins Einvernehmen gelangen, wird uns die Welt heimatlicher. Sie wird bewohnbarer.

Eine viertes Grundgesetz ist das der Resonanz. Wo eine Schwingung ist, muss die Schwingung, um hörbar zu sein, Resonanz finden. Das gilt für alles, was ich empfinde oder denke, was ich erfahre oder erleide. Denn wie zu einem Klang ein Ohr gehört, das ihn vernimmt, so vernimmt das Ohr nur die Klänge, für die es geschaffen ist. Der Mensch braucht für jede Wahrnehmung eine Entsprechung in sich selbst, die ihn befähigt, gerade diese Wahrnehmung zu machen. Er kann nur diejenigen Bereiche der Wirklichkeit kennen lernen, für die er die Resonanzfähigkeit besitzt. Wer nicht für das Schöne empfänglich ist, kann dem Schönen nicht begegnen. Jeder findet in dem anderen Menschen nur so viel Erwähnenswertes, wie ihm zugänglich ist. Jeder findet sich nur in den Situationen, für die er die Sensibilität hat. Die Umwelt, die wir erfahren oder erleiden, spiegelt nichts weiter als unsere Erlebnisfähigkeit. Im Grund erleben wir immer und überall nur uns selbst. Wenn uns ein Schicksal trifft, dann kommt es nicht von außen, durch Zufall etwa, sondern weil wir selbst und unser Schicksal aus derselben Hand kommen. Gott hat uns geschaffen und mit uns zugleich unser Schicksal. Wir sind das Bild, das Gott von uns hatte, als er uns schuf, und wir sind zugleich das Schicksal, das er uns zugedacht hat. Beides zusammen ist eine einzige Zeichnung von seiner Hand.

Aus dem Gesetz der Resonanz wird so auch eine Art Gesetz der Spiegelung. Es lautet: In allem, was dir begegnet, triffst du dich selbst an. In allem, was du siehst, begegnest du deinem eigenen Auge, deiner eigenen Sehkraft. In jedem Ton oder Klang findest du dein eigenes Ohr. Alles, was um dich her geschieht, spiegelt dich selbst. Alles, was du förderst, bist du selbst. Alles, was du zerstörst, bist du selbst. Alles, was du bekämpfst, bist du selbst. Du bist, was du liebst, du bist, was du hassen musst. Du bist, was du schaffst, und alles, was du nicht wahrhaben willst und also aus deinem Bewusstsein verdrängen musst. Denn die Welt ist eins. Alles in ihr hängt mit allem zusammen. Das Gesetz aber, dass du dich in allem wiederfindest, macht das Grundmuster deines Daseins aus.

So sagt das Neue Testament, wir Menschen sollten Instrumente des Geistes Gottes sein. Inspiration durch den Geist und stellvertretende Darstellung des hörenden und antwortenden Gottes auf dieser Erde, sagt Paulus, sind die Merkmale der Töchter und der Söhne Gottes. Sie sind der Ort eines leisen wortlosen Gesprächs Gottes mit sich selbst. Der Geist weckt die Töne, die auf dem Instrument unserer Seele erklingen sollen. Gott, der in uns ist, nimmt sie auf, und es beginnt etwas zu schwingen zwischen Himmel und Erde.

> »Wir wissen nicht, was wir beten sollen,
> aber der Geist selbst tritt für uns ein
> mit wortlosem Seufzen.«
> *Römer 8,26.*

So sagt der islamische Mystiker Rumi:

> Gott, ohne dein Wort hat die Seele kein Ohr.
> Ohne dein Ohr hat die Seele kein Wort.

Das heißt doch: Wir sind ein wiederklingender Innenraum Gottes, und so beginnt uns das Dasein, und sei es noch so rätselhaft, zu klingen. Es entsteht etwas wie irdische und schließlich himmlische Musik. So sprachen die Frommen in langen Jahrhunderten der christlichen Geschichte immer wieder vom »inneren Licht«, das eine Spiegelung sei des Lichts, das Gott ist. Und sie fanden in dieser Erfahrung des Wiederklingens den Frieden.

49

Bild Gottes ist nicht nur der Mensch, sondern die ganze Schöpfung

Über Gott haben sich die Christen in ihrer Geschichte hohe und höchste Gedanken gemacht. Sie taten es von den Niederungen dieser Erde aus und griffen nach dem Höchsten, das ihnen erreichbar war. Wer aber waren sie selbst? Für viele war das Eine klar: Wir Menschen sind weniger als nichts. Wir sind Sünder, Angeklagte, Verurteilte. Wir sind reif für die Vernichtung, nein für die Verdammnis. Und oft fanden sie aus dieser verzweiflungsvollen Einsicht nicht heraus. Wir Menschen, so deutet man von jeher diese Tatsache, sind bis in den Grund verdorben durch den Fall des Urmenschen im Paradies. Die Geschichte von Adam und Eva, diese Geschichte der Auflehnung und der Weigerung, das Urmuster des Menschenweges. Und es nützt in der Tat nicht viel, will man den Menschen als »nicht ganz so schlecht« bezeichnen.

Gehen wir noch einmal zurück zu den jüdischen Gefangenen in Babylon. Wie mögen sie sich selbst eingeschätzt haben? Sie waren besiegt, sie waren gefangen, sie waren rechtlose Sklaven einer überlegenen Macht und einer glänzenden Kultur, sie waren bis zum Zusammenbrechen ausgebeutet. Der Müllhaufen der Geschichte war der Ort, auf den sie sich geworfen sahen. Und sie mögen die Vertreibung aus dem Paradies in ihrem eigenen Schicksal gespiegelt gesehen haben. Nun befanden sie sich also auf dem trockenen Acker, von dem sie sich »mit Mühsal zu nähren hatten«, der Dornen und Disteln trug und den sie im Schweiße ihres Angesichts bearbeiteten, bis sie selbst zur Erde dieses Ackers wurden, wie die Geschichte vom Sündenfall ihr Schicksal beschreibt. Aber eben genau in dieser Situation, von der es nichts abzumarkten gab, taten sie einen unglaublichen Schritt über diese Geschichte des Fluchs hinaus. Wir können über diesen Mut nur staunen. Denn in eben dieser Zeit fragten sie als die Zwangsarbeiter in den Wüsten des Zweistromlandes im 6. Jahrhundert vor Christus nach dem Wert, nach der Würde, die ihnen ihre Sklaventreiber nicht nehmen konnten. Sie griffen nach dem Höchsten, das ihnen erreichbar war, ihrem Bild von dem überlegen schaffenden und wirkenden Gott, und beschrieben sich selbst mit Hilfe dieses Bildes:

»Zuletzt sprach Gott:
Menschen will ich schaffen nach meinem Bild!
Mir ähnlich!
Und er schuf den Menschen nach seinem Bild
und zwar als Mann und als Frau.«
1. Mose 1, 26–27

Großartig!, kann man nur sagen. Mit wem, so fragten sie, können wir uns denn vergleichen? Wessen Werk sind wir? Wessen Spuren tragen wir? Und sie gaben zur Antwort: Gott! Nur Gott! Das ist unsere Würde, die kein Staat, keine Militärmacht und kein Aufseher uns je wird nehmen können. »Die Würde des Menschen ist unantastbar«, sagt unser deutsches Grundgesetz. »Unantastbar« ist nur das Heilige. Im Grunde nur Gott. Und der Mensch, wenn er denn die Kraft des Heiligen aufnimmt. Wenn er als »Bild Gottes« gilt.

Großartig auch, was der *Psalm 8*, der vielleicht ein wenig älter ist oder ein wenig jünger, über dieselbe Verknüpfung des Menschenbewusstseins mit dem Gottesbild sagt:

»Was ist der Mensch, dass du an ihn denkst,
was ist das Kind eines Menschen, dass du es lieb hast!
Du hast ihm fast die Würde
eines himmlischen Wesens gegeben.
Mit Schönheit und Adel hast du ihn gekrönt!«
Psalm 8,5f

Aber was heißt das: Bild Gottes? Die Großkönige der Alten Welt haben in den fernen Provinzen ihres Reichs, in die sie nie gelangten, Statuen aufstellen lassen, die sie abbildeten, als Hoheitszeichen für die Menschen, die von ihnen selbst nie etwas zu sehen bekamen. Das Wort, das in der Schöpfungsgeschichte für »Bild« steht, meint eine solche stellvertretende Statue, und es meint, in Gottes Herrschaftsgebiet sei der Mensch das sichtbare Bild, das seine Gegenwart darstelle und bekenne. Die Gefangenen am Euphrat also sagten damit: Hier, inmitten aller menschlichen Pracht und Herrlichkeit, Macht und Gewaltherrschaft stehen wir als die Repräsentanten Gottes, und ihr könnt uns ausbeuten oder totschlagen, wir werden das sein, solange wir leben.

Was auffällt, ist, dass Gott hier im Plural von sich spricht: »Lasset uns ...«. Gott scheint hier für den ganzen himmlischen Hofstaat, wie er damals gedacht wurde, zu sprechen, die »Zebaoth«, das heißt das Heer seiner Diener. Der Vergleich gilt also zwischen den Menschen und allen himmlischen Wesen einschließlich Gottes, und der Mensch ist nicht unmittelbar ein Abbild Gottes, er ist vielmehr in den Zusammenhang aller gottnahen Geschöpfe einbezogen. Er kann sich, auch wenn er sich als »Gottes Bild« versteht, nicht zu seinem eigenen Gott machen. Er bleibt Geschöpf auf einer Ebene unter den Engeln. »Fast die Würde eines himmlischen Wesens«, sagt der *Psalm 8*.

Und noch etwas fällt auf: Gott schuf den Menschen, und zwar als Mann und als Frau. Das heißt doch, sehr im Gegensatz zu fast allen Völkern in jener Zeit, dass »Mensch« nicht einfach »Mann« heißt, sondern das Bild Gottes in Mann und Frau gleichermaßen erscheint. Es bedeutet zum Zweiten, dass der Mensch nicht als Einzelwesen Gottes Bild ist, sondern in seiner Beziehung zu seinem Gegenüber, dem Mann und der Frau, dass er auf das Du verwiesen, dass er sozusagen Du-fähig ist.

Ich darf also, sagt die Schöpfungsgeschichte, wenn ich den Menschen angemessen beschreiben will, nicht von unten her ansetzen. Ich darf ihn nicht allein aus der Welt der Tiere herleiten, nicht nur von der Evolutionsgeschichte her, wie man es tut, wenn man von ihm als dem nackten Affen spricht. Die entscheidende Frage ist, ob der Mensch um ein Weniges höher steht als die Kaul-

quappe oder um ein Weniges niedriger als der Engel. Die
Frage ist, ob der Mensch definiert werden soll von seiner Herkunft oder von seiner Bestimmung her. Denn
gründet man Wesen und Wert des Menschen auf seine
biologische Herkunft, so bleibt er stehen unfern der
Bestie. Jeder Krieg zeigt, wie schnell es geht, dass der
Firnis der Kultur von den Menschen abfällt und die
Bestie erscheint. Wo dann die Grenze seiner Verwertbar-
keit sichtbar wird, endet sehr schnell sein Lebensrecht.
Spricht man von der Würde und vom Recht eines Menschen, so ist er von oben her beschrieben, von der Beziehung zu Gott, die ihn ausmacht.

Es ist auch bezeichnend, dass die Schöpfungsgeschichte sagt, die Tiere seien »ein jedes nach seiner Art« geschaffen, der Mensch aber zu Gottes Bild. Ist das so,
dann kann ich mit einer Behauptung wie der, er sei ein
Werkzeuge produzierendes Tier, oder auch, er sei eine
Fehlkonstruktion, ihn und sein Wesen nur verfehlen.
Blaise Pascal sagt, der Mensch sei ein König, und er
bleibe es, wenn sein Purpurmantel auch zerschlissen
und verkommen sei. Seine Bestimmung bleibe ihm, wie
immer er auch sein Leben verfehle.

Aber was sagen wir damit, dass wir ihn als das Bild
Gottes sehen, über den Menschen, also über uns selbst?
Es ist doch deutlich, dass wir Gott nicht beschreiben
können, als wäre er ein Ding. Dass wir auch nicht in ihn
eindringen können, als wäre er unseresgleichen. Er ist
unsichtbar, er ist unbestimmbar. Er bleibt ein Geheimnis. So sagen wir über den Menschen, wenn wir ihn mit
Gott so nah verbinden, der Mensch gehe in keiner Diag-
nose, in keiner Analyse, in keiner Rechnung ohne Rest
auf. Wir könnten ihn weder festlegen aufgrund dessen,
was er tut, noch aufgrund dessen, was wir meinen, dass
er sei.

So sieht etwa Johann Georg Hamann (1730–1788) die Ebenbildlichkeit des Menschen in der Unsichtbarkeit, die dem göttlichen wie dem menschlichen Wesen eigen sei. Das menschliche Herz liege weder im Leib noch in der Seele noch im Geist offen zutage. Es werde nur verstehbar, wenn es sich in Worten oder Gesten äußere, wie auch Gott nicht anders verstehbar wird als so, dass er aus sich heraustritt und fassbar wird. »Rede, damit ich dich sehe!«, sagt Hamann. Wir verstehen einen Menschen nur unter zwei Bedingungen: Wenn er sich äußert und wenn wir ihn lieben.

Aber nun folgt ein Zweites: Dass der Mensch das Bild Gottes sei, war der rettende Gedanke für Menschen, die auf der untersten Sohle der Verzweiflung und der Wehrlosigkeit gehalten wurden. Es mochte so auch gesagt werden zu einer Zeit, in der der Mensch den Mächten der Natur ausgeliefert war und er ihnen nichts entgegenzusetzen hatte als seinen nackten Lebenswillen. Unsere heutige Situation aber ist eine ganz und gar andere. Wir sind die Herren der Erde. Wir verfügen über die Kräfte und Schätze der Natur völlig souverän, und die Schöpfung, so weit sie auf dieser Erde Leben hat, ist von Gnade oder Ungnade des Menschen abhängig. Das Selbstbewusstsein des Menschen, dass er berechtigt sei, die Erde zu beherrschen, hat in eine Katastrophe geführt, von der noch niemand weiß, ob sie nicht das Ende der Menschengeschichte auf dieser Erde einläutet. Und das biblische Wort: »Macht euch die Erde untertan!«, gesagt zu Bauern und Handwerkern, Nomaden in der Wüste und Bewohnern in primitiven Dörfern, ist so entsetzlich missbraucht worden, dass es die Wahrheit, die es einmal gehabt haben mag, einfach nicht mehr hat. Von seinem Herrentum her lässt sich die Würde des Menschen heute unmöglich mehr beschreiben. Aber woher dann?

Im christlichen Schöpfungsglauben rücken die Welt, der Mensch und Gott in einen unauflöslichen Zusammenhang. In ein Netzwerk, das nach allen Seiten verbunden ist mit allem, was ist. Die ausgehende Neuzeit hat die Welt gottlos gemacht. Die protestantischen Kirchen zumal haben dazu beigetragen. Sie grenzten das Heilige ein auf das Sprechen Gottes und die Antwort des Menschen. Auf das »Wort«. Die Schöpfung kam als Randnotiz gerade noch vor. Wenn ich als junger Student in Hölderlins Hymnen von der »heiligen Natur« las, fand ich mich in einer anderen Welt als im Hörsaal. Dort hatte ich zu lernen, dass es heidnisch sei, von der »heiligen Natur« zu sprechen, und ich habe damals geahnt und inzwischen gelernt, dass genau dieses Verdikt die Gottlosigkeit der Theologie ausmacht. Nach Berdjajew (1874–1948) hat eben diese Weltlosigkeit der Theologie die moderne Welt in den Atheismus geführt.

Wenn ich sage, diese Erde und dieses All seien Gottes Werk, sein Wirkraum, dann wird alles, was mir an Dingen oder Wesen begegnet, heilig (oder ich habe nichts begriffen). Dann spreche ich von der Präsenz dieses Wirkenden. Von seiner Heiligkeit, seiner Unbedingtheit, seiner Unerbittlichkeit. Dann wird mir die Zerstörung der Erde zu eben dem, was die Alten ein Sakrileg nannten, ein Verbrechen, das zerstörend zurückschlägt auf den, der es anrichtet. Und dann werden mir all jene Formen des Erkennens und Verstehens wichtig, die nicht nur von der Theologie, sondern ganz allgemein von unserer Kultur und Wissenschaft so sehr ins Abseits gedrängt und zur romantischen Schwärmerei erklärt werden: Ahnung, Berührbarkeit des Herzens und die Bescheidung des machtsuchenden Intellekts.

Heute sage ich mit allem Nachdruck, dessen ich fähig bin: Nein. Der Mensch ist nicht der Herr der Welt. Nicht der Mensch allein ist Gottes Bild. Ist die Tierwelt auf einer Robbeninsel nicht Gottes Bild? Ist die Urnatur des Regenwaldes nichts, das mir Gott spiegelt? Ist nicht die ganze Schöpfung nach seinem Bild geschaffen? Aus seinen Gedanken? Aus seinem Willen? Aus seiner Energie? Und sind wir seine Spiegelung nicht mit allem zusammen, was ist? Sind wir nicht alle hervorgegangen aus seinem Geist? Erfüllt sein lebensstarker Geist nicht alle, die Ziersträucher in unserem Garten und die Welt der Mikroben? Ich sage es noch einmal: Bild Gottes ist nicht allein der Mensch, Bild Gottes ist alles, was ist. Schwer erkennbar, gewiss, dunkel und in vielen Bereichen rätselvoll, aber Repräsentation des wirklichen, des dunklen und lichten Gottes. Für uns Menschen aber folgt daraus ein breites Programm für die Neuorientierung in der Welt, wie sie uns heute, zu Beginn des 21. Jahrhunderts, von unseren Mitgeschöpfen, vor allem aber von Gott selbst vorgezeichnet wird.

Sigmund Freud hat drei Demütigungen beschrieben, die uns Menschen in den letzten fünfhundert Jahren angetan worden seien. Zuerst habe Nikolaus Kopernikus im 16. Jahrhundert uns aus dem Mittelpunkt der Welt vertrieben. Da die Erde nicht im Mittelpunkt der Welt stehe, stehe auch der Mensch nicht im Mittelpunkt der Dinge. Er sei durch Kopernikus zu einem Staubkorn auf dem Staubkorn Erde geworden. Danach habe Darwin uns zu Abkömmlingen aus der Evolution der Tierwelt gemacht. Er habe den Menschen endgültig von unten her definiert. Und zuletzt habe er selbst, Freud, uns deutlich gemacht, nicht wir selbst seien Herr in unserem eigenen Haus, in unserer Seele, nicht unser freier Wille könne bestimmen, was wir tun und denken, es sei vielmehr ein Komplex unbewusster Triebe, der uns beherrsche. Als Freud in New York anlegte und die Menge ihm zujubelte, fragte er seinen Begleiter: »Ob sie wissen, dass wir ihnen die Pest bringen?«

Diesen drei Demütigungen gegenüber sagen wir: Der Mensch ist noch nie der Mittelpunkt der Welt gewesen. Er hat seine Würde anderswoher. Wir beschreiben ihn auch nicht aus der Natur, sondern aus der Tatsache, dass er von Gott angeredet ist. Er ist ohnedies nicht Herr im eigenen Haus. Sein Haus ist Eigentum eines anderen, nämlich Gottes. Wenn wir über den Menschen reden wollen, müssen wir über den Menschen hinausdenken. Bild Gottes, das ist der Mensch, in dem Gott leuchtet. Bild Gottes, das ist eine Schöpfung, in der Gott leuchtet. Und Bedingung für beides ist, dass da Augen sind, die solches Leuchten wahrnehmen wollen.

50

Unsere Vorstellungen von Gott werden immer zu klein sein

Der Eindruck täuscht nicht: Die Bilder von Gott, die uns überliefert sind, reichen nicht mehr zu, um uns zu zeigen, wer Gott sei. Der Gott, der, wie die Bibel erzählt, die Erde, die Sonne und die Sterne geschaffen hat, ist zu klein geworden. Die kleine Welt früherer Zeiten war wie ein Haus vorgestellt, dessen Hausherr Gott genannt wurde. Unsere Welt ist inzwischen über alle Vorstellbarkeit ins Unendliche und kaum mehr Ahnbare hinaus explodiert, Gott aber ist uns immer noch der Hausvater unserer kleinen, vertrauten Welt.

Was wir Christen im allgemeinen im Auge haben, wenn wir »Gott« sagen, das ist der väterliche, barmherzige oder rätselhaft unbarmherzige Kleingott, der mit dem, was wir heute über sein Werk wissen können und was heute unsere Gedanken bedroht, in keiner Weise mehr zur Deckung zu bringen ist. Wir müssen lernen, gerade wir Christen, dass Gott immer und immer wieder unendlich größer, hintergründiger, widersprüchlicher, rätselhafter ist als alles, was unserem Kopf auszudenken möglich ist.

Wir haben gelernt, Gott als Person zu verstehen. Als ein persönliches Gegenüber zu uns Menschen, und wehe uns, wenn uns das eines Tages verloren gehen sollte. Ein »Weltgesetz« oder irgendein Inbegriff von »Energie« als Gott zu bezeichnen, wäre das Ende aller konkreten Religion. Die Bibel sagt, wir seien ein Bild von Gott. In uns spiegele sich etwas von dem, was Gott sei und tue. Und ein solcher Glaube hat seine unverlierbare Wahrheit.

Es muss uns aber deutlich sein, dass die Gottesvorstellungen, die die biblische Tradition bestimmen, wie schon dargestellt, sich über viele Stufen erst entwickelt haben. Der Sturmgott Jahwe der israelischen Wüstenzeit hat mit der Gottesvorstellung des Judentums im 6. Jahrhundert wenig gemein. Er war ein Nomadengott in einem sehr kleinen Zuständigkeitsbereich und hatte beispielsweise mit der Ackerbaulandschaft in Kanaan nichts zu schaffen. Ihm folgte der Regionalgott Davids, der nur eben für das Siedlungsgebiet und die Äcker der israelischen Stämme zuständig war und dessen Anbetung schon wenige Kilometer außerhalb dieser Grenze nicht mehr möglich war. Es folgt der Kriegsgott, der sein Volk in Gefahr schützen sollte. Schließlich der Weltschöpfer, der seine besondere Funktion neben anderen Göttern erfüllte, und am Ende ein Gott, der monotheistischen Vorstellungen entsprach. In vielen Einzelgestalten und Funktionen erscheint der »Gott Israels«, und vieles, was ihm zugeschrieben wird, kann von Christen des 21. Jahrhunderts unmöglich mit dem Gott Jesu

Christi in Einklang gebracht werden. Die Gottesbilder zeichnen sich nicht nur zwischen den verschiedenen Religionen durch große Verschiedenheit aus, sondern auch innerhalb derselben Religion.

Es wäre reizvoll, die Schöpfungsgeschichte der Bibel auf die Gleichnisse hin neu zu hören, die in ihr angedeutet sind, auf Gott den Künstler, der den Menschen aus Ton bildet, den Gärtner, der ihm seinen Lebensraum bereitet, den Techniker, der die Lampen am Himmelsgewölbe befestigt usw. und dabei zu sehen, dass die Gleichnisse weiter gelten, dass sie aber uns Heutigen dringend ergänzungsbedürftig erscheinen durch neue Gleichnisse, wie sie unserem Welt- und Selbstverständnis entsprechen, wenn wir erreichen wollen, dass Gott für uns so lebendig wird, wie er es den Israeliten ums Jahr 1000 oder 500 vor Christus gewesen ist. Wenn aber auch das christliche Gottesbild jeweils von einer Paradigmenerweiterung zur anderen sich charakteristisch verändert hat, so liegt nahe anzunehmen, dass sich sein Bild im Bewusstsein von Menschen auch in unseren Jahren verändern wird.

Denken wir uns also, der christlichen Tradition entsprechend, Gott als Person. Schon das Alte Testament hat dazu die nahe liegende Begründung gebracht: »Der das Ohr geschaffen hat, sollte der nicht hören? Der das Auge geschaffen hat, sollte der nicht sehen?« Sollte also dem, der leidens- und liebesfähige Wesen geschaffen hat, das Leiden unbekannt sein, die Angst, die Schmerzen auch und alle Regungen, die ein menschliches Herz bewegen?

Einer Person gegenüber, die ich als Du verstehe, ist die primäre Haltung das Begegnen, das Stehen, das Gegenübersein. In der Begegnung mit dem Du gewinne ich mein Ich. Es hat schon seinen Sinn, dass der christliche Glaube darauf besteht, Gott sei etwas, dem zu begegnen möglich sei. Er stehe den Menschen gegenüber, und der Mensch lerne dabei den aufrechten Stand und den aufrechten Gang. Der Vollzug dieses Gegenüberseins aber ist dann das Hören und das Antworten, das Gebet.

Es scheint sich also so zu verhalten, dass nicht nur die Natur, sondern auch Gott dem Menschen in eben der Weise begegnet, in der der Mensch nach ihm fragt. Wo ein Mensch denkt, begegnet ihm ein persönlicher Gott. Alles in der Welt antwortet nach dem Maß der Frage, die gestellt wird. Und so scheint mir bis heute der persönliche Gott unfraglich, wenn nämlich wir selbst uns als Personen verstehen. Diese Person aber wäre vielleicht auch anders zu beschreiben, als sie unter Christen bisher bedacht wurde. Was spricht denn dagegen, dass wir uns Gott außer als unser Gegenüber in Fragen von Sünde und Gerechtigkeit auch als den großen Mathematiker vorstellen, der die »kosmologischen Konstanten« in ihrer unbegreiflichen Präzision festgelegt hat, als den Physiker, nach dessen Gesetzen die Welt auf allen Ebenen funktioniert, als den Chemiker, den Biologen, der mit unvorstellbarer Phantasie in der Entwicklungsgeschichte des Alls, der Geschichte unserer Erde und vielleicht unzähliger anderer von Leben erfüllter Himmelskörper wirkt? Was spricht denn dagegen, dass das schöpferische Chaos, von dem die Naturwissenschaft spricht, die Weise sei, wie etwas von Gott her neu Entstehendes unserem schmalen Bewusstsein zuerst entgegenkommt? Und geschieht Schöpfung nicht in jedem Augenblick, den unsere Welt in ihren Jahrmilliarden durchläuft? Sind Schöpfung und Evolution nicht Worte für einen Zusammenhang, den wir mit allen unseren hilflosen Worten nur andeuten können?

Die Tradition der mystischen Spiritualität sprach von jeher davon, Gott werde auch ganz anders erfahren. Er sei auch einfach Licht. Er sei Kraft. Er sei Wärme. Er sei Meer. Und sie sprach völlig selbstverständlich davon, Gott sei Quelle. Er sei Wind. Er sei Sturm. Er sei Unendlichkeit. Er sei bedrängende Nähe. Er sei das Umgebende und Durchdringende. Das Unbeschreibliche. Das Unbekannte. Das Begeisternde. Das Verlockende. Das Faszinierende. Und er sei in allen Kräften, in allen Dingen, in allen Geheimnissen der Natur gegenwärtig. Er sei die Urkraft überhaupt.

Ähnliches haben wir heute vor Augen, wenn wir im Sinn der heutigen Physik von »Feldern« sprechen, und wir können heute ahnen, dass es Felder geben könnte, die wir noch lange weder rechnen noch verstehen werden. Das morphische Feld Rupert Sheldrakes. Das Feld des transpersonalen Bewusstseins von Ken Wilber. Das »fünfte Feld« von Ervin Laszlo. Wir könnten also von Gott auch im Bild von einem Feld sprechen, das alle übrigen Felder prägt und durchdringt. In diesem Feld, so könnten wir sagen, schwingen wir selbst mit. Das Feld »Gott« ist der Raum, in den wir unser Tun einbringen. Spricht nicht auch die christliche Tradition in einer bemerkenswert offenen und nur andeutenden Weise vom »Geist Gottes«, der gegenwärtig und wirksam sei?

Stellen wir uns Gott auf unsere zweite Weise vor nach Art eines Feldes, so wird plötzlich vorstellbar und sinnvoll, was die Bibel uns Heutigen sagt mit dem Gedanken, wir Menschen seien »nach dem Bilde Gottes« geschaffen, wir trügen seine Zeichen an uns. Uns mache die Tatsache aus, dass wir eine Schwingung in diesem Feld seien, ein kleiner Wirbelwind in dem Energiegestöber unserer Wirklichkeit, oder wie immer wir das Bild ausmalen wollen. Unsere Gedanken seien die Resonanz auf alles, was dieses Feld oder diese Person Gott an Gedanken auf uns zu und durch uns hindurch spielt. Wir

seien die Organe der Schöpfung, die innerhalb des großen Schwingungsmusters auch aus dem Rhythmus geraten könnten und die diese seltsame Fähigkeit »Freiheit« nennen. So, dass wir an der Stelle, an der wir
stehen, das »Feld« stören. So, dass wir mit unseren Gedanken nicht wiedergeben, was uns zugesprochen wird,
sondern Törichtes und Falsches in das große Feld einbringen. So, dass wir uns verhalten in einer Weise, die
Zusammenhänge stört oder zerstört.

Geht uns damit irgendetwas verloren? Ich meine nicht.
Gott rückt uns nicht ferner, er wird aber größer; das Bild,
das wir uns von ihm machen, wird differenzierter, vielleicht schwieriger, widerspruchsvoller, gegensätzlicher.
Vor einer Reihe von Jahren hat ein Pfarrer Gott unter anderem als eine mathematische Formel beschrieben, und
diese These hat ihn um sein Amt gebracht. Das wäre
unnötig gewesen, hätte seine Kirche begriffen, was eine
komplementäre Betrachtungsweise von Themen ist, die
den Horizont auch von guten Theologen überschreiten.
»Komplementär« heißt, wie schon gesagt: Die eine Seite
einer Sache gilt. Sie ist wahr. Die andere Seite, die ich
feststelle, ist aber, obwohl sie der ersteren Seite widerspricht, auch wahr. Sie gilt auch. Die beiden einander
widersprechenden Seiten zusammen ergeben das Bild
des Ganzen. Es scheint das Schicksal des Menschen zu
sein, dass er die Wirklichkeit nie als ganze wahrnimmt,
und dass die Aspekte, die ihm zugänglich sind, anderen,
die er ebenfalls wahrnimmt, widersprechen können.
Dabei wird er gut daran tun, zu vermuten, dass es noch
sehr viele Aspekte der Wirklichkeit gibt, die ihm überhaupt nicht zugänglich sind, und die, wenn er sie
wahrnähme, wiederum denen widersprächen, die er zuvor auf andere Weise festgestellt hat.
Dass die heutige Naturwissenschaft dies ernst nimmt,

verhilft ihr zu ihren Erfolgen. Warum soll sie, wenn sie den Gedanken »Gott« überhaupt fassen will, nicht sagen: Gott ist für uns Stoff, wenn es denn etwas wie Stoff geben sollte; er ist Geschehen, er ist Gesetz, wenn Gesetze sich vorzustellen überhaupt Sinn hat, er ist Chaos, schöpferisches Chaos. Und der Biologe mag sagen: Er ist Evolution. Er ist ein sich selbst organisierendes System. Und immer wird er damit auch irgendetwas Zutreffendes sagen.

Immer aber wird die Aufgabe des Menschen darin bestehen, diesen Gegensatz zwischen Personalität und Impersonalität in der Begegnungsweise des Menschen mit Gott, der auf keine Weise aufzulösen ist, als eines der Rätsel zu verstehen, die bei seinem nun einmal sehr eingegrenzten Denkvermögen gegeben sind, die er bestenfalls in einer komplementären Aussage fassen kann und so stehen und gelten lassen muss.

Was also spricht dagegen, dass wir uns selbst, unseren Körper, unsere Seele, unseren Geist im Sinne der mystischen Tradition als »Gottes voll« verstehen? Und wer will uns daran hindern, zu sagen, wir seien – umgekehrt – »in Gott«? Was spricht denn dagegen, Gott zu sehen kleiner als das kleinste Quark und größer als alle denkbaren Universen zusammen? Nikolaus von Cues hätte ihn so beschrieben. Was spricht denn dagegen, ihn zu verstehen als den, der vor dem Urknall war, als den, der die Evolution in Gang gesetzt hat und sie begleitet bis in die letzten Verzweigungen hinein, oder als den, der nach dem Kältetod des Universums in unvorstellbar ferner Zukunft seine neuen Anfänge setzen wird? Sofern es nämlich Vergangenheit und Zukunft in dem Sinn, der uns Menschen vertraut ist, überhaupt gibt.

Nikolaus von Cues sagt:

In Gott ist alles eingefaltet, was ist.
Gott ist die Entfaltung von allem.

Er ist so in allen Dingen,
dass alle Dinge in ihm sind.

Wer will denn behaupten, mit solchen Vorstellungen
werde Gott falsch beschrieben? Ist es nicht im Gegenteil
so, dass wir auf die Anfragen, die die heutige Welt an uns
richtet, keine überzeugenden Antworten geben können,
eben weil uns Gott zu klein geraten ist? Zu klein, weil
allein auf uns Menschen hin entworfen oder gar nur auf
uns Christen? Zu klein, weil an die unbeschreiblich
kurze Geschichte des Menschen, an ihre Sekundenlänge
gebunden? Was spricht dagegen, dass ich vermute, die
Wahrheit sei nicht für alle Zeit so festgelegt, wie unsere
Tradition sie uns vermittelt, sondern sie öffne sich uns
von Epoche zu Epoche weiter, und zwar durch den Geist
Gottes, der uns in alle Wahrheit leiten wird? Geht die
Offenbarungsgeschichte Gottes nicht weiter, solange
die Welt sich dreht? In der Tat: Sie geht weiter.

51

Eins sein mit allem, was lebt

Sollte ich in Worte fassen, wie ich selbst in dieser meiner Welt stehe, in dieser Fülle des Lebendigen, so würde
eine Liebeserklärung daraus, die etwas so klingen
könnte:

Ich liebe die Bäume und die Felsen,
die Hummeln und die Forellen,
ich liebe die Wüste und die Gärten und den Sumpf,
die Schlangen, die Möwen und die Singvögel,
die Bäche und das Meer und das Hochgebirge
und die sanften Formen von Bergen und Hügeln,

Tälern und Auen.
Ich liebe die Farben und Lichter,
ich liebe alles, was leuchtet.

Ich liebe die Vitalität der Erde
und die Klarheit des Weltraums,
den Tag und den Dämmer und die Dunkelheit der Nacht.
Ich liebe das Moor und die Fäulnis und alles Leben,
das sich aus dem Sterben und Verwesen ergibt.
Ich sage mein mühsames Ja auch zu der Weise,
wie ein Leben verlöscht.
Ich bin ganz und gar ein Wesen dieser Erde,
und ehe ich klage über Leid und Schmerzen,
über Bedrohung und Gewalt, über das Grauen,
das überall erlitten wird, danke ich.
Immer neu danke ich dafür, dass ich in ihr lebe,
in dieser vitalen, herrlichen Welt.

Ich weiß mich zu Hause in den Elementen dieser Erde,
in Wasser, Erde, Luft und Feuer;
ich bestehe aus ihnen, ich bin glücklich über sie,
diese Urgleichnisse des Lebens,
Signaturen ihres Gestaltens.

Ich liebe auch alle, die menschliche Züge tragen,
mit allen ihren Mühen und Irrwegen,
ihrer Verzagtheit und ihrem Lebensmut.
Und ich öffne mein Herz auch für alles,
was ich nicht verstehe,
was zu bejahen Mühe bereitet, für die Rätsel,
für die Widersprüche, die in allem sind.
Ich liebe alles,
was sich spiegelt in den Bildern dieser Erde.
Ich versuche ihre Lichter zu mir zu nehmen,
wie man eine Handvoll Erde aufnimmt
oder ein Werkzeug fasst, einen Stein greift
oder ein Stück Eis in der Hand schmelzen lässt,
ein Brot bricht oder einen Menschen liebt.

Ich bin dabei immer auch dafür dankbar, dass der Stifter
des christlichen Glaubens mir nicht geboten hat, diese

Erde zu verachten. Wenn ich ihm zuhöre, bin ich ihr sehr nahe. Dann höre ich ihn von einem Acker reden, von einer Quelle, von Bäumen und Blumen, von Sturm und Unwetter, von Abendrot oder von Feuer, von Brot und Wein, von den Fischen im See und von den Schafherden in der Steppe und von den Menschen auf den staubigen Straßen seiner Heimat. Offenbar sah er Himmel und Erde einander näher, als es uns manchmal scheinen will. Er sagte mit seinen Bildern und Gleichnissen: Wenn du das Unsichtbare begreifen willst, dann tu die Augen auf und die Ohren und nimm wahr, was nahe bei dir, hier auf der Erde, geschieht. Schau es an! Es will sich dir öffnen wie ein Fenster, das dir den Blick freigibt auf ein weites Land, oder wie eine Tür, durch die du ins Freie trittst.

Wenn ich nun sage: »In allen Dingen und Kräften und Wesen dieser Welt ist Gott«, dann muss ich ein Missverständnis fürchten. Es könnte sein, dass jemand, der das hört, von »Pantheismus« spräche. Aber das wäre ein Irrtum. Spräche ich pantheistisch, so würde ich sagen: »Gott ist der Stein.« Oder: »Der Stein ist Gott.« Es gäbe dann für mich keinen Unterschied zwischen dem Ding und Gott. Sage ich aber: »Gott ist im Stein« oder »Der Stein ist in Gott«, dann drücke ich damit nur aus, was der christliche Glaube von jeher über die Allgegenwart Gottes gesagt hat. Ich spreche dann im Gegensatz zum Pantheismus von Pan-entheismus. Ich trenne zwischen Gott und dem Geschöpf, ich unterscheide zwischen ihnen, ohne doch Gott in einen fernen Himmel zu verbannen. Wer so nicht sprechen will, weil er die Heiligkeit Gottes schützen will, der läuft Gefahr, bei allem rechtschaffenen Glauben praktisch in einer gottlosen, einer von Gott geschiedenen Welt zu leben. Ich glaube aber an eine von Gott durchwirkte Welt und glaube auch an seine wirkende Kraft in mir selbst. Ich gehöre zum großen Zusammenhang der Geschöpfe in Gott. Ich bin gehalten und erfüllt von der Urkraft des heiligen Gottes.

Wenn ich also nicht nur meine Liebeserklärung an die Erde, sondern ein Lied an den Schöpfer dieser Welt in Worte fassen sollte, dann würde ich so einsetzen:

> Du Schöpfer aller Dinge, aller Wesen und aller Kräfte,
> die Erde fasst dich nicht und nicht der Weltraum,
> doch bist du uns nahe
> in jedem Grashalm und jedem Insekt.
> Ich gebe dir den Weg frei zu meinem Herzen,
> so verbinden sich an der Stelle, an der ich bin,
> dein Himmel und deine Erde.
> Und ich versuche mein Lied.
>
> Ich möchte dich rühmen,
> dessen Stimme ich höre im Gesang aller Dinge.
> Gerühmt seist du, Glut und Feuer,
> Geist im Wehen des Windes,
> Weichheit in der Bewegung der Wasser.
> Gerühmt seist du, Ursprung alles Lebendigen,
> aller sichtbaren und unsichtbaren Wesen.
>
> Ich bin die Bewegung einer Welle im Meer aller Dinge.
> Ich bin dein Helfer und dein Kind.
> Du bist das Licht der Welt.
> Du gibst mir Licht von deinem Licht.
> So wird es Tag in meiner Dunkelheit,
> uns so geht Freundlichkeit aus auch von mir.
>
> Ich preise dich, Gott, du Unendlicher.
> Ich nehme deine Fülle auf
> und bewahre das Wenige dankbar,
> das Raum hat in meiner Hand.
> Ich versuche mein Lied.
> Ich singe es in den Wind
> und lasse es verklingen
> in dir.

Ich gestehe freilich auch, dass mich eine tiefe Trauer nicht verlassen will. Nicht nur über das unendliche Leiden, das überall erlitten wird, sondern auch über die Bilder, in denen ich erkenne, wie wir Menschen mit dem Leben dieser Erde umgehen. Ich muss nicht mehr davon reden. Jeder, der Augen hat und einen nachdenkenden Kopf und der mit den Geschöpfen dieser Erde zu leiden vermag, weiß es. Aber ich möchte bitten: Schärfen wir doch unsere Aufmerksamkeit auf das, was durch uns Menschen geschieht. Setzen wir unsere ganze Phantasie ein, um Wege zu finden in ein barmherzigeres Verhalten. Üben wir unsere Behutsamkeit mit allen Dingen und Wesen, Elementen und Kräften der Erde. Und werden wir dabei nicht müde. Wenn Lobgesänge wie der Psalm 104 oder ein Lied wie »Geh aus, mein Herz, und suche Freud« in unserem Mund ihren Sinn bewahren sollen, muss durch uns zuvor etwas geschehen, das die sensiblen Rhythmen schützt, in denen das Leben der Erde pulsiert, und das feine Gewebe aller Dinge. Das Schöne hüten, das Verletzliche schützen, das Zerbrechliche bewahren und danach mit einem tief verwundeten Gewissen anfangen, neu und anders jene Loblieder anzustimmen, die die Bibel uns vorsagt. Das wäre ein Weg. Vielleicht werden sie so oder ähnlich klingen:

Wir rühmen, wir preisen dich, Schöpfer der Welt.
Wir leben in dir. Du gibst uns unsere Kraft.
Mache du unser Herz fähig zu Güte und Verzicht,
zu Mitleiden und Behutsamkeit.

Du machst unseren Geist wach, zu sehen, was wir tun.
Du weckst in uns den hütenden Menschen,
der achtsam ist auf alles, was Leid schafft und Tod,
und vertraust uns deine zerbrechlichen Geschöpfe an.

Wir sind eine Stimme dieser Erde.
Wir fassen in Worte, was die lebendigen Wesen

an Freude, an Leid und Schmerzen erfahren,
was ihr Glück ist und was sie ängstet.

Wir rühmen dich nicht, weil wir Schutz suchen
für uns allein, sondern für alle,
unsere Schwestern und Brüder in ihren vielen Gestalten.
Bewahre du uns alle gemeinsam in deiner guten Hand.

Wir blicken über
unser Ende hinaus.
Es gibt kein Ende

52

Diesseits und Jenseits – wer will das trennen?

Am Ende seines Lebens schloss Jesus die Folge seiner galiläischen Gastmahle ab mit jenem Essen in Jerusalem, mit dem er sich von den Seinen verabschiedete.

> »Von Herzen habe ich mich danach gesehnt, dieses Passah mit euch zu feiern, ehe ich leide«, so wandte er sich zu Beginn an die versammelten Freunde *(Lukas 22, 15)*. Er nahm den Kelch, sprach den Segen und sagte: »Nehmt! Trinkt miteinander. Das bin ich.« Dann nahm er das Brot, sprach den Segen, brach es in Stücke, gab jedem davon und sagte: »Das bin ich. So werde ich für euch dahingegeben. Tut so zu meinem Gedächtnis« *(nach Lukas 22)*.

Jesus also versammelte die Seinen, ohne zwischen den mehr oder weniger Getreuen zu unterscheiden. Er feierte mit den Verängstigten und mit den Entschiedenen, mit dem Verräter Judas und dem Verleugner Petrus und gab ihnen das Brot und den Wein als Zeichen des Friedens. Im Grunde ist danach alles einfach. Wir wissen nichts über den »Sinn« unseres Lebens, aber wir kennen unseren Weg und unser Ziel. Wir wissen nichts über die abgründigen Rätsel des Bösen und des Todes, aber wir haben das Zeichen der Befreiung und der Zusammengehörigkeit. Und so gehen wir unseren Weg in Frieden mit Gott und mit den Menschen. Das ist, was wir das Evangelium nennen. Es ist alles. Und mehr müssen wir nicht wissen.

Was aber in seinem eigenen und in unser aller Abschied von der Erde geschieht, das deutet Jesus in seinen letzten Worten während des Mahls:

> »Ich lebe, und ihr sollt auch leben.
> Ihr werdet weinen und klagen,

aber eure Traurigkeit soll in Freude verwandelt werden,
und eure Freude soll euch niemand mehr nehmen.
Im Haus meines Vaters sind viele Wohnungen.
Ich werde euch zu mir nehmen,
und ihr sollt sein, wo ich bin.
Ich bin vom Vater ausgegangen
und in die Welt gekommen.
Ich verlasse die Welt wieder und gehe zum Vater.
Ich lasse euch in Frieden zurück.
Euer Herz erschrecke nicht und fürchte sich nicht.
Solange ihr in dieser Welt lebt,
werdet ihr Angst haben.
Aber fasst Mut, ich habe die Welt überwunden.
Niemand hat größere Liebe als die,
dass er sein Leben lässt für seine Freunde.
Ihr aber seid meine Freunde.«
Nach Johannes 13–17

Und zuletzt spricht Jesus das große Abschiedsgebet, in
dem es heißt:

»Ich bitte nicht, Vater,
du mögest sie aus der Welt nehmen,
sondern du mögest sie vor dem Bösen bewahren.
Wie du mich in die Welt gesandt hast,
so sende ich sie.
Sie sollen eins sein, damit die Welt ihren Worten glaube.
Wie du, Vater, in mir bist und ich in dir,
so sollen auch sie eins sein.«
Nach Johannes 17

Was haben sie also in der Hand, die Zurückbleibenden,
auf ihrem Weg bis zu ihrem eigenen Abschied? Sie sehen, dass der Tod offenbar keine Wand ist, gegen die sie
laufen, sondern eine Tür. Dass hinter dieser Tür Raum
ist. Dass es aus dem Herumliegen ein Aufstehen gibt
und ein erneutes Stehen. Neues Leben und Wohnen.
Dass dort einer ist, der sie empfängt. Dass er sie schon
vorher, während ihres Weges, ruft und geleitet. Dass das

Leid und der Schmerz bis dorthin klein sind und erträglich, weil sie kurz sind. Dass diese Welt und dieses Leben über sie keine Macht hat. Dass Angst unnötig und Liebe möglich ist, weil ihnen nichts widerfahren kann als eben der Weg durch eine Wand ins Freie.

Sie erlebten, wie dieser Durchgang geschieht, an ihrem Meister. Sie lebten aus den Erfahrungen seiner Nähe in den Ostertagen und danach. Sie schauten. Sie hörten: »Ich lebe und ihr sollt auch leben.«

Das sagte ihnen Jesus, der Abschied Nehmende: Wenn du gestorben bist, dann beginnt für dich ein neuer Weg. Du wirst derselbe sein, der du bislang gewesen bist, und doch wird alles anders sein. Weiträumiger, klarer, freier. Du wirst weitergehen und glücklich sein. Du wirst auferstehen, wie Jesus Christus auferstanden ist. Du wirst deinen Weg sozusagen hinter Jesus Christus her gehen. In der Apostelgeschichte des Lukas heißt Jesus Christus auch der »Vorausgänger«, der »Bahnbrecher«. Er ist also der, der uns zu einem Leben in einem größeren Rahmen aufruft, zu einem Leben über diese Zeit und Welt hinaus.

Wie also stellen wir uns eine Welt vor, in der etwas dieser Art geschehen könnte? Nach landläufiger Meinung gibt es zwei Wirklichkeiten: das Diesseits und das Jenseits. Das Diesseits ist die Welt, die wir wahrnehmen. Das Jenseits ist vielleicht eine andersartige Wirklichkeit, die unsere diesseitige umschließt und in die wir hinübergehen, wenn wir sterben. Zwischen beiden ist eine feste Grenze, die wir in diesem Erdenleben nicht überschreiten. Aber diese Vorstellung spiegelt unser menschliches Empfinden und ist keine Aussage über die Wirklichkeit. Wir teilen die Welt in eine reale Hälfte und in eine nur irgendwie wirkliche, in der unsere Wünsche, Träume und Illusionen wohnen, in der die Engel zu Hause sind und die Toten, und, falls es ihn gibt, Gott. Aber eine Grenze zwischen beiden gibt es nicht. Sie besteht in Wahrheit in der Reichweite unserer Wahrnehmung. Wenn wir von einem Haus nur die Vorderseite sehen, die Rückseite uns aber unsichtbar bleibt, so ist damit nicht gesagt, Vorder- und Rückseite gehörten zwei verschiedenen Welten an, sondern lediglich, dass unsere Augen nur das leisten, was ihnen und ihrer Sehweise gegeben ist.

Die Welt selbst ist ein einziger großer Zusammenhang zwischen Steinen, Pflanzen, Tieren, Menschen und allen den geistigen Wesen und Kräften, die wir ahnen, aber nicht kennen, und bis hin zu Gott selbst. Die Welt ist ein einziger Zusammenhang zwischen Anfang und Ende. Grenzen unserer Erkenntnis sind keine Grenzen in der Realität.

Jedes Wesen dieser Erde hat seine eigene Welt, wie sie seinen Verstehensmöglichkeiten und seinen sinnlichen Fähigkeiten entspricht, und für jedes dieser Wesen beginnt das »Jenseits« an einer anderen Stelle. Jedes Tier hat die Sinnesorgane, mit denen es das Lebensdienliche wahrnimmt. Was für sein Überleben keine Bedeutung hat, wird es nicht oder nur unscharf wahrnehmen. Für eine Zecke besteht das Diesseits in der Wahrnehmung von hell – dunkel, Geruch von Buttersäure, von wärmer oder kälter. Das ist genug für ihr Überleben. Alles andere ist für sie »jenseitig«. Für einen Maulwurf endet das Diesseits einen Spaten tief in der Erde, und es endet, wo ihm von oben Licht entgegenkommt, wenn er seinen Hügel aufwirft. Und lese ich einem Hund ein Gedicht von Rilke oder Hölderlin vor, so wird das Gedicht und sein Sinn für ihn »jenseitig« sein.

Ich saß einmal mit dem Dalai Lama zu Tisch. Er lächelte freundlich, aber was er dachte, war für mich unergründlich. Seine Gedanken werden für mich jenseitig sein solange, bis er mich auf seinen geistigen Wegen mitnimmt. Wenn ein Theologe ein physikalisches Lehrbuch aufschlägt, wird ihm, was er liest, zum größten Teil »jenseitig« sein. Je länger er liest, umso mehr davon wird in sein »Diesseits« einrücken. Seine Lernfähigkeit ist die Kraft, mit Hilfe derer er sein Diesseits erweitert. Er wird, wenn er dabei der Zumutung begegnet, sich den Zustand des Universums vor der Planckzeit vorzustellen, verstehen, dass es Grenzen gibt, über die die sinnliche Wahrnehmung, die Vorstellungskraft und die Verstehensfähigkeit des Menschen, so wie er gebaut ist, endet. Vielleicht müsste er ein höher organisiertes Wesen sein, wollte er seine Wahrnehmung über diese Grenze hinaus erweitern.

Die Weltbilder der in der Kette der Evolution sich höher entwickelnden Lebewesen wölben sich also wie die Schichten einer Zwiebel übereinander, und von Schicht zu Schicht erweitert sich das Diesseits, indem es einen weiteren Aspekt eines bisherigen Jenseits aufhellt. Mutation und Selektion sind die Schritte, die da gegangen werden. Versuch und Irrtum, Lernen und Erkennen und Anwenden des Erkannten sind die Mittel, die die Erweiterung bewirken.

Diesseits und Jenseits also sind keine realen Welthälften, sondern markieren nur die Grenze, die mein Wissen, mein Verstehen, meine Wahrnehmung im gegenwärtigen Augenblick aufweisen, wobei offen ist, wie weit mein Diesseits durch mein Lernen sich dehnen lässt oder was mir an neuen Wirklichkeiten in mein Diesseits einrückt, wenn ich – nach christlicher Vorstellung – sterbend in einen neuen Raum eintrete. Es gibt nicht zwei Welten. Es gibt nur eine Welt. Von der nehmen wir verschieden viel wahr. Für den einen beginnt das Jenseits vor seiner Haustür, für den anderen tief im Geheimnis Gottes. Hier neu nachzudenken und vor allem, was man dann erkennt, den Menschen dieser Zeit klar genug zu sagen, ist sicher eine der wichtigeren Aufgaben der Theologie in der Auseinandersetzung mit der heutigen Zeit und Welt.

Für Leser, die der Philosophie kundig sind, sage ich: Bei den Wörtern Jenseits oder Diesseits handelt es sich nicht um ontologische Begriffe, sondern um noëtische, das heißt erkenntnistheoretische. Das heißt, sie sagen nichts darüber aus, wie die Welt gebaut oder geteilt ist, sie sagen nur etwas aus über die Reichweite unseres Erkenntnisvermögens. Für den christlichen Glauben ist die Unterscheidung eines Diesseits von einem Jenseits entbehrlich. Fest steht nur, dass die materielle wie die geistige Wirklichkeit unserer Welt uns nur in einem schmalen Ausschnitt zugänglich und dass die nicht wahrnehmbare Wirklichkeit um ein Unendliches größer ist als die, die wir wahrnehmen.

53

Zeit und Ewigkeit sind für die Bibel anders

Von der »Zeit« denken wir üblicherweise so, wie man in der Neuzeit von ihr geredet hat, nämlich als von einer Grundkonstanten der Weltentwicklung ohne Anfang und Ende, die immer gradlinig und gleichmäßig abläuft, die nicht aufgehalten oder umgekehrt werden kann. Von der Ewigkeit aber denken wir im allgemeinen so, als wäre sie vielleicht eine unendlich lange, offene Zukunft oder auch ein Stillstand der Zeit. In der christlichen Tradition dagegen gilt die Zeit als eine Zeitstrecke, die keineswegs unendlich, vielmehr durch Schöpfung und

Weltende begrenzt ist, und auf die die Ewigkeit folgt.
Andere Traditionen verstehen sie zyklisch oder spiralig.
Nach ihnen steigt der Mensch über den immer wieder-
kehrenden Kreislauf der Inkarnationen auf, bis für ihn –
nicht für die Welt der Dinge oder die anderen Menschen,
sondern für ihn – die Zeit endet.

Fragen wir die Bibel, so antwortet sie uns auf verschiedenen Ebenen. Sie sagt zum Beispiel, alles habe »seine
Zeit«. Es gebe für alles eine bestimmte Zeit, eine abge-
grenzte, im guten Fall erfüllte Zeit. Fragen wir aber nach
der Zeit im Ganzen, so addiert sie sich aus den vielen
»Ewigkeiten«, die einander in der Geschichte Gottes
und der Menschen folgen. Das hebräische Wort für
Ewigkeit, »olam«, ebenso wie das entsprechende griechische, »aion«, meinen eine Weltepoche, einen Weltzyklus, der irgendwann beginnt und irgendwann in sich
zurückkehrt und endet. In Jahrtausenden lösen sich solche Weltepochen ab. Deshalb sagt die Bibel, Gott sei
Gott »von Ewigkeit zu Ewigkeit«; der Jesus der Offenbarung Johannes' sagt von sich: »Ich bin lebendig von
Ewigkeit zu Ewigkeit«, das heißt von einem Weltzyklus
zum anderen. Oder sie spricht von Ewigkeiten in der
Mehrzahl.

So ist zu verstehen, was Paulus meint, wenn er sagt, es
gebe einen »alten Äon«, eine alte Ewigkeit, und einen
neuen Äon, eine neue Ewigkeit. Es gebe einen Weltzyklus, in dem die gegenwärtige Geschichte der Menschen
sich abspiele, und einen anderen, der sich gegen Ende
des alten Äons mit diesem überschneide, aber danach
weit über ihn hinausführe. Er meint also, wir sollten zu-
sehen, dass wir ungeachtet der Aufgabe, das Leben in der
alten Ewigkeit zu bestehen, Anteil gewinnen an der
neuen Ewigkeit, wir sollten also mit unserem Glauben
schon jetzt den Überschritt vollziehen in die neue Ewigkeit, die jetzt, da wir vor dem Ende dieses alten Äons

stehen, beginne. Christus aber sei der, der uns auf diese Weise das Leben im neuen Äon eröffne. So kann Paulus auch sagen: »Als die Zeit erfüllt war (das heißt, der alte Zeitzyklus abgeschlossen), sandte Gott seinen Sohn« *(Galater 4,4)*. Oder Jesus kann sagen: »Ich bin bei euch alle Tage bis zur Vollendung dieses Äons« *(Matthäus 28, 20)*. Was die erste Gemeinde über die Zukunft und die Ereignisse am Ende der Zeit sagt, werden wir besser verstehen, wenn wir in solchen Zeitkreisen oder besser Zeit-Bögen denken, wie sie damals gedacht wurden. Vor allem aber müssen wir uns vor der grundlegend falschen Vorstellung hüten, wenn wir etwa von »ewiger Seligkeit« oder »ewiger Verdammnis« hören, es handle sich bei dem beiden um jeweils eine unendlich lange, nie endende Zeit.

Ich brauche nicht eigens für jedes Detail dieser Zeitvorstellung nachzuzeichnen, wie sie gebunden ist an das Weltbild der damaligen Kultur. Das Weltbild von damals war begrenzt auf die Erde und einige um sie kreisende Himmelskörper, und das Zeitbewusstsein begrenzte sich für das Alter der Welt auf wenige tausend Jahre; ihr Ende aber, so dachte man, stehe nahe bevor. Denken wir als Menschen dieser unserer Zeit, so werden wir die Zeit anders begreifen. Wir stellen sie uns entweder so vor, wie sie die Neuzeit gedacht hat, so wird uns die Ewigkeit entweder eine unendlich lange Zeitdauer sein oder ein ewiger Stillstand. Oder wir werden vermuten, Raum und Zeit seien nur eben die Weisen, wie wir Menschen mit unseren schmalen Erkenntnismitteln uns die Welt vorstellen. Wir brauchten die Zeit, um zu ordnen, was war und was sein wird, und wir brauchten die Vorstellung von einem Raum, in dem wir uns bewegen und orientieren. Denn es muss beides durchaus nicht objektiv »geben«, und es gibt beides für andere Wesen in ganz anderer Weise. Unsere vier Dimensionen zeigen uns eine eingegrenzte Welt, wie wir sie mit unserem Verstand und unseren Sinnen wahrnehmen, und sie zeigen uns die Welt so, wie sie uns für unser Überleben als Menschen dienlich ist.

Die heutige Physik spricht von einem »Urknall«, der vermutlich einen Anfang der Zeit und des Raums gesetzt habe. Aber wenn Raum und Zeit nur eben die Vorstellungen sind, mit denen wir Menschen in unserer Zeit mit der Wirklichkeit umgehen, dann hat eine solche Theorie wenig Sinn. Der »Urknall« begegnet denn auch bei philosophisch nachdenkenden Physikern von heute einem abnehmenden, vielleicht schon geringen Interesse. Eine solche Theorie kann ja nur dadurch zustande kommen, dass man, sozusagen durch die Hintertür, den Begriff und die Vorstellung von einer objektiven Zeit einführt. Physiker wie Hans Peter Dürr sagen heute: Die Frage nach dem Urknall ist im Grunde falsch gestellt, wenn ich doch weiß, dass es nicht möglich ist, irgendetwas zwingend aus einem Früheren abzuleiten. Sie suggeriert die Kenntnis einer Entwicklung und eines Urzustandes, für die uns nicht nur die Mittel fehlen, sondern die wir vor allem nur behaupten können, wenn wir in einer überholten Phase der Physik verharren.

Es könnte zudem ja sein, dass in wenigen Jahren ein gänzlich anderes Bild von der Zeit die Szene beherrscht als das von der heutigen Physik entworfene. Denn unser Bild der Welt wird komplizierter, immer weniger fassbar, es gewinnt viele Schichten, von denen die wenigsten einem wissenschaftlichen Zugriff offen stehen. Und man braucht sich nur vorzustellen, dass es auch nach der Auffassung der heutigen Physik viele unserem menschlichen Denken abgewandte Dimensionen geben mag, deren Bedeutung und Wirkungsdichte wir zwar mathematisch errechnen, die wir uns aber nicht konkret vorstellen können.

Was aber sollte es für einen Sinn haben, von einem Ende der Welt zu sprechen? So wenig wir fragen können: Was war vor dem Anfang, so wenig sollten wir wissen wollen, was nach dem Ende sein wird. Wenn freilich die heutige Physik davon redet, der Ausdehnungsphase des Universums werde möglicherweise eine Phase folgen, in der es wieder in sich zusammenstürze, danach werde vielleicht wieder ein neuer Urknall folgen und vielleicht unendlich viele Zusammenstürze und Ausdehnungsphasen, dann ist sie damit ungleich näher an dem, was die Bibel sich unter Zeit und Ewigkeit vorstellt, als die bisherige neuzeitliche Vorstellung von einer Ewigkeit der Zeit. Hätte man das einem antiken Menschen erzählt, so hätte er sich vermutlich überhaupt nicht gewundert. Er hätte vielleicht gesagt: Da leuchtet etwas auf, verbrennt, wird zu Asche und geht zu Ende. Was aber danach folgt, ist eine neue Ewigkeit.

Für den Christen, der überhaupt den Mut hat, von »Gott« zu reden, obwohl er ihn auf keine Weise wird nachweisen können, wird das Bild unserer Welt damit nicht anders als er sie sich von jeher vorgestellt hat, nämlich als einen unendlich vielschichtigen Kosmos mit unendlichen, unzugänglichen Räumen, Schichten, Dimensionen, Zeiten, von denen wir Menschen nur den schmalen Vordergrund erkennen, der sich in drei Raumdimensionen fassen lässt und in eine Zeitdimension, hinter denen aber beliebig viele weitere Dimensionen und Schichten der Wirklichkeit anzunehmen sind. Vielleicht ist es gar nicht so falsch, wenn wir uns vorstellen, dass die Toten nicht in einer anderen Welt leben, sondern in der unseren, nämlich der einen Welt, nur eben in anderen Dimensionen. Dass die Wände dünn sind, dass in Visionen Wahrheit aufleuchten kann, dass es Sinn hat, sich Gott als unendlich nah und unendlich fern zugleich vorzustellen. Dass es kein Widerspruch ist zu sagen: Gott ist in uns, und: Gott ist der ganz Andere, der uns Unzugängliche. Es ist kein Widerspruch zu sagen: Gott ist unseren Gedanken ganz und gar abgewandt, und: Gott hört, was wir sprechen. Er weiß, was wir denken. Er ist in allen Schichten und Räumen der Wirklichkeit anwesend und wirksam, auch in dem schmalen Vordergrund der Wirklichkeit, den wir Menschen bewohnen. Die Naturwissenschaft von heute beweist nicht, dass es einen Gott »gibt«. Sie ist dem religiösen Gedanken im allgemeinen so fern wie je. Aber sie ist heute eher geneigt als vor hundert Jahren, die Begrenztheit ihres Wissens zu erkennen. Man kann sich heute leichter von der einen zur anderen Ebene fortbewegen, von der physikalischen zur spirituellen und von der spirituellen zur naturwissenschaftlich fassbaren.

Was also Zeit ist und was Ewigkeit, das formt sich für uns Menschen nach der Weise, wie wir beides erfahren, wie wir uns in beidem bewegen können. So sagen Mystiker etwa: Du bist in der Zeit, die Ewigkeit aber ist in dir. Wir sagen: Die Zeit ist uns »gegeben«, die Lebenszeit, die uns zugemessen ist, der Augenblick, in dem wir sind. Die Zeitspanne jeweils, in der durch uns geschehen muss, was »an der Zeit« ist. Immer wieder wird die Zeit »reif« sein für einen Gedanken oder für eine Entscheidung. Was aber, so wissen wir, von der vergangenen Zeit bleibt, ist die Liebe, die uns zu einer bestimmten Stunde gelungen ist. Es »ist Zeit« – nicht, weil sie kurz ist, weil sie drängt, sondern weil es Zeit ist, einen Gedanken zu fassen, einen Menschen wahrzunehmen, etwas Bestimmtes zu tun, darum drängt die Zeit.

Wir sind Menschen zwischen Himmel und Erde. Zwischen Zeit und Ewigkeit. Beide, die Zeit und die Ewigkeit, treffen sich im jetzigen Augenblick. Ewigkeit löst nicht die Zeit ab, vielmehr ist die Zeit das, was wir von der Ewigkeit wahrnehmen. Bricht aber in einem Augenblick der Begnadung »Ewigkeit« in unser Dasein ein, so »steht die Zeit still«. Der Augenblick wird zur reinen Gegenwart. Je deutlicher uns bewusst ist, dass wir in Gott sind, desto gegenwärtiger wird uns die Ewigkeit.

Was ist denn die Zeit? Vielleicht ist sie nicht mehr als ein Erker, von dem aus wir die Landschaft dieser Welt sehen, ein Erker am Haus der Ewigkeit. Und der Umzug wird vielleicht viel selbstverständlicher und leichter vonstatten gehen, als wir heute vermuten.

Jesus spricht in seinen Abschiedsreden davon, wer glaube, der habe jetzt schon ewiges Leben, er sei jetzt schon aus dem Tode ins Leben gekommen. Nicht später also, sondern jetzt beginne die Ewigkeit. Ewigkeit sei die Erfahrung dessen, was bleibt und gilt, unabhängig vom Ablauf der Zeit. Und diese Erfahrung nimmt vorweg, was uns, über dieses Leben hinaus, zugesagt ist an Lebendigkeit, an Leben in Gott.

Und wie stelle ich mich zu den dramatischen Vorstellungen der heutigen Naturwissenschaft über das Ende des Universums in unvorstellbar ferner Zukunft? Nun, ich verfolge mit den begrenzten Mitteln eines Laien und manchmal mit Vergnügen, wie die Ideen sprudeln. Ich kann nicht wissen, was in den nächsten hundert Jahren entdeckt, gerechnet, gedacht und prognostiziert wird. Dass aber der heutige Stand der Wissenschaft der letzte und endgültige sei, halte ich für extrem unwahrscheinlich. Ich weiß nur dies: Es ist für den kurzen Tag meines Lebens, für sein Gelingen oder sein Scheitern, für seinen Anfang und sein Ende einigermaßen unerheblich, was in unendlicher Zukunft, in vielleicht 10^{150} Jahren geschehen wird. Wirklich wichtig scheint mir an alledem nur, was in unseren bisherigen Überlegungen schon wichtig

war: dass es mehr gibt in uns selbst und in der Welt, als
was wir Menschen sehen, messen, zählen, wägen, be-
rechnen, verstehen oder benützen können. Vor allem
aber: Die für mich und für mein Leben wichtigen Vorgänge sind die, die in mir selbst und um mich her geschehen, denen gegenüber ich die richtigen oder die
falschen Entscheidungen treffe, die mir meinen Weg
und mein Schicksal verbergen oder deuten, in denen ich
auch jener Urkraft und Urweisheit begegne, die ich
»Gott« nenne. Es gibt Fragen, die mich genauer angehen
als die, was denn aus einem schwarzen Loch entstehen
könne. Ob man in fünfzig Jahren überhaupt noch von
schwarzen Löchern sprechen wird, weiß ich nicht. Ob
aber mein gegenwärtiges Tun und Denken für die Zukunft, in die ich aus diesem Leben hinaus entlassen
werde, von Bedeutung sein wird oder nicht – dies zu bedenken, scheint mir einigermaßen lohnend zu sein.

Von der Zukunft unserer Erde freilich kann ich mich
nicht so einfach lösen, etwa von den nächsten, sagen wir,
dreihundert Jahren. Denn in dieser Zeit könnte es sich
entscheiden, ob die Menschheit auf die Dauer auf diesem
Erdball leben wird. Ich fürchte, bis dahin wird die Bio-
sphäre so tief beschädigt sein, dass sie sich für das Leben
und Atmen von Menschen nicht mehr eignet. So befürchten viele von den Spitzen der Wissenschaft, der
Mensch werde ganz einfach zu dumm sein, um auf der
von ihm selbst verwüsteten Erde überleben zu können.
Ich selbst kann mir durchaus vorstellen, dass es im Lauf
dieser Zeit zu einem allmählichen Selbstbeseitigungs-
oder Selbstentsorgungsvorgang der Menschheit auf dieser Erde kommen wird. Dass dann die Natur durchatmen
kann, sich regenerieren, aufleben, zu ihrer ursprünglichen Vielfalt finden und die Schönheit wieder gewinnen,
die ihr der Mensch in seiner kurzen Besuchszeit auf dieser Erde genommen hat. Und dass sie dann einige Millio-

nen Jahre Zeit hat, bis die nächsten – vielleicht intelligenteren – Hominiden von den Bäumen herabsteigen werden. Nichts ist unmöglich.

Und dennoch: Wachheit ist angesagt. Widerstand. In dem Buch von Stefan Heym »Ahasver« sagt der Teufel: »Diese Welt, die Gott geschaffen hat, die stinkt. Und alles, das man zu tun braucht, damit sie zugrunde geht, ist, die Menschen so weitermachen zu lassen, und am Ende werden sie sich selbst vernichten.« Widerstand ist nötig.

54

Der Tod ist eine Tür durch eine nicht vorhandene, dünne Wand

Unsere Überlegungen zu unseren Erfahrungen an der Grenze haben uns zu der Vermutung geführt, es sei nicht nur unnötig, es sei vielmehr durch und durch falsch anzunehmen, die Reichweite unseres Daseins erschöpfe sich in der uns vertrauten Welt. Es gibt allzu viele Hinweise auf zu vielen verschiedenen Ebenen der Erfahrung, zu viele zuverlässige Untersuchungen über das, was Menschen an der Grenze zu ihrem Tod widerfuhr, als dass wir annehmen könnten, all dies seien Produkte unserer Phantasie, es seien Einbildungen, Erfindungen, Illusionen. Nein, was ich selbst erlebt habe über die Grenzen meiner eigenen Weltkenntnis hinaus, kann ich auf keine Weise ausblenden.

Mich haben, auch schon in der Zeit, als mir das Christentum fremd und kaum bekannt war, als Kind und junger Mensch, Erfahrungen berührt – ich habe in den langen Jahrzehnten seither an vielen Stellen davon er-

zählt –, die mir einiges Grundlegende unfraglich gemacht haben. Nämlich: Hinter den Dingen dieser Welt,
die uns vertraut sind, baut sich eine andere, größere
Welt auf. Sie durchdringt die unsere, und sie wird immer
wieder bei vielen Menschen spürbar. Die zeitliche Linie
unseres Menschendaseins läuft hier schon auf diese andersartige Wirklichkeit zu. Sie setzt sich dort nach unserem Tode unmittelbar fort. Unser kleines Lebensschick-
sal ist eingefasst von Zusammenhängen, die nach allen
Seiten in eine größere Wirklichkeit hinausweisen.

Als ich als junger Mensch einmal las, Jesus sei aus dem
Tode auferstanden, da war das für mich in keiner Weise
überraschend, sondern völlig selbstverständlich. Ich
konnte es mir im Gegenteil gar nicht anders vorstellen
als dass sein Weg weiterging. Und Jesus selbst hat ja von
der Auferstehung aus dem Tod nie so gesprochen, als
seien die Menschen vor ihm nicht auferstanden und er
sei der Erste, für den der Tod sich ins Leben hinaus geöffnet habe. Er hat in seinen Gesprächen mit seinen Gegnern immer wieder klar gemacht, dass die Toten leben
und Gott nicht ein Gott von Toten, sondern von Lebenden sei, dass Abraham, Isaak und Jakob lebten. Und diese
Selbstverständlichkeit wollen wir festhalten, auch wenn
wir das Große, Besondere der Auferstehung des Jesus von
Nazaret feiern. Er hätte vermutlich auch einem Hindu
seiner Zeit, der ihm von Auferstehung geredet hätte, be-
scheinigt, was er einmal einem Pharisäer gegenüber aus-
drückte, er sei »nicht weit vom Reich Gottes«.

Natürlich werden wir unterscheiden zwischen der Erfahrung einer Auferstehung und ihrer Erklärung. Was
war denn die Erfahrung jener ersten Zeugen, etwa der
Maria Magdalena? Sie steht vor dem Grab und sieht ungenau die Gestalt eines Menschen. Und plötzlich erkennt sie: Das ist er! Fischer stehen in einem Boot und
sehen etwas am Ufer: Das ist er! Er ist da! Zwei wandern

eine Straße entlang, da erleben sie, wie sie begleitet sind von einem Unbekannten, und am Ende rufen sie aus: Das war Christus! Es geschieht eigentlich nichts. Alles spielt sich still, verhüllt, in Andeutungen ab. Wäre die Auferstehung Jesu erfunden worden, so wäre irgendetwas Großes, Dramatisches geschehen. Aber nichts ereignet sich außer leisen Begegnungen am Rande der Sichtbarkeit, und nur die sind betroffen, die schon vorher mit ihm, dem Toten, dem Lebenden verbunden gewesen waren. Früher gehörte Worte werden neu gehört. Und diese leisen Vorgänge haben danach die Weltgeschichte auf eine ungeheure Weise bestimmt.

Aber als alles vorbei war, der Alltag wiederkehrte, da suchten die betroffenen Menschen nach Erklärungen. Sie wollten verstehen. Und nicht nur sie, auch die anderen, denen sie davon erzählten, wollten wissen, wie sich denn all dies vollzogen und abgespielt habe. Wie man beweisen könnte, dass es alles wahr sei. Und so begreiflich das auch sein mag: Die Versuche, zu erklären, kamen rasch an die Grenze, an der sie in produktive Phantasie übergingen. Auch diese ins Ungefähre bis Menschliche abdriftenden Erklärungen haben mich nie verwundert. So ist das wohl immer, wenn einem Menschen etwas Ungeheures widerfährt: Er kann es einfach nicht erklären. Er kann aber nicht davon reden, ohne es immer neu erklären zu müssen. Das ist nun einmal so.

Da nun ein Jude jener Zeit sich die Auferstehung nur leiblich vorstellen konnte, so lag die Frage nahe: Was war denn, als Jesus auferstanden war, im Grab zu sehen? Der Leib kann doch nicht mehr da gewesen sein! Und rasch war die Erklärung da: Das Grab muss leer gewesen sein.

Wenn aber Jesus körperlich sein Grab verlassen hat, dann muss jemand den schweren Rollstein entfernt haben, mit dem das Grab verschlossen war, dachte man.

Ein Engel, so versucht man zu erklären, muss ihn weg-
gewälzt haben. Und auch das nehme ich gelassen zur
Kenntnis, ohne dass es mir die Ostererfahrungen jener
Menschen fragwürdig machte, auch wenn ich weiß, dass
ein Kriegskamerad, der in einem verschlossenen Panzer
verglühte, es nicht nötig hatte, dass jemand den Panzer
öffnete, damit er auferstehen könne.

Und wenn die Toten körperlich auferstehen, dann
muss doch der Körper eines Auferstandenen spürbar
sein, er muss Ähnlichkeit haben mit dem Körper des
Verstorbenen, sagte man sich. Man muss ihm seine
Identität doch wohl ansehen. Und so folgen die Erklärungen: Jesus hat mit den Seinen zusammen gegessen.
Er ließ von Thomas seine Wunden ertasten. Auch das
stört mich nicht, obwohl zum Beispiel Fridolin Stier, der
seine Tochter aus der Wand kommen sah, wie ich erzählt habe, nicht auf die Idee gekommen wäre, er müsse
seine Tochter nun anfassen können.

Erstaunlich bleibt mir im Gegenteil, dass auch solche
Erklärungen nicht ins Abstruse führten, sondern das eigentliche Geheimnis, das Angedeutete, das Gnadenhaf-
te dieser Begegnungen unangetastet blieb. Was ist denn
wichtig? Wichtig ist das »Friede sei mit euch«, mit dem
Jesus zu seinen Freunden ins Zimmer tritt. Wichtig ist,
wie Maria Magdalena sich umwendet und ihren Meister
erkennt. Wichtig ist, wie in aller Stille eine neue Nähe
erfahren und wie in derselben Stille ein Abschied gefeiert wird, als Jesus, wie erzählt wird, »wegging« und die
Menschen ihre Wege auf dieser Erde nun allein, aber im
Vertrauen auf den lebenden Meister, gingen. Wie sie das
Abendmahl feiern, in Emmaus und danach überall in
der Erkenntnis, hier geschehe etwas an der Grenze zwischen dieser und der anderen Welt, und Christus sei gegenwärtig. Wichtig ist, wie sie hörten: »Ich lebe, und ihr
sollt auch leben.« Oder: »Ich bin bei euch alle Tage.«

Oder: »Wie mich mein Vater gesandt hat, so sende ich euch.« Wichtig ist, wie durch die Ostererfahrungen die äußere Geschichte ihrer Gemeinschaft mit Jesus in die innere Wirkungsgeschichte eben dieses Jesus Christus überging. Und wer die Kirchengeschichte entlanggeht und nach den Ursprüngen der geschichtlichen Wirkungen des Jesus von Nazaret sucht, wird feststellen, dass es weniger der Mann Jesus von Nazaret war, der diese Wirkungen auslöste, als vielmehr der stille innere Christus, der überall in den Ursprüngen des Glaubens von Menschen stand.

Stärker waren jene verborgenen Erfahrungen, die Paulus danach so beschrieben hat:

»Gott, der gesprochen hat:
Licht soll aus der Finsternis hervorleuchten,
ist als heller Schein in unseren Herzen aufgegangen,
so dass wir das Gotteslicht erkennen,
das uns auf dem Angesicht des Christus erscheint.«
2. Korinther 4, 4–6

Oder:

»Wie wir das Bild des irdischen Menschen getragen
haben, so werden wir das Bild des himmlischen tragen.«
1. Korinther 15, 49

Die spirituelle Tradition des Christlichen ist voll von ähnlichen Erkenntnissen. Daran, dass sie gelten, steht und fällt aber alles, was uns am christlichen Glauben unbedingt angeht.

55

Was erwarte ich für mich selbst?

Ich bin achtzig Jahre alt und werde in Kürze entweder vor einer Wand oder in einer Tür stehen. Die Wand und die Tür sind Bilder, aber lassen wir sie uns gefallen. Mich fragt immer wieder jemand in irgendeinem Interview: »Fürchten Sie sich vor dem Tod?« Und ich kann immer nur sagen: »Ich bin gespannt, was mir begegnen wird. Das ist viel stärker als jede Furcht. Ich fürchte mich nicht davor, es könne mich nach meinem Tod nicht mehr geben. Ich bin gespannt, wem ich begegnen werde. Wie Gott mir begegnen wird. Was anders sein wird in der größeren Welt. Was mein Auftrag sein wird. Und auf welche Weise er mir zugesprochen wird. Denn dass ich arbeitslos und selig sein soll, das kann ich mir bei der Dynamik, die nach meinen unmaßgeblichen Vorstellungen in der größeren Welt herrscht, nicht recht vorstellen. Dass es vielmehr auch dort irgendwie weiterhin um das Reich Gottes gehen wird. Ich lasse es offen und bin gespannt.«

Was ich verstehen kann, das ist: Wir kommen irgendwo her. Wir gehen irgendwohin. Wir kommen zur Welt. Wir leben, sterben und erwachen. Was wir den Tod nennen, ist die Rückseite einer ganz anderen Art von Leben, und wir werden beim Überschritt dort hinüber mit einer uns hier nicht vorstellbaren Klarheit uns selbst und die größere Welt zu Gesicht bekommen. Nicht das Leben währt, bis der Tod es beendet, sondern wir sind in der Hand des Todes, bis wir frei werden und ins Leben treten, hinüber in ein von Gottes Geist erfülltes Dasein ohne Raum und Zeit.

Was mir gewiss ist, das ist, dass ich als Person, mit

oder ohne eine neue »Leiblichkeit«, in den anderen Dimensionen der Welt meinen Weg weitergehen werde. Ich habe dazu nichts zu wissen oder mir mit meiner Phantasie auszudenken. Ich werde eines nicht fernen Tages vor einer dunklen Wand stehen. Das Licht wird mir verlöschen. Mein Weg wird zu Ende sein, und ich hoffe, dass mir in diesem Augenblick noch die Kraft bleibt, dankbar zu sein für das schöne und reiche Leben, das mir gewährt worden ist. Dann wird sich mir erweisen, was ich schon immer so empfunden habe, dass nämlich diese Wand zwischen den Lebenden und den »Toten« dünn ist. Es wird sich eine Tür öffnen. Ich werde hindurchgeführt werden in ein neues Licht, in ein anderes Leben, das zu beschreiben mir die Mittel fehlen, auf das ich mich aber freue. Arthur Schopenhauer, von dem man es nicht erwarten möchte, hat gesagt: »Ich glaube, dass, wenn der Tod unsere Augen schließt, wir in einem Licht stehen, vor dem das Sonnenlicht nur ein blasser Schatten ist.« Meine Zukunft wird nicht Sterben und Verwesen, Verlieren und Vergessen sein, sondern Heilwerden. Ganz werden. Erlöst sein.

Die Schöpfungsgeschichte beginnt damit, dass da dunkles, unheimliches Chaos ist, Urflut, in der ein Mensch nur ertrinken könnte. Dass aber der Geist Gottes über ihm schwebt und dass Gott sagt: »Es werde Licht!« Und es ward Licht. Es ist durchaus möglich, dass man, als man begann, »Auferstehung« zu glauben, diese Geschichte als eine heimliche Deutung des Todes und der Neubegegnung mit Gott empfand. Jedenfalls sprach man immer davon, es sei der Geist, der Leben schafft, der rettet, befreit, geleitet und der Hoffnung und Zuversicht gibt. So stelle ich mir meinen Tod auch als eine Art von Schöpfungsgeschichte vor, als ein Versinken im nächtlichen Chaos und ein Neuwerden aus dem Geist Gottes, der mir zuruft: Komm! Sei! Lebe! Und als ein Auftauchen ins Licht. Muss ich mehr wissen? Ich werde es erleben. Und ich hoffe, ich werde es verstehen. Ich werde vertrauen. Und ich werde danken. Das ist genug. Ich werde erfahren, dass mein Leben gesegnet war und ist.

Kann aber der Tod einen Sinn haben? Das hängt davon ab, wie lang für uns das Leben reicht. Nach meiner Überzeugung ist das Leben länger. Es reicht über den Tod weit hinaus. Der Tod ist ein Schritt aus einer Ebene des Seins in eine andere. Ein Schritt auch, der die Wandlungen fortsetzt, die schon in meinem Leben mit mir geschehen sind. Ein Durchstieg sozusagen, auf dem vieles zurückbleiben wird, weil es mehr sein wollte, als es war. Eine »enge Pforte«, wie Jesus sagt. Es wird nichts mit mir gehen als ich selbst, und ich selbst werde schmaler sein müssen, als mein Selbstgefühl mir in diesem hiesigen Leben vorspiegeln wollte. Der Tod ist also ein Schritt innerhalb meines Lebens. Ein sinnvoller Schritt. Und wenn ich ihn beschreiben soll, dann kann ich mit Reinhold Schneider so sagen:

> Das Licht ist da. Beseligt bin ich hier
> und gleich dem Strauch vom Golde übergossen,
> zum letzten Ja an Welt und Tod entschlossen.

In der Mystik wird immer wieder der Gedanke laut, es sei falsch, nach Strafe oder Belohnung im Jenseits zu fragen, es komme einzig darauf an, dorthin seine Liebe auszusenden. So ging die islamische Mystikerin Rabia eines Tages durch die Straßen von Basra, eine Fackel in der einen, einen Eimer Wasser in der anderen Hand tragend. Man fragte sie, was sie damit sagen wolle, und sie antwortete:

> Ich will Feuer an das Paradies legen
> und Wasser in die Hölle gießen,

damit diese beiden falschen Ziele verschwinden
und niemand mehr Gott anbetet
aus Sehnsucht nach dem Paradies oder aus Höllenfurcht,
sondern einzig und allein aus Liebe zu ihm.

Ich denke mir allerdings, dass ich viel werde nacherlei-
den müssen und viel betrauern, das ich versäumt habe.
Ich werde eine plötzliche oder stufenweise oder vielleicht auch allmähliche – ich weiß es nicht – Wandlung
durchmachen müssen, die im Tod beginnt. Ja, so muss
man den Tod wohl bezeichnen: als den Anfang einer
Wandlung, die mit uns geschieht, bis Gott sagt: Es ist
gut! Komm nun und nimm die Aufgabe wahr, die dir zugedacht ist auf dem Weg zu meinem Reich.

56

Die Christus-Symbole
vom Ende und vom Ziel

Eins aber ist mir sehr klar: Nicht mein eigenes Leben
und Weitergehen ist wichtig. Ich wäre für die Ewigkeit
Gottes durchaus entbehrlich. Was aber wichtig ist, davon reden jene Christus-Symbole, die vom Fortwirken
des Christus-Geistes reden und die wir in unserem
Glaubensbekenntnis antreffen. Sie meinen: Die Welt
dreht sich nicht um uns kleine einzelne Wesen. Es geht
um mehr. Um die Gemeinschaft aller Menschen. Um
die Gemeinschaft aller Geschöpfe. Um die Zukunft der
Welt und um ihre Wandlung in das Gottesreich.

»Aufgefahren gen Himmel«, sagen wir, als lebten wir
noch in der Welt der Menschen vor zweitausend Jahren,

für die unten die Hölle war, oben der Himmel und dazwischen die Welt der Menschen. Himmel ist für uns
noch immer »oben«. Das mag damit zusammenhängen,
dass alles Licht auf unserer Erde immer von oben
kommt, als Sonne, Mond und Sterne. So verstehen wir
»oben« im Sinne einer Wertigkeit. Das Reine scheint
uns höher als das Unreine. Das Geistige höher als die
Materie. Das Gute höher als das Schlechte oder als das
Böse. Das hat Sinn, obwohl das All unserer Welt nirgends ein Oben oder ein Unten kennt, obwohl es nur
uns, den auf der Kruste dieser Erde lebenden Menschen,
so scheinen mag.

Aber »Himmel« war für die Menschen der Bibel nicht
nur der Ort Gottes, der oben gedacht war, er war auch der
Ausdruck für Gott selbst. Für seine erlösende Nähe. Für
seine Heiligkeit, für die Urkraft seines Geistes, die schaffende. In diesen Raum der schöpferischen Kraft ging
Christus hinauf oder hinunter oder hinaus oder hinein,
wie immer wir sagen wollen. Und wir selbst werden
gleich nach unserem Tode in diesen Raum Gottes hinaus
oder hinüber gehen, in den Raum einer neuen hellen
Gotteserfahrung. Auch uns wird der Tod nicht auslöschen, wie er Jesus Christus nicht auslöschen konnte.
»Himmel« ist jedenfalls für uns Menschen in ihrer kleinen raumzeitlichen Umgebung die uns abgekehrte größere Wirklichkeit. »Himmel« ist die kosmische Nähe
einer Gegenwart Gottes, die unserer Wahrnehmung abgewandt ist. Unzugänglich. Eine ansprechbare Nähe für
die betende Hingabe, eine erreichbare für Ruf und Antwort.

Dieser Weg ist vorgezeichnet in dem Gedanken von
der »Niederfahrt des Christus zur Hölle«, und also der
Integration der unteren Hälfte der Welt in das Ganze der
Welt Gottes. Wir lesen *1. Petrus 3,19*, Christus sei ab-
gestiegen und habe den »Geistern im Gefängnis«, das

heißt den Toten, den von Gott Getrennten »gepredigt«, das heißt er habe ihnen die Freiheit gebracht und die Rückkehr in die Gemeinschaft mit Gott. Er habe also die Spaltung der Welt in Leben und Tod, in Licht und Finsternis und so auch die Spaltung in Gott selbst beendet.

Dieser Weg ist auch vorgezeichnet in dem Gedanken, Christus sitze »zur Rechten Gottes«. Wir haben diesen Punkt schon gestreift in unserer Betrachtung über die Chiffre »Sohn Gottes«. Zur Rechten des Königs saß in der alten Welt des Orient der »Sohn«. Wer zum Herrscher gelangen wollte, wandte sich an den »Sohn«, den Wesir, der den König den Menschen gegenüber vertrat, der zuständig war. Wenn wir sagen, Jesus Christus sitze zur Rechten Gottes, so anerkennen wir, dass er nach wie vor sozusagen die Anlaufstelle ist für uns Menschen. Dass wir nicht irgendwie an Gott glauben können, dass dazu vielmehr nach wie vor nötig ist, dass wir hören, was Jesus uns sagt. Dass er uns die Tür auftut. Dass er nach wie vor der ist, der uns Gott zeigt und uns hilft, zu ihm zu gelangen. Der uns mit Gottes Geheimnis in Verbindung bringt. Der, in dem dieses Geheimnis für uns aufleuchtet. Und wer sich ernsthaft auf Jesus Christus einlässt, wird bald erkennen, dass es einen anderen, einen genaueren, einen unmittelbareren Zugang zu Gott für uns nicht gibt. Ob uns das Bild zusagen will oder nicht – lassen wir es uns gefallen. Es hat seinen tiefen Sinn.

»Von dort wird er kommen, zu richten die Lebenden und die Toten.« Was damit gemeint ist, ist dies: Wohin immer wir uns wenden in diesem Leben, wir werden ihm immer wieder begegnen, und in dieser Begegnung wird sich zeigen, wer wir sind. Die Menschheit kann sich entwickeln, wohin sie will, sie wird in Jesus Christus immer wieder dem Maß begegnen, das für sie gilt. Wenn wir aber an unseren Tod denken, so wird er ohne

Zweifel, nach den Aussagen der Nahtoderfahrung, eine Rückschau auf unser Leben bringen, auf jedes Detail dessen, was gewesen und was getan worden ist. Jesus Christus aber wird für uns Christen das Maß sein, das uns vor Augen stehen und an dem gemessen werden wird, was dieses Leben wert war, was Bestand haben wird und was nicht. Die Strenge und die Gefährlichkeit, mit der das Bild vom Gericht vor unseren Augen steht, gehört zu den Grundelementen des christlichen Glaubens, auch wenn es tausendfältig missbraucht worden ist als pfäffische Drohkulisse für Menschen, die nicht wollten, wie die Kirche wollte. Nein, einer ernsten Prüfung werden wir begegnen. Das hat Jesus mit aller Deutlichkeit gesagt. Es wäre freilich auch denkbar, dass wir diesem Gericht mit Vertrauen in die wissende Liebe Gottes entgegengingen, denn Gott weiß durchaus, wie schwierig und beängstigend dieses Leben für viele Menschen auf dieser Erde gewesen ist. So haben die ersten Christen mit großer Dankbarkeit bekannt, sie seien überzeugt, dass sie »nicht ins Gericht kommen« würden *(Johannes 5, 24)*, oder sie hätten »Zuversicht am Tag des Gerichts« *(1. Johannes 4, 17)*. Für sie war das Gericht im Grunde dasselbe wie bei den Gastmahlen Jesu der Schritt durch die Tür. »Leg alles ab«, hatte Jesus gesagt. »Lass alles liegen«. Alles, was an Schuld auf dir lastet. Alles, was du an Elend mitbringst. Alles, was dir missglückt ist. Alles, mit dem du dich selbst entschuldigen willst. Lass alles liegen und komm! Ich freue mich, dass du kommst!

Was uns das Evangelium insgesamt sagt, ist dies: Wenn du gestorben bist, dann beginnt für dich ein neuer Weg. Du wirst derselbe sein, der du bislang gewesen bist, und doch wird alles anders sein. Weiträumiger, klarer, freier. Du wirst weitergehen und glücklich sein. Du wirst auferstehen, wie Jesus Christus auferstanden ist.

Du wirst deinen Weg sozusagen hinter Jesus Christus
her gehen. In der Apostelgeschichte des Lukas heißt Jesus Christus auch der »Vorausgänger«. Der »Bahnbrecher«. Er ist also der, der uns zu einem Leben in einem
größeren Rahmen aufruft, zu einem Leben über diese
Zeit und Welt hinaus.

Wir brauchen freilich, um diesen Weg bewusst zu gehen, eine Wachheit, die wir nicht von uns selbst haben.
Ein Hörvermögen, das aufnimmt, was uns von sehr weit
her zugesprochen wird. Eine Fähigkeit, Dinge zu schau-
en, die man mit unseren schlichten Augen nicht wahrnimmt. Wir brauchen jene Sensibilität für die wirklich
großen Dinge, die man in herkömmlicher Sprache Glauben nennt.

Worauf es als Erstes ankommt:
Frei sein mit immer weniger Furcht

57

Was uns das Fest gebracht hat

Immer noch befinden wir uns im Halbdunkel jener Hütte, in der Versammlung, in die Jesus die Armen von Galiläa eingeladen hatte. Nach Stunden der Gespräche erhebt sich Jesus und verabschiedet sich mit einem Segen über die Menschen, wie ich vermute. Seine Tischgenossen stehen auf und verlassen den Raum, und während Jesus sich mit seinen Begleitern anderswo hinwendet, stehen die Gäste wieder auf der Straße und fragen sich, was dies alles denn nun bedeutet habe und was es für die Situation in ihrem Dorf bedeuten werde. Was denn dabei zu gewinnen war. Sie stellen sich vor, was ihre Nachbarn wohl sagen würden und was sie ihnen antworten könnten. Und vielleicht ging der eine oder andere nachdenklich seines Weges und kam dabei zu etwa folgendem Ergebnis:

Die Sache ist nicht ungefährlich. Die maßgebenden Leute in meinem Dorf sind gegen diesen Jesus. Sie hassen ihn. Sie werden, wenn ich nun zurückkomme, ihren Hass auch auf mich richten. Und wer weiß, was dann geschieht. Zumindest ist mein guter Ruf dahin. Was habe ich eigentlich bei der ganzen Sache gewonnen?

Es ist mir, das kann ich zumindest festhalten, ein Mensch begegnet, der mich, anders als andere Autoritäten, nicht herrscherlich, sondern brüderlich angeredet hat. Der sich mit mir an einen Tisch gesetzt hat. Der seinen eigenen guten Ruf nicht für wichtiger hielt als die Gemeinschaft mit mir. Und was er mir gesagt hat, was aus mir werden könnte, wie er mir Mut gemacht hat, wie er mir die Liebe und Barmherzigkeit Gottes gezeigt hat, das kann ich festhalten. Ich habe also Grund, auch zu mir selbst zu stehen. Mich anzunehmen. Mich zu bejahen. Ich kann also meine Unsicherheit ablegen. Aufatmen. Leben.

Er hat mir Mut gemacht. Er hat mir erlaubt, abzulegen, was mich belastet hat. Ich brauchte nicht zusammenzuzählen, was ich getan oder nicht getan habe. Ich brauchte nicht herzuzählen, was ich glaube und was ich nicht glaube. Er hat mich einfach zu sich genommen. Ich kann also vertrauen. Ich kann loslassen, was mich binden und zu Boden drücken will. Er hat mit uns ein Fest gefeiert. Er hat mit uns getrunken und gegessen, geredet und gesungen. Er wollte uns alle leicht und fröhlich. Er wollte, dass wir sorglos und gelassen nach Hause gehen.

Was er uns immer wieder gesagt hat, das war, Gott sei nicht der, der zu viel von uns fordere, sondern der, der einen guten Plan hat für unser Leben. Es geschehe mir immer nur, was Gott will. Ich brauchte mich also nicht zu fürchten, weder vor Nachbarn noch vor den besonders Frommen, und ich könne auch anderen Mut machen. Er hat gesagt, ich sei ein freier Mensch. Niemand stehe über mir außer Gott. Ich könne also zu meiner Überzeugung stehen gegen jeden Trend und gegen jede Macht. Jedenfalls immer wieder einmal.

Er hat zu mir gesagt: Sei gesund! und hat damit viel geheilt, was in mir zerrissen war. Es ist seither viel mehr Frieden in mir. Ich zerfalle nicht mehr in Teile, die gegeneinander streiten. Ich bin, so möchte ich glauben, so etwas wie ein ganzer Mensch.

Was er sonst über Gott und die Menschen gesagt hat, leuchtet mir ein. Ich glaube, dass es wahr ist. Und wenn das Wahrheit ist, was er gesagt hat, dann kann ich selbst in meinem eigenen Kopf für Klarheit sorgen. Ich kann unterscheiden, was wichtig und was unwichtig ist. Und ich kann zu dem stehen, was dann für mich richtig ist. Er hat mir erlaubt, eigen-sinnig zu sein gegenüber aller religiösen Vorschrift.

Ich war nicht allein in diesen Stunden. Nachbarn, die mir fremd waren, wurden zu Tischgenossen und Freunden. Ich habe gehört, was sie bedrückt. Wir können zusammenstehen. Und dieser Jesus hat uns miteinander einen Auftrag gegeben: Wir sollten einander lieben. Vielleicht kann das da und dort auch gelingen. Sicher nicht immer und überall, aber da und dort.

Er hat gesagt, wir seien Saatkörner, aus denen etwas Lohnendes werden könne. Es könne aus uns etwas herauswachsen, etwas Heilendes und Rettendes. Etwas wie das Reich Gottes. Es gebe einen Weg in die größere Welt Gottes. Der Tod könne uns nichts anhaben. Wenn das alles wahr ist, dann kann viel ertragen werden an Armut, an Verlassenheit, an Bedrohtheit. Eigentlich könnte man, wenn man das erlebt hat, ein glücklicher Mensch sein.

Und er ging die lange Straße auf sein Dorf zu.

58

Ein Anfang steht uns bevor

Eine der Fragen, vor denen sie alle standen, die sich nach dem Fest auf der Straße fanden, war die: Wollen wir uns nun wieder in das Leben, das man im Dorf führt, einpassen? Wollen wir nun wieder alles übernehmen, was man bei uns richtig und rechtens findet? Alle die moralischen Urteile und Vorurteile, alle die Wertungen und Abwertungen, mit denen man die Menschen einstuft? Alle die Feindbilder? Alle die Risse und Klüfte zwischen den Familien und den Nachbarschaften, den Reichen und den Armen, den Gebildeten und den Ungebildeten?

Aber auch die übliche Frömmigkeit im Dorf, die zwar bestimmten Regeln gehorcht, die sich aber kaum nennenswert unterscheidet von der Weise, wie Menschen leben, die sich aus Religion nichts machen? Oder was wird anders sein, wenn wir zurückkommen? Wieviel Unruhe wird entstehen, und was wird besser sein? Was werden wir einbringen? Was werden wir tun? Was werden wir sagen? Wird, was wir erlebten, Folgen haben?

Es ist dieselbe Frage, vor der wir Christen dieses späten Jahrhunderts noch immer stehen. Die Frage, ob wir uns mit dem, was wir Christentum nennen, vor allem auch mit dem, was wir tun und sagen und mit unserer ganzen Lebensweise, einpassen in den verbreiteten, den real existierenden Nihilismus dieses Landes, dieser Zeit und unserer westlichen Welt. Oder fassen wir den Mut, uns zu unserer eigentlichen, uns eigenen Gestalt aufzurichten? Finden wir die Freiheit, das Gerechte zu wollen, nicht aus Gehorsam gegenüber irgendeiner Vorschrift, sondern aus eigenem Antrieb und mit eigener Kraft? Nicht so, dass wir uns täglich vor unserem Scheitern zu fürchten hätten, sondern gelassen und vertrauend.

Ich stelle mir einen Augenblick vor, wie die Geschichte danach weitergegangen sein kann. Auf seinen Wanderungen rund um den See und hinauf ins obere Galiläa kam Jeus immer wieder auch durch Dörfer, in denen er schon einmal gewesen war. Und so kam er gewiss auch wieder durch den Ort, in dem unser Festmahl stattgefunden hatte. Als er dort auf dem Markt stand und redete, sah er plötzlich einen von denen, die damals mit ihm in der Hütte gewesen waren, und sah seine ernsthafte Bemühung zu verstehen, was Jesus sagte. Er unterbrach seine Rede und sprach ihn an: »Du! Komm! Hierher zu meinen Begleitern! Ich habe einen Weg für dich. Einen Auftrag. Geh mit!« Der aber begriff: Das gilt nicht den Leuten rechts und links von mir, er meint mich!

»Als Jesus einmal am Galiläischen See entlang ging,
sah er die Brüder Simon und Andreas,
wie sie ihre Netze vom Boot aus ins Meer warfen.
Da rief er sie an: »Auf! Mir nach!«
Und augenblicklich ließen sie ihre Netze liegen
und schlossen sich ihm an.
An einer anderen Stelle sah er im Weitergehen
die beiden Söhne des Zebedäus, Jakobus und Johannes,
wie sie im Schiff saßen und ihre Netze flickten.
Er rief auch sie. Da ließen sie ihren Vater Zebedäus
mit den Gehilfen im Schiff und schlossen sich ihm an.«
Markus 1, 16–20

»Einmal fragte ihn einer:
›Guter Meister, was muss ich tun,
damit ich das ewige Leben gewinne?‹
Jesus antwortete: ›Du kennst die Gebote Gottes!‹
Der Mann erwiderte:
›Die habe ich alle gehalten seit meiner Jugend.‹
Jesus sah ihn an und gewann ihn lieb:
›Eins fehlt dir. Geh nach Hause,
verkaufe alles, was du hast, und gib es den Armen.
Dann komm und geh mit mir.‹
Da ging der traurig seiner Wege, denn er war reich.«
Lukas 18, 18–23

Jesus forderte nicht nur auf, mit ihm zu gehen. Er
warnte auch diejenigen, die diese Entscheidung treffen
sollten:

»Wer einen Turm bauen will, setzt sich vorher,
rechnet die Kosten und prüft,
ob er das Geld hat, ihn zu vollenden.
Sonst legt er das Fundament
und kann nicht zu Ende bauen,
so dass die Umstehenden anfangen zu spotten:
Er hat angefangen und kann es nicht hinausführen!«
Lukas 14, 28–30

Alles hatte angefangen mit der Einladung an irgendwelche Menschen, die im Augenblick dastanden, mit ihm in

das Haus eines von ihnen zu kommen, um ein Fest zu feiern. Ein Fest, das ein Gleichnis sein sollte für die Zukunft, die ihnen bevorstand. Nun traf eine zweite, andersartige Einladung einige Wenige, die Einladung, mit einer kleinen, entschlossenen Gruppe auf einem bestimmten Weg mitzugehen. Die erste Aufforderung zum Fest bot den Vielen Zugehörigkeit und Geborgenheit an, Freude und Zuversicht. Die zweite war eine Einladung auf einen Weg, die Aufforderung, Offenheit und Gefährlichkeit zu wagen. Mit der ersten kam sozusagen die Zeit zur Ruhe. In der zweiten öffnet der Ruf Jesu den Blick auf den Schritt in eine ungekannte Zukunft.

Ich will meine Geschichte noch ein wenig weiterspinnen. Der Mann, den Jesus angeredet hatte mit »Geh mit mir! Komm!« ließ also alles stehen und liegen und ging mit. Er wusste vermutlich seine Familie wohl geschützt und versorgt in der wohl organisierten Genossenschaft der Fischer seines Dorfs. Er konnte gehen. Und er erlebt nun, dass Jesus nicht in das nächste Dorf geht oder in die nächste Hütte, sondern auf die Landstraße, einen langen Weg durch die Dörfer auf einen der Berge am See. Er erlebt, wie vor seinen Augen das Land offen wird, weiter und freier. Dass es nicht mehr darum geht, irgendwo einzukehren, sondern eine neue Lebensweise zu finden, eine neue und andere Lebensordnung. Dass hier, in dieser Gruppe auf ihrem Weg in die Berge, andere Wertvorstellungen gelten und andere Maßstäbe, dass es gilt, dem Üblichen, dem Normalen etwas Anderes entgegenzusetzen. Dass es für ihn nicht nur darum geht, irgendetwas für sich selbst zu erreichen, dass vielmehr allein der Wille dessen galt, der vorausging. Dass er selbst dazu bestimmt war, Werkzeug dieses ganz anderen Willens zu sein. Und so geht er mit, hinauf auf jenen berühmten Berg, den die zweite Einladung zum Ziel hat.

59

Handeln im Sinne Jesu heißt weitergeben, was man empfangen hat

Als wir uns fragten, was denn das Besondere, das Eigentliche sei am Christentum gegenüber anderen Religionen, da fanden wir: Eigentlich gibt es nichts Besonderes. Was das Christentum über Gott, über die Welt und über die Menschen sagt, sagen andere auch. Das einzig Charakteristische ist die Gestalt des Mannes aus Nazaret. Wenn wir uns nun weiter fragen, was denn das Besondere, das Eigentliche sei an der Ethik, die das Christentum vorschlägt, dann finden wir noch einmal das Gleiche: Alles Einzelne, alle Gebote und Werte, die eine christliche Ethik ausmachen, kommen auch in anderen Religionen vor. Und das geht bis hin zum Liebesgebot, von dem das Judentum ebenso weiß wie die Bhakti-Religion der Inder. Das einzig Besondere ist nichts anderes als die Gestalt des Jesus von Nazaret, sein Tun, sein Leiden, sein Weg und die Deutung, die er seinem Weg gab. Was aber unser eigenes Tun als christlich ausweist, ist ein schlichtes Nachtun, ein schlichtes Mitgehen auf seinem Weg. Das Besondere ist die Weise, wie Jesus mit den Menschen umging. Es ist die unbeugsame Wahrheit seines Worts. Es ist die gradlinige Treue zu seinem Auftrag. Es ist die Bereitschaft, um der Menschen willen den Mächten seiner Zeit zu widerstehen. Das Besondere an uns selbst aber wird darin bestehen, dass wir bereit sind, uns ändern zu lassen, bis unsere eigene Gestalt die jenes Mannes auf die Weise spiegelt, die für uns vorgesehen ist. Nicht Gehorsam ist verlangt. Wir sollen uns vielmehr öffnen für eine Kraft, die in uns Raum greifen und uns verändern will. Das ist etwas anderes.

Nur im Vorbeigehen will ich bemerken, dass eine christliche Ethik nicht mit Rücksicht auf irgendwelche Autoritäten dieser hiesigen Welt begründet werden kann. Alle Bindungen an solche zeitlichen Mächte verraten nur eins: ihre Ferne von den Weisungen Jesu. Eine christliche Ethik ist nicht beschrieben, wenn man von den Zehn Geboten spricht, auch nicht, wenn man von den Pflichten eines Staatsbürgers redet oder von christlichen Werten. Nicht, wenn man den Thron der Herrschenden neben den Altar Gottes stellt, wenn man predigt, was ein Kaiser oder was »Führer, Volk und Vaterland« fordern oder ein demokratischer, angeblich christlicher Staat. Und was unsere landläufige protestantische Ethik betrifft, die sich in der sogenannten »Zweireichelehre« ausdrückt, so ist diese Lehre von den zwei Reichen, in denen Gott herrscht und vom Menschen Gehorsam fordert, dem Staat nämlich und der Kirche, ungefähr der älteste vorstellbare Ladenhüter unter den ethischen Entwürfen, der größte anzunehmende Unfall der Theologie. Nein, das einzig für eine christliche Ethik Gültige ist die Gestalt Jesu von Nazaret, sein Wort und sein Weg. Was unser eigenes Tun als »christlich« kennzeichnen kann, ist schlichtes Mitgehen und Nachtun. Ob man für Christus und mit seinem Einverständnis gegen die »Achse des Bösen« kämpft oder ob man von den sogenannten Werten unserer abendländischen Zivilisation redet: Wir dürfen getrost davon ausgehen, dass Jesus seine Weisung in alledem nicht im Entferntesten wiedererkennt. Nein, es geht um die Linie, die Jesus uns vorzeichnet, und nicht um etwas, das unsere Tradition daraus zurechtgebogen hat.

Das Erste ist, wo Jesus mit Menschen umgeht, immer dies, dass er sie annimmt und einlädt. Dass er sie aufrichtet und ermutigt. Dass er ihnen in der Gemeinschaft der Töchter und Söhne Gottes ein Zuhause gibt. Er lässt sie gelten. Er erzählt ihnen Geschichten, in denen sie vorkommen und in denen ihnen gezeigt wird, wer oder was sie nach Gottes Willen sein können. Er zeigt ihnen einen Weg und entlässt sie in den Frieden. Immer ist die Reihenfolge klar: Er gibt zuerst Freiheit, danach eine Weisung. Erst die Würde, dann das Gebot. Erst die Kraft, dann den Auftrag. Erst die Lebenschance, dann die Zumutung. Erst das Bild ihrer Zielgestalt, dann die Forderung: Tu etwas an dir! Erst kommt immer, was Gott tut, danach, was die Menschen tun können oder sollen. In dieser Reihenfolge liegt allenfalls das Besondere einer christlichen Ethik.

In unseren Kirchen geht man meist den umgekehrten Weg. Man stellt fest, der Mensch sei unausweichlich bestimmt durch die Erbsünde. Sein hervorstechendes Merkmal sei also, dass er ein Sünder sei. Man zeigt ihm dann die Reihe der Gebote Gottes, die er natürlich nicht erfüllen kann. Man stellt ihm die Verdammnis vor Augen, die ihm für seinen Ungehorsam bevorsteht. Aber man gibt ihm nun die Möglichkeit, seine Sünde zu bekennen und um Vergebung zu bitten. Man gewährt ihm die Vergebung, rein aus Gnaden. Am nächsten Tag begegnet er wieder dem Gebot und versagt erneut und dies wiederholt sich in endloser, lebenslanger Folge. Es wird wichtig sein, dass wir endlich erkennen, dass dies genau das Verfahren ist, gegen das Jesus antrat und in dessen Namen man ihn gekreuzigt hat. Es ist die gründlichste Fälschung, die wir dem Evangelium antun können. Das Pfäffische, der geistliche Sadismus sitzt immer auch mit an dem runden Tisch, den wir die Kirche nennen.

Wer, so frage ich, musste bei den Gastmahlen in Galiläa, ehe er eingelassen wurde, ein Sündenbekenntnis ablegen? Niemand. Die Einladung selbst war die Vergebung! Sie bedeutete: Du bist mir recht. Komm! Lass dich nieder! Iss! Feiere mit uns das Fest. Und wenn du wieder auf der Straße stehst, dann zeige ich dir den Weg, den du gehen kannst. Dann gib weiter, was du empfangen hast!

Noch einmal: Wie ging Jesus mit den Menschen um? Nun, er hat Leute, die meinten, korrekt zu leben, fromm zu sein und gottesfürchtig, und die sich selbst zum Maß machten, dem andere zu entsprechen hätten, oft und hart angegriffen. Aber nur sie. Niemals die Menschen, die wegen einer Fehlhandlung oder der miserablen Rolle, die sie spielten, wegen irgendeiner Unkenntnis oder irgendeiner Bosheit, als Zöllner etwa, als Mitläufer der römischen Besatzungsmacht also, als Dirnen, als Betrüger oder Gesetzlose zu den »Sündern« zählten. Er hätte ihnen nach Art eines mittelalterlichen Bußpredigers alles der Reihe nach vorhalten können, was sie taten oder was sie nicht taten, was sie dachten oder wollten. Er hätte ihnen gegenüber den Donnerer vom Berge spielen und ihnen harte Bußen auferlegen können. Er hat es nicht getan. Er lud sie vielmehr mitsamt ihrer verdorbenen Lebensgeschichte ein und speiste mit ihnen ohne Vorwurf und Anklage.

Jesus wird – das ist der Schwerpunkt der Berichte über ihn – als Arzt geschildert. Als Heiler. Dass er das war, gehört zum Gewissesten, das wir über ihn sagen können. Das Ziel der Heilung aber war nicht nur die leibliche Gesundheit. Gekrümmte Menschen sollten sich aufrichten. Gebundene frei sein. Blinde sollten sehen. Gelähmte auf ihren Füßen stehen. Verängstigte Vertrauen gewinnen. Mutlose sich aufraffen. Zweifelnde sollten einer Wahrheit begegnen. Übermüdete sollten ihre Last ablegen. Die Gemeinschaft eines Dorfs sollte zusammenfinden, Risse im sozialen Gefüge sich schließen. Das Ziel der Heilung also war nicht nur der gesunde, der integrierte Mensch, sondern der zur Barmherzigkeit fähige. Der Mensch, der die Kraft findet, zu Gott

Vertrauen zu fassen, sich ihm zuzuwenden, ihm anzugehören, und der sich darin mit den anderen Menschen verbunden weiß. Der sich selbst, nachdem er gefunden ist, auf die Suche macht nach denen, die sich verlaufen haben, den Verirrten und Verwirrten. Wollen wir als Christen tun, was Jesus tat, so wird der Schwerpunkt unserer Versuche dort liegen, wo wir von Menschen jeder Art denken, wie Jesus von ihnen dachte, und uns um sie kümmern, wie er sich um sie kümmerte.

Wenn wir also nach der christlichen Moral suchen, dann werden wir beharrlich immer hier anknüpfen. Wir werden sagen: Du Mensch, bist von Gott geliebt. Du kannst also fähig werden, die Menschen um dich her, die deine Nähe brauchen, zu begleiten, zu schützen, ihnen beizustehen. Du wirst dabei kein »guter Mensch«, schon gar kein Heiliger; du tust damit nur, was dich selbst frei macht, dir selbst Mut gibt und Vertrauen. Indem du einem anderen Menschen seine Last leichter machst, wird die Last, die du selbst trägst, leichter. Indem du ihm zu ein wenig Freiheit hilfst, wirst du selbst freier. Indem du ihn einbeziehst, wirst du selbst in die Gemeinschaft der Menschen und in die Gemeinschaft mit Gott deutlicher und beglückender einbezogen. Indem du lernst zu trösten, findest du selbst Trost in dem, worunter du leidest. Indem du heilst, wird etwas in dir selbst gesünder sein. Indem du Wege findest, mit den großen und kleinen Bosheiten der Menschen freundlich umzugehen, findest du selbst dahin, freundlich über den dunklen Bruder in dir selbst zu denken und mit ihm auf eine versöhnte Weise zu leben. Nur indem du aus dir herausgehst, bleibt das Gefängnis deines eigenen Ich hinter dir. Das ist es, was Jesus an den Menschen tat, und das ist es, was wir finden müssen, wollen wir als Christen leben und wollen wir unserem Glauben, unserem Vertrauen einen angemessenen Ausdruck verschaffen.

60

Es heißt handeln aus immer größerer Freiheit

Ich weiß nicht, welcher galiläische Berg es war. Es gibt viele. Aber ich habe mir oft vorgestellt, es sei der Arbel gewesen, jener wunderbare Felsberg westlich des Sees Genezaret. Ich bin oft dort oben gewesen und habe mir die Worte der Bergpredigt vorgelesen oder vorgesagt und die ungeheure Freiheit empfunden, die in diesen Worten zu uns herüberkommt. Auf diesem oder einem ähnlichen Berg also sehe ich Jesus auf einem der weißen Felsbrocken sitzen und über das Land hinschauen. Über das Tal mit seiner Fruchtbarkeit, seinen Gärten und Äckern und hinauf in die Berge von Obergaliläa, hinauf nach Safed, die »Stadt auf dem Berg«, die von dort herabglänzt und von der er zu denen spricht, die sich um ihn her setzen:

> »Ihr seid das Licht der Welt!
> Eine Stadt, die auf dem Berg liegt,
> kann sich nicht verbergen.
> Lasst also euer Licht leuchten, hell und klar,
> dass die Menschen erkennen,
> was Gott aus euch gemacht hat,
> und damit sie ihren Vater im Himmel rühmen!«
> *Matthäus 5, 14.16*

Es wäre nun wichtig, diese ganze Rede auf dem Berg Stück um Stück, Wort um Wort auszulegen. Dazu wäre aber ein eigenes Buch nötig. Es können hier nur einige Sätze daraus bedacht werden. Die Worte vom Sich-nicht-Rächen, vom Nicht-Widerstand-Leisten, vom Lieben ohne Grenzen, vom Vergeben ohne Bedingungen. Jene berühmten Gedanken, die uns so utopisch erscheinen, ohne die wir aber auf keine Weise verstehen werden, wer Jesus war und was er meinte. Was aber, das fragen wir vorweg, war der Hintergrund dieser Utopien, was war der Erdboden, auf dem er stehen und so reden konnte? Was war der Himmel über ihm, unter dem er so unbedroht und angstfrei leben konnte?

Im Grunde ist es einfach. Es folgte für Jesus wie selbstverständlich aus dem, was ihm gewiss war: dass Gott die letzte Macht hat. Dass er ein- und derselbe ist für die Gerechten und die Ungerechten. Dass er die Heiligen ebenso leben lässt wie die Ganoven und die Massenmörder seiner eigenen, mörderischen Zeit. Er wusste sich von seinem Vater bejaht und geliebt, geführt und geschützt. Er kam deshalb ohne jedes Bedürfnis nach Sicherheit aus. Ohne Angst. Ohne Sorge für den kommenden Tag. Er brauchte vor keiner Realität die Augen zu verschließen. Er brauchte sich keinen Feind, der an allem Schuld war, vorzustellen, weder die Römer noch die Priester in Jerusalem. Es heißt einmal von ihn: »Er wusste, was im Menschen war« *(Johannes 2,25)*. Er sah die Menschen, wie sie waren, und wusste sich dennoch in einer Umwelt voller Gewalttat und Unrecht unbedroht. Und er gab den Menschen weiter, was er selbst hatte: den angstfreien Blick auf die Situation.

Er begegnete ihnen mit der Güte und mit der Zuneigung, deren sie bedurften. Wir sehen gewöhnlich in Jesus den strengen Lehrer und den kompromisslosen Meister. Es muss aber auch etwas ungemein Gelassenes, etwas Freilassendes in ihm gewesen sein und eine Überlegenheit, wie sie nur selten in seiner Kirche irgendwo gewagt worden ist. Vielleicht sagst du: »Das kann ich nicht. Das ist mir nicht gegeben.« Einverstanden. Aber vielleicht lässt du dir einen Weg zeigen. Vielleicht kannst du ein paar Schritte mitgehen und etwas davon finden.

Auf diesem Ausgangspunkt, der Freiheit von Furcht, liegt dabei allerdings alles Gewicht. Auf einem Glauben, der Halt gibt. Auf dem Wissen, dass wir gesehen, geführt und geborgen sind, dass wir uns weder um unseren eigenen Wert zu sorgen brauchen noch den Sinn unseres Lebens selbst erfinden. Ich kann nicht wissen, ob Jesus sein Wort von den Blumen und den Vögeln, das uns überliefert ist, schwer oder leicht genommen hat, aber mir scheint, er habe es freundlich und nachsichtig gesagt und so, dass seine Hörer es auf sich anwenden und es wieder von sich sagen konnten:

»Macht euch keine Sorgen um euer Leben, etwa:
Was sollen wir essen, was sollen wir trinken?
Was sollen wir anziehen?
Ihr habt Leben und Leib von Gott empfangen,
das ist mehr als die Nahrung, die ihr braucht.
Der Leib, den er euch gab,
ist der nicht das größere Geschenk
als die Kleidung, mit der ihr ihn schützt?

Schaut auf die Vögel überall! Sie säen nicht.
Sie ernten nicht.
Sie sammeln keine Vorräte in Scheunen.
Euer Vater im Himmel ernährt sie!
Darum sorgt nicht für den kommenden Tag.
Es ist genug, dass jeder Tag seine eigene Mühe hat.«
Matthäus 6, 19–23

Ich kann mir auch denken, dass er dabei fröhlich gelacht hat. Gewiss aber hatte er nicht das Nichtstun im Auge, sondern die Freiheit von Furcht. Was er im Übrigen vom Schicksal derer sagte, die diesen seinen Worten nachkommen würden, das spricht er auf einer ganz anderen Ebene und in einem tiefen Ernst. Gemeint ist:

Es gibt dunkle Mächte, aber ich brauche mich nicht zu fürchten. Ich kann mit Plänen und Absichten scheitern, aber ich bin getragen. Ich kann schwach werden, alt und krank, aber ich brauche nicht auf eigenen Füßen zu stehen. Es kann mir alles genommen werden, aber

nichts brauche ich krampfhaft festzuhalten. Es liegt
mir, was ich brauche, ungefährdet in der Hand. Ich bin
bedroht, aber ich brauche mich nicht zu wehren. Es ist
unendlich schwer, in dieser Welt das Richtige zu tun.
Aber ich brauche nur anzufassen, was mir vor die Hand
kommt, denn Gott verlässt mich auch dort nicht, wo
mir meine Verantwortung zu schwer wird. Es ist ganz
unmöglich, ein unschuldiges Herz zu bewahren. Aber
Gott misst mich nicht an meiner Unschuld, sondern an
meiner Liebe zu denen, die gleich mir schuldig sind.

Solche Angstfreiheit verschafft sich keiner selbst. Sie
wird ihm gegeben. Sie wird auf ihn zugesprochen in der
Gestalt des Evangeliums. Paulus beschreibt sie als eine
»Frucht des Geistes«. Und er fügt hinzu, nicht wir selbst
hätten diese Frucht hervorzubringen, sie wachse vielmehr von selbst, weil sie an einem guten Baum hänge.

»In der Welt habt ihr Angst,
aber fasst Mut! (Das ist kein Gegensatz!)
Ich habe die Welt überwunden.«
Johannes 16, 33

Ihr lebt in einer Welt, in der der Streit alles bestimmt.
Aber lebt so, dass Gelassenheit, dass Zuversicht, dass
Frieden von euch ausgehen. Denn die Welt hat keine
Macht über euch. Ihr seid geborgen. Lebt nun so, dass an
euch diese eure Geborgenheit, euer Friede erkennbar
wird. Lasst alle Furcht hinter euch. Lebt aus dem Las-
sen-Können. Aus der Gelassenheit, die aus der Angstfreiheit kommt, aus dem Vertrauen.

In der Kirche Russlands sagt man: »Das Antlitz des
Heiligen Geistes sind die Gesichter der Heiligen.« Wir
können hinzufügen: auch die Flecken und Narben in unseren Gesichtern machen uns nicht untauglich, ein Antlitz des Geistes zu werden. Das sichtbare Gesicht des
Christus.

Leben aus der Kraft
des Lassens

61

Für die Wahrheit stehen

Wir sind also auf jenem Berg versammelt und hören, was Jesus uns darlegt. Er spricht darüber, wie ein Handeln in seinem Geist zu verstehen ist. Er spricht neben viel Anderem über das Sagen der Wahrheit, über den Sinn der Gerechtigkeit, über den Gebrauch von Gewalt und über den Willen zum Frieden. Dabei gibt er eine erste Anweisung, die der Christenheit zwar immer bekannt war, die sie aber nur in seltenen Ausnahmen beachtet hat: über die Wahrheit und den Eid:

> »Schwört nie einen Eid!
> Wenn ihr wollt, dass man euch glaubt,
> dann sagt ein Ja, das ein Ja ist,
> sagt ein Nein, das ein Nein ist.
> Was darüber hinausgeht, will nur vertuschen,
> dass die Lüge die Grundfarbe eures Redens ist.«
> *Nach Matthäus 5, 33–37*

In eine einfache Regel gefasst, heißt das: Wenn du willst, dass man dir glaubt, dann verzichte darauf, einem Wort ein bestimmtes Gewicht, eine besondere Weihe zu geben. Lebe glaubwürdig und sage, was wahr ist. Verzichte auf Beschwichtigung ebenso wie auf Übertreibung oder Pose. Und schwören? Wozu? In der Tischgemeinschaft mit Jesus muss niemand lügen. Mir, der das hört, wäre wohler, unsere Minister hätten nicht zu schwören, sondern schlicht zu erklären, sie wollten sich Mühe geben. Sagen sie nicht mit dem Satz »So wahr mir Gott helfe«: Wenn sie nicht täten, was der Eid verspricht, verzichteten sie auf die Hilfe Gottes? Und wie kann ein Mensch das im Ernst wollen?

Und weiter:

»Urteilt nie über andere,
sonst trifft euch selbst das Urteil.
Die Maßstäbe, die ihr an andere anlegt,
wird Gott an euch anlegen.«
Matthäus 7, 1–2

Was siehst du denn von einem anderen Menschen?
Äußerlichkeiten. Einige Handlungen. Bestimmte Reak-
tionen. Was hörst du? Gerede über ihn. Einige Worte von
ihm. Du bildest dir aus alledem ein Urteil über ihn. Dabei wird es aber stets mehr geben, das dir verborgen
bleibt, als was du wahrnimmst. Du triffst den Anderen
nie in seiner Wirklichkeit. Dein Urteil wird immer ein
Gemisch aus Wahrheit und Selbstrechtfertigung sein,
aus Wahrheit und Unkenntnis. Jeder Sachverhalt ist
komplexer, als du ihn wahrnimmst. Darum urteile
nicht. Und wenn er dein Gegner ist, dann gilt dies doppelt. Du siehst in ihm den Urheber eines Unrechts und
nimmst den Anteil deines eigenen Verhaltens am Unheil nicht wahr. Es gibt aber keine Wahrheit, die so
wichtig wäre wie die über die Gegenseite. In der Tischgemeinschaft mit Jesus ist niemand gezwungen, sich
herauszuheben, indem er den anderen erniedrigt.

Wenn wir dem Sinn dieser Weisung Jesu nachgehen,
können wir so fortfahren: Sage in voller Freiheit das
Deine, aber meine nie, alles Andere sei Unsinn oder Irrtum. Vermute redliche Absicht auch dort, wo einer für
seine eigenen Interessen eintritt. Trage Differenzen ru-
hig mit Härte aus, aber nimm immer an, es gebe andersartige Überzeugungen mit gleichem Recht. Oder: Sieh
angesichts polarer Meinungsbilder immer ein konsens-
fähiges Bild der Sachverhalte als möglich an.

Denke zwischendurch immer wieder von deinem
Gegner her. Geh immer wieder für Augenblicke aus den
Frontlinien heraus und setzte dich behutsam zwischen
die Stühle. Vielleicht verstehst du von diesem Platz aus

die Wahrheit und das Recht beider Seiten. Das ist notwendig, denn in jedem Streit ist das erste Opfer die Wahrheit. Alle Kriege beginnen mit Lügen. Alle Siege werden mit Lügen gefeiert.

Die Wahrheit ist immer in Gefahr. Einer deckt sie auf. Zehn andere schütten sie wieder zu. Der eine meint, er sehe genau, was Wahrheit ist, der andere, er sehe sie noch genauer. Es scheint, wir Menschen hätten, was die Wahrheit betrifft, immer mit blinden Flecken zu tun. Ein gutes Wort, von einem zeitgenössischen Journalisten für seine Kollegen formuliert, lautet: »Kämpfe mit Leidenschaft gegen Irrtum und Lüge, aber meine nie, du wissest die Wahrheit.« Es könnte von Jesus sein.

Wenn es aber die Stunde und die Situation erfordern, dann sage, was du für wahr hältst mit allem Nachdruck, aber wisse, dass die Wahrheit, wenn sie denn mehr ist als deine Meinung, immer auch gegen dich steht. Es ist zudem ein Merkmal der Wahrheit, dass sie etwas Widerständiges hat gegen den Geist jeder Zeit. Sie wird in dringlicher Gegensprache ergehen gegen die Sprache, in der die heutige Welt ihre kommenden Katastrophen beschreibt und verschweigt, nämlich in einer Sprache, die von Hoffnung spricht. Und wenn du so die Wahrheit öffentlich aussprichst, dann tu es, wenn es irgend möglich ist, immer mit anderen zusammen, die des gleichen Geistes sind wie du. Und tu es im Namen dessen, der von sich gesagt hat: »Ich bin die Wahrheit.« Tu es so, dass deine Wahrheit und die seine einander ähnlich sind, so, dass deine Wahrheit erkennbar aus der Wahrheit hervorgeht, die Jesus dir gezeigt hat.

62

Gerechtigkeit wollen

»Glücklich«, sagt Jesus, »die nach Gerechtigkeit hungern und dürsten. Sie sollen satt werden« *(Matthäus 5, 6)*. Sie werden Gerechtigkeit schaffen und Gerechtigkeit empfangen. Wer danach hungert, dass die Hungrigen essen, wird satt werden. Wer danach dürstet, dass die Durstigen trinken, wird seinen Durst löschen. Wer denen Gerechtigkeit schafft, die das Brot suchen oder die Freiheit, wird leben. Wer hungert und dürstet danach, dass Menschen ihre Würde bewahren, wird seine eigene Würde empfangen. Wer anderen Halt gewährt, findet Halt für seinen eigenen Stand. Wer andere tröstet, findet Trost in seinem eigenen Elend. Wer andere frei macht, wird ein freier Mensch sein.

Gerechtigkeit heißt nicht: Jedem das Gleiche. Oder: Jedem das Seine. Oder: Jedem nach Verdienst. Oder: Jedem nach seinem Bedarf. Oder: Jedem nach seiner Durchsetzungskraft. Gerecht ist, wer einem anderen Menschen und dem, was er sagt oder tut oder versäumt, gerecht wird. Gerecht ist, wer den Menschen dieser Erde, ihrer Würde und ihrem Elend, gerecht wird. Gerechtigkeit ist immer und zuvörderst: Gerechtigkeit für die, die dem Unrecht ausgeliefert sind. Denn Recht ist nicht das Recht der Stärkeren. Nicht der Reichen. Recht schaffen kann nur heißen, es für die Schwachen und die Armen herzustellen. Recht schaffen heißt Leben möglich machen, wo Leben bedroht ist. Heißt Freiheit geben, wo Knechtschaft ist. Gerechtigkeit, die jedenfalls, die Jesus uns zeigt, ist Parteilichkeit für die, die unten sind.

Und so heißt Gerechtsein nach Jesus vor allem auch, sich am Rennen nach dem, was die Gerechtigkeit verletzt, nicht zu beteiligen:

»Sammelt keine Reichtümer.
Motten und Rost fressen sie auf.
Diebe rauben sie aus.«
Matthäus 6, 19

Und einen zweiten Satz fügt Jesus hinzu:

»Niemand kann ein Knecht sein für zwei Herren.
Ihr könnt nicht Gott zugehören
und euch dem Geld verpflichten zugleich.«
Matthäus 6, 24

Die beiden Sätze empfangen ihre Deutung durch einen dritten:

»Das Auge gibt dir Licht.
Wenn dein Auge gesund ist, hat dein ganzer Leib Licht.
Ist es blind, so lebt dein ganzer Leib in der Finsternis.
Wenn aber das Licht,
das Gott deiner Seele gab, verlischt –
wie dunkel wird die Finsternis sein!«
Matthäus 6,19–23

Das heißt doch: In dem Maß, in dem der Besitz, der Erwerb, der Vorteil, das eigene Recht für dich zum Maß aller Dinge werden, erlischt das Licht, das Gott deiner Seele gab. Und das bedeutet, dass du aus dem Auge verlierst, was Sinn und Funktion der Güter dieser Erde sein muss. Der »Mammon«, das heißt der Geist des Geldes, macht dich blind.

Der »Geist des Geldes« verlangt zum Beispiel, dass Geld sich vermehren muss. Du kannst aber keine Gerechtigkeit ernsthaft wollen, solange du an dieses Gesetz gebunden bist. Beuge dich also auf keine Weise dem Geist jenes Geldes, über das du selbst verfügst. Sei bereit, den Kürzeren zu ziehen. Wolle weniger. Auf jede andere Weise stabilisierst oder vertiefst du das Unrecht.

Jesus redet weiter: Auch die selbstverständlichen Rechte, die dir zustehen, sind deiner Arbeit für die Gerechtigkeit im Wege:

>»Wenn jemand, dem du Geld schuldest,
deinen Rock als Pfand nehmen will,
dann lass ihm auch den Mantel.
Will jemand dich zwingen, zu seinem Schutz
auf einem gefährlichen Weg ihn eine Meile zu begleiten,
dann geh mit ihm zwei.
Gib dem, der dich bittet,
und wenn jemand von dir Geld leihen will,
dann sage nicht Nein.«
Matthäus 5, 40–42

Willst du also Gerechtigkeit unter den Menschen wirken, dann lass dir die Rechte jedes anderen Menschen ebenso wichtig sein wie deine eigenen. Und versuche zwischendurch etwas zu tun, durch das die Rechte eines Anderen stärker geschützt werden als die deinen.

Gerechtigkeit wollen heißt dem Unrecht widerstehen, das landläufig als Gerechtigkeit ausgegeben wird. Einer von denen, die am genauesten verstanden haben, wovon Jesus spricht, war Mahatma Gandhi. Er hat gesagt: »Wenn wir lernen wollen, alle Menschen anzusehen als gleich, dann sollten wir nur das erstreben, was auch die anderen bekommen. Wenn also alle Menschen Milch haben, sollten auch wir Milch bekommen. Wir müssten also zu Gott sprechen: O Gott, wenn du willst, dass ich Milch bekomme, dann gib sie zuvor dem Rest der Welt.«

Ein Verzicht wie der, den die heutige Weltsituation von uns reichen, westlichen Völkern fordert, wird aber nur geleistet werden können von einer Gemeinschaft, in der jeder den anderen, der verzichtet, stützt und trägt. Und so werden sie glaubwürdig miteinander von Gerechtigkeit reden. Gerechtigkeit entsteht an dem Tisch, an dem jeder empfängt, was er zum Leben braucht.

Gerechtigkeit, heißt das, ist nichts, für das man in einen Streit eintritt. Nichts, was man mit Gewalt durchsetzt. Man könnte sie nur verfehlen. Für Gerechtigkeit lebt man. Man bewahrt sie. Man sucht sie auf seine eigenen Kosten. Christen werden unmöglich an das Recht des Stärkeren glauben; sie können nie annehmen, was fern von ihnen am anderen Ende der Welt geschieht, gehe sie nichts an. Sie können nicht ihre Freiheit durchsetzen wollen, solange es Menschen gibt, denen die Freiheit vorenthalten wird. Fazit: Nur, wer selbst nicht reich und nicht mächtig sein will, kann anderen helfen, dass sie aufhören, arm und ohnmächtig zu sein. Das erfordert viel. Das ist schwierig, aber es ist die Wahrheit.

63

Immer weniger Gewalt anwenden

»Ihr kennt die gesetzliche Regel:
Wer einem anderen ein Auge ausschlägt,
dem soll auch ein Auge ausgeschlagen werden.
Wer ihm einen Zahn ausschlägt, dem ebenfalls ein Zahn.
Ich aber sage euch: Wenn jemand euch Böses antut,
so verzichtet auf Widerstand, auf Rache und Vergeltung.
Wenn jemand dich auf die rechte Backe schlägt,
dann biete ihm auch die linke.«
Matthäus 5,38–39

Hier, so möchte man meinen, wird es endgültig illusionär. Hier schlägt Jesus ein Verfahren vor, das sich bestenfalls für Schwächlinge, für weltfremde Träumer eignet. Wer aber genau hinschaut, wird sehen: Das ist ein Weg zum Frieden, der gerade starke Menschen erfordert und der nur für den Stärkeren Sinn hat. Nicht für den

Schwächeren. Nicht für den Ängstlichen. Wenn der
Ängstliche ihn gehen will, wird er scheitern. Gewaltlo-
sigkeit, Verzicht auf Rache, ist ein Weg für den, der die
Spirale der immer weiter sich steigernden Gewalt in
ihrer Sinnlosigkeit erkannt hat. Im Grunde ist das Prin-
zip, man müsse auf Gewalt mit größerer Gewalt reagieren, eine Maxime aus der Steinzeit, aus der Zeit der
Faustkeile. Die Steinzeit freilich ist in uns allen noch
massiv gegenwärtig. Gemeint ist: Lass dich von deinem
Gegner nicht beherrschen. Lass dir von ihm dein Nachdenken nicht programmieren. Begegne ihm mit wissen-
der Gelassenheit. Es kommt ja darauf an, sofern man
Frieden sucht, den Gegner zu gewinnen, nicht, ihn zu
besiegen. Seinen Gegner gewinnt, wer nachdenkt. Wer
einen Schlüssel hat, der Türen öffnet, braucht nicht
durch die Wand zu gehen. Dass dies ein wirklicher Weg
wäre im Gegensatz zur Mechanik der Rache, wäre bei
Martin Luther King ebenso zu lernen wie bei Nelson
Mandela. Sie gehören zu den politischen Menschen, die
die Steinzeit in sich selbst am glaubwürdigsten überwunden haben.

Wenn Jesus solche Dinge sagt, dann sagt er sie vor po-
litischem Hintergrund und mit dem bewussten Risiko,
dem er am Ende zum Opfer fiel. Er sprach damit auch zu
den Partisanen in den Höhlen Palästinas: Ihr wollt den
Aufstand? Ich nicht. Ich will etwas Anderes: dass ihr
aufsteht. Ich will, dass ihr die Augen aufschlagt und
seht, was wirklich geschieht, was wirklich erlitten wird
in eurem Land. Ich will, dass euch andere Wege einfallen, Wege zum Frieden auch mit den Menschen, die ihr
hasst. Ehe ihr losschlagt, fragt nach dem, was Gott wirklich von euch will! Will er, dass ihr eure Feinde massakriert mit der Folge, dass ihr selbst von euren Feinden
massakriert werdet? Tag um Tag, Jahr um Jahr?

Willst du also, dass die Spirale der ungerechten Gewalt endet, so räche dich nicht. Wer zurückschlägt, setzt fort, was geschieht. Willst du die Verhältnisse um dich her verändern, so musst du es ohne Gewalt versuchen. Ohne Gewalt zu denken, ohne Gewalt in Worte zu fassen, ohne sie auszuüben. Anders werden sich die Verhältnisse, die du ändern willst, dir gegenüber verhärten.

Was meint Jesus? Er meint nicht: Du sollst das Böse gewähren lassen. Wohl aber meint er: Du sollst im Kampf gegen das Böse auf das Mittel verzichten, dessen sich das Böse bedient, nämlich die Gewalt. Denn wer Gewalt mit Gewalt beantwortet, mag immer sagen, es gebe kein anderes Mittel. Er sagt damit aber nur, dass ihm kein anderes einfällt. Er überwindet das System von Gewalt und Gegengewalt nicht, sondern befestigt es. Es kann durch ihn etwas Neues nicht geschehen. Er wird weder die Situation verändern noch die Person des Gegners. Um der Menschen willen nach Gerechtigkeit zu suchen, ohne Gewalt anzuwenden, ist die letzte und aussichtsreichste Form, Verantwortung für andere Menschen zu übernehmen. Wer es versucht, zeigt, dass er willens ist, diese Welt mit anderen zusammen im Frieden zu bewohnen. Den Gewalttäter von seinem Zwang zur Gewalt zu entlasten, indem man selbst auf Gewalt verzichtet, ist der, gewiss gewagte, Versuch, gemeinsames Leben möglich zu machen.

Das bedeutet, in Politik übersetzt: Ohne Furcht gütig sein. Ohne Hass klar in der Sprache. So gerecht, dass der andere sich ändern kann. So selbstkritisch, dass aus dem anderen kein Teufel wird. So geduldig, dass der andere sein Gesicht nicht zu verlieren braucht.

Die Bergpredigt gibt die Richtung an, in die wir heute zu denken haben, in der wir unsere Versuche anstellen müssen, unsere anfängerhaften und vielleicht nicht sehr erfolgreichen. Es gibt keine andere Richtung, in die die Menschen heute gehen können, wollen sie noch eine

Zukunft haben. Wir werden abwägen müssen, wie in diesem oder jenem Fall zu reagieren sei. Wir werden vermeiden müssen, dass aus der Weisung Jesu ein Gesetz wird, das in allen Fällen zu erfüllen sei. Wir werden auch uns selbst nicht verachten, wenn uns kein anderer Weg einfällt als der der Gewalt, aber wir werden kritisch bleiben unserer eigenen Antwort gegenüber. Immerhin fehlt es uns bislang fast gänzlich an Übung und Erfahrung mit diesem Weg, einen Konflikt zu beenden. Aber immer wieder solche Alternativen zu versuchen, zu prüfen und einzusetzen, das wird nicht utopisch, sondern notwendig sein, wollen wir erreichen, dass es auf diesem Erdball einigermaßen menschenwürdig zugeht.

Die Aborigenes in Australien, jene Urprimitiven, die nach unserer Auffassung tief in der Steinzeit leben, deren Kultur von den Weißen so sehr verachtet wird, haben eine Anweisung, von der ich meine, wir Christen sollten uns von ihr einmal gründlich beschämen lassen:

Wenn jemand kommt, um dir zu schaden
– jemand mit einem Gewehr –,
was kannst du tun? Du hast keine Waffe,
und hättest du eine, du würdest sie nicht benutzen.
Du hast deine Energie unter Kontrolle
und weißt, dass du nicht sterben kannst.
Du bist ewig. Also hast du keine Angst.
Du verurteilst den Menschen nicht,
der mit einem Gewehr auf dich zielt.

Wann immer möglich, ist Stehen die beste Haltung.
Die Füße leicht auseinander, die Hände an den Seiten,
die offenen Handflächen dem Herausforderer zugewandt.
Du stehst im funkelnden Licht der Geistenergie,
die aus der Erde durch deine Füße und Beine aufsteigt
und deinen ganzen Körper füllt.
Jede Zelle ist erfüllt von dieser Kraft.
Du sendest diese Schönheit aus

und strahlst sie auf den Gewehrträger ab.
Du bewegst keinen Muskel,
aber du umfasst und umarmst den,
der dir nach dem Leben trachtet.
Du sendest ihm Bejahung, Achtung, Verständnis, Liebe.
Du sprichst schweigend
– von Kopf zu Kopf und von Herz zu Herz –
zu diesem Menschen.
Du liebst den Menschen, nicht sein Handeln.

Dein Schutz besteht darin,
dass du dich niemals dafür entscheidest zu glauben,
du brauchtest Schutz.

64

Im Frieden leben und ihn ausbreiten

Noch einen Schritt weiter: Jesus sagt:

> »Ihr kennt die Regel,
> man solle seinen Freund lieben und seinen Feind hassen.
> Ich aber sage euch: Liebt euere Feinde!
> Bittet für die, die euch verfolgen.«
> *Matthäus 5,43–44*

> »Tut wohl denen, die euch hassen.
> Wünscht Segen von Gott denen,
> die euch die Hölle wünschen.
> Bittet für die, die euch beleidigen.«
> *Lukas 6,27–28*

Hier spricht der ganze Jesus. Hier zeigt er das Innerste
seiner Lehre. Hier ist zugleich der Jesus, den kaum jemand versteht und dessen Weisung kaum jemand nach-
kommt. Aber was meint er? Was sollen Anfänger wie wir
damit tun? Er meint zum Ersten nicht Liebe als ein herz-

liches Gefühl, sondern als eine Sichtweise. Er meint nicht, was wir für unseren Feind empfinden sollten, sondern, wie wir mit ihm umzugehen hätten.

Er meint zum Zweiten: Wenn du einen Menschen als deinen Feind ansiehst, so hat das eine Menge mit dir selbst zu tun. Schau dir deinen Gegner genau an. Es steht dir ein Mensch gegenüber. Das ist das Eine. Von dem hast du ein Bild. Das ist das Andere. Das Bild, das du dir von ihm machst, stammt aber zu einem guten Teil aus dir selbst. In dir selbst ist viel Gewalttätigkeit. Das magst du aber nicht zugeben. So wirfst du die Gewalttätigkeit, die in dir ist, auf den Gegner und machst ihn dadurch erst zu einem Werkzeug der Gewalt. Du leidest, und vielleicht weißt du gar nicht, woran. Das hältst du aber nicht aus. Deshalb suchst du die Ursache deines Leidens bei einem bösen Feind. Du hast Angst und weißt nicht so recht wovor, also suchst du die Ursache deiner Angst bei einem bösen Feind. Es gibt aber keine Möglichkeit, mit fremden Staaten und fremden Menschen die eine Welt im Frieden zu bewohnen, außer der, fremde Menschen oder Völker aus der Maske des Feindes herauszulieben. Liebe zum Feind ist Erlösung des anderen Menschen aus der Rolle des Feindes. Sie ist die überwindende Antwort des Wehrlosen auf die gepanzerte Gewalt.

Jesus meint zum Dritten: Wenn dir ein Mensch gegenübersteht, den du für deinen Feind halten musst, dann versuche zu verstehen, warum er so denkt, wie er denkt, warum er sein Spiel so spielt, wie er es spielt. Versuche zu verstehen, warum er sich vielleicht fürchtet. Es gibt aber ein Grundgesetz für alles wirkliche Verstehen von Menschen: Du wirst nur einen Menschen, den du liebst, ganz verstehen, und nur einen Menschen, dem du mindestens Sympathie entgegenbringst, einigermaßen. Es ist also eine Frage der Weisheit, einem Feind so viel Freundlichkeit zuzuwenden, dass du die Chance gewinnst, ihn zu verstehen. Versteh also seine Angst! Versteh seine Erinnerungen an frühere Erfahrungen! Versteh die Enttäuschungen, versteh die Traumata, die er mit sich herumschleppt! Willst du deinem Feind gelassen gegenübertreten, so musst du ihn verstehen. Darum liebe ihn. Am runden Tisch hast du die Chance, es zu tun.

Den Feind lieben heißt nicht, sich bei ihm anbiedern. Es heißt nicht, sich ihm unterwerfen. Aber es heißt sehen, dass der andere ein Mensch ist wie man selbst: fehlerhaft, verängstigt, irrend, an Interessen und Vorurteile gebunden. Den Feind lieben – das kann, wenn es nur mit halbem Herzen geschieht, auch misslingen. Aber wer vernünftige Politik treiben will, das heißt Politik, die nicht von Vorurteilen ausgeht, sondern von konkretem Verstehen, der wird ohne dieses Risiko, das in der Feindesliebe enthalten ist, nicht zum Ziel kommen.

Den Feind lieben, das heißt angesichts der Bedrohung sich nicht blenden lassen, sich nicht belügen lassen, nicht in Panik geraten, nicht erstarren oder verhärten, nicht zynisch werden, sich nicht in eine Ideologie retten, sondern die Spannung aushalten zwischen der Bedrohung und dem Wissen um den Menschen. Den Feind lieben heißt also über die Feindschaft hinausdenken. Es heißt davon ausgehen, dass Feindschaft nicht bleiben muss und Streit sich beenden lässt.

Nun ist es durchaus möglich, dass man unter den Bedingungen einer heutigen Weltpolitik die Welt mit der Bergpredigt »nicht regieren kann«. Aber vielleicht könnten wir, die nach Christus heißen, den einen oder anderen Schritt gehen, der zeigen würde, wie man die Welt besser regieren kann, als es heute geschieht.

Was wir heute leichter verstehen und als unendlich wichtig empfinden, mehr, als es früher sein konnte, das ist das Wort:

»Selig sind, die Frieden stiften.«
Matthäus 5, 9

Selig, das heißt im Einklang mit Gott und mit sich selbst. Glücklich sind, die irgendeinen kleinen oder großen Krieg nicht führen oder die irgendeinen kleinen oder großen Krieg zu beenden verstehen. Das macht ihr Leben gewiss nicht einfach, aber sie tun das Notwendige. Glücklich, die nicht nach irgendeinem kleinen oder großen Sieg ausschauen. Sie sind Gott nahe. Sie sind seine Töchter und seine Söhne, und von niemandem kann Größeres gesagt werden als dies.

Willst du also Frieden, dann fordere nicht nur vom Anderen, er solle sich ändern, sondern auch von dir selbst. Tu etwas Deutliches, durch dass er aufhören kann, sich vor dir zu fürchten. Gestatte ihm dabei kleine Schritte, und sei nicht von dir selbst enttäuscht, wenn auch dir nur kleine Schritte gelingen. Halte ihm den Weg zum Frieden auch dann offen, wenn er in seiner Feindschaft verharrt und lass das Angebot des Gesprächs bestehen.

Willst du Frieden stiften, so lass allen Willen fahren, siegen zu wollen. Wer noch einen Sieg anstrebt, befindet sich eben damit in einem Krieg, und nichts führt ihn hinaus über den Zwang zu immer neuen Kriegen. Willst du Frieden, so stelle dich außerhalb der Fronten. Wenn du aber Partei ergreifen willst oder musst, so stelle dich auf die Seite der weniger Mächtigen.

»Geh mit deinem Gegner wohlmeinend um, solange du mit ihm auf dem Weg bist«, sagt Jesus. »Es gibt einen Zeitpunkt, an dem ist alles zu spät« *(Matthäus 5,25–26)*. Die Zeit ist begrenzt. Wenn sie vorüber ist, bist du der

Gefangene deines Hasses, und ihr beide seid Gefangene eurer Feindschaft und eingesponnen in den höllischen Mechanismus von Gewalt und Gegengewalt.

> »Wenn du in den Tempel gehst
> um ein Opfer zu bringen,
> und dir dabei einfällt,
> dass dein Bruder dir etwas Böses vorwirft,
> dann lass dein Opfer vor dem Altar liegen.
> Geh zu deinem Bruder und versöhne dich mit ihm.
> Danach komm wieder und opfere!«
> *Matthäus 5,23–24*

Du kannst deinen Glauben und deinen Streit nicht miteinander verbinden. Du kannst nicht deinen Streit rechtfertigen oder verdrängen und dabei Gott um Beistand bitten. Du kannst keinen Krieg heilig nennen und ihn »mit Gott« führen. Du kannst nicht vor Gott stehen mit dem Messer in der Tasche, mit dem du deinem Bruder ans Leben willst. Willst du erreichen, dass dir Gott heilig bleibt, so nenne nie einen Krieg heilig. Meine nie, Gott kämpfe auf deiner Seite. Und sei sehr vorsichtig, wenn du meinst, ein Krieg könne gerecht sein.

Frieden stiften heißt dem Vertrauen den Vorrang einräumen. Es ist eine Grundforderung in unserer auf den Kampf aller gegen alle eingestellten Gesellschaft, man habe allem und jedem zunächst einmal mit Misstrauen zu begegnen. Aber die Wurzel des Misstrauens ist die Angst. Das Misstrauen ist die Quelle des Verdachtes, des ungerechten Urteils und des Missverstehens. Es ist schon bemerkenswert, wie fern wir Christen dem Geist des Mannes aus Nazaret sind und wie nahe ihm manche fremde Religion ist. Das Tao te King aus dem 6. oder 5. Jahrhundert vor Christus, das chinesische Weisheitsbuch, redet aus einer ähnlichen Angstfreiheit wie Jesus und sagt:

Der Weise bringt dem guten Menschen Güte entgegen,
aber auch dem bösen. Denn Wahrheit ist Güte.
Er setzt Vertrauen in vertrauenswürdige Menschen,
aber auch in Menschen, die es nicht sind.
Denn Wahrheit ist Vertrauen.
Der Weise ist behutsam und demütig,
auch wenn gewiss ist,
dass die Welt ihn nicht verstehen wird.

Willst du also angstfrei leben, so lass dich von keinem
Misstrauen bestimmen. Geh mit Menschen nachsichtig
um und richte dich nicht nach ihrem Zustand. Du wirst
der Wahrheit näher sein.

Und wenn du willst, das die Menschheit oder auch ein
einzelner Mensch frei wird vom Gesetz der Steinzeit, so
wolle nicht oben sein. Wolle keine Macht ausüben. Vielmehr zeige, wie Menschen ihre Wege frei und unbedroht
gehen können.

Und was will Jesus mit alledem? Ich höre ihn so: Ihr
wisst, dass zu euren Vorfahren gesagt wurde: Ihr sollt
euch einfügen, wenn immer euch ein Gesetz Gottes begegnet. Ich aber sage euch: Das Einfügen ist das eine.
Das Andere ist: Heraustreten aus dem, was bisher galt.
Tut, was aussichtslos scheint. Tut das Unerhörte, das
Verwegene, das Irreguläre, das Unwahrscheinliche. Ihr
werdet immer wieder in Gefahr sein, als Außenseiter
und Weltfremde zu gelten, als politische oder religiöse
Anarchisten oder ganz einfach als Verrückte. Aber ihr
werdet die sein, die das tun, was die Zukunft fordert.
Was Gott will, der in der Zukunft begegnet.

Heraustreten in die freie Tat, heraustreten aus dem,
was alle sagen, und eigene Schritte tun mit aufrechtem
Stand und aufrechtem Gang: Das ist der Weg in die Zukunft. Ich bin überzeugt, dass keine dreißig Jahre mehr
vergehen werden, bis die meisten unter uns begriffen ha-

ben, dass abseits dieser Weisungen Jesu, abseits einer auf Angstfreiheit gestellten Politik, auf diesem Erdball überhaupt nichts mehr geht.

Der Abstieg ins Tal und das Ende der Theorien

65

Nicht allein bleiben

Am Ende seiner Rede, so denke ich mir, steht Jesus auf. Sie alle erheben sich und gehen mit ihm wieder hinab in die Ebene mit ihren Straßen und Dörfern. Dieser Abschied, und wie er geschieht, scheint mir nun ebenso wichtig wie die Szene auf dem Berg.

Nun geht es darum, in der konkreten Wirklichkeit zu tun, was oben gesagt worden ist. Wahrheit. Gerechtigkeit. Verzicht auf Gewalt. Frieden. Das sind keine Schlagworte, sondern Anweisungen für Menschen, die die Verhältnisse unter den Menschen ändern wollen, sie richten sich gegen viel, was normal ist und anerkannt. Sie können aber zu einem Ziel oder Teilziel nur führen, wenn beachtet wird, dass Jesus seine Weisungen nicht an Einzelne, sondern an die Gruppe seiner Mitarbeiter gerichtet hat, an eine Gemeinschaft entschlossener Menschen. Er erwartet von uns nicht, dass wir uns, jeder einzeln für sich, als einsamer Held in die Auseinandersetzung begeben oder als einsame Märtyrer in ihr scheitern. Er meint vielmehr die Gemeinschaft all derer, die sich nun mit ihm auf ihren besonderen Weg machen. Sie sollen »zu zweien« oder zu »zwei oder drei« in seinem Namen auftreten. Die Menschen aber, die ihnen zustimmen, sollen wieder als Gemeinschaft zusammenstehen und zusammenwirken. Wo sie das tun, da können sie wagen, was anders nicht gelingen könnte. Sie können miteinander zum Wirkraum des Christus werden. Das Erste, lange vor der schweren Anforderung, ist also wieder eine Entlastung: Du musst nicht allein stehen, die Gemeinschaft, die Kirche, die Gemeinde, die Gruppe nimmt dich mit, gibt dir ihre Kräfte und bietet dir Rückhalt. Sie tut, was dir allein zu schwer wäre. Sie ist ein Kreis von Menschen, die einander Mut machen, einander unterstützen und einander korrigieren. Denn es ist einfach, Frieden öffentlich zu plakatieren, aber sehr schwer, es im Frieden zu tun. Es ist leicht, Gerechtigkeit anzumahnen, aber sehr schwer, dabei gerecht zu bleiben. Es ist leicht, Liebe und Barmherzigkeit einzufordern, aber sehr schwer, dabei der Liebe und der Gerechtigkeit gerecht zu werden. Dieses Schwerere macht die christliche Ethik aus. Es ist die Aufgabe einer vom Geist Gottes bewegten Gemeinschaft.

Das ist nun für alles christliche Ethos grundlegend. Man könnte es als ein Gewissensethos bezeichnen und träfe damit die eine Seite genau. Jeder einzelne Christ wird nur tun können, was seiner eigenen Einsicht, seinem eigenen Urteil, und das heißt seinem Gewissen, entspricht. Aber was er dann tut, wird er nicht allein und im Trotz gegen eine böse Welt tun, sondern soweit dies immer möglich ist, mit anderen zusammen. Christliches Ethos ist also auf seiner anderen Seite Gemeinschaftsethik. Es bildet damit von Anfang an das Ziel ab, das erreicht werden soll: die Gemeinschaft einer in Frieden und Gerechtigkeit verbundenen Menschheit im Kleinen wie im Großen, die damit vorweg abbildet, was Jesus das »Reich Gottes« nennt. Dieses »Reich« aber ist eine Gemeinschaft aller Wesen dieser Erde, nicht nur von Menschen, eine Gemeinschaft auch von Wesen der größeren Welt, die wir Engel nennen, und bis hin zu Gott selbst. Es ist das Maß, an dem unser kleines Handeln und Beitragen sich orientieren wird.

Was Jesus aber selbst getan hat, nämlich an seinem Tisch zu versammeln, wer immer kommen wollte, wird nun zum Grundmuster, nach dem die Seinen ihre Arbeit tun sollen: zu Menschen gehen und ihnen zeigen, dass sie geliebt sind. Ihnen sagen, sie dürften leben und glücklich sein. Kranken helfen, ihre Kräfte wieder zu gewinnen. Die Wirrnis in den Gedanken und in den Streitigkeiten der Menschen klären. Die Verlorenen wahrnehmen. Ihnen das Brot reichen und den Wein und sie kräftigen für den Auftrag, den Gott auch für sie bereit hält: ein Leben für das Gottesrecht auf dieser Erde, die Gottesliebe unter den Menschen.

Wenn ich beschreiben soll, was nach meiner Auffassung die Kirche in ihrer besten Gestalt sei, dann sage ich: Sie ist ein Wirtshaus, das am Weg steht, offen für jeden, der von der Straße hereinkommt, ein Haus, das für jeden, der durch die Tür tritt, einen Platz hat, Bank und Tisch und für jeden irgendetwas zu essen und zu trinken. Ein Wirtshaus, in dem es weder Kontrolleure gibt noch Rausschmeißer oder Geschäftsschlusszeiten. Das zumindest sollten wir an unserem Urgleichnis, dem Gastmahl Jesu, gelernt haben, und etwas anderes sollten wir uns von vornherein nicht vorstellen. Die offene Tür und das gemeinsame Essen, das Reden miteinander, das Zuhören und das Antworten, das Zurechthelfen, das Mutmachen für den weiteren Weg sind die Merkmale einer Kirche, die tut, was Jesus tat. Und es sind die Merkmale jedes einzelnen Christen, der nun das Amt übernimmt, einzuladen, ohne Grenzen und ohne Bedingungen, so, dass die Gestalt des einladenden Jesus sich an ihm abbildet.

66

Den unteren Weg wählen

Dieser gemeinsame Weg wird nicht eine Straße für Sieger sein. Er wird vielmehr dem ähnlich sein, den Jesus selbst ging: Ein Weg durch Ablehnung, Hass und Missverstehen, durch alle Merkmale des Scheiterns und der Nutzlosigkeit. Es hatte schon seinen Grund, dass Jesus die, die mit ihm seinen Weg gehen wollten, gewarnt hat.

»Einmal wandte sich einer seiner Zuhörer an ihn:
Was du sagst, leuchtet ein. Deine Art überzeugt mich.
Ich möchte dich begleiten.
Aber Jesus warnt ihn:
Einer wie ich hat keinen Platz zum Schlafen,
wenn es Nacht wird.
Er hat kein Versteck, wenn man nach ihm fahndet.
Füchse haben ihren Bau, Vögel ihr Nest.
Ich habe keinen Ort, an den ich mein Haupt legen könnte.«
Matthäus 8,19–20

»Was ihr sagen werdet über den Willen Gottes,
das wird vielen nicht gefallen.
Ihr werdet oft einsam dastehen. Ablehnung ringsum.
Dann geht geradeaus, bis ans Ende.
Es gibt keinen anderen Weg …
Dann nehmt das Kreuz auf die Schulter,
an das sie euch hängen werden,
und tragt es hinaus an den Ort der Hinrichtung.«
Nach Matthäus 10

Wir sind unterwegs zu den Menschen. Die meisten von ihnen leben unten, nicht oben, nicht dort, wo man Macht hat, wo die Probleme lösbar sind und das Leben zu gelingen scheint. Sie leben nicht auf der Sonnenseite, sondern auf vielfältige Weise im Schatten. Darum wolle nicht oben sein und nicht obenauf.

Das gilt zunächst im sozialen Sinn. Es ist bei Jesus ein deutlicher Zug nach »unten« spürbar, religiös wie politisch. Er sagt: Diese Welt ist voll Leid, Jammer, Angst, Elend, Verlassenheit und Verzweiflung. Geh darum zu allen, denen in deinem Umkreis das Leben schwer aufliegt, die über ihre Kraft gefordert sind, die unter irgendeiner Last zusammenbrechen und die keinen Sinn finden. Steh ihnen bei: den Mutlosen, die das Unrecht hinnehmen, den Geschundenen, die vom Lohn ihrer Arbeit nicht leben können, den Verzweifelten, die den Rausch suchen, die Droge oder den Tod, den Gefangenen, die man bewacht wie wilde Tiere, denen, die nach Gerechtigkeit schreien und die keinen Weg mehr wissen als den der Gewalt; aber auch den Gewalttätern, den Ausbeutern, den Rechtsbrechern, den Menschenschindern, den Abgestumpften, den Verbitterten, denen, die Hass verbreiten, die Kriege wollen, die Nachrichten fälschen und Verbrechen vertuschen. Hilf ihnen, zu verstehen, was sie tun. Hilf ihnen, einen anderen Weg zu finden und zu gehen. Er sagt:

> »Ihr wisst, wie es zugeht.
> Die Fürsten regieren die Völker zugrunde.
> Die Machthaber halten sie unter der Peitsche.
> Unter euch soll es anders sein.
> Wer unter euch eine Rolle spielen will,
> übernehme die des Dieners.
> Wer eine leitende Verantwortung sucht,
> übe sie als euer aller Knecht aus.
> Denn auch ich bin nicht gekommen,
> um mir dienen zu lassen,
> sondern um mich wie ein Knecht zu verbrauchen
> und mein Leben hinzugeben,
> wie man das Lösegeld hinwirft,
> mit dem man Sklaven freikauft.«
> *Matthäus 20, 25–27*

Das gilt schon für deinen nächsten Umkreis. Wenn es unter euch Christen zu Schwierigkeiten kommt, dann wähle den unteren Weg. Wolle nicht Recht haben. Nimm die Verantwortung, die Schuld an den Misshelligkeiten auf dich und nimm die Last, die deinen Gegner hindert, von ihm. Einmal fragte ihn Petrus: Wie oft darf mich der und der beleidigen? Wie lange darf er mich herabsetzen? Wie oft muss ich ihm verzeihen? Ist siebenmal genug? Jesus lächelte: Wenn du schon zählen willst, dann zähle bis siebzig mal sieben *(Matthäus 18, 21f)*. Wer Frieden will, hört nicht an einem bestimmten Punkt damit auf. Fühlst du dich überlastet, Petrus? Prüfe den Grund! Vielleicht trägst du deinem Freund zu viel nach. Wenn du vergibst, wird das Leben leichter. Und es zeigt sich mehr Wahrheit. Wer anklagt, kann irren. Wer vergibt, irrt in keinem Fall und in keinem Sinn.

Das alles fügt sich zusammen zu dem, was wir das Liebesgebot nennen. Wir sind von Gott geliebt. Wir versuchen, Gott zu lieben. Wir bemühen uns, Menschen gegenüber Liebe zu zeigen. Die Grundlinie unseres Tuns soll Liebe sein, und die Freiheit, die in der Liebe ist. Freilich: Freiheit lässt sich nicht mit Sicherheit zusammenreimen. Jesus sagt einmal: »Seht euch vor! Ich sende euch wie Schafe mitten unter die Wölfe« *(Matthäus 10,16)*. Das bedeutet: Frei bist du nur, solange du dich nicht zu sichern versuchst. Ein liebender Mensch wirst du nicht sein, solange du dich sicherst. Einen offenen Weg hast du vor dir, solange du ihn nicht mit einem Zaun absperrst oder mit einem Kontrollgerät. Frei kannst du sein, wenn du aus allem heraustrittst, das dich sichern will. Aus dem Konsens mit einer schützenden Mehrheit in das Missverständnis, in die Einsamkeit der Verantwortung. Geh aufrecht. Kein Kommando geht dich an. Der aufrechte Gang ist das Merkmal dessen, der Kriege beenden will. Sei also einverstanden damit, dass du mit der Minderheit gegen die Mehrheit stehst.

Freiheit allein ist kein höchster Wert. Sie kann ein Mittel sein, Gerechtigkeit zu schaffen. Wenn es aber um der Menschen willen nötig ist, sagt Jesus, dann gib deine Freiheit ab, wie ich die meine abgegeben habe, als es um die Freiheit der Menschen ging. Wenn du frei bist, bist du es auch hinter den Mauern eines Gefängnisses. Wenn du ein freier Mensch bist, dann wirst du mit der Freiheit anderer gut umgehen. Du hast es nicht nötig, irgendwo und irgendwem gegenüber eine respektierte Autorität zu sein. Mach dich nicht selbst zum Anführer. Geh den unteren Weg.

Lass dir gefallen, dass man dich verleumdet, beschimpft oder verspottet und dass man versucht, dich stumm zu machen. Das geht jedem so, der für die Wahrheit steht. Ich höre Jesus etwa so reden: Ich bin nicht interessiert daran, mein Gesicht zu wahren, wohl aber das Gesicht aller Menschen. Ich bin nicht an meiner Freiheit interessiert, wohl aber an der Freiheit aller. Für mich ist das gemeinsame Leben wichtiger als die Selbstverwirklichung der Besonderen, das Einstehen des Einen für den Anderen wichtiger als das Glück des Stärkeren. Wenn du mir zugehören willst, dann sieh zu, was ich tue, und tu es mit mir. Du kannst es. Wenn ein Weizenkorn nicht in die Erde fällt und sich opfert, kann es nur verbraucht werden. Wenn es in der Erde stirbt, wächst aus ihm Frucht. Wer sein Leben, sein Ansehen, seine Sicherheit für so wertvoll hält, dass er all dies erhalten will, wird es verlieren. Wer mir zugehören will, geht meinen Weg.

Du wirst also nur in dem Maß wirklich fähig sein, Frieden zu schaffen, in dem du deinen eigenen Tod nicht fürchtest. Wirklich zur Güte fähig wird der sein, der über das Ende seines hiesigen Lebens hinausschaut. An dieser Fähigkeit allerdings wird man künftig die Christen erkennen und die Kirche als die Kraft, die im Namen und mit der Vollmacht Gottes am Werk ist.

67

Lebensdienlich entscheiden

Das Urgleichnis vom gemeinsamen Mahl in einer armseligen Hütte gilt aber auch für die Weise, in der du entscheidest, was zu tun ist. Du bemühst dich um Gerechtigkeit für alle, um Frieden in den Häusern und in der Welt, um gemeinsames Glück, die Gemeinschaft im Leid, das gemeinsame Leben, wo immer Leben ist. Du holst die Ungerechten an den Tisch. Du führst die Verfeindeten zusammen. Du rufst die Verlassenen zu dir. Du nimmst die Rechthaber und die Selbstgewissen zusammen und zeigst ihnen die Schönheit des Zusammengehörens.

Hier nun kann immer noch vieles falsch werden: Du kannst zum Beispiel den Menschen gegenüber, die du zusammenrufst, von deinem Gewissen sprechen und was es angeblich verlangt. Aber was es verlangt, wird selten dasselbe sein, was das Gewissen der anderen fordert. Steige also mit deinem Gewissen ab dorthin, wo die Menschen sind und wo gehandelt werden muss, und mute ihm zu, dass es dabei Gesichtspunkte aufnimmt, die ihm zuvor fremd waren. Denn die christliche Ethik ist, wie gesagt, nicht nur Gewissensethik, sondern vor allem Gemeinschaftsethik. Da sind nicht nur Charakterfestigkeit und Eindeutigkeit gefordert, sondern auch Freundlichkeit, Sachkenntnis, Phantasie, Beweglichkeit,

Realitätsnähe. Da ist es nötig, nun nicht rein und un-
schuldig erscheinen zu wollen, sondern sich die Hände
schmutzig zu machen, unreine Lösungen zu versuchen,
Kompromisse zu schließen. Das Wort Kompromiss hat
für deutsche Ohren von jeher einen fragwürdigen Klang.
Zu Unrecht. Das Wort »Kompromiss« heißt wörtlich
»gegenseitiges Versprechen«. Es heißt so viel wie Verlo-
bung. Wer einen Kompromiss schließt, tut sich mit je-
mandem zusammen, um etwas Gemeinsames zu erreichen. Er lässt etwas Eigenes los um des Gemeinsamen
willen. Er sucht das Lebensdienliche. Es geht nun nicht
nur darum, dass eine Gemeinschaft uns Schutz und Hilfe
bietet, sondern darum, dass sie von uns fordert, mit ihr
zusammen praktisch zu agieren.

Geistlich entspricht der Kompromiss dem, was wir
»Menschwerdung« nannten. Es ist das Muster des Weges
Jesu, der nach dem Christuslied so aussieht:

> »Göttlich war er wie Gott.
> Aber er hielt sein Vorrecht nicht fest,
> Gott gleich zu sein.
> Er legte es ab, nahm die Gestalt eines Knechts an
> und wurde ein Mensch unter Menschen.
> Tief stieg er hinab bis zum Tod,
> ja zum Tod am Kreuz.«
> *Philipper 2, 6–8*

Christus wurde Mensch, das heißt, er wurde missverständlich. Er wurde verwechselbar mit irgendeinem an-
maßenden Guru, ja mit einem Gotteslästerer und Auf-
rührer. Er ging in die konkrete Menschenwelt ein, wie es
nun auch uns zugemutet ist, wenn wir seinen Weg gehen wollen.

Kämpfe also nicht um die Reinheit deines Gewissens.
Du bist Gast am Tisch Jesu. Du bist nicht der, der sich
selbst daran misst, ob er alles nach seinem eigenen Urteil
fehlerfrei erledigt. Wichtiger ist, was du mit klarer Sach-

kenntnis nach einem freien, absteigenden Entschluss und mit fröhlicher Zustimmung deines besseren Gewissens tust. Und sorge dafür, dass auch vor der Tür des Wirtshauses, in der du als der Einladende stehst, alles abgelegt werden kann an Schuld, an Ungenügen, an Selbsttäuschung, an Zwang, auch an dem Zwang, den die Gewissen der Ankommenden selbst ausüben. Und führe sie alle zum Gespräch zusammen über das, was ihr nun gemeinsam tun wollt. Denn auch eine Weisung Jesu ist missverstanden, wenn sie nun zum Gesetz werden soll, das in jedem Fall und in jeder Stunde zu gelten hat.

Was aber mich selbst betrifft: Ich fühle mich von all diesen Forderungen weder getrieben noch verurteilt. Ich höre sie und versuche, das Eine oder Andere zu tun und lasse mir von meinem Misslingen und Versagen nicht den Mut nehmen. Wenn ich Jesus, der all dies sagt, mir gegenüber sehe, empfinde ich eine große Selbstverständlichkeit, in der alles klar ist und fraglos. Ich empfinde ein Ruhen in Gott in großer Gelassenheit. Ich weiß mich im Frieden mit Gott, der mir solche Wege zeigt.

68

Glücklich sein

Am Anfang jener Rede auf dem Berg, die so schwer erfüllbare Forderungen erhebt, steht, sozusagen als Überschrift, eine kurze Beschreibung des Glücks, das den Forderungen ihren Sinn gibt. Jesus beschreibt, wer in seinen Augen glücklich ist, das heißt, mit sich selber und mit Gott im Reinen.

Glücklich sind zum Beispiel die geistlich Armen *(Matthäus 5, 3)*. Das sind nicht die Törichten, nicht die »geistig« Armen, sondern die, die so klug sind, dass sie sich Gott gegenüber arm wissen, die nicht meinen, sie schafften irgendetwas selbst. Die, die ihre Armut erkennen und die ihren Reichtum, den Geist und seine Kraft, von Gott erwarten. Glücklich sind die Empfangenden.

Glücklich oder selig sind, »die Leid tragen« *(Matthäus 5,4)*. Die Leidensfähigen. Warum ausgerechnet sie? Weil sie erleben werden, was Trost ist. Sie tragen ihr Leid mit der Kraft, die von Gottes Liebe ausgeht. Und sie werden fähig, ihr Leid mit dem Leid anderer zusammen zu tragen. Selig auch, die Leid tragen um sich selbst und um den Zustand ihrer Seele, um Schuld und Versagen. Denn ihre Schuld wird ihnen abgenommen und ihr Leid in Segen verwandelt.

Glücklich, selig sind die, »die geduldig sind und warten können«, die Sanften, die Freundlichen. Sie werden auf der Erde zu Hause sein *(Matthäus 5,5)*. Sie werden Grund unter den Füßen haben, wenn andere in ihrer Ungeduld stolpern. Sie wissen, wohin sie gehören. Denn die Erde lebt langsam. Die Erde hat Zeit. Glücklich also, die warten können, bis langsam Frucht wächst. Die der schaffenden Kraft vertrauen und der Weisheit Gottes. Sie haben keine Gewalt nötig. Sie müssen nicht heute durchsetzen, was erst morgen reif ist. Sie leben im Frieden mit der Zeit.

Selig sind, »die hungert und dürstet nach Gerechtigkeit. Sie sollen satt werden« *(Matthäus 5,6)*. Sie werden Gerechtigkeit empfangen und Gerechtigkeit schaffen für die, die das Unrecht der Menschen erleiden. Wer danach hungert, dass die Hungrigen essen, wird satt werden. Wer danach dürstet, dass die Durstigen trinken, wird seinen Durst löschen. Er wird denen Gerechtigkeit schaffen, die das Brot suchen oder die Freiheit. Wer hungert und dürstet danach, dass Menschen ihre Würde bewahren, wird seine Würde empfangen. Wer anderen Halt gewährt, findet Halt für sich selbst. Wer andere tröstet, findet Trost für sein eigenes Elend. Wer andere frei macht, wird ein freier Mensch sein.

Glücklich sind die Barmherzigen *(Matthäus 5,7)*. Glücklich, die von ihrem eigenen Fortkommen absehen können. Die ein Ohr haben für die Verzweiflung der Geschundenen, ein Auge für die wortlose Klage, eine Hand für die hilflose Schwäche. Die Leid und Unfrieden der Menschen aufs Herz nehmen und das Leid aller Geschöpfe. Sie wissen, woher Barmherzigkeit kommt, wenn sie selbst ihrer bedürftig sind.

Glücklich sind »die reinen Herzen«. Sie werden Gott wahrnehmen *(Matthäus 5,8)*. Aber »rein« ist etwas anderes als »sauber«. Rein ist ein Herz ohne Angst vor dem, was verunreinigen könnte, vor Krankheit, Elend und Armut. Rein ist ein Herz, das nicht auf sich selbst achtet und frei ist von Eigensucht. Es ist nicht mit sich selbst beschäftigt. Es schaut Gott auch in den Gesichtern von Menschen. Es ist in sich ganz *(5. Mose 6,4)*.

Glücklich sind, »die Frieden stiften«. Sie sind Töchter und Söhne Gottes *(Matthäus 5,9)*. Selig also ist, wer irgendeinen Krieg nicht führt oder dazu hilft, dass irgendein Krieg endet. Vielleicht bringt ihm das keinen Erfolg, aber er tut, was nötig ist. Selig also, die nicht ausschauen nach irgendeinem Sieg. Selig sind die Schutzlosen, deren Hände schützen. Sie spiegeln Gott auf dieser Erde. Die aber Gott spiegeln, die sind seine Söhne, seine Töchter. Kein Mensch kann mehr sein als das.

Das ist das Eine. Aber Jesus sagt auch das Andere: Wenn du mit Menschen zu tun hast, bleibe gelassen. Habe Geduld. Habe einen langen Atem. »Glücklich sind die Geduldigen, die Hoffenden. Diese Erde wird ihnen gehören.« Glücklich sind die Menschen mit dem langen

Atem. Die Gelassenen. Glücklich sind, die warten können. Glücklich die, die sich nicht in die Hetze treiben
lassen. Die nicht alles auf einmal tun müssen.

Er sagt: Gottes Reich kommt nicht durch deinen Einsatz. Es kommt so unmerklich und unwiderstehlich,
wie es einem Mann geschieht, der Samen auf sein Feld
wirft.

»Er geht nach Hause und schläft und steht auf,
Nacht und Tag, und die Körner quellen und treiben,
ohne dass er es weiß.
Ohne sein Zutun bringt die Erde Frucht.
Wenn aber die Frucht reif ist,
schickt er die Mäher hinaus, denn die Ernte ist da.«
Markus 4, 26–29

Geduldig sein und das Seine jetzt tun ist kein Widerspruch. Es ist der lange Atem, der dem übrigen Vorgehen
das Ziel vorgibt und den Sinn. Bewahre dir beides, wenn
du im Tal ankommst.

Das Glück ist die Erfahrung, dass ein Leben Sinn hat.
Das Glück ist eines der großen, lohnenden Ziele, denen
wir Menschen nachgehen. Der glückliche Mensch aber
ist unentbehrlich, denn er ist der, der am meisten für das
Glück und das Heil der Menschen tun kann, und zwar
eben aus der Kraft des Glücks.

Die »Kleinen Schwestern« in Paris sagen es so:

Selig sind, die über sich selbst lachen können;
sie werden immer genug Unterhaltung finden.

Selig, die einen Berg
von einem Maulwurfshügel unterscheiden können;
sie werden sich viel Ärger ersparen.

Selig, die fähig sind, sich auszuruhen und zu schlafen,
ohne dafür Entschuldigungen zu suchen;
sie werden weise werden.

Selig, die schweigen und zuhören können;
sie werden dabei viel Neues lernen.

Selig, die intelligent genug sind,
um sich selbst nicht zu wichtig zu nehmen;
sie werden von ihren Mitmenschen geschätzt werden.

Selig, die aufmerksam sind für die Winke der Anderen,
ohne sich für unersetzlich zu halten;
sie werden viel Freude säen.

Selig, die lächeln können
und kein böses Gesicht machen;
über ihren Wegen wird die Sonne scheinen.

Selig, die fähig sind,
das Verhalten der Anderen mit Wohlwollen zu deuten;
man wird sie zwar für naiv halten,
aber das ist der Preis, den man für die Liebe bezahlt.

Selig, die es verstehen,
die kleinen Dinge ernst
und die ernsten Dinge gelassen zu sehen;
sie werden im Leben sehr weit kommen.

Selig, die denken, bevor sie handeln,
und beten, ehe sie denken;
sie werden eine Menge Dummheiten vermeiden.

Selig, die schweigen und lächeln können,
auch wenn man ihnen das Wort abschneidet
oder auf die Zehen tritt,
sie sind dem Geist des Evangeliums sehr nahe.

Selig, die Gott in allen Wesen erkennen und lieben;
sie werden Licht ausstrahlen, Güte und Freude.

Gespräche
mit einem Freund

69

Ein handfester Mann aus Burgund

An einer Wand in meinem Arbeitszimmer habe ich das Bild eines Menschen vor Augen, in dem ich immer wieder auch mich selbst sehe. Es ist ein Steinrelief aus dem wunderbaren Kirchenbauwerk von Tournus in Burgund, eine Kopie, die ich in den Verputz eingefügt habe. Da steht ein Mann, ungefüge, schwer und nicht gerade in klassischer Schönheit, eine Hacke oder Axt in der Hand, die er vor sich auf die Erde gestellt hat, die Rechte zu einer Geste des Segnens erhoben. Schon vor langen Jahren habe ich ihn zu meinem Hausheiligen ernannt, den Mann mit seinem großen offenen Ohr und seinem großen, offenen Auge. Vor tausend Jahren hat er gelebt, und das Bild in der Kapelle des Westwerks ist praktisch das Einzige, was wir von ihm wissen. Gerlanus hieß er, sagt die Inschrift.

Wer war das? Im siebten Jahrhundert entstand ein Kloster auf der Insel Noirmoutier an der Loiremündung in Westfrankreich. Im 9. Jahrhundert brach über den Ort ein Raubzug der Wikinger herein, und die Mönche mussten fliehen. Immer neu versuchten sie, auf ihrer Insel wieder Fuß zu fassen, immer wieder wurden sie vertrieben, bis sie endlich heimatlos durch Frankreich zogen auf der Suche nach einem Ort, an dem sie bleiben konnten. Vierzig Jahre währte das unstete Leben, bis sie im Jahr 875 in Tournus eine neue Heimat fanden. Sie machten sich an die Arbeit, dort ihr Kloster neu zu bauen. Aber 937 fielen die Ungarn über sie her, und alles lag wieder am Boden.

Danach folgte ein neuer Anfang. Kein Architekt wird genannt, außer dem Abt Gerlanus mit seiner Hacke und

den Mönchen, die sich viele Jahre Steine schleppend und mauernd um den Aufbau ihres Klosters mühten. Zum Teil aus rohen Feldsteinen bauten sie ihre Kirche. Archaischer und kraftvoller kann man sich eine Kirche kaum denken, für mich ist sie neben Vézelay die überzeugendste Frankreichs. Ein Urbau, der sich in kein Stilschema fügen will.

Das Westwerk, der älteste Teil, hat es mir angetan. In zwei Stockwerken lasten gewaltige Säulenstümpfe und zwei schwere Gewölbe übereinander, und oben öffnet sich eine Kapelle von unerhörter Wucht. Sie ist keine ästhetisch erdachte Architektur, sie ist einfach Mauerwerk. Irgendwo dort aber, in einer Wand, ein Relief.

»Kunst« wäre dafür ein falsches Wort. Der da gezeigt ist, ist einfach Wirklichkeit. Er ist die Wirklichkeit eines Menschen, die Wirklichkeit eines Glaubens, in Stein ausgedrückt. Es ist Gerlanus, Maurer und, wie man vermutet, Abt. Er segnet nicht die Fertigstellung seines Bauwerks. Die hat er nicht erlebt. Er segnet seine Männer, die ihre harte Arbeit tun, und die Menschen des Dorfs, in dem sie leben.

Der Mann weiß nicht, ob das gemeinsame Leben mit seinen Mönchen gelingen wird. Er kann nicht wissen, von welcherlei barbarischen Horden sein Werk zunichte gemacht werden wird und von wem sie miteinander wieder auf die Landstraßen getrieben werden. Er weiß auch nicht, ob er irgendeinem Menschen einen Weg zeigen kann zu sich selbst und zu Gott. Er kann nicht wissen, ob er die Hütte seiner armen Gemeinschaft fertig stellen und ob sie miteinander am Ende ein Fest feiern werden. Aber wir, die sein Bild anschauen, wir sehen: Hinter dem Mann wächst ein Zweig aus der Wand. Er kann ihn nicht sehen. Hinter ihm wächst der Segen Gottes aus der Mauer, ein Zweig mit drei Blättern. Er darf glauben, dass aus seiner Arbeit und Hingabe etwas wachsen wird, auch wenn er es nicht sieht. Er arbeitet, und er vertraut. Wenn ich in der Morgenfrühe an meinen Schreibtisch komme, wünsche ich ihm dann und wann einen guten Morgen. »Nicht den Mut verlieren!« sage ich zu ihm. »Weitermachen!« und klopfe an das eingemauerte Relief. Und er nickt ein wenig, kaum sichtbar, mit seinem schweren Kopf.

Ich höre ihn sagen: Wir hatten kaum je etwas zu lachen. Erst der Überfall durch die Barbaren, dann Flucht und Heimatlosigkeit und Armut und Entbehrung. Jetzt harte Arbeit bis an die Grenzen unserer Kräfte. Aber jeden Tag gibt es bei uns einen Augenblick, in dem wir uns erinnern. Wir waren nie verlassen. Wir waren geführt und bewahrt. Und wir wissen jeden Tag, dass unsere Mühe einen großen, einen sehr großen Sinn hat. Nämlich Gott und seine Nähe anzusagen unter den Menschen.

Wir sind glücklich miteinander. Wir nehmen unsere Last und Mühe nur noch halb so schwer und lachen miteinander. Und arbeiten.

70

Gelassenheit

Wenn ich dann irgendwann im Lauf eines Tages zu Gerlanus hinüberschaue und ihn frage: Was würdest du sagen, alter Freund? Was macht dich, dich persönlich, zu einem Christen? Was kommt für dich dabei heraus, dass du ein Christ bist? Dann höre ich ihn nach einer Weile etwa so reden:

Ich weiß nicht, wer ich bin.
Aber es ist einer, der es weiß.

Ich weiß nicht, was aus mir wird.
Aber es ist einer, der es weiß.

Ich hänge nicht von meiner Leistung ab.
Ich bin gehalten.

Ich muss meinen Wert nicht selbst herstellen.
Er ist bewahrt.

Ich bin ein Sack, angefüllt mit Fehlern,
aber ich brauche nicht zu bleiben, was ich bin.
Mir steht eine Wandlung bevor.

Ich bin keine Schönheit,
aber das muss ich auch nicht sein.
Ich bin geliebt.

Ich scheitere nicht, wenn ich versage.
Mich fängt einer auf.

Ich ängste mich nicht.
Ich stehe in Gottes Hand und werde in ihr bleiben.

Ich verlasse mich auf den, der mir sagt:
Wenn du durch Feuer gehst, wirst du nicht brennen.

Es ist viel Streit in mir und um mich her.
Aber ich lebe im Frieden.

Ich bin ein freier Mensch.
Ich kann aufatmen und leben.

Nach einer Weile frage ich weiter: »Gerlanus, was sagst
du deinen Mönchen und den Bauern um dein Kloster
her, wenn sie dich fragen, was sie denn nun als Christen
tun und wie sie leben sollen? Und was sagst du dir
selbst?« Und er fängt noch einmal an, sehr leise, so, dass
nur ich es höre:

Wolle nicht dich selbst verwirklichen.
So gewinnst du dich selbst.

Scheue dich nicht, den Kürzeren zu ziehen.
Das ist der Weg zur Gerechtigkeit.

Lass dir etwas entgehen,
so gibst du den Menschen um dich her mehr Leben.

Wolle niemals einen Sieg.
Das ist der Weg zum Frieden.

Wolle nicht Recht haben.
Das ist der Weg zur Gemeinschaft mit den Rechthabern.

Sorge nie nur für dich selbst.
Das ist der Weg zum Glück.

Warte nicht für alles auf einen Lohn.
Das ist der Weg zur Erfüllung.

Versuche nicht, dich zu sichern.
So wirst du frei und dein Weg offen sein.

Verlange nicht, als Weiser zu gelten.
So wirst du viel Weisheit erlangen.

Halte dich nicht für erleuchtet,
so wirst du dem Licht Gottes Raum schaffen.

Lass dich los.
So bekommst du dich selbst in die Hand.

Liebe und geh an deine Arbeit.
Du wirst nicht nach ihrem Sinn fragen müssen.

Niemand steht über dir, außer Gott allein.
Du kannst also für deine Überzeugung stehen
gegen jeden Trend und jede Macht.

Wisse: Es gibt keine Antwort.
Aber gib die deine.

In dir ist Frieden,
also übe dich in der Kunst, Frieden zu stiften.

Du hast dein Ziel vor dir.
Du kannst also leben und glücklich sein.

»Schön ist das«, sage ich zu Gerlanus. »Und was denkst
du über deine Zukunft?« Da höre ich ihn, immer leiser
werdend:

Was meine Zukunft bringen wird,
hier auf meiner Baustelle, weiß ich nicht.
Ich muss es nicht wissen.
Ich bin in Gott. Ich werde in Gott sein.
Ich ruhe in der Ruhe Gottes. Das genügt mir.

Leid und Unglück sind nicht das Letzte.
Wenn die Nacht vorüber ist, kommt der Tag.
Er wird mich in Licht verwandeln.

Ich gehe an den Tisch,
an den Jesus seine Leute eingeladen hat.
Das Haus ist offen. Der Tisch ist frei.
Er ist gedeckt. Ich werde zu Hause sein.

Ich höre im Lärm des Tages eine ferne Musik.
Sie sagt, alles sei gut.

Ich weiß, dass mein Leben seinen Ursprung in Gott hat,
und dass es in Gott zum Ziel kommt.
Dieses größere Leben
versuche ich in die langen Stunden einzubringen,
in denen ich meine Steine schleppe.

Ich habe das Privileg, Menschen segnen zu dürfen.
Gott wird auch mir eines Tages einen Segen zusprechen
und sagen: Lebe! Sei lebendig
und tu das Deine in meiner größeren Welt!

Das zu wissen soll mir genügen.
Alles ist Gnade.

»Danke, lieber Gerlanus«, sage ich, »danke«. Und ich meine, darauf zuzugehen, im Frieden und im Vertrauen, das darf auch uns, liebe Leserin und lieber Leser, genug sein.

Quellen

S. 31 f. Siegfried von Vegesack, Meerfeuer, © by Langen Müller Verlag in der F. A. Herbig Verlagsbuchhandlung GmbH, München 1974

S. 197 f. Anton Rotzetter, Gott, der mich atmen lässt, © Verlag Herder, Freiburg, 17. Gesamtauflage 2002

S. 207 Fridolin Stier, Vielleicht ist irgendwo Tag, © Verlag Herder, Freiburg, 9. Gesamtauflage, 1997

S. 240 f. Werner Heisenberg, Das Naturbild der heutigen Physik, 1956, in: Die Künste im technischen Zeitalter, hrsg. Bayerische Akademie der Schönen Künste, München 1956, S. 45 f.

S. 242 f. Friedrich Cramer, Chaos und Ordnung, dva, München 1989

S. 244 Werner Heisenberg in: Physik und Transzendenz, hrsg. Hans Peter Dürr, Scherz, München 1986

S. 244 Ilja Lighthill in: Geist und Natur, hrsg. Hans Peter Dürr, Scherz, München 1986

S. 245 Ervin Laszlo, Wissenschaft und Wirklichkeit, Insel, Frankfurt a M. 1994

S. 245 Elisabeth Sahtouris in E. Sens, Am Fluss des Heraklit, Insel, Frankfurt a.m. 1993

S. 246 Carl Friedrich von Weizsäcker, Zeit und Wissen, Carl Hanser, München 1992

S. 246 Hans Peter Dürr, Das Netz des Physikers, dtv, München 2000

S. 247 Friedrich Cramer, Chaos und Ordnung, dva 1989

S. 251 Carl Friedrich von Weizsäcker, der Garten des Menschlichen, Carl Hanser, München 1977

S. 276 Fridolin Stier, Vielleicht ist irgendwo Tag, © Verlag Herder, Freiburg, 9. Gesamtauflage, 1997

S. 280 Norman H. Russel, zit. nach Indianischer Sonnengesang, hrsg. Rudolf Kaiser, Herder, Freiburg 1997

S. 371 Stefan Heym, Ahasver, Fischer-TB, Frankfurt 1992

S. 407 Mahatma Gandhi, Aus der Stille steigt die Kraft zum Kampf, Herder, Freiburg 1989

S. 411 f. Marlo Morgan, Traumreisende, deutschsprachige Ausgabe, © 1998 by Wilhelm Goldmann Verlag, München, einem Unternehmen der Verlagsgruppe Random House GmbH

Bibelstellenverzeichnis

Verzeichnis der Begriffe und Namen

Die Welt als Ganzes sehen

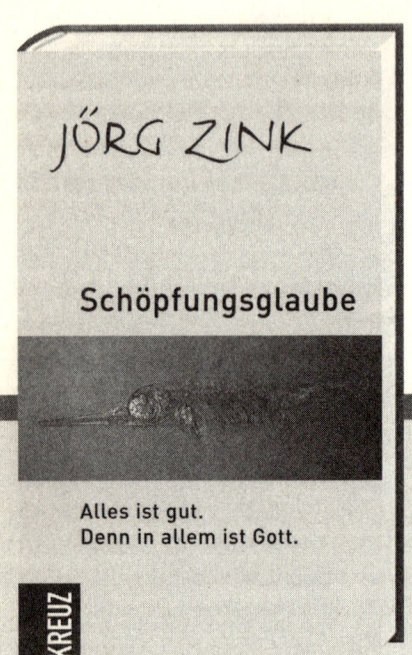